법률가의 탄생

법률가의 탄생
사법 불신의 기원을 찾아서

1판1쇄 | 2012년 4월 23일

지은이 | 이국운

펴낸이 | 박상훈
주간 | 정민용
편집장 | 안중철
책임편집 | 정민용
편집 | 윤상훈, 이진실, 최미정
제작·영업 | 김재선, 박경춘

펴낸 곳 | 후마니타스(주)
등록 | 2002년 2월 19일 제300-2003-108호
주소 | 서울 마포구 합정동 413-7번지 1층(121-883)
편집 | 02.739.9929 제작·영업 | 02.722.9960 팩스 | 02.733.9910
홈페이지 | www.humanitasbook.co.kr

인쇄 | 천일문화사_031.955.8100
제본 | 일진제책_031.908.1407

값 15,000원

ⓒ 이국운, 2012
ISBN 978-89-6437-154-1 03360

이 도서의 국립중앙도서관 출판시도서목록(CIP)은 e-CIP홈페이지(http://www.nl.go.kr/ecip)와
국가자료공동목록시스템(http://www.nl.go.kr/kolisnet)에서 이용하실 수 있습니다.
(CIP제어번호: CIP2012001707)

법률가의 탄생

이국운 지음

일러두기

이 책은 다른 지면에 소개되었던, 저자의 연구 논문들을 보완·수정·가필한 글들로 구성되었다. 원래의 논문에서 많은 부분을 손봤으나, 되도록 집필 당시의 상황이나 분위기는 그대로 유지했다. 글들이 발표되거나 수록된 지면은 다음과 같다.

1장 ┃ 법과사회이론학회, 『법과사회』 29호, 2005년

2장 ┃ 법과사회이론학회, 『법과사회』 38호, 2010년

3장 ┃ 한국 법학원, 『저스티스』 2002년 6월호

4장 ┃ 대전대학교, 『새울법학』 2호, 1998년

5장 ┃ 법과사회이론학회, 『법과사회』 27호, 2004년

6장 ┃ 법과사회이론학회, 『법과사회』 27호, 2004년 (일부)

7장 ┃ 한국 법학원, 『저스티스』 2003년 6월호

8장 ┃ 한국비교공법학회, 『공법학연구』 8권 2호, 2007년

9장 ┃ 법과사회이론학회, 『법과사회』 23호, 2002년

사법 불신의 기원을 찾아서

대한민국에서 법정을 한두 번이라도 드나들었던 사람들 가운데는 다음과 같은 경험을 가진 사람들도 있을 것이다. 법정에서가 아니고, 법원 갈 일이 없어진 뒤 몇 달쯤 지나 집안 결혼식 피로연 자리에서 말이다.

몇 자리 건너 갈비탕을 먹고 있는 청년 하나가 자꾸 눈에 들어오는 것이다. 왠지 낯이 익은 얼굴. 반듯하게 양복을 입고 단정하게 머리를 빗어 넘겼지만, 어딘지 청바지와 티셔츠가 더 어울릴 것 같은 새파란 얼굴이다. 누굴까? 신랑 친구? 신부 사촌? 혹시 혼기가 꽉 찬 딸이라도 있는 사람이라면, 흘낏흘낏 청년의 모습을 훔쳐보다가 괜히 혼자 흐뭇한 상상에 빠졌을 수도 있을 것이다. 어디서 봤더라? ……

그러다가 불현듯 생각이 떠오른다. 무표정하게 앉아 있던 그 얼굴. 법대法臺 위에서 원고와 피고의 가시 돋친 공방을 처량한 듯 내려다보던 얼굴들 가운데 왼쪽 가장자리에 앉아 있던 그 얼굴. 얼마 전 법정에서 보았던 젊은 판사의 얼굴이 지금 맞은편에서 갈비탕을 먹고 있는 청년의 얼굴이라는 것을 갑자기 깨닫게 되는 것이다.

이런 생각에 부딪히면 대개 사람들은 두 단계로 반응하는 것 같다. 먼저 그들은 황급히 시선을 거두고, 될 수 있으면 그 청년, 아니 그 판사와 눈을 마주치지 않으려 한다. 그다음에는 짐짓 모른 체하며 주위 사람들을 통해 그 판사, 아니 그 청년이 누군지 알아보려고 한다.

이 은밀한 탐문이 성과를 거두어 그 판사가 누군지 조금씩 알게 될수록 정체 모를 낯선 감정이 밀려든다. 차라리 누군지 모르는 것이 좋았을 뻔했다는 때늦은 후회도 고개를 든다. 그러다가 급기야 누군가의 소개로 그 청년과 악수라도 하게 되면, 어색한 인사를 나누고 돌아설 때쯤, 근본적인 물음 몇 개가 '툭' 하고 불거져 나오는 것이다.

'나는 왜 저 청년에게 재판을 받아야만 했는가?'

'나로 하여금 저 청년에게 재판을 받게 만든 사람들은 누구인가?'

몇 년 전 현직 고등법원 부장판사가 퇴근길에 자신에게 재판을 받은 당사자로부터 석궁을 맞은 사건으로 한국 사회가 떠들썩한 적이 있었다. 사태가 발생한 초기에는 법치주의의 근간이 무너졌다는 법률가들의 탄식이 줄을 이었으나, 얼마 뒤 놀랄 만한 반전이 이어졌다. 석궁을 맞은 판사가 아니라 석궁을 쏜 피의자를 동정하는 시중의 여론이 상상을 초월할 정도로 고조되었기 때문이다. 최근에 개봉한 영화 〈부러진 화살〉을 통해 다시 확인되었듯이, 석궁 사건은 한국 사회의 저변에 존재하는 사법 불신이 얼마나 뿌리 깊은지를 단적으로 드러냈다.

나는 석궁 사건에서 드러난 한국 사회의 뿌리 깊은 사법 불신이 새파란 청년 판사 앞에서 대한민국 사람들이 이따금씩 마주치게 되는 곤혹스러운 상황과 깊이 관련되어 있다고 생각한다. 무엇보다 한국 사회에서는 사법 시스템의 정당성을 추궁하는 앞서의 근본적인 질문들이 아직까지 한 번도 제대로 답변되지 않고 있기 때문이다. 이에 대해 누구보다 진지하게 답변해야 할 대한민국 법률가들은 '짜증 섞인 무표정'으로 그것들을 한사코 무시하고 있을 뿐이다. 이렇게 해서는 한국 사회의 저변을 관류하는 사법 불신이 해소되기는커녕 더욱 깊어지는 것이 당연하다.

지난 10여 년간 나는 법학 교수로서 한국 사회에서 진행되어 온 여러 형태의 사법 개혁 운동에 상당히 적극적으로 참여해 왔다. 법학 교육 개혁 운동이나 법관 임용 제도와 검찰 인사 제도의 개혁 운동은 물론이려니와, 사법 권력에 대한 시민적 감시를 조직하고 자치 분권의 관점에서 사법 시스템을 재구성하는 문제에 이르기까지 학자적 역량을 보태고자 나름대로 애써 왔다. 그 과정에서 내가 절실하게 느낀 것 하나는, 제도적 차원의 사법 개혁 작업만큼이나 시민들 마음 깊숙이 자리 잡은 사법 불신을 이해하고 공감하며 어루만지는 작업이 오늘날의 한국 사회에 긴요하다는 점이었다. 후자의 작업이 함께 가지 않으면, 전자의 작업은 어쩌다 의욕적으로 추진되더라도 시민적 삶의 본령에 진입하지 못한 채 곧바로 제풀에 스러져 버리는 경우가 다반사였다.

그렇다면 한국 사회의 사법 불신을 치유하는 작업은 어디서 시작되어야 할까? 나는 먼저 사법을 바라보는 관점 자체의 균형 감각을 회복해야 한다고 생각한다. 사법 서비스의 공급자인 법률가 집단 쪽에서만 사법에 다가가서는 안 되고, 오히려 그 소비자인 일반 시민들 쪽에서 문제를 살필 수 있어야 한다. 그러나 고백하건대 한국 사회의 현실에서 이런 작업은 법학 교수인 내게도 그다지 쉽지 않다. 그 이유는 법과 사법과 법률가에 대한 지식이나 프레임 자체가 공급자인 법률가 집단에게만 일방적으로 유리하게 구성되어 있기 때문이다. 예를 들어, 시중에 넘쳐 나는 '유전무죄, 무전유죄'와 같은 사법 불신의 단어들은, 법적 지식의 인프라 속에서 고작 몇몇 사회 고발적인 비판 법학자들의 글 속에만, 그것도 매우 단편적으로 존재할 따름이다. 반면에 이런 현실을 완전히 부정하는 법률가들의 언어는 법전·판례·교과서·논문 그리고 무엇보다도 사법기관의 주변을 감싸는 각종 법적 서식 속에 단단한 성채를 이루고 있다. 그렇다면 과연 어디서부터 어떻게 문제에 접근해 들어가야 이와 같은 언어적 비대칭성을 극복하고 사법 현상의 본질에 다가설 수 있을까?

이 책은 지난 10여 년 동안 이와 같은 고민들 속에서 한국 법률가 집단에 대해 써온 논문들 중 일부를 모은 것이다. 이 글들을 쓰고 또 매만지는 동안 나는 사법 현상학司法現象學, judicial phenomenology이라는 방법론적 입장을 계속 의식했다. 일반적으로 현상학적 방법이란, ① 연구 대상과 연구자가 상호주관성에 의해 역동적으로 연결되어 있다는 전제 아래, ② 주관주의와 객관주의의 편향을 모두 넘어서기 위해 참여와 관찰의 무한 반복을 감수하면서도, ③ 다양한 방법론을 창의적으로 활용해 현상 그 자체의 기술을 계속적으로 시도하는 접근 방식을 말한다. 이 책에서 나는 이런 접근 방식을 사법 현상, 특히 한국 법률가 집단에 관련된 사법 현상에 대해 적용해 보고자 한다.

좀 더 비유적으로 말해서, 나는 이 책에서 한국 법률가 집단에 대한 여러 개의 초상화를 그려 보려고 한다. 마치 겸재 정선이 인왕산을 거듭 그렸고, 폴 세잔Paul Cezanne이 〈생 빅투아르 산〉을 거듭 그렸듯이, 나는 이 책에서 한국 법률가 집단을 거듭 그려 보고 싶다. 하나의 대상을 거듭 그린다는 것은, 달리 말해 그 앞에 자신을 거듭 세운다는 것이다. 따라서 그 마주함의 반복 속에서 그려지는 대상은 일종의 거울과 같은 존재가 되고, 그 때문에 그리는 사람은 그 거울 앞에서 어느 순간 자기 자신을 발견하게 된다. 그렇기에 우리는 인왕산 그림들에서 겸재를 보고, 또 〈생 빅투아르 산〉 그림들에서 세잔을 보는 것이 아니겠는가?

그러나 나 자신이 한국의 법률가 집단을 그리는 데는, 즉 한국의 법률가 집단 앞에 스스로를 세우는 것에는 앞서 언급한 사법 불신 문제가 연관될 수밖에 없다. 한마디로 이 책마저도 시민들 쪽이 아니라 법률가들 쪽에서 언어적 비대칭성을 더욱 강화할 가능성이 있다는 것이다. 이 책을 쓰는 과정에서 가장 힘들었던 것은 바로 이를 어떻게 최소화할 수 있는가 하는 문제였다. 이에 관해 나는 『신약성서』 요한복음 7장에 나

오는 짧은 텍스트에서 많은 영감을 받았기에 여기에 잠시 소개하고자
한다. 이 텍스트에는 예수라는 갈릴리 사나이의 체포 및 처벌과 관련된,
유대인 법률가들의 흥미로운 논쟁이 실려 있다.

> …… 바리새인들이 대답하되 "너희도 미혹되었느냐? 당국자들이나 바리새인 중
> 에 그를 믿는 이가 있느냐? 율법을 알지 못하는 이 무리는 저주를 받은 자로다."
> 그중에 한 사람 곧 전에 예수께 왔던 니고데모가 저희에게 말하되 "우리 율법은
> 사람의 말을 듣고 그 행한 것을 알기 전에 판결하느냐?"
> 저희가 대답하여 가로되 "너도 갈릴리에서 왔느냐?" ……(47~52절, 한글 개역)

이 텍스트에는 두 부류의 유대인 법률가들이 등장한다. 정치적·경
제적·종교적 기득권을 수호하려는 바리새인들은 무언가 불순하게 보이
는 예수라는 갈릴리 사나이를 처벌하기 위해 혈안이 되어 있다. 그들은
오로지 심증만으로 예수라는 청년이 종교적 실정법을 위반했음에 틀림
없다고 단정한 뒤에 사후적으로 그 판단을 뒷받침하는 증거를 찾기 위
해 은밀하게 앞잡이들을 파견했었다. 그런데 돌아온 앞잡이들이 정작
유죄의 증거는 찾지 못한 채 정반대의 보고를 전하자 신경질적으로 화
를 내면서 예수를 따르거나 그를 옹호하는 모든 사람을, 법을 알지 못하
는 저주받은 자들로 몰아붙이고 있는 것이다.

이에 비해 니고데모Nicodemos로 대표되는 두 번째 부류의 법률가들은
'적법절차'라는 법의 정신에 호소하는 방식으로 바리새인들에게 맞서려
고 한다. 현대의 법적 개념들로 바꾸어 설명하자면, 적법절차를 거쳐 얻
어진 증거를 기초로 판결이 내려지기 전까지 모든 범죄인은 무죄로 추
정되어야 한다는 주장인 셈이다. 그러나 이런 주장은 바리새인들의 잔
인한 역공 앞에서 금세 무력해지고 만다. "너도 갈릴리에서 왔느냐?"라

는 마지막 추궁은 예수를 변호하는 순간 그와 같이 적으로 취급되어 죽임을 당할 것이라는 치명적인 경고다. 이에 대해 두 번째 부류의 법률가들이 아무런 대응도 하지 못했음을 텍스트는 침묵으로 증언한다.

지금까지 한국의 법률가들을 연구한 선행 업적들을 일별해 보면, 한결같이 전자보다는 후자의 범주에서 법률가들을 이해하려고 한 흔적이 뚜렷하다. 해방 이후만 보더라도 김병로, 엄상섭, 사도법관 김홍섭, 유병진 판사, 유기천, 조영래, 황인철, 한기택 등에 관한 여러 후학들의 글이 그러하다. 몇몇 법률가들이 스스로 남긴 회고록 따위는 말할 것도 없다. 그러나 솔직히 말해 이와 같은 편향은 그리 건강한 것이 못된다. 왜냐하면 그것은 정작 필요한 자리에서는 한마디 법을 외쳤다가 곧바로 침묵 모드에 돌입했던 법률가들이 나중에서야 스스로를 위로하기 위해, 또는 피해자에 대한 미안함을 해소하기 위해, 비겁하게 돌려 말하는 것일 뿐이기 때문이다.

이런 생각에서 나는 두 번째 부류의 법률가들보다는 차라리 첫 번째 부류의 법률가들에게 초점을 맞추어 이 책을 쓰는 것이 낫겠다고 결심했다. 실제로 대한민국의 사법을 지배한 익명의 법률가 집단을 제쳐 두고 어쩌다 한 번씩 그 주류에 저항했던 몇몇 법률가들을 추앙하는 데 그친다면 지금 우리 자신을 구성하고 있는 실제의 역사를 부당하게 왜곡하는 것과 다름없기 때문이다. 비록 익명의 법률가 집단을 그리는 것이 결코 쉬운 작업은 아니지만, 그럼에도 불구하고 오늘날 한국 법률가 집단을 지배하고 있는 사법 불신의 기원을 이해하려면 당위적 신화를 걷어 내고 익명의 법률가 집단 앞에 나실 필요가 있다. 실제의 자아를 만나기 위해서는 실제의 대상 앞에 나서야 한다는 것이 이른바 진경산수眞景山水의 출발점이자 현상학의 이념이 아니겠는가?

이 책은 모두 아홉 개 장에 걸쳐 한국 법률가 집단의 초상을 그려 보고자 한다. 이는 다시 세 부분(1~2장, 3~6장, 7~9장)으로 나눌 수 있는데, 지난 60여 년의 대한민국 헌정사는 해방 공간(1945~60년, 특히 1945~48년) 및 민주화 이후(1995년~현재, 특히 2007년 이후)에 발생한 두 차례의 사법 개혁으로 구분될 수 있기 때문이다. 이 두 차례의 사법 개혁은 법률가들이 자신들의 특권을 활용해 주도면밀하게 개혁을 추진하고 집행한 사건들이었다는 점에서 공통점을 지닌다. 이 책은 이 두 차례의 사법 개혁에 대한 분석을 처음과 마지막에 배치하고, 그 사이에 첫 번째 사법 개혁의 결과이면서 두 번째 사법 개혁의 원인이 되는 한국 법률가 집단의 실제에 대한 분석을 배치한다. 이처럼 기본적으로 역사적 흐름에 따르면서도, 거시적 관점에서 미시적 관점으로, 그리고 다시 거시적 관점으로 한국 법률가 집단을 바라보는 독자의 눈길을 이끌어 보고자 한다.

이제 본문의 내용을 간략히 살펴보자. 앞서 말했듯이 1장과 2장에서는 해방 공간의 사법 개혁이 어떻게 진행되었으며, 그 결과로 탄생한 대한민국의 사법 체제가 이후 어떤 특징을 지니게 되었는지를 생각해 본다. 사실 나는 오랫동안 이 주제에 관한 통사를 쓰고 싶었고 얼마간 준비도 해왔으나, 언제쯤 독자들에게 선보일 수 있을지 아직 장담할 수 없는 상태다. 아쉬움이 많지만, 이 책에서는 일단 해방 공간의 역사적 탐구와 거시적인 비교 연구를 통해 대한민국 사법 체제의 특징을 간단히 살펴보는 정도에 만족하고자 한다.

이어지는 3장에서 6장까지는 이 책의 중심 부분이다. 여기서는 한국 사회에서 법률가가 어떻게 탄생하고 어떻게 살아가는지에 관해 되도록 세밀한 해석을 제시하고자 한다. 달리 말하면, 이 장들은 해방 공간의 사법 개혁을 통해 탄생한 한국 법률가 집단의 실제를 미시적으로 묘사하는 부분이라고도 할 수 있다. 한국 법률가의 탄생 공간에서 시작해 군 복무 기간, 포항 지역사회, 대형 법률 회사(로펌)의 모습 등을 차례로 살펴보면서 나는 줄곧 2012년 현재, 40대 후반에 도달한 한국의 중견 법률가들의 얼굴을 떠올렸다. 이들은 아마도 법률가에 대한 천편일률적인 이미지 속에서 젊은 시절을 보내다가, 대한민국 사법 체제에 충분히 익숙해지고 난 다음에야 자신들이 왜 그처럼 동일한 이미지에 갇히게 되었는지에 관해 깊은 의문을 갖게 된 사람들일 것이다. 이 부분의 묘사를 통해 40대 후반의 한국 법률가들이 자신들의 초상을 확인할 수 있기를 소망한다.

여기서 한 가지 덧붙여 두고 싶은 것은 이 부분에서 내가 선택한 방법론의 문제다. 나는 의도적으로 참여 관찰과 같은 접근 방식에 의존했는데, 그 이유는 제도 위주의 접근이 중요하지 않아서가 아니라 이를 효과적으로 보완하기 위해 다른 접근이 필요했기 때문이다. 제도적 접근은 해석 또는 묘사의 주체와 대상을 분리시키면서도 곧잘 그 사실을 은폐하곤 한다. 하지만 나는 대한민국 법률가 집단의 현실을 해석하고 묘사하는 과정에서 나 자신이 그 대상이자 분제의 일부라는 사실을 결코 숨기고 싶지 않았다. 예지가 있는 독자라면, 이 네 글에서 화자話者의 자리가 법률가 집단의 안팎으로 요동하고 있음을 포착할 수 있을 것이다.

다음으로 7~9장에서는 다시 거시적인 관점으로 돌아와 해방 공간에서 만들어진 대한민국의 사법 체제에 대해 근본적인 개혁이 요구되는 맥락과 이에 대한 법률가 집단의 저항을 다루어 보고자 한다. 이는 민주 정치 차원의 사법 개혁과 법률가 정치 차원의 사법 개혁이 서로에 대해 투쟁하는 모습을 분석하는 작업이기도 하다. 2009년 출범한 법학 전문 대학원(로스쿨) 체제의 평가를 포함해 앞으로 대한민국의 사법 체제가 어디로 가야 하는지에 관해서는 헌법 정책적인 토론이 필요하다. 하지만 이 책에서는 한국 법률가 집단의 초상을 제시한다는 목표에 충실하기 위해 총입학정원제에 입각한 로스쿨 체제가 어떤 정치적 함의를 갖는지를 되새겨 본 뒤 사법의 지방분권에 관해 문제를 제기하는 수준에서 일단 이야기를 마무리하고자 한다.

마지막 에필로그에서는 아홉 장의 초상화를 종합하고 다시 한 번 한국 법률가 집단의 모습을 전체적으로 그려 보고자 한다. 한국 사회의 뿌리 깊은 사법 불신을 탐구하는 과정에서 나는 전관예우와 관료 사법이라는 두 단어에 대해 깊이 생각해 봐야 한다는 결론에 도달했다. 대한민국 사법의 표층과 심층에 자리 잡은 이 두 단어를 끝까지 붙들고 늘어져서 2012년 한국 사회에서 그 진정한 의미가 무엇인지를 밝히지 않으면 다른 아홉 장의 초상화 모두가 그저 그런 단편적인 묘사로 끝나고 말 것 같았기 때문이다. 이런 이유로 나는 전관예우와 관료 사법에 대한 연속적인 명상으로 이 책을 마무리하고자 한다. 다소 모험적인 방식이긴 하지만 프롤로그부터 읽어 주신 독자들께는 전달되는 바가 있으리라 기대해 본다.

이 책을 준비하면서 나는 지난 15년 동안 사법 개혁과 관련해 써온 글들을 다시 읽어 보는 기회를 가졌다. 학자라면 누구나 그렇겠지만, 오래전에 자신이 쓴 글을 다시 읽는 것은 아주 멋쩍고 부끄러운 경험이었다. 그때그때의 정치적 개입이나 섣부른 대안 제시에 기울어진 글들이 다수였고, 근본으로 돌아가 자유민주주의와 사법의 본질에서부터 사유를 전개한 글들은 별로 많지 않았기 때문이다. 지난 10여 년 동안 사법 개혁 논의에 적극적으로 참여해 온 법학자 중 한 사람으로서 나는 이와 같은 학술 담론의 실천적 편향 앞에서 상당한 자괴심을 느꼈다. 그럼에도 불구하고 이제 그런 글들의 일부를 모아 세상에 내보내는 까닭은 이 습작의 시대를 그만 끝내고 싶기 때문이다. 이와 관련해 오랫동안 내게 한국 법률가 집단에 대한 통사적이고 망라적인 서술을 주문해 왔던 법과사회이론학회와 한국법사회학회의 몇몇 동료, 후배들에게는 특별히 미안한 마음을 감출 수 없다. 앞으로의 정진을 다짐할 뿐이다.

마지막으로 이 책에 관한 아주 개인적인 소회를 한 가지 밝히고자 한다. 부모님께서 결혼하신 뒤 곧바로 외조부모님께서 타계하신 까닭에, 맏아들인 나는 아주 어렸을 때부터 외삼촌, 두 이모님과 함께 성장했다. 그래서 열 살이 훨씬 넘는 나이 차이에도 불구하고 외삼촌은 내게 큰 형님이나 마찬가지였다. 지금도 외삼촌의 자전거 뒷자리에 매달려 함께 웃고 있는 내 어린 시절의 사진을 보면, 눈매를 비롯한 얼굴 분위기 전체가 형제처럼 비슷하다. 이 책 가운데 7장 "사법 개혁의 정치학"은 원래 2003년 3월 초 일본의 홋카이도 대학교에서 열린 국제 심포지엄에서 발표한 원고다. 그때 작은 수술의 후유증으로 입원해 계시던 외삼촌께서 갑자기 돌아가셨는데, 나는 미리 예정된 일본 출장 때문에 임종을 지키지 못했다. 그래서일까? 나는 아직도 가끔씩 외삼촌이 세상에 계시지 않다는 사실이 너무도 낯설 때가 있다. 그동안 나는 외삼촌의 임종을 지키지 못한 죄스러움을 마음 한구석에 두고 살았다. 하늘나라에 계신 외삼촌께서 조카이자 막내 동생의 죄송한 마음을 이제라도 받아주시길 빌며, 지금도 여전히 깊이 사랑하는 내 외삼촌 고故 민선기 안수 집사님의 영전에 이 책을 바친다.

2012년 4월
포항 한동에서
이국운

1장

해방 공간에서 사법 기구의 재편 과정

1. 헌정사로서의 사법사

일반적으로 해방 공간의 역사를 기술함에 있어 사법사司法史의 중요성은 그다지 주목받지 못해 왔다. 그 이유는, 말할 것도 없이, 계급 혁명과 반공주의의 구호들을 앞세워 좌우로 극단화되기만 했던 당시의 정치적 상황을 설명하는 데 사법사의 변천을 중요한 변수로 삼기는 어려웠기 때문이다. 그러나 헌정사의 관점에서 해방 공간의 역사를 다시 기술한다고 할 때, 사법사의 의미는 전혀 새로운 차원으로 격상될 수밖에 없다. 왜냐하면 1990년대 이후 대한민국의 헌정 체제가 급속하게 정상화되고, 이와 동시에 사법 권력 및 그 담당자인 법률가 집단의 정치적 중요성이 증가하면서, 그와 같은 변화의 제도적 기틀이 마련된 해방 공간의 사법 기구 재편 과정이 핵심적인 역사적 의미를 갖게 되었기 때문이다.

최근 대한민국의 헌정 체제는 자유주의적 법치주의liberal legalism와 민주적 공화주의democratic republicanism의 길항적 공존이라는 자유민주주의의 근원적 차원으로 급속하게 육박해 가고 있다. 무엇보다 사법 기구 및 법률가 집단이 강력한 권력을 향유하게 되면서, '사법의 민주화'를 기조로 다양한 대항 논리가 구성되고 있는 것은 이에 관한 중요한 증좌다. 왜냐하면 이로써 '사법권의 독립'이라는 헌법 원리의 이해를 두고 '사법권의 우위와 법률가 독점'이라는 전자의 해석과 '사법의 민주화와 시민적 참여'라는 후자의 해석이 치열하게 정당성을 다투게 되었기 때문이다.[1] 현재의 헌정 체제가 기본적으로 해방 공간의 산물이었음을 고려한다면, 헌정사 연구와 관련해 이와 같은 상황 전개가 어떤 의미를 갖는지는 자명하다. 해방 공간의 사법 기구 재편 과정에서 헌정 체제의 본질과 관련된 의문들은 누구에 의해 어떻게 해결되었는가? 그들이 내세운 정당화의 논변은 무엇이었으며, 그와 경쟁하던 다른 논변은 또 무엇이었는가? 사법 기구의 재편과 관련된 헌법 투쟁의 핵심 쟁점은 어떤 것들이었으며, 그 각각은 결국 어떻게 정리되었는가? 이 글은 이런 질문들 중 일부에 답하려는 시도다.

주지하듯이, 해방 공간에서 사법 기구의 재편 과정은 대한민국 헌정 체제의 체제적 본질을 형성하는 과정이었다. 하지만 1948년의 헌법 제정과 정부 수립을 중심으로 하는 헌정 체제의 초기 건설 과정에서 사법 기구의 핵심적 가치가 충분히 이해된 것은 아니었다. 남한만의 단독정부 수립이 불가피하다는 미군정의 방침이 어느 정도 명백해진 시점을 전후해, 정부 수립 과정에 적극적으로 참가했던 자들은 대부분 현실적인 권력의 향배에만 관심을 돌렸으며, 그 결과 정부 형태나 경제체제의 문제 등에 급속도로 매몰되었기 때문이다.[2] 이런 이유로 해방 공간에서

1_이 작업의 예로 국순옥(2004)과 『민주법학』 25호부터 연재되고 있는 그의 연속 강연, "열린 눈으로 헌법", 그리고 이국운(2001; 2004)을 참조.

2_이런 사정은 반드시 우리의 경우에만 적용되는 것은 아닌 것 같다. 예컨대 영국의 경우에도

사법 기구의 재편 과정은 1948년의 헌법 제정 과정을 지배한 내각책임제와 대통령제 사이의 갈등, 근로자의 이익 균점권이나 적산敵産 처리 문제 등과는 별개의 차원에서 별도의 주도 세력에 의해 소리 없이 이루어졌다. 그렇다면 이 무대 뒤의 연출자들은, 특히 그 의도와 행태는 어떤 방식으로 식별될 수 있을까?

여기서 제기되는 것이 바로 헌정사로서의 사법사 연구의 방법론 혹은 그 서술의 초점에 관한 문제다. 나는 이 점에 관해 두 가지 핵심 변수를 제기하고자 한다. 첫째는 해방 공간의 실질적 기획자요 연출자였던 '미군정美軍政의 규범적 선도 역할'이다. 미군정의 결정적 역할은 해방 공간의 다양한 국면들에서 거듭 확인되고 있으나, 이 글의 대상인 사법 기구의 재편 과정에서는 매우 독특한 성격을 갖는다. 왜냐하면 그것은 단지 미국 또는 미군정에게 이익이 되는 것을 실현하는 과정만이 아니라, 미국 또는 미군정에게 당연한 것 또는 마땅히 그래야 하는 것을 실현하는 과정이었기 때문이다. 마치 일세의 총독 정치가 그들에게는 당연한 천황 중심 체제의 이식을 목표로 했던 것처럼, 해방 공간에서 사법 기구의 재편 과정은 미군정의 입장에서 '사법권의 독립'이라는, 그들로서는 미국식 헌정 체제의 핵심에 해당하는 교의를 확립하는 과정이었던 것이다.[3] 이론적으로 '미군정의 규범적 선도 역할'은 '사법권의 우위와 법률

명예혁명의 가장 중요한 의제인 입헌군주제의 확립, 즉 그것을 통한 의회주권의 확립에 가려 사법 기구의 재편은 주목받지 못했다. 미국의 경우에도 이 점은 마찬가지여서 헌법 제정 당시의 핵심 의제는 연방과 주의 관계였으며, 연방 대법원의 위상은 좁은 의미의 정부 형태의 선택보다 덜 중요한 문제였다. 전후 독일의 경우에도, 예컨대 연방헌법재판소의 설치 문제 등은 이후의 정치적 중요성에 비추어 기본법 제정 당시에는 그다지 부각되지 못했다. 그러나 이 국가들이 그 체제적 본질을 드러내기 시작한 이후 그처럼 간과되었던 사법 기구의 성격은 하나의 관건적 요소로서 등장하기 시작했다.

3_이에 관한 문헌은 부지기수이지만, 그 정당화 및 다양한 비판론 등을 포괄하고 있는 최근의

가 독점'을 내세우는 자유주의적 법치주의의 관점과 '사법의 민주화와 시민적 참여'라는 공화주의적 입헌주의의 관점에서 모두 추적이 가능하다. 그러나 후술하듯이 전자에 비해 후자에 관한 미군정의 역할은 매우 제한적이었으며, 그 결과 미국식 헌정 체제의 이식은 매우 선택적으로 이루어질 수밖에 없었다. 그렇다면 해방 공간에서 사법 기구의 재편 과정이 이처럼 편향되게 진행되었던 원인은 무엇일까?

이런 관점에서 이 글은 두 번째의 핵심 변수로서 해방 공간에서 사법 기구를 중심으로 급속하게 재조직되었던 '조선인 법률가 집단의 직업적 이해관계'에 주목하고자 한다. 주지하듯이 미국식 헌정 체제는 법률가 집단으로 하여금 '사법권의 독립'이라는 핵심 교의를 자신들의 직업적 이해관계와 직결시켜 이해하도록 방임하는 경향이 있고, 그 때문에 법률가 집단은 쉽사리 '사법권의 우위와 법률가 독점'을 기조로 하는 자유주의적 법치주의의 강력한 옹호 집단으로 변신하게 되는 경우가 많다.[4] 따라서 하나의 이론적 가능성으로서 조선인 법률가 집단이 미국식 헌정 체제의 이식 과정에서 일종의 수용 인자受容因子로 작용할 여지는 충분했다고 볼 수 있다. 후술하는 바와 같이 해방 공간에서 조선인 법률가 집단은 바로 이 가능성을 적극적으로 활용해, 식민지 조선의 주변부 변호사들로부터 새로운 헌정 체제의 판검사들로 극적인 신분 상승을 이루어 냈다. 그리고 그 과정에서 '사법의 민주화'의 제도적 표현이라 할 '시민의 사법 참여 논의'나 '고위 법관 선출 논의' 등은 제대로 부각되지 못한 대신, '사법권의 독립'을 특권적으로 강조하면서도 독재적인 행정 권

대표적인 저작으로는 Griffin(1996)을 볼 것.
4_이 책 2장 참조.

력과 부패한 입법 권력의 위협 앞에 무력하기 짝이 없는 소극적 관료 사법의 전형이 만들어졌던 것이다.

물론 이 두 가지 핵심 변수, 즉 미군정의 규범적 선도 역할과 조선인 법률가 집단의 직업적 이해관계 사이의 상호 연계는 해방 공간의 정치적 소용돌이 한쪽에서 소리 소문 없이 이루어졌다. 비록 그 결과로 형성된 사법 기구는 곧이어 전쟁과 독재의 틈바구니에서 좌충우돌하게 되었지만, 기본적으로 양자의 상호 연계는 대한민국 헌정 체제의 저변에서 일종의 규범적 전제를 제공해 왔으며, 1990년대 이후에는 극적으로 헌법 정치의 전면에 등장하게 되었던 것이다. 이제부터 이 글은 이 두 가지 핵심 변수를 초점으로, 해방 공간에서 사법 기구의 재편 과정을 기술해 보고자 한다. 한편으로는 과도기의 사법 권력을 행사하는 문제와 관련된 미군정과 조선인 법률가 집단 사이의 갈등 관계가, 다른 한편으로는 미국식 헌정 체제의 이식, 유지 및 방어와 관련된 양자의 협력 관계가 주요한 논섬이 될 것이다. 논의는 이 분야의 기존 연구들을 보완하면서 특히 미국국립문서보관소National Archives and Records Adminstration의 관련 문서 상자[Record Group 554(구 332), Entry no. 1256(A1), Box no. 21[5] 및 Federal Record Center Box no. 1[6]]에서 확보한 자료들에 근거해 진행될 것이다.[7]

5_Records of General HQ, Far East Command, Supreme Commander Allied Powers, And United Nation Command, Box No. 21 United States Army Forces in Korea, X XIV Corps, G-2, Historical Section, Records Regarding the Okinawa Campaign, U.S. Military Government in Korea, U.S.-U.S.S.R. Relations in Korea, and Korean Political Affairs, 1945~48. 각 문건이 포함된 구체적인 폴더의 내용은 각주에서 밝힐 것이며, 이후 이 자료는 Box. no. 21로 지칭한다.

6_REC GRP: 0554, TITLE: US Army Forces in Korea(USAFIK), US AMGIK(U.S. Army Military Government in Korca Interim Government Korea Records, 1946~50, CONTAINER COMMENTS: Reallocated from RG entry UD 34376A.) 이 자료는 폴더의 형태로 정리되지 않은 채 서류 봉투에 무작위로 담겨 있는 상태이므로 부득이 문건 자체의 제목을 밝힐 수

2. 미군정과 조선인 법률가 집단의 조우

무엇보다 먼저 거론할 것은 앞서 말한 두 핵심 행위자, 즉 미군정과 조선인 법률가 집단의 연계가 매우 우발적으로 이루어졌다는 사실이다. 1945년 8월 15일 이전까지 양자는 전혀 다른 세계에 존재했다. 공식적으로 대일본 제국의 법률가들이었던 식민지 조선의 조선인 법률가들은 기본적으로 식민지 사법 기구의 부속 인원들에 불과했다. 그들 중 대부분은 법정에 출석할 때면, 재판관·검찰관과 비슷하지만 그보다는 훨씬 덜 화려한 법복을 입어야만 하는 제3순위 사법 관료들, 즉 변호사들이었다. 조선총독부의 사법부司法部[8]를 위시해 식민지 사법 기구의 중심을 차지했던 일본인들에 비해 조선인 법률가들은 항상 핵심에서 밀려나 주

밖에 없으며, 이후 FRC Box no. 1로 지칭한다. 이 자료의 일부는 RG 554 Entry no. 1403 (A1), Box no. 307 및 308에도 폴더로 정리되어 있다.

7_전자의 자료는 미군정이 종식되는 시점에서 1945년 이후 점령 기간 동안의 미군정 법무국의 역사를 정리하고자 수집된 것이다. 오키나와에서의 점령 준비 과정에서부터 1948년 8월 대한민국 정부 수립 이후 업무 이양 과정에 이르기까지 중요한 자료들이 망라되어 있으며, 잠정적인 개요와 수기본·타이프본·교정본을 포함해 다양한 종류의 미완성 초고들도 일부 포함되어 있다. 이는 해방 공간에서 사법 기구의 재편 과정을 탐색할 수 있는 매우 귀중한 자료임에 분명하나, 이를 해석할 때는 반드시 미군정의 관점이 자료 수집 과정에 이미 개재되어 있음을 유념해야 할 것이다. 후자의 자료에는 전자가 포괄하지 못한 1947~48년의 〈과도법원조직법〉 제정 과정 등이 담겨 있다. 이 두 자료는 한국헌정사연구회가 2003년 및 2004년에 실시한 미국국립문서보관소 연구 방문을 통해 수집된 한국 헌정사 사료군에 포함되었으며, 문서 복사본 및 시디롬의 형태로 보관되고 있다. 특히 후자의 자료를 발굴하는 데 도움을 주신 방선주 박사님께 감사를 표한다.

8_여기서 사법부(司法部)는 조선 총독 휘하의 행정부서 중 하나로서 사법행정을 전담하는 부서를 일컫는다. 조선 총독부의 권력 기구는 근대적인 의미의 삼권분립을 채용하지 않았으며, 법원은 사법부에 소속되어 있었다. 뒤에서도 밝히고 있듯이, 이와 같은 권력 통합적 사법행정 기구인 사법부로부터, 입법부 및 행정부와 동등한 사법부(司法府)를 독립시켜 삼권분립 체제를 형성하는 것은 해방 공간에서 진행된 사법 기구의 재편 과정에서 가장 핵심적인 과제였다. 사법부(司法府)가 독립한 이후 사법부(司法部)는 법무부(法務部)로 이름을 바꾸게 된다.

변을 맴도는 아웃사이더들일 뿐이었다. 재판관과 검찰관 중에는 매우 소수의 인원만이 그것도 하위직에 속해 있었으며, 변호사 집단 내부에서도 일본인 변호사들과의 긴장 관계 속에서 대체로 말단으로 밀려나는 신세였다. 아울러 제도적으로도 조선인 법률가의 입신양명은 이중 삼중으로 봉쇄되어 있었다. 이런 식민지적 상황을 『주한 미군사』는 다음과 같이 묘사하고 있다.

> 1943년 조선에는 246명의 판사, 135명의 검사, 20명의 서기관, 870명의 서기, 4명의 통역인이 있었으나, 그중에 조선인의 수는 10퍼센트를 넘지 못했다. 1939년에는 235명의 판사 중 46명만이 조선인이었고, 120명의 검사 중 8명만이 조선인이었다. 1940년에 복심법원 판사 35명 중 조선인은 오직 4명이었으며, 지방재판소에 근무한 조선인은 오직 10퍼센트에 불과했다. 더구나 복심법원과 고등법원은 합의체 법원이었는데, 합의부에는 반드시 1인 이상이 일본인이어야 했고, 조선인은 재판장이 될 수 없었으며, 일본인 판사는 1인의 의사만으로도 거부권을 행사할 수 있었다.[9]

조선인 법률가들의 의뢰인 집단인 조선 민중에게 이들은 어떤 점에서 애증을 함께 불러일으키는 비운의 사법적 대표들이었다. 고등문관시험 등에 합격한 수재 집단으로서 이들이 가진 이미지는 일본법이 적용되고 일본어로 진행되는 법정에서 조선 민중의 이익을 수호하는 용감한 대변자로서의 역할을 요구하고 있었다. 그러나 이들의 현실적인 지위는 어디까지나 식민지 사법 기구의 말단이었으며, 그들의 직업적 감수성은

9_심희기(1997, 318)에서 재인용; 『주한 미군사 3』 484쪽[이하 171쪽이하 '『주한 미군사』(영인본의 쪽수 : 원래 기록의 쪽수)'로 표시].

일본인 법률가들과의 관계에서 비롯된 열등감과 굴욕감에 지배받고 있었다.[10] 이에 더해 일제 치하에서 법원·검찰 등의 사법 기구가 경찰을 비롯한 직접적인 억압 기구들에 비해 현실적으로 정치적 중요성이 낮았다는 점 역시 주목할 필요가 있다. 특히, 점령 과정에서 미군정이 치안 확보를 위해 복원을 용인했을 만큼, 일제하의 경찰 조직은 식민 통치의 현실적인 기축이었다. 요컨대 식민지 사법 기구는 그 자체로서 권력의 중심에서 한 걸음 비켜 있었으며, 그 속에서 조선인 법률가들은 또 다시 제한적 효용만을 갖는 말단의 부속 인원들로 취급되고 있었던 것이다.[11]

　이에 더해 1930년대 중반부터 가속되었던 대일본 제국 전체의 군국주의화 운동은 조선인 법률가들의 입지를 더욱 협소하게 만들었다. '대일본 제국은 만세일손의 천황이 통치권을 총람하는 신국神國'이라는 논리는 1920년대의 다이쇼大正 데모크라시로 표현되었던 민권 본위의 정치 개혁 운동을 좌절시키고, 국권 본위의 국가주의 운동을 전면적으로 추동했다. 공법 영역에서는 5·15 사건, 2·26 사건 등 일련의 군사 쿠데타 시도가 이어지면서 일본적 특수성을 강조하는 국권주의 학파가 절대적 우위를 확인했다.[12] 사법 영역에서는 독일 법학적 해석 지향이 더욱

10_대다수의 조선인 법률가들이 친일 노선을 따르며 개인적인 입신양명을 위해 인생의 진로를 개척하는 가운데, 법률적 항일 투쟁에 앞장섰던 소수의 '민족 변호사들'(허헌·김병로·이인 등)이 대중의 선망을 받게 되었던 것도 이런 이중적 상황에서 이해되어야 한다. 다시 말해, 식민지 조선의 대중에게 그들은 '일제에 맞서는' 민족 지도자들인 동시에 '일본인보다 뛰어난' 변호사들로 비춰졌다는 것이다.

11_일제강점기 식민지 법제 일반에 관해서는 김창록(1995, 49-78), 문준영(2001, 97-134)을 참조.

12_특히 1935년에 발생한 이른바 천황 기관설 사건은 자유민권법 학파의 도전이 군권주의 학파의 전체주의적 대응 앞에서 무력하게 무너졌던 단적인 실례라고 말할 수 있다. 당시 도쿄 대학교 법학부의 헌법 주임교수였던 미노베(美濃部達吉)는 이른바 국가법인설에 기초해 일본 헌법을 해석하면서, 천황을 법인으로서의 국가의 한 기관이라고 설명했다. 그러나 메이

순수한 논리 조작의 형태로 심화되는 동시에, 서구법의 도입이 일본 사회의 고유한 가치를 위협하고 있다는 자각에서부터 강제적 조정 제도와 같은 방식으로 일본적 전통을 회복하려는 움직임이 가시화되었다(Haley 1982, 125-148). 이런 움직임은 식민지 조선에서 내선일체의 황국신민화 작업과 전쟁 수행을 위한 총동원 작업으로 나타났고, 식민지 사법 기구의 구성원들은 군국주의 운동에 철저하게 협조할 수밖에 없었다. 이런 이유로 해방 공간이 열리기까지 조선인 법률가들이 '사법의 민주화'라는 이념을 정면으로 경험할 수 있는 계기가 거의 없었다. 심지어 그 대표적인 제도로서 다이쇼 데모크라시가 도입한 배심제도조차 내선일체의 식민 동화 이데올로기를 정면으로 받아들이지 않는 한 주장하기 어려운 측면이 있었다. 식민지 조선에 배심제를 실시하는 것은 "천황의 충량한 신민의 자격으로 천황의 사법권을 옹호하는 의무에 동참하는 것을 뜻"했기 때문이다(문준영 2002, 150).

그러므로 이 조선인 법률가들에게 사법 개혁의 담론으로 호소력을 지닐 수 있었던 것은 대일본 제국 내부에서 군국주의 운동에 대한 비판 담론으로 명맥을 유지했던 자유민권법 학파의 '법조일원화法曹一元化론'이 유일했다고 볼 수 있다. 이는 개업 변호사들로부터 판사와 검사를 충원함으로써 변호사 집단을 판검사 집단과 동등한 자격으로 격상시키고, 나아가 이런 법조일원화를 통해 국가 관료제 내부에서 사법 기구의 제도적 독자성을 확보하자는 주장으로서, 식민지 사법 기구의 말단을 차

지 헌법은 천황을 현인신으로 자리매김하고 있었으므로, 그런 이데올로기를 선전하는 데 몰입하고 있었던 군부는 미노베 교수의 그와 같은 이론을 천황을 모독하는 것으로 강하게 비판했다. 그리고 이 문제는 일본 국회에서 논의된 뒤, 결국 미노베 교수의 '헌법 촬요(憲法 撮要)'가 발간 금지되고, 그 자신은 도쿄 대학으로부터 추방되기에 이른다. 이에 관해 자세한 것은 김창록(1994, 121-127) 참조.

지한 조선인 변호사들의 직업적 이해관계와 상통하는 측면을 가지고 있었다.[13] 후술하듯이, 조선총독부의 군국주의적 총동원 운동에 수동적으로 동참하던 조선인 법률가 집단이 해방 공간에서 '사법권의 독립'에 매달렸던 것에는 단순한 직업적 이해관계를 넘어 이와 같은 지적 기원이 작용하고 있었던 것이다.

1945년 8월 15일 일본의 패전과 함께 갑자기 형성된 새로운 정치 지형은 조선인 법률가들에게 기회 구조로 작용했다. 기존 사법 기구의 중심을 형성하던 압도적 다수의 일본인 재판관·검찰관·변호사들의 입지가 하루아침에 사라져 버림으로써 사법권의 현실적인 공백 상태가 초래되었기 때문이다. 그동안 사법 기구의 중추를 형성하던 대부분의 일본인 법률가들은 해방과 함께 사실상 어떤 사법 기능도 수행할 수 없는 조선 내 일본 거류민의 처지로 전락했다. 이 점은 다른 행정 기구도 마찬가지였지만, 사법 기구의 경우 건국준비위원회 등 조선인으로 조직된 과도기 치안 조직들이 이를 대체하기 어렵다는 문제가 존재했다. 그것

13_메이지 시대 말기부터 일본 변호사계는 ① 변호사회를 법인으로 할 것, ② 변호사회의 감독은 사법대신이 할 것, ③ 변호사의 징계는 변호사회가 직접 할 것, ④ 변호사의 직무 권한을 명확하게 하고 비변호 활동을 할 경우 제재할 것 등을 줄기차게 요구했다. 그 결과 다이쇼 시대에는 고등문관시험 사법과가 시행되어 판검사와 변호사가 동일한 시험을 치르게 되었고, 1933년의 변호사법 개정으로 위의 사항들이 대부분 실현되었으며, 아울러 변호사 시보 제도도 창설되었다. 나아가 변호사계는 사법 개혁의 최종적 대안으로서 '법조일원화'를 주장했다. 이를 위해 1938년 2월에 두 개의 법률 개정안이 별개의 의원 입법안으로 제출되었다가 부결되었는데, 그 내용은 판검사를 전부 변호사로서 실무에 종사한 자로부터 임용한다는 내용이었다. 이와 같은 흐름은 전후에도 계속되어 일본변호사연합회에 설치된 법조일원 대책위원회는 1954년 3월 19일 모든 법관은 상당 기간 변호사의 경험이 있는 자 중에서 선임해야 한다고 결의했고, 일본법률가협회에 설치된 법원, 법무성, 변호사 및 각계의 위원으로 구성된 법조일원위원회는 1961년 5월 10일 "법관은 변호사, 검찰관으로서 극히 풍부한 경험이 있는 자로부터 가장 우수한 사람을 선임하는 제도를 갖추어야 한다."라고 결의했다. 이에 관해 자세한 것은 문인구(1985, 180-181), 松井康浩(1992, 53-102) 참조.

은 사법 과정 전체에 여전히 일본법이 적용되고, 재판 과정에 일본어가 사용되는 등 이른바 '절차적 전문성'이 반드시 필요했기 때문이다. 이런 까닭에 사법 과정의 마비 상태는 상당 기간 지속될 수밖에 없었고, 9월 8일이 되어서야 인천에 상륙한 미군정 당국은 사법기관이 사실상 붕괴된 것으로 인식한 뒤, 서둘러 그 재건에 나서게 되었던 것이다.

물론 일본인 법률가들에 의해 운영되던 사법 기구가 일시적으로 기능 정지되었고, 조선인 법률가들이 그 자리를 대체할 사실상의 후보자들이었다는 점만으로, 해방 공간에서 이들이 포착할 수 있었던 정치적 기회 구조가 모두 설명되는 것은 아니다. 그런 기회 구조의 실질적인 주도권은 조선인 법률가들이 아니라 미군정 당국이 가지고 있었기 때문이다. 1945년 이후 미군정은 전후의 극동 정책 또는 대소 정책이라는 큰 흐름 속에서 기본적으로 미국의 국익을 한반도에 실현하려는 목적을 가지고 있었다. 하지만 여기서 주목할 것은 이와 같은 정책의 기획과 집행이 근본적으로 미국식 헌정 체제 혹은 미국적 세계관에 기초해 이루어졌다는 사실이다.[14] 앞서 언급했듯이, 미국식 헌정 체제에서 '사법권의 독립'이라는 교의 및 그와 관련된 적법절차의 요청은 통치의 효율성만이 아니라 통치의 정당성까지를 가늠하는 핵심이다. 따라서 해방 공간의 사법 기구 재편 과정에서 문제의 관건은 '미군정의 긴급한 필요였던 사법 기구의 기능 회복을 누가 제공할 것이며, 또 그것을 사법권의 독립

14_이를 잘 보여 주는 것이 1945년 8월 29일자 태평양 미국 육군 사령부의 야전 명령 55호 부속서 7의 6항이다. "한국에 대한 군사점령의 당면 목표는 ① 군국주의의 폐지, 처벌할 만한 전쟁 범죄자의 즉각적인 체포 : 일본의 무장 해제와 군국주의 폐지, ② 인종, 국적, 신앙, 정치적 견해를 이유로 하는 차별의 폐지, ③ 민주주의적 경향과 절차의 강화, ④ 자유주의적인 정치·경제·사회제도의 강화, ⑤ 한국에서 국내 문제를 잘 처리할 수 있고 다른 나라들이나 유엔과 평화적인 관계를 유지할 수 있는 책임 있는 정부의 출현을 촉진할 조건의 창출 등이다"[『주한 미군사』 471 : 5; 심희기(1997, 316)].

이라는 미국식 헌정 체제의 논리 속에서 어떻게 정당화할 것인가?'의 문제였다.

이렇게 이해할 경우, 해방 공간의 사법 기구 재편 과정에서 조선인 법률가들과 미군정이 서로에게 유리한 정치적 파트너가 될 수 있었다는 점은 부인하기 어렵다. 다만 문제는 이들 양자가 상대방의 규범적 지향성을 제대로 알지 못한 채, 그야말로 우발적으로 부딪히게 되었다는 점이다. 생면부지의 이 두 집단은 1945년 9월 9일 이후 후자의 본거지라 할 서울에서 본격적으로 조우하게 된다. 이들을 둘러싸고 있었던 것은 ① 모든 사법 업무를 팽개친 채 초조하게 일본으로 돌아갈 날만을 기다리고 있는 일본인 법률가들과, ② 조선인 법률가들에 의해 조선어로 진행되는 재판을 감격스럽게 기다리고 있는 대부분의 조선 민중과, ③ 해방의 감격을 다독이며 새로운 국가에서 주도적인 역할을 꿈꾸고 있는 건국준비위원회를 비롯한 각종 정치조직들, 그리고 ④ 정치적 격동기에도 여전히 존재하기 마련인 민형사 분야의 현실적 재판 수요자들이었다. 이와 같은 직간접적 이해관계 집단 속에서 양자는 일종의 응수 타진에서부터 시작해 자연스럽게 물밑 협상을 진행시키게 된다. 협상의 핵심은 '새로운 국가의 사법 권력을 누가 행사할 것인가?'와 '새로운 국가의 사법 권력을 어떻게 조직할 것인가?'였다.

3. 사법 기구의 한국인화

1945년 9월 12일 아널드Archbold B. Arnold 소장이 군정장관으로 임명됨으로써 본격적으로 시작된 미군정의 통치는 통치 체제 그 자체의 확립을 최우선 목표로 삼았다. 조선총독부의 모든 법령은 그대로 효력을 유지했으며, 잠정적이지만 일본인 관료들도 여전히 현직에 남아 있었다. 미군정은 적절한 한국인 후보자들을 찾아내어 일본인 관료들을 대체하려는 계획을 세웠으나, 미국식 헌정 체제의 이식을 포기하고 식민 통치 기구를 그대로 온존시키지 않는 한, 단기간에 이 목표를 달성하기는 어려웠다. 이런 사정은 사법 기구에 관해서도 동일했으나, 상황은 더욱 급박했다. 8월 15일 이후 재판이 거의 진행되지 않는 등 사법 기구가 말 그대로 마비된 상태였기 때문이다.

각지에서 일본인 거류민들에 대한 위협이 보고되는 상황에서 이런 마비 상태가 미군정의 당국자들에게 상당한 부담으로 작용했음은 분명하다.[15] 적법절차의 핵심인 민형사 재판이 제대로 진행되지 않는다면 미군정이 통치의 정당성을 확보하기가 어려울 것이다. 군정청의 초대 법무국장 에머리 우달Emery J. Woodall 소령 등 실무 라인은 이 문제에 대해 대체로 두 가지 방식으로 대응하고자 했다. 첫째는 경성변호사회 회장 이홍종 및 강병순, 소완규 등 조선인 법률가 집단의 대표적인 인물들을 두루 접촉해 실질적인 협력을 구하고자 했으며, 둘째는 이를 바탕으로 조기에 일본인 재판관·검찰관을 대체할 후보자 인력을 확보하고자 했다.

이처럼 미군정과 조선인 법률가 집단의 첫 만남은 사법 권력의 구성 방식에 관한 제도적 협상보다는 사법 권력의 행사 주체에 관한 인적 협상으로 시작되었다. 이는 '새로운 국가의 사법 권력을 누가 행사할 것인가?'에 관한 첫 번째 답변이 형성되는 과정이기도 했다. 그것은 바로 미

15_Box no. 21. Notes, Documents, Early Drafts on Justice w/Some Interviews에 포함된 각종 형사사건 보고 및 보도 자료. 그중 일부는 일본 거류민들이 조선인들로부터 위해를 당했다는 내용이다.

국인이 아니라 한국인이 사법 권력을 행사해야 한다는 것이었다. 물론 그렇다고 해서 이 물음이 완전히 해결된 것은 아니었다. 사실상 한국인이 사법 권력을 행사하게 되는 것은 시간문제였으며, 더 중요한 문제는 '한국인들 가운데 누가 그 권력을 갖게 될 것인가?'였기 때문이다.

해방 공간에서 이 후자의 질문은 예상치 못한 방식으로 등장했다. 같은 해 9월 하순의 인적 협상 과정에서 핵심 인물로 급부상한 것은 미국 예일 대학에서 정치학 박사 학위를 받은 뒤 귀국해 이화여자전문학교에서 교수로 봉직하던 43세의 김영희였다. 맨 처음 미군정 장교들의 통역으로 위촉받은 이 인물은 장교들과 함께 법원·검찰 등의 사법 기구와 경찰·형무소 등을 시찰하는 과정에서 신임을 얻어 법률가가 아니면서도 조선인 법률가 집단의 대표들과 미군정의 실무 라인을 연결하는 역할을 담당했다. 그는 우달 소령과 이홍종 등의 사이에서 사법 기구를 일차적으로 재건하는 인사안*을 작성했으며, 여러 대안 가운데 최종안을 선택할 수 있는 위치에 이를 정도로 급성장했다. 이 과정에서 미군정 측으로부터 크게 신임을 얻은 김영희는 같은 해 10월 9일 한국인으로서는 사실상 최고위직인 법무국장 보좌관에 취임했고, 그를 대표로 하는 일단의 한국인 관료들(장후영·김영상·구자관·최병석·전규홍 등)은 군정청 법무국의 과장급으로 임명되었다. 이듬해 3월 7일 지방법원 직원들의 연찬회에서 법무국장대리Associate Director로 재임하던 김영희는 영어 연설을 통해 이 당시를 다음과 같이 회고하고 있다.[16]

16_같은 폴더에 포함된 김영희의 영문 연설 원고, Address of Dr. Y. H. Kim, Associate Director Bureau of Justice, Before Provincial Legal Officers Conference on 7 March 1946 at Seoul, Korea, p. 2. 이 원고의 일부는 앞서 언급한 미군정 법무국 역사의 초고에도 그대로 인용되고 있다.

…… 가장 어려웠던 일은 어떻게 적합한 판검사들을 찾느냐는 것이었습니다. 우달 대령은 서울의 저명한 변호사 세 분을 초대해 추천자 목록을 제출해 달라고 부탁했습니다. 그러자 많은 추천자 목록이 들어왔죠. 서울에 있는 법원의 인사에 관해서만도 대여섯 개의 목록이 있었습니다. 밤 열한 시 또는 열두 시쯤 사무실을 나서면서 신선한 공기를 마시던 그 가을밤들을 우리는 결코 잊지 못할 겁니다. 적절한 곳에 적절한 사람을 배치하는 것은 정말 어려운 일이었습니다. 최종적으로 제안된 인사안은 내 타이프라이터로 타이핑된 뒤 총무국으로 보내졌고, 아널드 장군의 결재를 받기까지는 2주일이 걸렸습니다. 최종적으로 결재가 나자 기쁨이 몰려왔습니다. 바로 그날 오후 우리는 새로 임명된 판검사들을 법원 건물의 가장 큰 강당에 소집했습니다. 이들이 모여 있는 동안 우리는 일본인 판검사들이 파직 명령을 듣기 위해 모여 있는 법원의 회의실로 갔죠. …… [번역은 필재][17]

이 연설문에 언급된 것처럼 1945년 10월 11일 미군정은 재판소와

17_"…… The most difficult thing was how to get proper judges and prosecutors. Col. Woodall invited three prominant[prominent의 오기로 보임] lawyers of Seoul and asked them to submit a list of recommendations. Then many lists of recommendations followed. There were five or six recommendations for the appointment of courts in Seoul. We shall never forget those autumn nights when we breathed the fresh air at eleven or twelve o'clock at nights coming out of our offices. It was so very difficult to put a right person in the right place. When the final list was proposed and typed by my own typewriter, it was submitted to General Affairs and it took two weeks to get the signature of General Arnold. When it was finally signed, joy wverwhelmed[overwhelmed의 오기로 보임] us. On that very afternoon, we asked all those newly appointed judges and prosecutors to be assembled in the largest hall of the court building. While these people gathering, we went into the assembly hall of the court where Japanese judges and prosecutors were assembled to hear the removal order depriving them of their offices ……."

검찰의 수뇌부에 대한 대대적인 인사를 단행했다. 이에 따라 일본인 재판관과 검찰관 전원이 면직되었으며, 대법원장 김용무를 비롯한 39명의 판사와 대법원 검사장 김찬영을 비롯한 23명의 검사가 임명되었다. 그리고 그와 동시에 미군정은 일제강점기의 최고법원이던 조선고등법원을 대법원으로 개칭한 뒤, 그 구성원의 직함 역시 대법원장과 대법관으로 바꾸었다.[18] 하지만 미군정의 이와 같은 인사 조치는 즉각적인 반발을 불러왔다. 한국민주당의 문교부장이던 김용무가 대법원장에, 당무부장이던 이인이 대법관에 임명된 것에서 알 수 있듯이, 이런 인적 구성은 명백하게 한국민주당 계열에 기울어진 것이었기 때문이다.[19] 이를 예감한 듯, 10월 9일 경성변호사회는 이미 사법부에 대한 민중의 신뢰와 사법권의 독립을 지키기 위해 정당 관계자의 사법관 임용을 배격한다는 성명을 제출했으며(문준영 2002, 143), 경성변호사회에 의해 대법원장으로 위촉된 바 있었던 심상직은 10월 11일 당일 판검사 임명장을 받기 위한 자리에서 일어나 신병身病을 이유로 대법관 취임을 거부했다. 그 밖에도 인사 조치의 내용에 불만을 품고 판검사직에 취임하지 않는 경우가 다수 있어, 사법 기구에 대한 미군정의 한국인화 작업은 처음부터 난항에 부딪혔다. 10월 16일 대법원에 처음 등청한 김용무 대법원장은 기자회견에서 사법권의 독립을 위해 한국민주당에서 탈당하겠다고 밝혔다.

　하지만 이와 같은 정치적인 분석은 사법 기구의 한국인화에 관한 표피적인 관찰일 뿐이다. 사법 권력의 향배를 결정한 더욱 중요한 사건은

18_같은 날, 주로 광복 이후 미군이 서울에 진주할 때까지 조선총독부의 관리 등이 저지른 독직 행위 등을 처리하기 위한 특별범죄조사위원회가 설치되었고, 그 위원으로는 이인 등 세 명의 대법관과 공소원[구(舊)복심법원] 및 경성지방법원 판사 일부가 임명되었다.

19_그 밖에도 한민당원인 양원용·윤원상·강병순·윤명룡 등이 각각 지방법원장으로 임명되었다(이인 1974, 155; 문준영 2002, 143).

11월 14일 미군정이 법무국지령 제1호로 일단의 미군 장교들에게 한국 법률가 자격을 부여하면서, 앞서 언급한 김영희를 비롯해 전규홍 특별범죄조사위원회 간사(당시 40세), 박용균 특별재산재판소 감독관(당시 43세) 등 과거 법률가 자격을 갖지 못했던 세 명에게도 법률가 자격을 부여한 조치였다.[20] 이 사건은 11월 19일 미군정이 법무국지령 제4호로 기존의 모든 변호사회와 조선변호사협회를 폐지한 뒤, 새로이 조선변호사회를 설치해 모든 판사와 변호사를 강제로 가입시키면서, 대법원장이 그 회장을 자동적으로 겸임하고, 변호사 단체에 관한 모든 규정을 법무국장이 제정하도록 한 조치와 맞물리면서 조선인 법률가들로부터 격렬한 반대를 불러일으켰다. 이런 재구성은 사실 같은 날 이루어진 지방법원 판사 69명에 대한 신규 임용 및 전보 발령과 연계시켜 본다면 미국식 법조 일원화를 달성하기 위한 예비 조치로도 이해될 수 있는 것이었다. 하지만 새롭게 재구성된 '조선변호사회 서울분회'가 중심이 된 조선인 법률가들은 예외 없이 이 조치를 있을 수 없는 일로 비난했다. 법률 지식이 일천한 무자격자에게 법률가 자격 인가를 남발하고, 일제강점기에도 인정되어 오던 변호사회의 자치권을 무시한다면, 그것은 한마디로 사법권의 독립을 무시하는 관치 독재에 불과할 뿐이라고 이들은 주장했다.[21]

그러나 이런 반발에 대해 미군정은 짐짓 무시하는 태도를 취했다. 미군정은 서울에 진주한 지 불과 3개월여 만에 사법 기구의 한국인화에 성공한 것을 큰 진전으로 받아들였으며, 김영희 등의 법무행정 능력을

20_11월 28일에도 법무국지령 2호로서 은성룡·윤동식 등 일곱 명의 한국인 비법률가에게 같은 조건으로 한국 법률가 자격이 주어졌다. 각주 16의 폴더.

21_예컨대 조선변호사회 서울분회(회장 이홍종)는 12월 13일 위 세 명의 무자격자에 대한 변호사 임명을 취소하고 대법원장의 조선변호사회장 겸임 등을 시정할 것을 군정장관 등에게 요청했다.

높이 평가해 그에 대한 비판을 일축했다.[22] 그 대신 12월 17일 법무국지령 7호로서 "법무국장이 국장대리를 통해 발령한 명령이나, 법무국장이 특히 권한을 부여한 경우를 제외하고는 군정청 장교는 법무국이나 그 지휘 감독하에 있는 국가기관의 관리에게 명령을 할 수 없다."라고 규정했다. 이는 군정청 장교에게 고문 내지 조력자의 역할만을 허용함으로써, 12월 10일 이미 법무국장대리에 임명되었던 김영희에게 사실상 법무국장의 권한을 부여한 조치였다.[23] 이로써 미군정이 단행한 사법 기구의 한국인화 작업은 조선인 법률가들의 반발에도 불구하고 법무국장 대리 김영희와 대법원장 김용무로 이어지는 한국민주당 계열의 지도부를 구축하는 선에서 1단계가 마무리되었던 것이다.

이처럼 3개월여에 걸친 사법 기구의 한국인화는 1945년 8월 15일 이전 사법 기구의 아웃사이더들에 불과했던 조선인 법률가들(주로 변호사들)이 대법원을 비롯한 사법 기구의 중심에 판검사로 진입하는 결과를 초래했다. 물론 당시 사법 기구는 일제강점기의 사법부 체제와 마찬가지로 여전히 미군정청 법무국의 행정적 지휘 감독을 받는 처지에 있었다. 그러나 사법 기구의 한국인화는 그 자체만으로도 가히 상전벽해를 말할 수 있을 정도였다. 한국어로 한국인 판검사가 재판을 진행한다는 것만으로도 커다란 감격을 느끼는 분위기였다.[24] 그렇지만 이 시기의

22_앞서 언급한 영어 연설에서 김영희는 남한 법률가 집단의 신랄한 공격에 맞서 자신을 지켜 준 미군정의 법무국 장교들, 특히 테일러 소령(Major Taylor)과 앤더스 소령(Major Anderson)에게 대단한 우정을 표시하고 있다.

23_미군정이 김영희를 법무국장 대리로 임명할 것이라는 소문에 서울 지역의 법원, 검사국, 법무국, 특별검찰부, 특별재산심판소, 경성소년심판소, 조선변호사회 서울분회(구경성변호사회) 등의 사법 관계자 70여 명이 회동해 심상직을 후보자로 선출하고, 이를 미군정 당국에 건의했다. 이런 움직임은 후술하듯이 1947년에 본격화되는 고위 사법관의 공선 제도 도입 논란이 조선인 법률가 집단 내부에서 이미 태동하고 있었음을 보여 준다(문준영 2002, 162).

조선인 법률가 집단은 오히려 불쾌한 분위기에 전반적으로 휩싸였다. 이것은 무엇보다 불과 3~4개월 동안의 격동기에 벼락출세를 한 사법 기구의 새로운 수뇌부에 대한 질시 때문이었다. 여전히 무자격자요 비법률가로 치부되던 법무국장대리 김영희는 여러 측면에서 비판의 표적이 되었고, 일부 법률가들은 판사 또는 검사로 임명되고도 출근을 거부하는 방식으로 이에 저항했다.[25]

　대법원장 김용무는 또 다른 비판의 표적이 되었고, 급기야는 1946년 2월 25일 현직 판검사 약 40여 명이 사법권의 독립을 해하는 그의 언행을 문제 삼아 대법원장 불신임안을 미군정청의 법무국에 제출했다. 3월 22일에도 불신임안 관철을 위한 현직 판검사 모임이 개최되는 등, 이 사건은 몇 달 동안 사법 기구 내부에 긴장을 야기했으나, 5월 16일 러취 Archer Lerch 군정장관이 대법원장의 사표를 반려함으로써 일단락되는 듯 보였다. 하지만 그 이후에도 예컨대 같은 해 6월 9일 광주지방법원 직원들에 대한 대법원장의 훈시 내용[26]이 문제시되어 법률가 집단의 대표들이 미군정청에 진상 규명을 요구하는 등, 김용무에 대한 비판은 그칠 줄 몰랐다.

　이 같은 갈등에도 불구하고, 사법 기구의 한국인화, 아니 더 정확하게 사법 기구의 조선인 법률가화는 1946년 말경까지 점진적으로 이루어졌다. 특히 1946년 3월 29일 법무국이 사법부로 확대 개편된 뒤, 5월

24_법원행정처(1995b, 174)의 『조선일보』 기사 및 고재호 변호사의 회고 참조.

25_미군정청은 1946년 7월 23일, 그동안 임명을 받고도 출근하지 않은 판검사에 대해 임명을 취소했다.

26_"사법권에 있어서 엄정중립이니 불편부당이니 하는 자는 사법관의 자격이 없다. 경찰 증거 서류가 불비하다 하더라도 건국을 방해하는 자는 철추를 내려야 한다." 그러나 김용무 본인은 이를 사실무근이라고 항변했다(『서울신문』 46/07/10; 문준영 2002, 147).

24일 광복 이후 최초로 전국 법원장 및 검사장 회의가 열리고, 6월 27일 같은 한국민주당원이지만 존경받는 민족 변호사인 김병로가 한국인 최초의 사법부장으로 임명되면서 사법 기구 내부의 갈등은 어느 정도 진정 국면에 접어들었다. 비난의 표적이었던 김영희는 5월 24일 법무국장 대리에서 물러난 뒤 5월 31일 의원면직되었다. 그 대신 사법 기구의 정상화가 궤도에 올라, 예컨대 법원의 판사 숫자는 1946년 말까지 상당수가 더 충원되어 총 157명에 이르렀다.

한편, 이와 같은 사법 기구의 급속한 한국인화는 당연히 법률가의 부족 사태를 불러일으켰다. 미군정은 법률가의 대폭적인 증원을 바랐으나, 기존 법률가들은 자질이 떨어진다는 이유로 이를 극력 저지했다. 그 때문에 변호사 충원을 위한 조선 변호사 시험령은 1947년 3월 29일에야 공포되었고, 이에 따른 첫 번째 시험은 10월까지 늦추어졌다. 따라서 그전에는 법률가의 현실적인 부족을 이런저런 방식으로 보충하는 도리밖에 없었다. 이를 위해서는 앞서 언급한 ① 미군정청 법무국의 특별 허가 외에도, ② 전문학교 이상을 졸업한 법원 서기 및 검찰 서기들에 대한 특별 채용, ③ 1945년 8월 15일 해방으로 중단된 조선 변호사 시험의 수험생들에 대한 구제(106명), ④ 사법관 양성소 입학시험 합격자들에 대한 사법관 시보 임명, ⑤ 판검사 특별 임용 고시와 제주도 사법 요원 시험을 통한 임용 등이 활용되었다.

주지하듯이 1946년 하반기의 해방 정국은 신탁통치안에 대한 찬반으로 좌우익이 갈라선 뒤, 결렬 국면으로 치닫던 미소공동위원회를 주시하면서, 미군정이 급속하게 좌익 세력에 대한 탄압 국면으로 돌아서는 상황이었다. 특히 1946년 5월 15일 발표된 '조선 정판사 위조지폐 사건'을 계기로 좌익 세력의 지도적 인물들인 박헌영·이강국·이주하 등에 대한 체포 영장이 발부되었고, 조선공산당은 지하로 숨어들었다. 이와 같은 좌우익의 격돌은 1947년 들어 본격화된 사법제도의 개혁 논의 과정에서 '시민의 사법 과정 참여'나 '고위 법관 임용 방식' 등에 관한 갈등 등에 약간의 영향을 미쳤으나, 사법 기구의 현실은, 적어도 그 구성원에 관한 한, 이미 확실히 우익, 특히 한국민주당의 영향권 내에 있었다.[27] 여기서의 핵심은, 계속되는 갈등에도 불구하고 이런 정치적 편향성을 정당화하는 규범적 논리가 '사법권의 한국인화'와 '사법권의 독립'이라는 두 가지 방식으로 끊임없이 표출되었으며, 그것이 어느 정도 미군정을 설득하는 데 성공하고 있었다는 점이다. 당시의 상황에서 이 논리는 새로운 국가의 사법 권력은 한국인에 의해 행사되어야 하며, 그중에서도 법률 지식을 갖춘 소수의 법률 전문가들, 특히 일제강점기 이래 엄격한 시험(고등문관시험)을 통해 그 자격을 인정받은 조선인 법률가들에 의해서 '독점적'으로 행사되어야 한다는 주장이었다. 이와 같은 주장은 통치의 현실적인 필요와 통치의 규범적 정당화를 동시에 겨냥한 것이라는 점에서 미군정이 간단히 무시하기 어려운 무게를 가지고 있었다. 하지만 그 이면에는 사법권의 독립을 사법권의 독점으로 바꾸어 놓으려는 조선인 법률가 집단의 직업적 이해관계가 작동하고 있었음을 부인하기 어렵다. 그렇다면 '사법의 민주화 및 시민적 참여'를 강조하는 민주적 공화주의의 관점에서 이에 대한 논리적인 대항물이 고안될 수는 없었을까?

27_사법 기구를 장악한 조선인 법률가 집단의 정치적 편향성을 잘 보여 주는 것이 극우 단체인 대한민주청년동맹(약칭 대한민청)의 단원들이 정치적 반대파를 납치 살해한 사건에 관한 1947년 4월 20일자 서울지방법원의 판결이다. 주동자로 지목된 김두한에게 가벼운 벌금형을 선고한 1심 판결은 좌익은 물론 미군정의 군정장관까지도 만족시키지 못했으며, 그 결과 군정 재판소에 사건이 이송되었다. 이에 대해 우익 단체들은 사법권의 독립에 대한 침해라고 반발했으며, 1심 재판에 관여한 판사들은 사표를 제출했다. 우여곡절 끝에 사표는 반려되고, 피고인들은 군정 재판소에서 사형 등을 선고받은 뒤 미군 당국에 의해 무기징역으로 감형되었으나, 이 사건을 둘러싼 정치적 갈등은 쉽게 가라앉지 않았다(심희기 1997, 334).

4. 사법제도의 재편 과정

사법 기구의 한국인화가 어느 정도 완성되면서 미군정과 조선인 법률가 집단의 협상은 점차 '새로운 국가의 사법 권력을 어떻게 조직할 것인가?'라는 물음으로 옮겨 갔다.[28] 이런 추세는 특히 1947년에 들어서면서 뚜렷해졌는데, 중요한 사건은 2월 15일 코넬리 소령이 사법부장직에서 물러나 고문이 되면서, 대법원 내부에 대법관 이상기, 서울지방법원장(1947년 1월 1일 이후는 서울지방심리원장) 장경근 등을 비롯한 16명의 판사들로 '사법제도에 관한 법규 편제 위원회'가 구성된 것이었다. 사실 사법제도의 개혁을 위한 이론적인 준비는 그전부터 차근차근 진행되고 있었다. 전년도 11월 9일 군정장관이 설립한 한미법률교류협회에는 김병로·장경근 등 대표적인 법률가들 및 사법부의 법률 연구과 주임 고문이던 에른스트 프랭클Ernst Frankel 등이 참가해 사법제도 개혁 등에 관한 포럼을 매달 조직했다.[29]

이런 준비 작업이 결국 어떤 방향으로 나아가게 될 것인지는 비교적 명백했다. 미군정의 사법 기구는 기본적으로 사법부가 사법행정을 담당하고 그 아래 재판소와 검찰국을 두었던 일제강점기의 유제를 따르고 있었다. 이는 입법부·행정부·사법부司法府 간의 권력분립이 제대로 이루어지지 못한 체제였으므로 미국식 헌정 체제와는 어울릴 수 없었다. 그러나 입법부 및 행정부로부터 독립된 사법부를 '언제', '어떤 방식으로' 허

28_1946년 12월 16일에는 사법부령에 의해 재판소와 검사국 등의 명칭이 변경되어 다음 해 1월 1일부터 시행되었다. 공소원-고등심리원, 지방법원-지방심리원, 지방법원지원-지방심리원 지청, 대법원 검사국-대검찰청, 공소원 검사국-고등검찰청, 지방법원검사국-지방검찰청, 소년심판소-소년심리원, 판사-심리관, 검사총장-검찰총장, 검사-검찰관 등.

29_이 모임은 1947년 겨울까지 지속되었다고 한다(심희기 1997, 332).

용할 것인가에 관해 미군정 내부가 단일한 생각을 가진 것은 아니었다. 단정적으로 말하기는 어렵지만, 대체로 젊은 하위직 법무 장교들로 이루어졌던 사법부의 리버럴들(뉴딜주의자들)은 단기간에 전면적인 개혁을 진행시켜 '이상적인' 미국식 헌정 체제를 건설하려는 생각을 하고 있었다. 이에 반해 한반도와 극동에서 미국의 이익을 냉정하게 저울질하던 미군정의 고위직 일반 장교들은 급격한 권력 누수를 가져올지도 모를 전면적인 개혁보다는 차라리 현상 유지 쪽을 택하려는 경향이 강했다.[30]

독립된 사법부를 건설한다는 미군정의 당면 목표는 법률가 집단의 직업적 이해관계와도 그대로 맞아떨어지는 것이었다. 앞서 언급했듯이 이를 통해 그들은 '사법권의 독립'을 '사법권의 독점'으로 전환시킬 수 있었기 때문이다. 그러나 구체적으로 어떤 방식으로 그 목표를 달성할 것인지에 관해서는 법률가 집단 역시 크게 두 갈래로 생각이 나뉘었다. 먼저 일제강점기와 동일한 사법 기구 속에서 졸지에 누리게 된 기득권을 가능하면 그대로 유지하려는 소극적 입법파가 있었으니, 임명 초기부터 법조계 안팎의 구설수에 오르내렸던 대법원장 김용무가 그 대표적인 인물이었다. 다른 한편에서는 당시 법제의 원형을 이루는 대륙법 제도를 기반으로 하되 차제에 가능한 범위에서 미국식 사법제도를 본격적으로 도입하려는 적극적 입법파가 있었고, 그 대표로는 앞서 언급한 '사법제도에 관한 법규 편제 위원회' 위원이면서 대법관 이상기 등과 함께 도미해 직접 미국식 사법제도를 시찰했던 서울지방심리원장 장경근을 들 수 있었다.

애초에 미군정은 사법부에서 법원을 분리하는 것에 그치고, 법원 조

30_미군정 내 장교 집단의 입장 차이에 관한 개괄적인 분석은 정용욱(2003a; 2003b) 참조.

직 자체의 재구성은 차후로 미루고자 했다. 1947년 4월 11일 제시된 미군정의 법령 초안 개요는 사법 기구의 재편성과 관련된 당면 목표로서 "① 사법 기구가 행정부의 간섭으로부터 독립해 운영되고 법원이 법 집행에 대해 책임질 줄 알도록 할 것, ② 행정부의 감독하에 있으면서도 두려움 없이 소추권을 행사하는 검찰 조직을 창출할 것, ③ 잘 훈련된 변호사들로 구성된 지방변호사회와 변호사회 중앙협의회를 가진 전국적인 변호사회가 법조 훈련을 행하고, 법률 정기간행물의 발행을 통해 자신의 의견을 개진하도록 하며, 완벽한 국립 법률 도서관을 갖추고 신속하게 법률 정보를 보고하는 시스템을 갖추도록 하는 것, ④ 확립된 법원조직법, 법조윤리법, 행형법을 통해 기능하는 민주주의적인 법 집행 기구의 강화, ⑤ 행정부의 정책적 통제하에 정부의 법률 정책이 조정될 수 있도록 하는 것, ⑥ 법무부 장관직을 모든 법률 조언, 연구, 기초 조사 등을 행하고 법정에서 정부의 의사를 법적으로 대표하는 기능이 집중되어 있는 부서로 구성하는 것 등"을 제시했다(심희기 1997, 327; 『주한 미군사』 617 : 146).[31] 이는 한마디로 미국식 사법제도를 적절하게 축소·변경해 적용하려는 의도였다.

미군정의 이런 방침에 대응해 사법부장 김병로와 대법원장 김용무는 각각 법원조직법을 비롯한 각 법령들의 초안을 마련하기 시작했는데, 크게 보아 양자는 행정부로서의 사법부司法部(후일 법무부)와 행정부 전체에 대응되는 사법부司法府의 이익을 대변하는 입장으로 나뉘었다.[32] 이

31_동일한 내용은 1947년 4월 11일 리처드 길리암(Richard D. Gilliam Jr.)이 코넬리 소령에게 보낸 법원행정 법규에 관한 부서 간 전달 메모 "Courts Administration Statute"와 이에 첨부된 "Tentative Draft of Statute to Remove Courts from Department of Justice"라는 문서에서도 확인할 수 있다. FRC Box no. 1.

32_예컨대 초기부터 등기 업무에 관해 사법부는 그대로 두기를 원했고, 대법원은 자신의 관할

둘의 틈바구니에서 중요한 전거가 된 것은 1947년 4월 15일부터 시행된 일본의 새로운 법원조직법이었고, 그 노선을 좇아 단순히 대법원을 분리하는 데서 그칠 것이 아니라 법원 체계를 포함한 사법 조직 전체의 재조직이 필요하다는 주장이 대두했다. 이와 같은 적극적 입법론을 이끈 것은 앞서 언급한 '사법제도에 관한 법규 편제 위원회'였다. 이 위원회의 주도적 인물들이었던 이상기와 장경근 등은 1947년 5월 8일부터 9월 3일까지 약 4개월 동안 한미법률교류협회의 후원으로 미국 사법제도에 대한 시찰에 나섰다.[33]

당시의 정국은 1947년 2월 5일 미군정청의 민정장관으로 안재홍이 취임한 이래, 남조선과도입법의원을 중심으로 정부 수립의 방향을 두고 좌우 합작론과 단정 수립론이 첨예하게 대치하고 있었다. 그리고 이런 대결 양상은 3월경부터 과도 약헌 등에 관한 활발한 논의를 거쳐, 5월 재개된 미소공동위원회를 중심으로 치열하게 전개되었다. 미소공동위원회에 참가를 청원한 제 정파는 임시정부의 구성 방안 및 구체적인 정강 등에 관해 각자의 서면 답신을 미소공동위원회에 제출했다. 이 서면 답신들은 사법기관의 설치, 재판소 및 기타 사법기관의 권한과 책무, 사법관 선출 및 경질, 사법 민주화의 실시 등에 관해 제 정파의 대책을 담고 있었다. 문준영에 따르면 이들은 좌익 계열의 '민주주의민족전선'과 우익 계열의 '임정수립대책협의회', 그리고 중도파인 '시국대책협의회'의 입장으로 구분될 수 있다.

그 대강을 보면, 사법관의 선출 방식에 관해 좌익 계열이 판사 및 참

에 두기를 원했다(리처드 길리암이 코넬리 소령에게 보낸 부서 간 전달 메모).

33_이때 함께 도미했던 남한 법률가들은 전규홍(남조선과도입법의원 사무처장), 강병순(사법부변호사국장 겸 법원국장), 이호(서울고등검찰청 검찰관)였다.

심원을 인민위원회에서 선출하는 방식의 인민재판 제도를 제시한 것에 비해, 우익 계열과 중도파는 최고법원과 일반 법원을 나누어 전자는 국회 인준(우익) 또는 국민 심사(중도)와 대통령의 임명, 후자는 최고법원장 등의 의견 제출(우익) 또는 지명(중도)과 대통령 임명을 제시했다. 인민의 소송 참가 방식에 관해서도 좌익 계열이 인민 참심제를 내세운 것에 대항해, 우익과 중도파는 인민재판은 배격하되 배심제도는 충분한 연구가 있은 뒤에 시행할 것을 주장했다(문준영 2002, 151-155).

이미 미군정 사법 기구의 중심을 차지한 법률가 집단의 입장에서 이런 상황 전개는 상당히 위협적인 것일 수밖에 없었다. 권력투쟁의 상대방인 좌익의 견해야 그렇다 치더라도 우익과 중도파의 정치 세력까지 사법관의 선출 방식이나 인민의 소송참가 방식 등을 거론하기 시작한 것은 경계할 만한 일이었기 때문이다. 이에 더해 사법부 및 법원 주도의 사법제도 재편 논의에서 한 걸음 밀려나 있었고, 우익 및 중도파의 제안에서도 여전히 법원에 부치附置하는 것으로 취급되었던 검찰 쪽에서 특기할 만한 주장이 돌출했다. 1947년 6월 20일 대검찰청장 이인, 서울고등검찰청장 대리 김영렬, 서울지방검찰청장 김용찬 등은 연명으로 "수립될 신정부의 사법, 검찰 등 기관에 관한 건"이라는 제안서를 사법부의 미군정 고문 앞으로 제출했다. 아래의 인용문에서 알 수 있듯이, 3일 뒤 미소공동위원회에도 제출된 제안서는 시종일관 '사법의 민주화'를 강조하면서 판검사의 동등한 지위 보장, 검찰의 완전한 독립 기구화 및 수사권 확보 등과 함께 '재판상 배심제도의 채용' 및 법률가 집단 전체가 참여하는 이른바 '고위 사법관의 공선 제도'를 주장하고 있었다.

민주주의 이념의 철저한 실천과 인민의 권리와 자유를 적극적으로 옹호, 신창 (伸暢)함으로만 사법의 민주화를 기할 것이고, 법치국가의 면목을 유지케 될 것이므로 이것의 실천 방법으로 좌기요항(左記要項)이 가장 긴요하다.

1. 사법과 검찰의 조직의 모든 것을 민주주의적 기본 정신과 이념에 부합식켜 조속히 실천케 할 것

2. 인민의 권리와 자유를 적극적으로 옹호, 신창할 것

3. 종래의 무제한이든 판사의 구류경신(勾留更新)은 인민의 고통이 심하얐든 것에 감(鑑)하야 적의(適宜)한 제한을 부(附)할 것

4. 판사, 검사 및(及) 그(其) 부속 기관 직원에 대한 엄정한 징계 처분 제도를 설 치하야서 사법제도의 민주화와 신상필벌을 꾀(圖)할 것

5. 재판상의 배심제도를 채용하야 민간의 의사를 사법 운용에 반영시킬 것

6. 보통 민사, 형사사건을 처리하는 재판 및(及) 검찰 기구 이외에 각 경찰서 단 위로 간이 재판소 및(及) 간이 검찰청과 순회 재판소 제도를 설치하야 인민 의 권리 신창을 위해서 처단을 꾀(圖)할 것

7. 범죄 수사와 치안 확보의 기의 민속(機宜敏速)과 불고불리(不告不理)의 원 칙하에 검찰 기구는 완전한 독립기관으로 하야 수사 및(及) 기소권의 행사와 재판 운용의 공정성에 조응케 할 묘미를 발휘케 할 것

8. 사법경찰관을 검사에게 직속케 하여 범죄 수사를 통일하여 사법경찰로 인하 야 인권유린의 폐를 방지할 것[34]

34_"樹立될 新政府의 司法, 檢察 等 機構에 關한 件," 3-4쪽. 원문에는 띄어쓰기가 전혀 되어 있 지 않고, 인권 신장(伸張)으로 인쇄했다가 다시 '張'을 '暢'으로 바꾸는 등 몇 군데 가필한 흔 적이 있다(Box no. 21. USAFIK US Army m/mo/gov't w Korea Interim Gov't Korea Record 1946~50).

대법원장 및(及) 검사총장은 판사, 검사 또(又)는 변호사로서 이십 년 이상의 경력이 있는(有한) 자로서 현직 판사, 검사 및(及) 변호사 회원으로부터 선거된 자일 것[35]

심상치 않은 안팎의 흐름에 대응해 법률가 집단의 주류는 기민하게 대응했다. 먼저 재판상 배심제도의 도입론에 대해 이들은 시기상조론을 적극적으로 표명했다. 대표적으로 미국의 사법제도를 시찰 중이던 이상기·장경근 등은 7월 7일 사법부장(김병로)과 대법원장(김용무), 검찰총장(이인)에게 '미국 연방과 각 주의 사법제도 중 아국 사법제도 건설에 필요한 사항'을 보고하면서, 배심제도의 도입에 관해 다음과 같이 표명했다.[36]

공판 배심제도는 유럽에 있어서도 프랑스 등에서 실패하고 미국에 있어서도 (가) 배심원의 일시적·우연적 직무이기 때문에 무책임하기 쉬운 것, (나) 냉정 신중한 판단을 내리기 어려운 것, (다) 평의전에 재판관으로부터 배심원에 대하여 사실 인정과 법률 적용 및 재판과의 관계를 설명하지만 법률적 기초 지식과 형사 재판에 관한 경험이 적은 배심원은 건전한 판단에 도달하기 어려운 것 등

35_같은 문서의 18쪽. 이 제안서는 대법관이라는 명칭을 회피하면서, 대법원을 대법원장 1명, 부장판사 2명, 판사 4명으로 구성한 뒤, 대법원장 및 부장판사 전원으로 구성되는 연합부와 부장판사 1명 및 판사 2명으로 구성되는 보통부로 나누어지도록 하고 있다. 서울, 평양, 함흥, 대구, 광주에 설치되는 다섯 개의 고등법원도 비슷한 체제를 가지고 있으며, 각 도에 하나씩 설치되는 지방법원의 경우도 마찬가지다. 그 뒤에 검사총장에 의해 대표되는 독립기관으로서의 검찰 기구가 법원 조직과 병렬적으로 설치되도록 제안하고 있다. 되도록 대법원을 약화시킨 뒤, 검찰 기구를 병렬적으로 설치함으로서 검찰 측의 이해관계를 최대한 반영하려는 의도가 짙게 배어난다.

36_이 가운데 일부는 "미국 사법제도 시찰 보고서"라는 이름으로 『법정』지에 수록되었다(『법정』 제2-9호, 1947년 9월, 50쪽). 위의 인용문은 해당 『법정』지의 52쪽, 문준영(2002, 157), 심희기(1997, 332, 각주 38)를 참조.

의 결점이 있어 그 장점 및 단점이 논의 중에 있을뿐더러 민도가 낮고 재판에 관한 상식이 충분치 못한 한국에서 공판 배심제도를 채용함은 시기상조라 하겠다.

이런 시기상조론은 이후 법률가 집단 내부에서 급속하게 동의를 확보하면서, 심지어 배심제도 도입론을 영미 사법제도의 단순한 모방이나 무비판적 추종으로 폄하하는 분위기까지 조성되었다.

그러나 고위 사법관의 공선 제도에 관해서는 상황이 달랐다. 대법원장 김용무를 비롯한 미군정하의 고위 사법관들을 제외하고, 다수의 법률가들이 이를 지지하는 모습을 보였기 때문이다. 당시의 고위 사법관들이 김영희 등을 경유한 미군정과의 막후 연결을 통해 임명되었고, 이에 대한 조직적 반발이 법률가 집단 내부에서 만연했던 점에 비추어, 그 이유는 쉽게 짐작할 수 있다. 무엇보다 이 제도는 그와 같은 사태의 재발, 곧 정치권력에 대한 사법의 예속을 방지하면서도 사법 권력을 법률가 집단의 외부로 유출하지 않는 방편이었기 때문이다. 다시 말해, 그것은 사법부의 한국인화와 사법 권력의 법률가 독점을 동시에 달성하는 묘책이었던 것이다. 이에 더해 미군정의 입장에서도 고위 사법관의 공선 제도는 상당히 바람직한 방향일 수 있었다. 왜냐하면 그것이야말로 좌익 계열의 인민 사법 주장에 대항해 새로운 국가의 사법 권력이 민주적이면서도 독립적으로 구성될 것임을 제한적인 의미로나마 내세울 수 있는 방안이었기 때문이다.

고위 사법관의 공선 제도에 대한 미군정 당국과 법률가 집단 다수의 지지는 이후 법원 조직 법안의 성안 과정에서 극적으로 드러났다. 9월 3일 방미 시찰단이 귀국한 뒤 법원 조직 법안의 준비 작업은 급속도로 진행되어 10월 10일에는 '사법제도에 관한 법규 편제 위원회'의 최종안이 대법원장 이하 대법관, 각급 심리원 및 법원장, 부장심판관, 조선변호사협회 대표자 등 35명이 모인 가운데 심의되었다. 이 회의에는 미군정의 사법부 고문 리처드 길리암 등도 참여했다. 고위 법관 공선 제도에 관해 이 법안은 새로운 법원조직법이 입법될 경우 모든 판사는 반드시 사직해야만 하며, 미군정의 감독 아래 법률가 집단 전체가 참여하는 선거를 실시해 군정장관이 임명할 대법원장, 대법관, 각급 법원장의 후보자들을 선출하고, 일반 판사들은 대법관회의의 추천으로 임명하도록 하는 내용을 상세한 법관 선거 세칙과 함께 포함하고 있었다.[37] 이 회의에서는 일부 참석자는 "1945년 9월 미군이 남조선에 진주한 당시 군정 당국이 조선의 사정을 이해하지 못하므로 영어 통역인의 진언에 의해 현재 각 법원 수뇌부를 조직한 것이므로 전부가 적임자라고 인정키 난▓한즉 금후 선거에 의하야 각원 원수뇌부를 재조직하자는 것이 군정 당국의 의견"[38]이라고 발언했으며, 결국 고위 법관의 공선 제도는 거수 표결에 붙여져 찬성 21표로 가결되었다.

그러나 이와 같은 상황 전개는 대법원장 김용무를 비롯한 법원 수뇌부의 격렬한 반발을 불러일으켰다. 김용무는 이런 중대 문제를 법원조직법 기초 위원만으로 결정할 수 없다면서, 각 고등심리원 심판관 및 각 지방법원장을 소집해 이 문제를 논의했다. 그는 이어 미군정을 상대로 적극적인 로비 활동을 벌여, 앞서의 회의에서 찬성 가결이 이루어진 까닭은 미군정의 의견을 거스를 수 없기 때문이었다고 설명했다. 그리고 만약 고위 법관의 공선 제도가 실시될 경우에는 이를 계기로 좌익 세력이 법원 적화에 성공할 것이며, 현재의 법관들이 총사퇴해 사법 기구가

37_"法源組織法 附則 第五條에 依한 法官選擧細則," FRC Box no. 1.

38_대법원장 김용무가 군정장관 대리에게 보낸 1947년 11월 13일자 비밀문서 "法官選擧에 關한 件"(大法秘密 第一回號), FRC Box no. 1.

붕괴될 것이라고 주장했다. 아래는 대법원장 김용무가 미군정장관 대리에게 보낸 1947년 11월 13일자 대법원 비밀문서의 일부다.

2. 현재 이 선거 문제를 기화로 하야 좌익 계열의 활동이 맹렬합니다. 법원 수뇌부의 주요한 지위를 획득하야 법원 적화를 기도하는 좌익 계열의 인사들이 그 전부터 선거 문제를 주창하여 왔고, 선거가 실시되는 날에는 전체 변호사회를 매수하여 일거에 법원 진영을 획득하야 적화할 계획을 진행하고 있고 이 선거에 대비하기 위하야 동지를 규합하며 각 지방변호사회와의 연락이 실로 긴밀합니다. 장관께서도 아시는 바와 같이 남조선에 현직 심판관의 수는 백칠십 명에 불과하고 변호사의 수는 이백사십여 명입니다. 변호사 이백사십여 명 중에는 군정에 협력하는 우익파는 극소수 일할(一割)에 불과하고 기외(其外)는 전부 중간파가 아니면 좌익파인대 이런 분자들이 좌익파의 지시하에서 결속되어 있고 방금 긴밀한 연락이 전국적으로 전개되 있습니다. 우(右)에 게기(揭記)한 숫자상으로 보드라도 변호사의 수가 심판관의 수보다 과다하니 선거의 결과는 예측할 수 있고 선거에 의하여 좌익분자가 법원을 점령하게 되는 우려할 현중(現衆)이 현출될 것입니다.[39]

4. 현 법원 수뇌부 이하 각 직원은 미군정에 철두철미 협력 복종하므로써 진정한 민주주의적 조선 독립을 완수식히겠다는 일념하에서 경제적으로 유리한 변호사 기타 직업을 버리고 기한(飢寒)에 울고 있는 가족의 불평불만을 억제식혀 가면서 박봉을 감수하고 있을 뿐만 아니라 세간의 모략, 허위 악선전 또는 생명에 대한 위협을 무릅쓰면서(冒)라도 오로지 독립 완수와 군정 협력에

39_같은 문서, pp. 5-6.

희생적 노력을 앗기지 아니하고 있는 현상입니다. 그럼에도 불구하고 선거에 의하야 법원 수뇌부를 재조직한다 함은 결국 현 재직자를 일응(一應) 불신임한다는 것에 불외(不外)하니 선거를 단행할 것 같으면 현 수뇌부 전원은 총퇴각할 것이며 따라서 현 수뇌부를 신봉하고 있는 대다수의 법관들도 전부 퇴각하야 법원 조직에 총붕괴되는 결과를 초래할 것이니 실로 중대한 문제라 아니할 수 없습니다. 요컨대 선거의 목적이 법원을 우량하게 건설함에 있지 아니하고 도리여 법원 기구는 전체적으로 총붕괴되고 말 것입니다.[40]

나아가 김용무를 비롯한 법원 수뇌부는 미군정 및 '사법제도에 관한 법규 편제 위원회'와는 별도로 독자적인 법원조직법안을 만들어 제출했으며, 여기에는 고위 법관의 공선 제도 대신, '대법원장, 대법관, 각 고등법원장, 각 지방법원장, 사법부장 및 차장, 변호사회 회장으로 구성된

40_같은 문서, pp. 8-9. 그 밖의 내용을 간추리면 대략 다음과 같다. ① 미군 통역의 진언에 따라 이루어진 인사가 잘못이라면 전문직인 사법 기구만이 아니라 행정조직에서도 선거를 해야 한다는 것. 법관에 대해서는 일제강점기에도 비행이 없는 한 그 의사에 반해 파면하지 못했으며, 그 법령은 미군정청의 법령에 따라 여전히 유효하다는 것. 법관의 신분보장 없이 민주국가의 건설은 불가능하다는 것. ② (본문 참조) ③ 법관 공선제는 미국에서도 폐해가 많으며 법조계 내부에 파벌이 생겨 결국 선거운동에 능한 정치 판사들을 양산하게 될 것이라는 것. ④ (본문 참조) ⑤ 새로운 정부가 수립되면 당연히 재구성될 사법부를 굳이 미군정이 법관 공선제를 실시함으로써 사법 혼란의 오명을 뒤집어 쓸 이유가 없다는 것. ⑥ 따라서 최초의 원안대로 법 시행 당시의 대법관과 심판관은 현직을 유지할 수 있도록 하는 것이 바람직하다는 것. ⑦ 법관 공선제가 논의되자마자 이미 대구고등심리원(법원)의 판사 여덟 명이 사법 혼란을 우려해 사표를 제출했다는 것. ⑧ 군정장관 명령으로 공포된 행정조직법과 달리 법원조직법은 훨씬 중요하므로 과도입법의원에서 토론할 수 있도록 해달라는 것. ⑨ 표결에서 찬성 의사를 표시했던 대구고등심리원장 이하 여덟 명의 법원장은 선거가 실시될 경우 퇴직하겠다고 의사를 번복했으므로 실제로는 찬성이 열세 명에 불과하고, 그중에도 본심으로 선거를 원하는 사람은 대여섯 명에 불과하다는 것. ⑩ 유엔위원단 감시하에 선거가 시행될 때, 그 공정한 관리를 담당해야 할 법원이 스스로 선거 문제로 붕괴하게 된다면, 이로부터 무슨 일이 벌어질지 모른다는 것.

위원회에서 추천한 자 중에서 군정장관(대통령)이' 대법원장 및 대법관을 임명하는 이른바 대법원장 및 대법관 추천 위원회 제도가 포함되어 있었다. 이는 명백하게 고위 법관의 공선 제도가 가진 제한된 의미의 민주적 성격마저 도외시하고, 사법 권력을 다시금 자신을 비롯한 미군정하의 고위 사법관들에게로 돌려놓으려는 시도였으나, 미군정은 이에 대해 명확한 입장을 표명하지 않은 채 입법 논의를 표류시켰다.

이런 상황에서 해를 넘겨 1948년 2월이 가까워지면서 입법 논의를 급진전시키는 사태가 발생했다. 유엔 한국임시위원단이 대법원장에게 미군정하의 사법부가 행정부로부터 제대로 독립되어 있는지를 문의했다는 보도가 있었던 것이다. 애초에 미군정이 법원 조직의 재구성을 도모했던 실제적인 이유는 2심 제도하에서 상고심을 담당하는 대법원의 사건 부담을 줄이기 위해 3심 제도를 실시하려는 것이었다. 그러나 남한 지역만의 총선거와 그에 따른 단독정부 수립이 시야에 들어오면서, 입법 과정에는 독립된 사법부司法府의 법제화라는 훨씬 중요하고 급박한 이유가 부가되기 시작했던 것이다. 이에 따라 미군정은 대법원장을 압박해서라도 법원 조직 법안에 관한 논란을 하루바삐 종식시켜야 한다는 입장으로 기울어졌다. 그리고 입법 형식과 관련해서는 논란이 증폭될 것을 충분히 예상할 수 있는 과도입법의원에 이 문제를 회부하기보다는 군정장관의 명령으로 하루바삐 입법 과정을 종결지어야 한다는 견해를 갖게 되었다.[41]

41_사법부 고문 코넬리 소령이 회람한 1948년 2월 5일자 부서 간 전달 메모. "Court Reorganization and Third Instance System," 위 각주 37과 같은 폴더. "5. Recently it has been reported that Committee No. 2 of the United Nations Temporary Commission on Korea questioned the Chief Justice on the question of the independence of the judiciary from the executive branch and expressed doubt that there could be a free elec-

이와 때를 같이해, 당시의 한국인 사법 수뇌부 역시 고위 법관의 공선 제도를 내세운 '사법제도에 관한 법규 편제 위원회'의 법안보다는 대법원장 및 대법관 추천 위원회 제도를 내세운 법원 측의 법안에 기울어지는 모습을 보였다. 김병로가 이끌던 사법부 측은 "…… 헌법이 창정創定되지 아니한 이상, 사법에 관한 행정사무를 행정부인 사법부에서 감독하는 현 기구를 개혁하야 사법을 독립케 함에는, 순연한 이론에 입각한 사법만을 현존 기구에서 이탈 독립케 하는 잠정적 조치에 끄치고, 헌법의 창정을 기다려 그 헌법 규준에 의하야 법원조직법을 완성케 하는 것이 가장 적절한 방도"라고 하면서도 법원에서 내놓은 대법원장 및 대법관 추천 위원회 제도가 '이도吏道'를 세우는 최선의 방도라고 평가했다.[42] 또한 이인이 대표하던 검찰 측은 단지 법원 측의 법안이 위 추천 위원회에 검찰 인사를 배제하고 있으므로 검찰총장을 추가할 것과, 대법관 및 판사 임용 자격에 판사와 검찰관을 동등하게 취급하고 있지 않으므로 이를 시정할 것만을 요구하는 의견서를 미군정에 제출했다.[43]

이렇게 되자 '사법제도에 관한 법규 편제 위원회'의 위원이자 방미 시찰단의 일원으로서 사실상 위원회를 대표하던 서울지방심리원장 장경근은 법원 측에 대해 여섯 가지 점을 비판한 수정안을 내놓았다. 그

tion in such circumstances." 이것은 1948년 3월 20일 남조선과도정부법령 제176호로 〈형사소송법〉이 개정되어 인신 구속영장 제도가 도입된 것과도 맥을 같이하는 것이다. 3월 17일 유엔 한국임시위원단이 미군정에 제출한 건의서가 그 입법에 결정적인 계기가 되었기 때문이다.

42_"法源組織法案에 대한 意見書," 2쪽, 같은 폴더. 이 문서는 수기(手記)로 작성된 것이며 그 작성자가 표시되어 있지 않으나, 폴더의 성격에 비추어 사법부장 김병로가 작성한 것으로 짐작된다.

43_1948년 2월 25일 司法部美人顧問官 앞으로 제출된 "法院組織法要綱訂正에 關한 要望의 件," 大檢庶務 五〇號 및 四八號 문서, 같은 폴더.

내용은 ① 고등법원 지원은 불필요하고, ② 행정소송에 대해 그 1심을 고등법원으로 하는 등의 예외를 인정할 필요가 없으며, ③ 미국의 예를 보더라도 일률적으로 고등법원을 2심, 대법원을 3심으로 할 것이 아니라 작은 사건은 지방법원합의부를 2심, 고등법원을 3심으로 하는 것이 낫고, ④ 지방법원 단독판사의 사물관할을 '10만 원'이 아니라 '50만 원'으로 상향 조정하며, ⑤ 간이 법원의 사물관할 역시 적정 수준으로 확대하는 것이 낫고, ⑥ 비송·등기·호적 등의 업무는 간이 법원이 아니라 지방법원에 맡겨야 한다는 것이었다. 이것은 미국식 사법제도의 도입에 대해 상대적으로 적극적인 주장을 펼친 것이라고 할 수 있었으나, 애초의 법안에 포함되어 있었던 고위 법관의 공선 제도에 관해서는 별다른 언급이 없었다.[44]

이런 상황에서 군정장관 러치는 〈과도법원조직법〉을 제정하기 이전에 대법원과 사법부를 실질적으로 분리할 것을 결정하고, 하지John R. Hodge 사령관의 허가를 얻어 대법원장의 의전 수준을 민정장관 및 과도입법의원 의장과 동일 수준으로 상향조정했다. 이로 인해 대법원장은 1948년 4월 1일부터 민정장관 및 과도입법의원 의장과 함께 미군정 내부에서 동등한 최고 급여를 지급받게 되었으며, 이는 5월 10일로 예정된 남한 총선거 및 그 이후의 헌법 제정 과정에 앞서 법원을 독립시키겠다는 미군정의 의지 표명으로 받아들여졌다.

미군정이 이처럼 법원조직법의 조기 입법에 초점을 맞추자, 고위 법관의 공선 제도와 관련된 그동안의 격론은 수면 아래로 잠복하고, 입법과정이 급진전되었다. 미군정을 둘러싸고 사법부·법원·검찰 사이에서

44_張暻根, 法源組織法案(法院側提出案)에 對한 異見, FRC Box no. 1.

벌어진 사실상의 입법 협상에서 부동산등기, 상업등기, 호적 업무는 법원에 주기로 3자 간에 합의가 이루어졌으나, 공탁, 공증, 변호사 관련 업무, 사법서사 관련 업무 등에 관해서는 여전히 논란이 있었다. 미군정은 법원 측의 법안을 중심으로 여러 수정안들을 고려해 스스로 절충안을 만들었고, 사법 기구의 각 구성 집단에게 절충안을 수용하도록 종용했다. 이 과정에서 제기된 이견들[45]에도 불구하고 미군정 측의 법안은 결국 딘 군정장관의 인준을 받아 1948년 5월 4일 남조선과도정부법령 제192호로 공포되었다. 정부 수립을 위한 최초의 총선거를 불과 6일 앞두고 공포된 이 법안은 6월 1일부터 남한 전역에서 시행되었다.

이 〈과도법원조직법〉은 미국식 삼권분립 체제에 입각한 최초의 입법으로서 대법원은 이제 사법부로부터 독립해 최종적인 법령 해석권을 가진 최고법원인 동시에, 독립적인 인사권과 예산 편성권까지 갖춘 최고 사법 감독 기관의 지위를 갖게 되었다. 사법행정의 최고 의결기관은 대법관회의였고, 이를 위한 행정조직으로 사법행정처가 설치되었으며, 고등법원과 지방법원에도 사법행정 의결기관으로서 판사 회의를 두었다. 법원의 조직은 5월 1일부터 부활된 3심 제도에 입각해 대법원-고등법원-지방법원-간이 법원의 4급 3심 체제가 되었고, 법관의 임명 자격에 관해서도 크게 상중하의 세 범주로 상세한 요건이 규정되었으며, 법관의 신분보장은 임기를 제한하지 않는 등 상당히 강력하게 이루어졌다. 입법 과정에서 논란이 많았던 고위 법관의 공선 제도는 채택되지 않

45_이 과정에서 서울고등심리원장 이명섭 및 그 소속 판사들은 1심 단독판사 사건의 항소심 관할을 지방법원으로 하지 말고 고등법원으로 일원화해 달라는 등의 이견을 제출했다. "Subject: Statement concerning to the draft of court constitutional Law," 24, April, 1948, FRC Box no. 1.

은 대신 대법원장 및 대법관 추천 위원회 제도가 포함되었다.[46] 그 밖에 대법원은 수습 법관(사법관 시보)의 선발과 훈련 등에 관한 권한도 부여받았고 이를 위한 법관 훈련소도 설치되었다. 미군정은 5월 29일 각급 헌병 재판소에 이날부터 한국인에 관한 재판을 전적으로 중지할 것을 명령함으로써 그동안 논란의 대상이 되던 관할권 문제를 일단락 짓고, 6월 1일부터 출범하는 새로운 사법부司法府가 사법 기구의 중심임을 뒷받침했다.

5. 헌법 제정과 법조 삼륜

〈과도법원조직법〉의 제정은 미군정과 조선인 법률가 집단 사이에서 '새로운 국가의 사법 권력을 어떻게 조식할 섯인가?'라는 문제에 대한 물밑 협상이 완성 단계에 이르렀음을 의미했다. 미국식 헌정 체제의 핵심인 독립된 사법부의 건설은 결국 법률가 집단 내부의 현실적인 기득권층인 소극적 입법파들의 요구를, 미군정 내부의 현상 유지파들이 마지못해 수용히는 방식으로 이루어졌다. 앞서 언급했듯이, 이와 같은 사태 전개의 결정적 요인은 남한만의 단독정부 수립이라는 정치 일정에

46_대표적으로 다음의 두 조문을 볼 것. 제47조 ① 대법원장 및 대법관은 대법원장, 대법관, 각 고등법원장, 각 지방법원장, 사법부장급 차장, 검찰총장, 각 고등검찰청장, 각 지방검찰청장 및 인정받은 변호사회 회장으로써 구성된 위원회의 추천한 자 중에서 군정장관 또는 그 직원을 계승한 행정 수반이 차(此)를 임명함. 제48조 ② 고등법원장, 지방법원장 및 기타 각원의 판사는 대법관회의의 추천에 의해 군정장관 또는 그 권한을 승계한 행정 수반이 차를 임명함.

맞추어 외형적으로나마 사법부의 독립을 확보함으로써 최소한의 절차적 정당성을 갖추고자 했던 미군정의 곤혹스러운 정치적 위상이었다. 미군정을 지속적으로 압박하면서, 법률가 집단 내부의 지도적인 인물들은 사법 기구 내부의 주도권 다툼을 계속하면서도 1945년 10월 이래 자신들이 확보했던 기득권을 제도적 결실로 남기고자 노력했다. '사법권의 독립'보다 '사법의 민주화'를 앞세울 경우 미국식 헌정 체제의 이식 그 자체가 위태로워질 수밖에 없다고 강조하면서, 이들은 새로운 국가의 사법 권력이 결국 자신들의 독점 영역에 귀속될 수밖에 없음을 주장했다. 미군정이 강력하게 추진하던 고위 법관의 공선 제도가 대법원장 및 대법관 추천 위원회 제도로 변질된 것은 물밑 협상에서 이들의 주장이 상당 부분 관철된 결과였다.

법률가 집단의 입장에서 〈과도법원조직법〉 제정 이후의 정국은 기본적으로 미군정과의 사이에서 그들이 확보한 물밑 협상의 결과물을, 5월 10일 선거에 의해 새롭게 구성된 정치권력과의 투쟁 속에서 방어해 내는 과정이었으며, 그 일차적인 무대는 1948년 6월부터 시작된 헌법 제정 과정이 될 수밖에 없었다. 헌법 제정 과정의 주된 논쟁은 정부 형태에 관해 대통령제와 내각책임제 중 무엇을 선택할 것인가의 문제였으며 사법 기구의 조직 방식에 대해서는 근본적인 토론이 이루어지지 않았다. 그 이유는 직전에 제정된 〈과도법원조직법〉을 고려해 제헌 헌법의 기초자들이 사법 기구에 관한 최소한의 규정만을 둔 채, 되도록 사법 권력과 정치권력의 충돌을 회피하려는 태도를 취했기 때문이다.[47] 예를 들어, 제헌 헌법은 위헌법률심사에 관해 미국식 사법 우월주의나 대륙

47_1948년 6월 23일 헌법기초위원회의 전문위원 유진오의 발언(『제헌국회속기록』 1987, 213).

식 국회 우월주의를 모두 회피하고 부통령 및 대법관 5인과 국회의원 5인으로 구성되는 헌법위원회를 설치하는 방식을 취했으며, 법관의 임명 방법에 관해서도 "대법원장인 법관은 대통령이 임명하고 국회의 승인을 얻어야 한다."(제77조)라는 조항 이외에 대법관 및 일반 법관의 임명 방법을 법률에 미루는 태도를 취했던 것이다.[48]

주의할 점은 이와 같은 소극적 태도의 이면에서, 이때까지 제한된 형태로나마 존재했던 '사법권의 독립 대 사법의 민주화'라는 전선이 체계적으로 왜곡되기 시작했다는 사실이다. 권력투쟁의 주된 전선이었던 '대통령제 대 내각책임제' 또는 '친이승만 대 반이승만'의 갈등이 사법 기구의 본질에 관한 이해에도 어느 정도 영향을 미쳤던 것이다. 1948년 7월 6일 대법원장의 임명 방법을 둘러싸고 헌법안의 제2독회에서 벌어진 작은 논란은 이 과정을 여실히 보여 준다. 이 회의에서 강욱중 의원 등 11인은 '대법원장 및 대법관은 법률에 의해 선정된 자를 대통령이 임명하고 국회의 승인을 얻어야 한다.'는 수정안을 제출했다. 후일 국회 프락치 사건에 연루된, 이른바 소장파 의원의 한 사람이었던 강욱중은 몇 해전 미국의 프랭클린 루스벨트 대통령이 뉴딜 정책을 반대하는 연방 대법원을, 자신의 연방 대법관 임명 권한을 이용해 정치적으로 공격한 것을 거론하면서 사법권의 완전한 독립을 주장하기도 했다.

국회의 정부에 대한 신임안 그것이 부결된 이상에는 …… 사법권 독립의 길밖에 없다고 생각합니다. 그 일마저 부결된다면 이 헌법은 민주주의 헌법이라고 할 수가 없고 …… 따라서 전제주의 제도에 대해서 배척을 부르짖고 나오는 삼

48_헌법기초위원회 내부에서 상대적으로 사법 우월주의적 태도를 취했던 '권승렬안' 및 독특한 헌법위원회 제도가 입안된 배경에 관해서는 이영록(2003; 2005)을 볼 것.

권분립에 대한 정신이라는 것은 완전히 피멸되어 비리리라고 생각합니다(『제헌국회속기록 1』1987, 473).

이에 대해 헌법기초위원인 조헌영 의원은 사법권의 독립은 재판의 독립이지 사법부 구성의 독립이 아니며, 만약 그렇게 되면 사법기관의 잘못은 바로 잡을 수가 없게 된다면서 원안을 지지했다.

'루-즈벨트'는 '뉴-딜' 정책을 위하야 민중의 지지를 받어 가지고 네 번이나 선출된 것은 대중의 지지를 받었기 때문이요. …… 헌법에 위반된다고 두 번이나 판결된 사실은 대중의 의사를 무시한 것이니 이런 폐단을 없이 하기 위해서라도 사법부의 구성을 사법 관계자에게 맡기는 것이 불가합니다[회의장 소란해짐 (議場 騷然)].[49]

이후 잠시나마 계속된 논란에서 확인되는 것은 정부 형태에 대한 논란 과정에서 형성된 '친이승만 대 반이승만'의 전선이 사법권의 독립에 대한 이해와도 연결되고 있다는 사실이다. 수정안을 지지하는 김동준 의원의 발언은 더 노골적이다.

삼권분립으로 한다면 사법관도 반드시 민선이 되어야 됩니다. 그러나 이 헌법

49_아울러 그는 수정안의 또 다른 문제점을 다음과 같이 지적한다. "수정안에 또 한 가지는 법에 정하는 바에 의해서 선거한다 그랬는데 그 법을 정하는 것을 여기에 내지 않았읍니다. 신문지상에 어떤 사람이 말씀하기를 법칙에 사법관들이 모여서 대법관을 선정한다 이런 말이 있는데 이 대법관을 선정할 법관은 어데서 나옵니까? 대법원장이 나오지 않고 그 대법원장을 선거할 법관이 먼저 나올 수 없읍니다. 그러므로 이 수정안에 대해서는 고려할 여지가 없다고 생각합니다"(『제헌국회속기록』1987, 474).

에 있어서 대통령을 국회에서 선거하기로 되었다고 하면 대법원장도 여기에 있어서 선정한다는 것은 대단히 어려운 일입니다. …… 만약에 대통령이 자기의 마음에 드는 사람을 임명한다고 하면 사법계에서 양심적 재판을 할 수가 없다고 생각합니다 ……(『제헌국회속기록』1987, 474).

그동안 좌익 계열의 인민 사법 주장이나 미군정의 고위 사법관 공선 제도 추진 등에 대해 방어 논리로 제시되던 법률가 집단의 '사법권의 독립' 논리는 이와 같은 수정안 옹호 논리를 통해 전혀 다른 의미를 가지게 된다. 왜냐하면 그것은 이제 행정 권력을 장악한 뒤 사법 권력까지도 농단하려는 제왕적 대통령에 대해 국민 대중이 의존할 수 있는 유력한 헌법 보장 수단으로 제시되는 것이기 때문이다. '강력한 행정 권력 대 사법 기구의 제도적 독립'이라는 이 전선은 법률가 집단의 직업적 이해 관계와 일치하는 것이었으며, 기실 식민지 조선에서 성장한 그들에게 매우 익숙한 논리이기도 했다. 사법의 민주화와 시민적 참여에 전혀 연결되지 않는 제도적 권력분립론은 식민지 사법 기구의 부속 인원들로 하여금 대일본 제국의 군국주의 체제에 대해 일말의 비판을 가능하게 해주던 다이쇼 데모크라시와 자유 민권 법학파의 유산이었기 때문이다.

한편 이처럼 새로운 전선이 형성되는 동안에도 미군정과 조선인 법률가 집단 사이의 물밑 협상은 차례로 그 결과를 탄생시켰다. 사법제도의 재편 과정에서 검찰은 ① 범죄 수사 및 기소권의 행사에 있어서 완전히 독립적인 검찰 조직이 필요하고, ② 그 검찰 조직은 법원 조직과 병렬적으로 설치되어야 하며, ③ 임명 자격, 신분보장, 조직의 자율성 등 여러 측면에 걸쳐 검사는 판사와 동등하게 취급되어야 할 뿐만 아니라, ④ 사법경찰관을 검사에게 직속케 함으로써 인권유린을 방지해야 한다는 주장을 집요하게 밀어붙인 바 있었다. 이런 요구는 결국 사법부에서 대법원이 분리되는 과정에서 검찰 역시 실질적으로는 법원과 대응되는 조직, 법관과 동일한 자격 요건을 유지함으로써 사법기관으로서의 독립성을 확보하겠다는 논리였으며, 그 현실적인 근거로는 식민 통치의 핵심 기구였던 경찰을 통제할 기구가 필요하다는 점이 줄곧 제시되었다. 이와 같은 검찰의 의도는 미군정과의 막바지 협상에서 거의 그대로 관철되어, 1948년 8월 2일 공포된 〈과도검찰청법〉에 수용되었다. 법무부와 검찰이 동일시되는 미국식 제도나, 자치 경찰제를 기반으로 한 전후 일본의 제도와 매우 다른 독특한 한국 검찰 제도가, 제헌 헌법에 의해 정부가 수립되기 직전에 탄생된 것이다.[50]

변호사 집단 역시 자신들의 목표를 미군정과의 협상 과정에서 어느 정도 달성했다. 1948년 7월 1일 미군정이 공포한 〈과도변호사법〉은 그동안 대법원장이 겸임하던 변호사회의 회장을 회원들이 선출하도록 바꾸었던 것이다. 이로써 미군정 기간 동안 이른바 관제 변호사회의 형태로 강력한 규제를 받아 오던 변호사 집단은 결국 법정 단체로서의 성격을 유지하면서도 자율권을 되찾게 되었다. 아직 '법조일원화'가 제도화된 것은 아니었지만, 이로써 변호사 집단은 '재야 법조'의 위상을 확보하는 데 성공했으며, 이로부터 이른바 '법조삼륜'法曹三輪의 체제가 완성되었다.

여러 가지 점에서 정부 수립 이후인 1948년 10월에 치러진 제2회 조선 변호사 시험은, 3년 동안 격동의 세월을 겪었던 조선인 법률가 집단이 완결된 사법 기구 속에 안착했음을 나타내는 사건이었다. 시험이 시행되기 직전까지도 〈과도법원조직법〉의 특유한 제도였던 간이 법원 제도를 이용해 일부 특별심판원(치안관)과 간이 법원 판사 임용 자격시험

50_이에 관해 자세한 것은 문준영(2004; 2010)을 참조하라.

(1948년 8월 실시) 합격자들이 정식 판사가 되는 경우가 있었지만, 그 이후로는 기본적으로 조선 변호사 시험(나중에는 고등고시 사법과)이라는 공식적인 선발 시험을 통과하지 않고는 새로운 국가의 사법 권력에 접근하는 것이 불가능해졌기 때문이다. 같은 맥락에서 1946년 8월 22일자 미군정 법령 제102호에 의해 국립 서울대학교가 창설된 뒤, 1948년 가을부터 법과대학이 법학과와 행정과로 나누어 학생을 모집한 것도 주목할 만한 사건이었다. 이로써 판사-검사-변호사로 이루어진 법조삼륜의 자기 재생산 시스템으로서 법률가 자격시험과 법과대학이 제도화되었기 때문이다. 이처럼 불과 3년 전 식민지 사법 기구의 부속 인원들에 불과했던 조선인 법률가 집단은 미군정과의 물밑 협상을 통해 새로운 국가의 사법 권력을 체계적으로 장악했던 것이다.

이상에서 살펴보았듯이, 해방 공간에서 사법 기구의 재편 과정은 미군정의 규범적 선도 역할과 조선인 법률가 집단의 직업적 이해관계가 순차적으로 조응해 가는 일련의 과정이었다. 미국식 헌정 체제의 이식이라는 미군정의 규범적 전제는 사법 기구의 현실적 운영자였던 조선인 법률가 집단과의 관계 속에서 매우 선택적으로 수용되었으며, 그 결과 '사법권의 독립'은 '사법의 민주화와 시민적 참여'가 아니라 '사법권의 우위와 법률가 독점'의 관점에서 편향적으로 이해되었다. 비록 후반기에 이르러 법원·검찰·사법부·변호사회 등으로 각개약진을 시도하기는 했으나, 전체적으로 보아 조선인 법률가 집단은 해방 공간에서 매우 효과적으로 자신들의 직업적 이해관계를 관철시켰다. 국민 대중의 민주적 요구가 제기될 수밖에 없는 헌법 제정 과정을 우회해 그들은 미군정과의 물밑 협상을 통해 새로운 체제의 핵심에 '먼저' 안착했고, '강력한 행정 권력 대 사법 기구의 제도적 독립'이라는 전선을 부각시킴으로써 그 협상의 결과물을 성공적으로 방어해 냈다. 이런 점에서 1948년 5월 이후 미군정이 종료되기 직전까지 계속된 사법제도 개편 작업은 일종의 실질적인 헌법 제정 과정이었다고도 말할 수 있다. 달리 표현하자면, 〈과도법원조직법〉과 〈과도검찰청법〉, 〈과도변호사법〉과 같은 법령들은 같은 시기에 탄생한 제헌 헌법과 함께 실질적인 헌법 규범을 형성하는 일종의 헌법적 법률들이었다는 것이다.[51]

6. 관료 사법 체제의 탄생

정부 수립과 함께 새롭게 구성된 사법 기구의 수뇌부(대법원장 김병로, 대법관 김찬영·노진설·김익진·양대경·최병주, 검찰총장 권승렬)는 이후 이승만 정부와의 갈등 속에서도 헌법 제정 과정에서 새롭게 조성된 유리한 전선을 고수하고자 했다. 1948년 11월부터 시작된 〈법원조직법〉의 입법 과정은 이 전선의 갈등이 노골화된 주요 사례였다. 세 차례나 회기 종료로 법안이 폐지되는 등 지지부진하던 입법 과정은 1949년 7월 30일 제4회 임시국회에 상정된 이후 본격화되었다. 정부 측의 법안과 법원 측의 이견을 수합한 국회의 법제사법위원회는 스스로 대안을 만들었는데, 이 골격은 대체로 법원 측에 기울어진 것이었다. 왜냐하면 이 법안은 대법관의 임명 및 대법원장의 보직은 대법원장, 대법관, 각 고등법원장으로 구성된 법관 회의의 제청으로 대통령이 행하고, 판사의 임명은 대법관

51_실제로 〈과도법원조직법〉 제정 과정에서 막바지(1948년 4월 24일)에 제기된 서울고등심리원 판사들의 의견서(영문)는 종래의 "Courts Organization Law"라는 명칭 대신 "Courts Constitutional Law"라는 명칭을 사용함으로써 이런 정서를 드러냈다고 판단된다.

회의의 의결에 의해 대법원장의 제청으로 대통령이 행하되 그 보직은 대법원장이 행하도록 하고 있었기 때문이다. 특히 이 법안이 대법원장의 임명 자격을 대법관으로 제한한 것은 대통령의 임명 권한을 사실상 임명 거부권으로 축소시키는 결과를 초래했다. 그 밖에 이 법안은 간이 법원과 각급 법원의 판사 회의를 폐지하고, 호적 및 등기 사무는 그대로 법원에 두었으며, 고등고시 사법과의 합격자에게만 사법관 시보의 자격을 부여하는 등 전반적으로 사법 기구의 관료제적 운영을 뒷받침하는 방향이었다.

이 법안은 국회를 통과했으나 곧바로 이승만 정부의 저항에 부딪혔다. 이승만 정부는 ① 대법원장의 보직에 제청을 요하도록 한 것은 헌법이 보장하는 대통령의 대법원장 임명권을 침해하는 것이고, ② 법원행정처장이 국무회의에 출석해 발언하는 것은 삼권분립의 정신에 어긋나며, ③ 등기 호적 사무는 위임명령이나 행정명령을 내릴 수 없는 법원에서 관할하는 것에 문제가 있다는 점을 들어 8월 12일 국회의 재의를 요구했던 것이다. 이에 대해 국회는 9월 19일 법무부 장관(권승렬)의 재의 설명과 대법원장(김병로)의 의견을 청취한 뒤 동일한 법안을 다시 가결함으로써, 법원이 제왕적 대통령이 간섭하기 어려운 법률가 집단의 독점적 영역임을 재확인했다.[52] 이 새로운 〈법원조직법〉은 9월 26일 법률 제51호로 공포되었으나 이후 이승만 정부가 판사 임명 거부 권한을 반복적으로 행사한 까닭에 양측의 갈등은 지속적으로 재연되는 양상을 보였다. 아울러 〈과도검찰청법〉과 〈과도변호사법〉 역시 각각에 포함된 법률가들의 권한을 강화하는 관점에서 약간의 수정을 거쳐 11월 7일에는 〈변호사

52_국회사무처, 『제5회 국회임시회의속기록』 제1호, 27-29쪽, 1949년 9월 19일.

법〉(법률 제63호)이, 12월 20일에는 〈검찰청법〉(법률 제81호)이 각각 공포되었다. 해방 공간의 사법 기구 재편 과정에서 이런 추인 입법은, 미군정과 조선인 법률가 집단 사이의 물밑 협상의 결과물이 새로운 국가의 정치 질서 속에서 재확인되었음을 의미했다. 다만 곧바로 시작되는 전쟁과 독재의 소용돌이는 그와 같은 추인 입법의 적용 범위를 현격하게 축소시켰으며, 해방 공간에서 그나마 표출될 수 있었던 '사법의 민주화 및 시민적 참여'의 담론을 사실상 봉쇄해 버렸던 것이다.

| 2장 |

한국과 미국의 법률가 정치 비교

1. 법조 사회학에서 법률가 정치론으로

이 장의 목적은 한국과 미국 사례의 비교를 통해 '법률가 정치'lawyer's politics의 논리와 구조, 그리고 그 정치적 효과를 규명하는 것이다. 오늘날 이 두 나라를 비롯한 자유민주주의의 현장에서 법률가 정치가 핵심 문제라는 점에는 이론의 여지가 없다. 특히 냉전 종식 이후 민주화 및 시장화가 전 지구적 현상이 된 뒤에는 세계 도처에서 사법 통치juristocracy가 등장하고 있다. 이는 전통적으로 사법의 우위를 긍정해 온 미국에서도 새로운 현상이며, 한국은 가히 첨단의 사례라고 볼 수 있다.[1]

1_한국 사회에서 이런 변화의 절정은 2004년 10월의 '신행정수도특별법에 관한 헌법 소원 사건' 이었다. 서울이 대한민국의 수도라는 것이 관습 헌법의 내용이며, 그것은 헌법개정 국민투표 에 의해서만 개정될 수 있다는 요지의 헌법재판소의 위헌 결정이 내려진 뒤 공법학계나 정치 학계는 물론이고, 시민사회에서도 헌법재판소의 권력에 대한 견제의 필요성이 제기되고 있다. 일반 시민들은 국민의 직접선거로 구성된 국회와 대통령의 결정을 헌법재판소가 무효화시킬 수 있다는 점에 놀라움을 표시하는 경우가 많다. 사법 통치의 관점에서 헌정주의의 새로운 흐 름을 분석하고 있는 최근의 문헌으로는 Hirshl(2007), Ginsberg(2003), Stone-Sweet(2000),

나는 한국과 미국의 사법 통치를 법률가 정치라는 관점에서 조망하고자 한다. 법률가 정치는 최근 국제적인 비교 법조 사회학 분야에서 활발하게 논의되는 주제다. 막스 베버의 선구적인 연구 업적(Weber 1968) 이후 이 분야에는 제도적 차원에서 각국의 사법제도나 법률가 집단의 현상을 비교 분석하는 연구가 대부분이었다.[2] 그러나 정치사회적 맥락에 대한 심층적 이해가 전제되지 않는 한, 그와 같은 접근 방식으로는 제도적 차원의 비교 수준을 넘어서기 어렵다. 이 글에서는 이른바 '비판적 비교 법사회학'의 관점(한인섭 1986)에서 법률가 정치론을 법률가 집단과 자유민주주의의 변화를 함께 살피는 논리에 주목하고자 한다.

1980년대 말까지 법사회학계에서 법조 사회학 연구는 마갈리 라슨 Magali Larson 등이 전문직 사회학의 분야에서 이룬 성과(Larson 1977)를 대폭 흡수하면서 리처드 에이블Richard L. Abel이 내세웠던 '법률가 공급 통제 이론'lawyer supply control theory의 주도권 아래 있었다. 이에 따르면 법률가 집단은 사법 서비스 시장에 대한 지배권을 확고히 하기 위해 두 가지 장기 전략을 구사한다. 하나는 사법 서비스의 수요를 확충하는 것이고, 다른 하나는 사법 서비스 시장 내부의 경쟁을 제한하는 것이다. 이 가운데 전자는 다른 엘리트 집단과의 격렬한 투쟁을 촉발하기 때문에 후자가 훨씬 추진하기 쉬운 전략이다. 결국 법률가 집단은 사법 서비스의 공급을

Tushnet(2000), 김종철(2005), 김영민 엮음(2007), 조홍식(2009)을 참조하라.
2_영미권에는 사법제도, 사법 과정, 위헌 법률 심사 제도, 사법 적극주의, 법원의 정치적 역할 등을 초점으로 각국의 제도와 현상을 비교하는 연구 성과가 많다. 1980년 이후 업적으로 Cappelletti(1981; 1989), Schmidhauser(1987), Waltman & Holland(1988), Holland (1991), Beatty(1994) 등을 볼 것. 국내에도 1990년대 이후 사법 개혁 논의가 일상화되면서 사법제도에 관한 비교 연구가 늘어나고 있다. 그 효시는 1995년 세계화추진위원회가 제공한 "사법 서비스 및 법학 교육의 세계화 주요 자료집"이며, 이후 국가기관들에 의해 다량의 비교 제도적 자료들이 수집되었다(법원행정처 1995a; 법무연수원 2003; 사법연수원 2005).

통제하기 위해 자율적 징계, 광고 금지, 서열 구조 등을 발전시키게 되는데, 그중에서도 핵심은 사법 서비스의 공급자의 공급을 통제하는 것이다. 달리 말해, 법률가 공급에 대한 통제권을 법률가 집단이 확보하는 것이다.[3]

혼히 시장 중심적 접근으로 지칭되는 에이블의 이론은 법률가 집단이 법률가 공급 통제에 집착하는 이유를 공급 조절을 통한 독점이윤의 유지로 설명한다. 이 분석은 상당한 설명력이 있고, 맥락에 따라 결정적이 될 수도 있지만, 사태의 일면만을 강조한다는 비판을 모면하기 어렵다. 또한 법률 서비스에 대한 법률가 집단의 공급 통제 및 공급자 통제에 대해 사법 서비스의 소비자들이 왜 순응하는지가 충분히 설명되지 않는다. 그리고 국가가 사법 서비스 시장의 태반을 담당하는 관료주의적 국가들에는 적용하기가 쉽지 않다. 이런 국가들의 사례를 설명하기 위해서는 다른 정치사회적 변수들을 고려하지 않으면 안 된다.

법률가 정치론은, 법률가 집단의 법률가 공급 통제에 대해 소비자들이 종속되는 까닭을 법률가 집단의 정치적 관여, 즉 법률가 정치가 정치체제 전반에 걸쳐 성공적으로 관철되기 때문으로 설명한다. 이에 따르면 법률가 집단의 정치사회적 위상은 사법 서비스 시장의 공급 통제 또는 공급자 통제가 아니라, 지식적·이데올로기적 차원에서 벌어지는 다른 경쟁 엘리트 집단들과의 투쟁 과정을 통해 결정된다. 이 과정에는 '이데올로기적 정당화'가 결정적인 요소가 되며, 이런 맥락에서 법률가 정치론은 '사법권의 독립'과 같은 헌법적 교의를 기초로 법률가 집단의 정치적 우위를 인정하는 특수한 정치체제, 곧 자유민주주의와 법률가 정

3_리처드 에이블은 거대한 규모의 비교 법조 사회학 연구를 통해 이 가설을 확인하고자 했다 (Abel 1987; 1989b; Abel & Lewis 1988).

치의 관련성을 주장한다. 한마디로 법률가 정치는 자유민주주의의 핵심 기제라는 것이다.[4]

이런 관점에서 테렌스 할리데이Terrence C. Halliday는 법률가 정치와 자유민주주의의 연관 관계를 ① '사법의 독립'을 핵심 교의로 받드는 자유민주주의 국가를 건설하는 단계, ② 자유민주주의 국가 내부에서 시민권의 보장을 확립하는 단계, ③ 한 걸음 더 나아가 정치적 집단행동의 수단으로 법률가 정치를 활용하는 단계로 나누어 분석할 것을 제안한다(Halliday 1999, 1007-1011; 2000, 10-20).[5] 이는 매우 공감할 만한 제안이지만, 민주화 및 시장화가 전 지구적 현상이 된 최근의 상황에서는 일정한 보완이 필요하다. 예를 들어, 전 지구적 차원으로 법의 장場, field이 이동하면서 세계적 규모의 법률가 정치가 형성되고 있는 것이나, 법률가들 스스로 정치적 의제 형성을 주도하는 현상cause lawyering이 세계적으로 진행되고 있는 것을 감안해야 하기 때문이다.[6]

이상과 같은 이론적 성찰에서 출발해 나는 한국과 미국에서 법률가 정치의 논리와 구조, 그리고 그 정치적 효과를 비교 분석해 보고자 한다. 특히 양국에서 법률가 정치의 변화가 자유민주주의를 법률가 수호자주의 또는 사법 통치로 변형시킬 가능성에 초점을 맞추어 논의를 진행하고자 한다.[7] 논의의 출발점은 양국에서 법률가 집단의 규모와 조직

4_따라서 법률가들의 권력이 어떻게 태어나고 정당화되며 또 제도화되는가를 해명하는 것이야말로 자유민주주의의 본질을 해명하는 핵심 과제가 된다. 법률가 정치론을 주도하고 있는 할리데이 등은 서구 주요 국가에서 법률가 집단의 형성 과정이 정치적 자유주의의 제도화와 긴밀하게 관련된다는 점을 논증한 바 있다(Halliday & Karpik 1997).

5_이 관점에 입각한 후속 연구로는 Halliday & Karpik(2008)이 있다.

6_이들에 관해서는 Sarat & Scheingold(2004; 1998), Dezalay & Garth (1996), Dezalay(2002)를 볼 것.

7_나는 자유민주주의를 개인의 인권에 대한 보호 요청과 정치 공동체의 민주적 자결 요청을 모

적 양상을 법률가 공급 통제의 상이한 기획이 낳은 결과로 요약하는 것이다. 그리고 법률가 집단이 독립과 권위를 확보하는 맥락을 중심으로 양국에서 법률가 정치가 정당성을 획득하는 과정을 비교하고, 법률가 정치의 유효성과 관련해 시민권의 법적 보장과 정치적 집단행동에 법률가 집단이 개입하는 과정을 비교할 것이다. 마지막으로는 최근 양국에서 진행되는 사법 개혁 논의의 추이를 살피면서 자유민주주의의 미래와 관련해 법률가 정치의 변화 가능성을 검토할 것이다.

2. 법률가 집단의 규모와 조직

2007년 현재, 한국 법률가 집단의 규모는 1만2천 명 정도로 약 2천2백 명의 판사, 약 1천7백 명의 검사, 그리고 8천여 명의 변호사로 구성되어 있다. 여기에 1천2백 명 정도의 법학 교수를 포함할 수도 있다. 변호사만 따지자면 인구 5천 명당 변호사 한 명이 채 안 될 정도로 법률가 집단의 규모가 작다. 그러나 이런 수치조차 1990년대 중반 이후 사법시험 합격자 숫자가 연간 1천 명 수준까지 확대되면서 급증한 것일 뿐이다. 1948년 정부 수립 이래 한국 법률가 집단의 규모는 매우 작은 수준에서 유지되었다. 예를 들어, 1972년의 개업 변호사 숫자는 745명에 불과했으며, 변호사 1인당 국민 숫자는 1990년에도 2만3,776명에 이르렀

순적으로 공존시키는 특수한 정치체제로 이해한다. 자유와 민주의 끊임없는 투쟁은 자유민주주의의 본질이며, 그 투쟁의 역사적 전개 과정에서 자유민주주의는 다채로운 양상으로 변모한다(이국운 2010).

다(김두얼 2009).[8]

이에 비해 미국 법률가 집단은 1백만 명이 넘는 초대형 전문직 집단이다. 전미변호사협회의 통계에 따르면 2008년 현재, 등록된 개업 변호사만도 116만2,124명에 이른다. 2008년 현재 미국의 변호사 1인당 인구는 268명이다(김두얼 2009). 2백 개가 넘는 로스쿨의 재학생 수를 감안할 때, 미국의 법률가 숫자는 앞으로 지속적으로 증가할 것이 명백하다. 역사적으로 20세기 전반에 마구 설립되었던 야간 로스쿨들은 미국의 법률가 숫자를 늘리는 데 기여했다.[9] 전미변호사협회의 로스쿨 공인 제도 등 공급 통제 장치가 마련되고 대공황을 거치면서 증가 추세는 완화되었으나, 제2차 세계대전 이후 고등교육이 대중화되자 로스쿨 재학생 및 법률가의 숫자가 급증했다. 1970년대 이후에는 가사노동에서 해방된 고학력 여성들이 법률가 집단에 대거 참여했고, 1980년대 말까지 미국의 로스쿨 재학생 숫자는 종전 후와 비교해 약 세 배가 증가했다. 1990년대 이후 미국 법률가 집단은 글로벌 로스쿨을 지향하는 유수 로스쿨들의 변신에 따라 다른 나라 법률가들의 미국 법률가화를 추진하는 단계에 이르고 있다.[10]

이와 같은 법률가 집단의 규모 차이는 법률가 공급 통제의 상이한 기획에서 비롯된 결과다. 한국은 법조 시험과 실무 연수를 통해 판검사 임용 후보자를 선발하는 것을 법률가 양성과 동일시해, 퇴직한 판검사가 변호사가 되는 경로를 열어 두었고(사법 관료주의judicial bureaucratism), 미국

8_이하 양국의 법률가 숫자에 관한 통계는 다른 언급이 없는 한 이 자료집에 의존한다.

9_1850년 2만3,939명, 1900년 10만9,140명, 1950년 21만2,605명(Abel 1989b, 280).

10_1995년 이후 미국의 유수 로스쿨들은 경쟁적으로 법학 석사(LL.M) 프로그램을 확대했고, 변호사 자격의 부여를 담당하는 각 주에서도 외국인에 대해 변호사 시험의 응시 자격을 개방했다.

은 로스쿨과 변호사 자격시험을 통해 자유 전문직인 변호사를 양성한 뒤 그들 가운데서 판검사를 임용하는 경로(법전문직주의legal professionalism)를 택했다. 물론 이론적으로는 사법 관료주의와 법전문직주의가 언제나 법률가 공급의 많고 적음에 연결된다고 단정 짓기 어렵다. 예를 들어, 사법 관료주의의 대표적인 국가인 독일은 법률가 집단의 규모가 크고, 법전문직주의의 대표적인 국가인 영국은 법률가 집단의 규모가 작기 때문이다. 하지만 한국과 미국에서는 그 둘 사이에 현상적으로 뚜렷한 연계가 있다. 그 이유는, 뒤에서도 밝히겠지만, 양국에서 법률가 공급 통제를 관철시키거나 제약하는 법률가 정치의 논리가 판이하기 때문이다.

법률가 집단의 규모가 다른 것은 양국에서 법률가 집단의 조직 구조 차이와도 밀접하게 관련된다. 법률가 집단 내부의 조직 구조에 관해, 한국은 관료제적 분리 구조가 기축을 이루고 있다. 모든 법률가는 출생 과정에서 사법 관료로서 동일한 수습 기관을 거쳐야 하며, 법원과 검찰은 사법 과정의 피라미드를 따라 쌍둥이처럼 조직되어 있다. 변호사 집단 역시 사법 관료제에 대응해 법정 단체로서 조직되어 있다. 변호사 숫자가 증가하면서 최근에는 변호사 단체가 이익집단화하는 경향이 있지만, 법원 및 검찰과 연결시켜 법조삼륜의 일원으로 간주하는 관성은 여전하다. 이에 비해 미국 법률가 집단은 법전문직 길드인 변호사회로 조직되어 있다. 현재 50개 주 모두에 주 변호사 단체가 구성되어 있고, 워싱턴 D.C와 29개 주의 변호사 단체는 의무 가입제, 나머지는 임의 가입제다. 각 주의 변호사 단체는 개업 변호사는 물론 각 주의 법관 및 각 주 내에 있는 연방 법관이 회원으로 가입하고 있다. 주에 따라서는 로스쿨의 교수 및 재학생을 받아들이기도 하며, 다양한 범위와 수준에 수많은 변호사회가 존재한다. 미국 법률가 집단 내부에도 법원과 검찰, 변호사회의 구분이 존재하며, 최근에는 관료화의 경향도 눈에 띄지만(Kronman 1993,

6장) 한국의 관료제적 분리 구조와는 비교가 되지 않는다.

이와 같은 법률가 집단의 규모와 내부 조직 구조의 차이는 사법 서비스의 수요를 처리하는 접근 방식의 차이에서 비롯된 것이다. 한국의 경우 사법 관료제의 우위와 사법 서비스 시장의 보조적 역할을 특징으로 한다면, 미국은 정반대다. 상이한 접근 방식의 결과는 유사 법조 직역의 활성화 여부에서 단적으로 드러난다. 한국에는 거의 모든 사법 서비스 업무를 법률가에게만 독점시키는 변호사법에도 불구하고 제한된 영역에서 사법 서비스를 제공하는 유사 법조 직역이 다수 존재한다. 2006년 4월 30일 현재, 변리사, 관세사, 세무사, 법무사, 손해 사정사, 공인노무사 등의 숫자는 각각 1,981명, 1,081명, 7,521명, 5,525명, 4,608명, 1,825명으로 총 2만2,541명에 이르고 있다(소순무 2007, 40). 반면 그런 독점이 존재하지 않는 미국에는 오히려 유사 법조 직역이 상대적으로 활성화되지 못했다. 미국 법률가 집단은 한국이라면 유사 법조 직역으로 성장했을 비주류 집단을 법률가 집단에 편입시켜 해당 영역의 전문 변호사들로 양성화했다.[11]

3. 법률가 집단의 독립성과 권위는 어떻게 확보되었는가

그렇다면 법률가 집단의 규모와 내부 조직에서 이상과 같은 차이를 가져온, 법률가 공급 통제의 상이한 기획은 법률가 정치와 어떻게 연결

11_예컨대 2009년 현재, 미국 변리사의 70퍼센트는 변호사(attorney)와 변리사(patent agent) 자격을 동시에 보유한 특허 변호사(patent attorney)다(김두얼 2009).

될 수 있는가? 이 물음은 양국에서 법률가 정치가 발생한 시점으로 논의를 소급시킨다. 한국과 미국은 모두 식민 지배를 당했으나 그것을 극복하고 자유민주주의로 나아가는 과정은 매우 달랐다. 한국에서는 해방이 외세에 의해 주어지면서 자유민주주의의 이식으로 이어졌고, 미국에서는 독립 전쟁(시민혁명)을 거쳐 자발적으로 자유민주주의가 선택되었다.

1) 한국 : 사법권의 관료제적 독점

한국 법률가 집단에게 가장 중요한 시기는 1945년 8월 15일부터 3년간 이어진 '해방 공간'이다. 원래 식민지 조선의 사법제도는 봉건적 형태를 띠고 있었다. 일왕에 직속하는 조선 총독 아래 사법 감독 기구인 사법부部가 있었고, 법원 조직은 그 하위에 존재했다. 법원 조직 내부에는 사법 관료들(판검사)이 있었고, 변호사 집단은 사법 관료늘에 비해 열등한 지위였다. 사법제도 전반에서 조선인들의 위상은 변호사 집단의 최하위에 머물렀다(문준영 2010, 제2부). 이에 비해 해방 공간에서 형성된 새로운 사법제도는 국민주권과 삼권분립에 기초해 법원을 사법부府로 독립시켰고, 행정부의 일부인 법무부와 검찰청을 조직했으며, 변호사회도 새롭게 구성했다. 이 과정은 사법제도 개편의 주재자였던 미군정과, 실질적인 주도 세력이었던 조선인 법률가 집단 사이의 물밑 협상으로 진행되었다.

1945년 10월 미군정은 식민 지배의 종식과 함께 마비 상태에 빠신 사법제도를 재건하기 위해 1백여 명의 조선인 법률가들을 판검사로 임용했다. 언어와 법률 체제가 다른 상황에서 미군정으로서는 불가피한 선택이었지만, 그 결과 하루아침에 식민지 사법 기구를 장악한 조선인 법률가들은 유리한 입장에서 미군정과 교섭할 수 있었다. 이들은 선발된 법률가만이 사법권을 행사할 수 있다는 논리를 '사법권의 독립'에 관한 유일무이한 해석으로 내세웠다. '법치'를 법률가들의 사법 독점으로 이해하는 이 입장에 대해 미군정은 동서 냉전 및 남북 분단의 형세가 굳어져 가는 과정에서 짐짓 묵인하는 태도를 취했다. 사법제도의 조직과 구성에서 민주주의는 철저하게 배격되었고, 사법권의 독립은 일방적으로 강조되었다. 조선인 법률가 집단은 사법권의 독립을, 고등고시에 합격한 제한된 숫자의 조선인 변호사들만이 새로운 국가의 사법권을 배타적으로 행사할 수 있다는 의미로 해석했다. 그리고 이런 유사 신분제적 담론을 해방 공간의 국면 국면에 효과적으로 관철시켰다. 예컨대 배심 제도를 도입하자는 안에 대해서는, 대륙법계에는 맞지 않는 제도라는 점 및 민도民度가 '저열'하다는 점을 들어 배격했고, 미군정이 의욕적으로 추진하던 고위 법관의 제한적 공선 제도 역시 법조 내부에 좌익 세력이 준동할 가능성을 들어 좌절시켰다.

이런 시도는 사법권만이 아니라 행정권의 핵심에까지 영향을 미쳤다. 조선인 법률가들은 행정부 소속의 법무부만이 아니라 준사법기관인 검찰청도 장악했기 때문이다. 이 검찰 조직은 수사 및 공소 제기에 관련된 모든 권한을 독점하는 최강의 행정기관이면서도, 민주적 통제는 물론이려니와 행정적 통제도 제대로 받지 않는 독특한 위상을 확보했다. 이로 인해 법률가들은 권력의 측면에서는 행정권에 속하고 신분의 측면에서는 사법권에 속하는 검찰 조직의 이중적 권력을 누리게 되었으며, 사실상 검찰이 법무부를 장악하는 방식으로 검찰에 대한 유일한 통제 수단인 법무부의 감독 권한까지도 차지했다.

나아가 판검사 집단과 변호사 집단을 연결하는 방식으로는 관료 사법 체제가 채택되었다. 조선인 법률가들은 대법원과 각급 법원을 계급과 서열, 그리고 승진 시스템으로 운영되는 철저한 관료 체제로 조직했고, 이를 위해 해방 공간에서 중단되었던 고등고시의 전통을 되살렸다. 관료제의 특성상 이 노선은 법원과 검찰을 조기에 안정시키는 측면이 있었으나, 원리적으로 사법권을 행사하는 개별 판사 및 검사들에게 직무의 독립성을 보장하기에는 매우 취약했다. 아울러 그것은 ① 판사 집단, 검사 집단, 변호사 집단의 조직적 분열, 즉 법조삼륜 체제, ② 전문직으로서 변호사 집단의 결속력 약화, ③ 법학 교육과 법률가 양성의 구조적 분리 등을 감수할 수밖에 없는 선택이었다.

하지만 법률가 수호자주의로 요약될 수 있는 조선인 법률가 집단의 성취는 어디까지나 제한적인 것이었다. 해방 공간이 마무리된 이후부터 1980년대 말까지 약 40년 동안 대한민국의 권력 집단 내부에서 법률가들은 소외되고 유폐된 주변부 엘리트 그룹의 처지를 벗어나지 못했으며, 그들의 법률가 수호자주의 역시 일종의 정치적 금기로 간주되었다. 그 이유는 기본적으로 1948년 8월 15일 대한민국 정부가 수립된 직후 반공을 국시로 하는 긴급 정부emergency government 체제가 시작되었고, 그 속에서 사법 기구는 긴급 사법 체제로 이행할 수밖에 없었기 때문이다. 당시의 긴급 사법 체제는 기실 일제 식민지 시대 후반의 전시 사법 체제에 연원을 두는 것으로서, 해방 이후 미군정의 포고령 통치에 의해 기본 골격이 지속되다가, 대한민국 정부가 수립되고 남북 대립이 격화되면서 다시금 전면에 등장한 것이었다(1948년 12월 〈국가보안법〉 제정). 이에 더해 1950년 발발한 한국전쟁이 생사를 건 3년여의 전투에도 불구하고 휴전 협정에 의해 불완전하게 종식되면서 긴급 사법 체제는 마치 대한민국의 정상적인 사법 체제처럼 운영되기 시작했다. 반란과 내전, 그리고 오랜 군부 통치를 거치는 동안 대한민국은 헌법 위에 〈국가보안법〉이 존재하는 '이중 규범'의 상태에 머물러 있었다. 반공 긴급 정부의 본질상 '집단적 생존'은 최우선의 가치이자 목표가 되었고, 이를 위협하는 어떤 주장도 혹심한 탄압을 받았다.

한국의 긴급 사법 체제는 몇 가지 구성 요소를 포함했다. 첫째, 〈국가보안법〉이나 국가원수가 발포한 긴급명령은 약소한 형사 절차만으로도 가혹한 형벌을 부과할 수 있는 근거이자 기준이 되었다. 1950년 6월 29일 발포되어 25일부터 소급 적용된 이승만 대통령의 긴급명령 제1호 〈비상사태하의 범죄 처벌에 관한 특별 조치령〉이 대표적인 예다(한인섭 2000). 둘째, 긴급 입법을 집행하는 일차적인 권한은 법원-검찰로 이어지는 통상의 사법제도 바깥쪽에 조직된 별도의 권력기관들에 주어졌다. 특무대·헌병대·보안사·정보사·중앙정보부·국가안전기획부·국가정보원으로 이어진 정보 수사기관들이 그것이다. 셋째, 인신 구속을 전제로 운영되던 억압적인 수사 관행은 긴급 사법 체제가 작동하는 실제적 토대였다. 그것은 전관예우로 대표되는 뿌리 깊은 사법 불신의 기초를 이루었다. 넷째, 긴급 사법 체제는 통상의 사법제도와도 긴밀한 연계를 가지고 있었다. 긴급 사법 체제에서 내려진 결론은 예외 없이 검찰-법원으로 이어지는 통상의 사법제도 속에서 최종적인 정당화가 이루어졌기 때문이다.

긴급 사법 체제의 확립으로 인해 통상의 사법제도는 전통적인 민사·형사 소송 업무로 범위가 제한되었다. 개발독재 과정에서는 그나마도 행정 권력의 강력한 행정지도에 의해 제한되기 일쑤였다. 그러나 군사 쿠데타를 통해 집권한 군부 세력조차도 대한민국이라는 체제의 제도적 수호자가 법률가 집단이며, 이들만이 사법 권력을 배타적으로 독점한다는 미군정 이래의 전제를 전면적으로 부인할 수는 없었다. 자유주의적 법치주의라는 헌정 체제의 관점에서 반공 긴급 정부에 대해 정치적 한계가 지워진 것은 바로 이 수준에서였다. 반공 긴급 정부의 권력자들이 '사법권의 독립'을 무시하고 법률가 집단의 특권을 침탈하려 할 때마다 법률가들은 그로 인해 대한민국의 본질이 훼손될 수 있다는 점을 은밀하게 경고했다. 반反민주가 아니라 반反법치라는 이유로 가해진 이 경고야말로 사실상 반공 긴급 정부의 권력자들에게 가해질 수 있는 가장 치명적인 공격이었고, 다른 의미로 그것은 최대의 후원자로서 해방 공간에서 자유주의적 법치주의의 헌정 체제를 함께 기획했던 미국에 대한 가장 효과적인 호소였다.[12]

2) 미국 : 법적 도구주의와 당사자주의적 리갈리즘

미국의 독립 전쟁과 국가 형성 과정에서 법률가들은 크게 기여했다. 특히 연방헌법의 제정 과정 및 연방 정부의 초기 설립과 운영 과정에서 법률가들은 정치권력의 중심에 있었다. 그러나 이처럼 시민혁명을 주도했던 것은 법률가들에게 유리한 것만은 아니었다. 외세에 의존해 식민 지배를 극복하는 과정에서 사법의 독점권을 획득한 한국의 법률가들과는 달리, 미국의 법률가들은 자연법주의와 인민주의적 정치 이데올로기라는 시민혁명의 정치적 유산을 수용하지 않으면 안 되었기 때문이다.

1830년대의 잭슨 민주주의에서 확인되듯이, 시민혁명의 정치적 유산에는 법률가 집단의 우위를 부인하는 급진적 풀뿌리 인민주의 운동을 폭발시킬 위험이 내포되어 있었다. 그러나 미국의 법률가 집단은 그 유산을 회피하지 않고 적응하는 길을 선택했다(최정운 1992). 그들의 방식은

12_비정치적 법복귀족론에 대해 자세한 것은 이국운(2007)을 참조.

법률가직을 헌법상 직업의 자유에 의해 보장되는 전문 직업의 하나로 규정하면서도, 사법 서비스를 미국 사회 내부의 정치경제적 수요를 감당하는 정책적 도구로 제공하는 것이었다. 프래그머티즘에 입각한 시장주의와 도구주의의 결합은 19세기 중반 이후 본격화되었으며, 곧이어 크리스토퍼 랑델Christopher Langdell의 '사례연구 방법'case method에 힘입어 법의 (유사) 과학주의가 추가되었다(Summers 1982, 19-38). 이와 같은 변화의 정점은 소크라테스식 산파법을 법학 교육에 도입해 종래의 도제식 법학 교육을 혁신했던 로스쿨 제도의 확립이었다. 대규모 이민과 급속한 산업화가 진행되던 19세기 말엽에 시작된 이 흐름은 1920년대가 끝나기 전까지 로스쿨을 통한 법률가 대량생산 체제로 귀결되었다.

인민주의·시장주의의 기초 위에 도구주의 및 (유사) 과학주의가 로스쿨 체제로 제도화되면서 미국의 법률가 집단은 민형사 송무 분야를 넘어 분쟁 해결-사회통제-정책 결정의 전 영역에서 정치적 영향력을 행사하게 되었다. 그 결과 법관 임명 자격을 법률가들에게 국한시키지 않고 선거로 선출하는 경우가 많음에도 불구하고, 자연스럽게 법률가들이 법관직을 사실상 독점하게 되었다.[13] 일반 시민들이 선출하는 검사직

13_미국의 판사 선임 방식은 연방과 주에 따라 다르다. 연방 판사의 경우, 최고법원인 연방 대법원의 대법관들은 대통령이 임명하되 상원의 인준을 받고, 하급 연방 법원의 판사들도 동일한 경로로 임명되지만, 실제로는 대통령의 위탁에 의해 해당 주, 대통령 소속 당의 상원 의원이 대상자를 선정하고, 상원의 인준은 만장일치로 통과하는 것이 관례화되어 있다. 연방 판사들의 임기는 종신이며, 법률가 자격을 요구하는 명문 규정은 헌법과 법률 어디에도 없으나 엘리트 변호사 가운데서 임명되는 경우가 대부분이다. 주 판사들은 임기가 있고 그 임명은 대개 다음 중 한 가지 방법으로 이루어진다. ① 정당 추천 선거, ② 정당 추천 배제 선거, ③ 주 의회에서의 선거, ④ 연방 차원과 동일한 방식, ⑤ 이른바 미주리 플랜, 즉 판사·변호사·시민으로 구성된 법관 후보 추천 위원회에서 3~5명의 후보자를 추천하고 주지사가 그 가운데서 임명하는 방식. 최근에는 특별히 주 판사들을 선거로 선출하는 것에 관해 과도한 정치화를 우려하는 목소리가 커지고 있다. 이 점을 주장하는 대표적인 정치 운동으로서 '위

역시 법률가들이 독점하고 있으며, 형사 배심재판의 회피 경향,[14] 유죄 답변 협상 제도의 광범위한 활용,[15] 국선·공선 변호인 제도의 확대 등을 통해 법률가들은 형사 절차의 주도권 또한 효과적으로 장악하고 있다. 법률가들이 독점하는 상급법원, 특히 연방 대법원의 정책 결정 기능은 압도적이다. 연방 대법원 판사들은 정치 세력의 대표이자 법률가 집단의 대표로서 상고 심사권, 쟁점 사건 선별권, 그리고 심판권을 통해 '정치적 의제 설정자'이자 최종적인 정책 결정 권한을 행사하고 있다.[16]

미국 법률가 집단은 정치적 쟁점 사항들을 법적 쟁점 사항으로 바꾸고, 그에 대한 사법적 해결책을 유도하는 경향이 있다. 여기서 법적 쟁점 사항은 선행하는 법 명제로부터 해석을 통해 법적 판단을 도출해 내야 한다는 의미다. 따라서 미국 정치의 핵심 쟁점들은 언제나 헌법 해석 논쟁을 수반하며, 정치과정 전체를 법률가들이 지배하게 된다. 마크 밀러Mark Miller에 따르면 1995년 현재, 미국 상원의 법률가 비율은 39퍼센트이고 하원은 54퍼센트이며, 전체적으로는 42퍼센트다. 이는 1940년대의 60퍼센트나 1980년대의 50퍼센트에 비해 상당히 낮아진 수치이지

기에 처한 사법'(Justice at Stake) 운동을 참조하라. http://www.justiceatstake.org.

14_무작위 선발된 12명의 유권자들로 구성되던 심리 배심을, 6명으로 구성하는 소규모 배심으로 대체하거나, 의사 결정에서 만장일치 원칙을 포기하는 경향이 나타나고 있으며, 다른 한편으로는 소송당사자들이 오히려 전문 법관에 의한 재판(bench trial)을 선호하는 경향도 감지되고 있다. 그 밖에 무작위 선발된 23명의 유권자로 구성되어 형사 기소 여부를 결정하는 기소배심은 많은 주들에서 폐지하고 선출직 검사에게 기소와 공소 유지를 맡기고 있다.

15_사건의 90퍼센트 이상이 유죄 진술 또는 유죄 답변 거래로 해결되는 미국의 형사 제도는 재판이 아니라 유죄를 인정한 사람들의 신병 처리 과정이다(Shapiro 1981, 53).

16_미국 연방 대법원에서 정치적 홍정을 촉진하는 요인들로는 ① 4인의 찬성을 요구하는 상고 허가권, ② 대법원 판사 각자가 지니는 쟁점 사건 선별권, ③ 소수 의견 및 보충 의견 제출권, ④ 대법원장이 다수 의견 진영에 속했을 경우에 행사하는 주심 지명권, ⑤ 판결 내용이 공표되기까지 의견의 변경이 자유롭다는 점, ⑥ 다수 의견 및 소수 의견 요지의 회람 및 논평 관행, ⑦ 노골적인 협상의 가능성 등을 들 수 있다(우드워드 1995).

만 다른 직업집단에 비하면 여전히 압도적으로 높은 수치다(Miller 1995, 59). 법률가들은 상급법원이나 정치 영역과 더불어 정책 형성 영역을 장악하고 있다. 법률가 출신 정책 인력의 숫자는 정책 관료의 다수를 차지할 뿐만 아니라 역할 또한 지배적이다. 이들은 연방 수도 정책 결정 기구들을 둘러싸고 대내외 정책의 형성 과정에 간여하는 거대한 정책 공동체로서 '워싱턴 법률가 집단'을 형성하고 있다(한상희 1994, 177-202). 공익 법 소송 등의 형식으로 법률가들이 정책 형성을 선도하는 방식도 정착된 현상이다.

법정치학자 로버트 케간Robert Kegan은 이상과 같은 미국 정치의 독특성을 '당사자주의적 리갈리즘'adversarial legalism으로 표현한다. 이것은 사법 과정의 소송 구조를 그대로 정치과정에 옮겨 놓은 것으로서 ① 형식적인 법적 변론, ② 소송상의 적극주의, ③ 실체적 불확정성을 구체적인 요소로 포함한다. 법적 변론은 원고와 피고의 대립을 전제로 절차적 형식에 맞추어 정돈되고, 양자의 대립에 있어 적극적인 태도가 장려되며, 어디까지나 분쟁에 대한 실체적 확정이 아니라 절차적 확정만이 이루어진다는 점이다. 그에 따르면 앞의 두 요소는 참여자들의 경쟁을 강제하는 것이며, 마지막 요소는 경쟁을 통해 내려진 결론에 대해 궁극적 정당화를 차단함으로써 법질서의 안정성을 확보하는 것이다(Kegan 2003, 1부; 1994, 1-6). 여기서 중요한 것은 이 세 요소 모두가 절차의 주재자인 법률가 집단에게 자유민주주의의 수행자들로서 정치적 중립성을 확보하도록 요구한다는 점이다. 할리데이에 따르면 그 중립성은 1870년대 이후 미국의 법률가 집단이 정치권력 및 의뢰인 집단 양쪽으로부터 독립성을 획득하는 방식으로 확보되었으며, 그 조직적 기반은 앞서 언급한 법전문직 길드, 즉 변호사회였다(Halliday 1987, 2부; Karpik & Halliday 2000, 13).

4. 법률가 정치의 유효성 문제 :
시민권의 법적 보장과 정치적 집단행동의 법화를 중심으로

1) 한국 : 비정치적 법복귀족의 한계

비록 반공 긴급 정부하에서 주변부 엘리트 그룹에 머물렀다고 할지라도, 사법권의 관료제적 독점은 한국의 법률가 집단에게 특권적인 기회 구조였다. 민주적 선거 과정을 우회해 핵심적 국가권력에 접근할 수 있는 권리는 오로지 법률가 집단에게만 부여되었기 때문이다. 이런 기회 구조는 한국전쟁 전후의 긴급 사법 체제에서도 그대로 유지되었다. 최종적인 법적 결정의 정당화는 여전히 법률가 집단에게 맡겨져 있었기 때문이다. 반공 긴급 정부의 권력자들은 판검사의 인사 권한을 최대한 활용해 관료 사법을 적극적으로 통제하는 한편, 법률가 집단을 긴급 사법 체제에 참여하게 만드는 고도의 정치적 술수를 동원했다. 그들은 정보 수사기관들을 강화해 사법권의 절대적인 규모를 축소했고, 이른바 '체제 보위 사건들'의 최종 해결을 통상의 사법제도에 위탁함으로써 법률가 집단 전체를 시험했다. 권력자들의 이런 전략은 결과적으로 법률가 수호자주의를 박제로 만들었다.

반공 긴급 정부의 요구를 기계적으로 처리해 주었던 법률가들은 자신들만이 헌정 체제의 수호자라는 사실을 당당하게 내세울 수 없었다. 그 대신 한국 법률가 집단은 자신들이 독점하는 비정치적 이권에 집단적으로 탐닉하는 길을 선택했다. 전통적인 민사소송 분야와 비정치적 형사소송 분야에 관해 법률가 집단은 '사법권의 독립'이라는 명분 아래 배타적 독점권을 누렸으며, 다른 직업집단과 비교할 수 없는 직업적 자율성을 보장받았기 때문이다. 게다가 1949년 이래 판검사 임용 후보자 선발 시험을 통해 엄격하게 고수해 왔던 소수정예주의는 집단적 이권의 수혜자 규모를 매우 효과적으로 제한했다.[17] 이에 따라 해방 공간을 통해 판검사직을 차지했던 법률가들이 다시 재야로 돌아가 개업 변호사로 영업을 재개하는 시점부터, 퇴직한 판검사가 개업 변호사가 되어 단기간에 집중적으로 형사사건을 수임하는 이른바 '전관예우'와 같은 관행이 빠른 속도로 체계화되었다. 젊은 나이에 판검사가 된 뒤, 적당한 시기에 퇴직해 전관 변호사로서 혜택을 누리는 것이 법률가들의 전형적인 경력이 되었고, 고시 합격으로 모든 것이 보장되는 '고시 신화'가 형성되었다.

이와 같은 특권적 위치는 한국의 법률가 집단을 비정치적 법복귀족으로 만들었다. 정치와 행정에 관여하지 않으면서도 사법을 바탕으로 불가침의 영역을 구축한 그들은 비정치적이라는 외관 속에서 법복귀족으로 불릴 만한 특권적 위상을 구축했다. 하지만 한국의 법률가 집단은 이런 특권적인 위상을 시민권의 법적 보장을 위해 그다지 활용하지 않았다. '인권 변호사'로 불리는 소수의 예외(박원순 2003)를 제외한다면, 법률가 집단의 압도적 다수는 1987년까지 시민권의 법적 보장에 무관심했고, 심지어 군사정권에 협력해 시민권을 억압하기도 했다. 오히려 그들은 특권적 위상을 더욱 강화하는 데 적극적이었다. 법원·법무부·검찰의 권한은 결코 빼앗기지 않았고, 변호사가 아닌 시민들이 유료로 법률 상담을 할 경우 이를 처벌할 정도로 독점을 체계화했으며(변호사법 109조, 112조), 행정쟁송을 비롯한 다양한 영역으로까지 법률가 권력을 팽창시켰다. 나아가 그들은 좁은 의미의 정치과정 및 행정과정에도 깊숙이 진

17_한국에서 로스쿨 공인 제도의 역사에 관해서는 김창록(2008, 93-151)을 볼 것.

입했다. 대한민국의 헌정 60년을 일관해 법률가들은 국회나 대통령부, 그리고 내각의 핵심 인물들이었고 정치적 의사 결정을 보조하는 각종 정부 위원회의 구성원으로서 가장 선호되는 집단이었다.[18]

긴급 사법 체제에서 한국의 법률가 집단이 비정치적 법복귀족으로 이미지가 굳어지는 동안, 한국 사회 전체적으로는 경제 발전과 민주화라는 거대한 변화가 발생했다. 1980년대 들어오면서 한국의 법률가 집단은 이 두 가지 변화에 어떻게 적응할 것인가를 두고 안팎의 개혁 요구에 휘말리게 되었다. 우선 경제 발전은 법률가 집단에 대해 법률 서비스의 규모를 대폭 확대하도록 요구했다. 사법시험 합격자 숫자의 증가에서 법학 전문 대학원의 도입에 이르기까지 사법 개혁의 가장 중요한 주제는 항상 이 문제와 관련되어 있었다. 이와 같은 압도적인 요구 앞에서 한국의 법률가 집단은 법률가 집단의 공급 확대에 마지못해 동의하면서도 지지부진 시간을 끌면서 철저하게 기득권을 유지하려는 태도로 대응했다.[19]

민주화와 관련된 법률가 집단의 대응은 미묘한 측면을 지니고 있었다. 과거의 긴급 입법들에 대한 청산과 피해 보상, 초법적 권력 기구들의 재조직과 통제 강화, 형사 사법절차의 정상화, 그리고 법원 및 검찰의 과거 청산 및 인사 혁신 등에 이르기까지 민주화와 관련된 요구는 다

18_『동아일보』(08/06/05)에 의하면 제17대 국회에서 법률가 정치인은 모두 53명이었고, 제18대 국회에서는 58명으로 5명이 늘어났다. 이는 전체 국회의원의 약 20퍼센트에 해당되며, 단일 직업군으로는 가장 많다.

19_1996년 김영삼 정부의 사법 개혁 과정에서 법학 전문 대학원 제도의 도입을 막으면서도 사법시험 합격자의 숫자를 1천 명까지 단계적으로 늘리기로 합의한 과정이나, 노무현 정부의 사법 개혁 과정에서 법학 전문 대학원 제도의 설립에 합의하면서도 끝끝내 총입학정원제라는 최후의 통제 수단을 유지한 것 등은 그 대표적인 예다.

양하게 분출했다. 한국의 법률가 집단은 이와 같은 요구를 기본적으로 법률가 수호자주의의 부활이라는 보수적 맥락에서 대응했다. 심지어 독재 정권에 맞섰던 소수의 인권 변호사들조차도 법률가 수호자주의를 정상으로 간주한다는 점에서는 예외가 아니었다.

1987년의 민주화 이행 이후 반공 긴급 정부를 해체하는 최종 책임은 법률가 집단에게 맡겨졌다. 1990년대 초반부터 시작된 헌법재판소의 대활약이나 군사정권의 지도자들에 대한 법적 과거 청산은 법률가 수호자주의의 부활을 공표하는 절차나 다름없었다. 이 과정에서 한국의 법률가 집단은 곧바로 최강의 권력 집단으로 급부상했다. 과거 정보 기구들이 누리던 권력은 법적 과거 청산의 주무를 맡은 검찰에 의해 장악되었고, 헌법재판소의 대활약은 국회의 입법권 중 상당 부분을 법률가들의 수중으로 가져왔다. 1990년대 중반 이후 급증한 민사소송의 제기 비율에서 알 수 있듯이 법원과 변호사 집단에 의한 분쟁 해결은 한국 사회의 주류가 되었다(김도현 2007). 이에 더해 1997년의 IMF 구제금융 사태 이후 한국 사회의 상황은 법률가 수호자주의의 전면화에 결정적인 계기로 작용했다. 단군 이래 최대의 호황이 하루아침에 붕괴되자 시민들은 더 이상 민주화 세력의 권위에 기대어 정치적으로 문제를 해결하기보다는 모든 분쟁의 최종 해결을 사법 과정에 맡기는 미국식 세계 표준에 동조하게 되었다. IMF 사태 이후 급성장한 한국의 대형 로펌은 세계화와 관련된 수많은 법적 결정 과정에서 빠짐없이 관여하는, 무대 뒤의 권력 집단으로 기능했다(임종인·장화식 2008).

그러나 이와 같은 법률가 권력의 엄청난 확대에도 불구하고 한국 법률가 집단의 압도적 다수는 헌법 구조의 견고성에 기대어 비정치적 법복귀족의 특권을 유지하는 데 몰두했다. 1987년 민주화 이후에도 정치적 집단행동을 법적으로 전화시키는 작업에 적극적으로 나선 법률가들은 소수에 불과했으며, 이들의 역할은 기능적으로 경쟁 관계인 시민운동가 집단이나 경제 전문가 집단과 크게 차별화되지 못했다. 예를 들어 인권 운동에서는 민주화 이후 폭증한 인권 단체들 가운데 법률가 단체는 민주사회를위한변호사모임뿐이었고, 다양한 형태의 소비자 운동에서도 여성 단체와 시민 단체들 중에서 법률가 단체의 차별성은 별로 부각되지 못했다. 재벌을 비롯한 경제계의 정치적 집단행동은 법률가 집단이 아니라 일반 정치인이나 경제 전문가들에 의해 대변되었고, 국가주의적인 기득권 세력의 이해관계 또한 보수 언론에 의해 대변되었다. 대부분의 법률가들은 정치적 집단행동이 사법 영역으로 넘어 올 때에야 비로소 개입했다.[20]

2) 미국 : 절차적 권리 담론의 기업화

19세기 후반 체계적으로 정립된 후 법적 도구주의와 당사자주의적 리갈리즘은 미국 법률가 집단이 정치에 개입하는 논리가 되었다. 하지만 미국 법률가 집단 역시 시민권의 법적 보장을 비롯한 정치적 의제들에는 적극적으로 관여하지 않았다. 테렌스 할리데이에 따르면 법률가 집단에서 매우 소수만이 시민권의 법적 보장에 실체적으로 관여했고, 19세기 말에서 1960년대에 이르는 동안 미국 법률가 집단의 주류는 심

20_홍일표는 민주화 이후 한국 사회운동이 소송을 동원해 온 맥락을 살피면서, 법의 동원을 가져 온 핵심 요인이 운동과 소송을 결합, 즉 기획 역량과 동원 역량의 결합임을 밝히고 있다. 한국의 현실에서 법률가 집단은 시민운동가들에 비해 특히 후자에서 결정적인 열세에 놓여 있다(홍일표 2008).

지어 시민들의 기본적 권리가 침해되었을 때조차 소극적인 태도로 일관했다(Karpik & Halliday 2000, 16). 할리데이에 따르면 시민권의 법적 보장과 관련해 미국 법률가 집단의 특징은 실체가 아니라 절차에 있었다. 그들은 수정헌법상의 적법절차 조항을 활용해 변호인의 조력을 받을 권리, 불리한 진술을 거부할 권리와 같은 절차적 권리들을 제도화했다.

할리데이는 미국 법률가 집단이 절차적 권리 보장에 집중했던 까닭으로 세 가지를 주목한다. 첫째, 19세기에 이미 미국은 권위주의적 정부로부터의 자유화를 달성한 상태였다는 것이다. 이는 1987년에 이르러서야 민주화 이행을 시작했던 한국의 상황과 다르다. 둘째, 미국 법률가 집단은 국가가 아니라 시민사회의 일원이었으며, 대표적인 전문직답게 변호사협회로 조직화되었다는 것이다. 따라서 적어도 법률가 집단의 입장에서는 시민권의 절차적 보장만으로도 정치적 성과를 내세울 수 있었다는 것이다. 그러나 더욱 중요한 세 번째 이유는 1870년대 이래 미국 법률가 집단이 급격하게 자본주의적 시장경제에 포섭되면서 사법 서비스 자체가 상품화되었다는 것이다. 이는 그들이 대변해야 하는 가치와 이익이 의뢰인 집단에 따라 엄청나게 다양해지고, 나아가 서로 모순되거나 적대적인 이익들마저 대변해야 하는 상황에 이르렀음을 의미한다. 미국 법률가 집단은 하나의 목적이나 이익으로 통합될 수 없는 상태로 변모했으며, 그 결과 시민권의 법적 보장에서도 다양한 의뢰인 집단을 대변할 수 있는 메커니즘을 발전시켜야만 했다. 미국 법률가 집단이 시민권의 보장에서 실체보다 절차를 강조했던 것은 사법 서비스를 상품화하면서 함께 추진된 전략이었던 셈이다(Karpik & Halliday 2000, 16).

미국 법률가 집단의 역사에서 절차적 권리 보장의 강조는 시장에 대한 강력한 정부의 개입을 내세웠던 뉴딜 시대를 거치면서 새로운 면모를 덧입게 된다. 뉴딜 시대는 미국 법률가 집단의 절차 지향적 법 담론이 이른바 '법적 불확정성의 관리 기술'과 연결되면서 미국 사회를 이끄는 지적·조직적 헤게모니가 창출되는 과정이었기 때문이다(Shamir 1995). 뉴딜 시대를 거치면서 미국 법률가 집단은 미국 사회 전체를 좌우하는 의사소통 권력으로서 자리를 굳히게 되었다. 그 이후 미국 정치에서 모든 정치적 주장은 법률가 집단이 관리하는 시민권 보장의 절차적 메커니즘에 포섭될 수밖에 없었다. 제2차 세계대전 이후 1960년대에 이르기까지 법적 도구주의와 당사자주의적 리갈리즘은 미국 그 자체를 상징하는 이데올로기가 되었으며,[21] 그 표현인 '권리'rights 또는 '권리 담론'rights talk은 미국 사회 전체를 관류하는 기본 담론이 되었다(Glendon 1991; 1994).

1960년대 미국에서 벌어진 대규모의 시민권 보장 운동은 권리 담론의 극적인 팽창을 불러왔고, 이런 '권리 혁명'이 그 수행자인 법률가 집단에도 극적인 변화를 야기했다(Epp 1998). 에릭 엔로Eric Enlow의 정리에 따르면 1960년 이전 미국의 법률가 집단은 각 주의 지역사회에 뿌리를 둔 채, 강력한 인적 유대에 묶여 있었으며, 사법 서비스의 대부분은 개인 고객과 개인 변호사 사이에서 이루어졌다. 고객과 변호사의 관계는 장기간 지속되었고, 광고 금지나 서비스 가격 경쟁 금지를 통해 지역 법률가들의 경쟁은 회피되었으며, 다른 주 변호사들의 개업을 금지하는 등의 방식으로 지역적 이해관계가 보호되었다(Enlow 2004, 188). 그러나 1960년대의 권리 혁명은 그 배경인 미국 경제의 전국화와 더불어 미국 법률가 집단을 각 지역의 기득권을 버리고 전국 단위의 경쟁에 뛰어들지 않으면 안 되도록 강제했다.

엔로는 1960년대 이후 발생한 미국 법률가 집단의 변화를 법률가

21_이 과정에 관한 탁월한 정치철학적 분석으로 Shklar(1986)을 볼 것.

숫자의 엄청난 증가와 급속한 상업화로 요약한다. 1960년대에 25만 명이 채 되지 않던 법률가 숫자는 1990년대 후반 1백만 명을 넘어섰으며, 이 같은 규모의 폭증은 법전문직의 특징이던 자체적 내부 규율 시스템을 붕괴시켰다. 1967년에서 1997년까지 미국의 국내총생산GDP에서 법률가 집단이 차지하는 비중은, 각 기업에 사내 변호사로 고용된 법률가들을 제외하고도, 0.64퍼센트에서 1.3퍼센트로 증가했고, 1987년의 달러 가치를 기준으로 할 때, 1992년 미국 로펌 전체의 매출 규모는 1972년에 비해 239퍼센트 증가했다.

이런 변화 과정에서 미국 법률가 집단은 전문 지식이나 명예보다는 부wealth 그 자체를 추구하는 집단으로 급속히 변모했다. 조직 형태에서도 독특한 변화가 발생했다. 사법 서비스가 급격하게 기업 고객과 기업 법률가(로펌) 간의 관계로 이동했다는 것이다. 1967년 사법 서비스 전체의 39퍼센트를 구매하던 기업 고객은 1992년 51퍼센트까지 시장점유율이 상승했고, 1995년에는 60퍼센트 이상으로 올랐다(Enlow 2004, 191-192).[22] 같은 기간 미국 법률가 집단의 기업화도 극적으로 진척되었다. 1960년, 50명 이상의 변호사를 가진 로펌에서 근무하는 법률가 숫자는 전체의 1퍼센트 미만이었고, 단독 개업 변호사의 비율은 64퍼센트에 달했으나, 1995년에 이르러 그 비율은 각각 10퍼센트와 45퍼센트로 변화했다. 동시에 50명 이상의 변호사를 가진 로펌들의 평균적인 규모도 1995년 현재 150명 이상으로 커졌고, 로펌의 조직 형태도 전통적인 합명회사 또는 조합에서 관료적이고 이익 추구형인 기업으로 바뀌었다 (Enlow 2004, 193).

22_사내 변호사의 사법 서비스를 포함시키면 비율은 훨씬 올라간다.

1980년대 후반부터 미국 사회에는 법률가 집단의 압도적 헤게모니에 대한 다양한 반성과 개혁 주장이 고개를 들게 된다. 예를 들어 "미국 법률가의 90퍼센트가 미국민의 10퍼센트를 위해 봉사하고 있다."라는 지미 카터(민주당)의 비판이나, 법 시스템 자체의 개혁을 주장하는 댄 퀘일(공화당)의 비판(Smith 1993, 320; Quayle 1991), 그리고 전통적인 인민주의적 정치 이념에 사법 부담 경감에 관한 제도적 요청을 결합해 '비공식적 정의'에 연결시켰던 비법화 개혁 운동'이나 '대체적 분쟁 해결 수단'ADR을 수행하는 새로운 전문직의 형성 등은 모두 법률가 집단의 법 독점에 관한 개혁 요청으로 이해될 수 있다(Harrington 1982, 35-71; Wahrhaftig 1982, 75-97). 이들의 공통적인 주장의 핵심은 너무 많은 법률가들이 너무 많은 소송을 통해 법을 독점하고 있는 까닭에, 미국 사회에서 법을 통한 사회 정의의 실현이 심각하게 저해되고 있다는 것이다.

5. 세계화와 법률가 정치의 변화

지금까지의 비교를 요약해 보자. 한국과 미국의 법률가 집단은 공히 정치적으로 상당히 활성화되어 있으며 양국의 정치 시스템에는 법률가 정치가 구조화되어 있다. 하지만 법률가 정치의 논리가 상이한 까닭에 그 범위와 방식에서 큰 차이가 발생하고 있다. 한국에서는 '법률가=사법 관료'라는 등식 때문에 소수의 법률가들이 사법권의 관료제적 독점을 유지할 수 있었다. 따라서 비정치적 법복귀족의 정체성과 희소성을 유지하는 것이야말로 법률가 정치의 원천이 될 수밖에 없었다. 이에 비해 미국에서는 '법률가=사적 전문직'이라는 등식에 입각해 시민혁명의 정치적 유산을 당사자주의적 리갈리즘으로 변모시키는 것이 법률가 정치의 핵심이었다. 이를 기초로 법률가들은 절차적 측면에 집중해 사법 서비스를 상품화했으며, 그 과정에서 미국 사회를 향도하는 유사 이래 최대 규모의 기업적 법률가 집단이 형성되었다.

그렇다면 양국에서 법률가 정치는 과연 자유민주주의의 정상화와 관련해 어떻게 평가될 수 있는가? 여기서는 비교적 최근 두 나라에서 벌어지고 있는 법률가 정치의 변화 양상을 특히 사법 개혁과 세계화의 차원에서 간략하게 비교함으로써 이 질문에 대답해 보고자 한다.

해방 공간에서 법률가 수호자주의가 구조화된 이래 최근에 이르러 한국 법률가 집단은 역사상 처음으로 독점적 위상에 대한 도전에 직면하고 있다. 이 점을 가장 명확하게 드러내는 것은 법률가 집단의 안팎에서 경쟁이 강화되었다는 사실이다. 2009년 현재, 판검사 집단을 포함해 1만5천 명에 가까운 수준으로 성장한 한국 법률가 집단의 규모는 고시 합격으로 모든 것이 보장되던 시대가 이미 지나갔음을 보여 준다. 특히 변호사 집단 내부에서 치열한 경쟁의 결과는 기업 법무와 국제 법무를 독식하는 대형 로펌들의 강세와 전통적인 단독 개업 변호사들의 약세로 뚜렷이 전개되고 있다. 2009년 출범한 법학 전문 대학원 체제는 총입학 정원제와 같은 한계에도 불구하고 법률가 집단 내부의 양극화를 더욱 가속화할 것으로 전망된다.

이와 함께 법률가 수호자주의 그 자체에 대한 반성과 저항도 점점 확산되고 있다. 2004년 10월 헌법재판소가, 국회에서 압도적 다수로 통과되었던 신행정수도특별법을 '관습 헌법도 헌법 개정 국민투표를 통해서만 개정될 수 있다'는 논리로 무효화했던 것은 법률가 수호자주의에 대한 대중적 성찰을 불러일으켰다. 이런 흐름은 2009년 가을 '국회의 입법 절차는 불법이지만 입법 그 자체는 유효하다'는 미디어 법에 관한 헌법재판소 결정이 국민적 조롱의 대상이 되는 사태를 낳기에 이르렀다. 법률가 집단이 대한민국이라는 민주공화국의 주인 행세를 하고 있다는 성찰이 일반화되면서, 법원, 검찰, 대형 로펌, 법률가 정치인 등이 행사하는 권력의 본질을 법률가 정치의 관점에서 통찰하려는 움직임도 시작되고 있다. 오랫동안 법률가 집단 내부에서 소외되어 온 법학 교수 집단은 이와 같은 비판적 흐름을 이끌고 있다.

한편 미국 법률가 집단 역시 총체적인 개혁 요구에 직면해 있다. 그 가운데 예일 로스쿨의 전 학장인 앤서니 크론만Anthony T. Kronman은 '법률가 −정치가'lawyer-statesman의 이상을 잃어버린 것이야말로 미국 법률가 집단이 위기에 빠진 원인이라면서, 그 상황을 악화시키는 요인으로 ① 반反 숙고적이며 편견에 찬 법학 운동들로 오도되고 있는 로스쿨의 교육 시스템, ② 상업주의적 법문화를 조장하는 대규모 로펌들, ③ 효율성을 추구한다는 이유로 점점 강화되는 법원의 관료주의를 지목한다. 그리고 이처럼 위기 상황에 봉착한 법률가 집단은 미국을 이끄는 건전한 정치적 리더십을 제공하지 못하고 있으며, 이로 인해 미국의 정치 시스템마저 심각한 위기 상황에 내몰리고 있다고 주장한다(Kronman 1993). 하지만 크론만의 논의는 '법률가−정치가'의 이상을 그대로 유지한다는 점에서 법률가 정치를 비판하는 입장에 대해서는 호소력이 떨어진다. 또한 잃어버린 이상을 되찾을 수 있는 출발점으로 제도보다는 개인에 집중하는 것에서 알 수 있듯이 개혁 논의의 실제적 효용성 또한 그리 크지 않은 것 같다.

오히려 더욱 주목해야 할 것은 미국 법률가 집단이 '법률가−상인' lawyer-merchant의 새로운 이상을 추구하고 있다는 크론만의 지적이다. 이는 1960년대 이후 진행된 미국 법률가 집단의 기업화가 법률가 정치의 이데올로기 자체를 바꾸는 단계에까지 이르렀음을 의미한다. '법률가−정치가'라는 종래의 이상이 시민혁명의 유산인 인민주의적 정치 이데올로 기를 내포하고 있었다면, '법률가―상인'이라는 새로운 이상은 아예 민주주의와의 연계 자체를 끊는 것이나 마찬가지이기 때문이다.[23] 1990년대 중반 이후 급속하게 진행된 미국 법률가 집단의 세계화는 이 새로운 이상에 의해 추동되고 있음이 명백하다. 대형 로펌과 메이저 로스쿨들에 의해 극단적으로 추진되고 있는 미국법과 미국 법률가 집단의 세계화는 금융자본주의의 팽창을 직간접적으로 보위하는 '글로벌 법률가―상인 집단'을 형성하는 과정이다.[24]

적극적인 세계화를 통해 총체적 사법 개혁의 요구를 외면하고 자유민주주의의 혁신을 회피하는 현상은 미국만이 아니라 한국에서도 발생하고 있다. 지금까지 나는 의도적으로 한국의 법률가 정치와 미국의 법률가 정치를 별개의 단위로 취급해 왔다. 하지만 현실은 그렇지 않다. 이미 두 국가의 법률가 정치는 비대칭적으로 결합되어 있다. 양자의 강력하고 현실적인 연계 고리는 법학 교육과 국제적 자본시장이다. 점점 더 많은 한국 법률가 집단의 엘리트들이 해외 연수, 유학, 연구년 등의 방식으로 미국 로스쿨에서 학위를 취득하고 미국 법률가가 되고 있으며, 그들은 다시 국제적 자본시장을 대변하는 국내외의 글로벌 로펌에서 법률 서비스를 제공하고 있다. 한국 법률가 집단 내부의 엘리트 집단이 실질적으로 미국 유수의 로스쿨과 글로벌 로펌들이 주도하는 글로벌

23_ 이런 관점에서 랜 허쉴(Ran Hirschl)은 사법 통치를 고전적 민주주의와 대비되는 신자유주의의 새로운 통치 체제로 이해한다(Hirschl 2004).

24_ 이에 관해서는 이 장의 서론에서 언급했던 이브 드잘레이와 브라이언 가스의 연구 성과와 함께, 파산법의 세계적 확산에 주목해 더욱 직접적으로 글로벌 금융자본주의와 글로벌 법률가―상인 집단의 연계에 천착하는 테렌스 할리데이 등의 연구 성과에도 주의를 기울일 필요가 있다(Halliday & Carruthers 2009).

법률가 집단의 일원으로 변모하고 있다는 말이다(Lee 2007, Ch. 7).

오늘날 미국 법률가가 된 엘리트 한국 법률가들의 본거지는 글로벌 로펌들과 연계된 국내의 대형 로펌들이다. 이들은 사법 서비스 시장의 개방이 미루어지는 틈을 이용해 사실상 국내 자본과 외국자본의 쌍방대리를 수행하면서 정치경제적 영향력을 전방위로 확산시키고 있다(임종인·장화식 2008). 이는 두 국가의 법률가 정치가 연결되어 만들어 내는 새로운 모습의 법률가 정치다. 그렇다면 이런 상황은 언제까지 계속될 수 있을까? 자유민주주의의 핵심 기제로서 주권국가의 경계선 내에서 일정한 역할을 담당해 온 법률가 정치는 민주주의와의 연계를 잃어 가는 현재의 난국을 어떻게 돌파할 수 있을까?

이미 주권국가의 경계를 넘어선 법률가 정치가 세계적 규모의 자본에 맞서는 세계적 규모의 시민사회/정치사회를 형성해 글로벌 차원에서도 자유민주주의의 중흥을 이룰 수 있다는 증거는 참으로 찾기 어렵다. 그 한 가지 증거로서 나는 2006년 7월 미국 볼티모어에서 열린 법과사회학회 연례 대회에 발표자로 참석했을 때 겪었던 일을 소개하는 것으로 이 장을 마무리하고자 한다. 학회 셋째 날 오후의 한 세션에서 1995년 이후 미국의 유수 로스쿨들에서 그 수가 급증한 외국 변호사를 위한 법학 석사L.L.M 프로그램에 관해 논의가 이루어졌다. 대부분 미국의 로스쿨 교수들인 발표자들과 토론자들은 정규 법무 박사 과정에 비해 외국 변호사를 위한 법학 석사 과정은 따로 관리되며, 이 과정을 통해서는 미국 법률가들이 무엇을 어떻게 생각하는지를 배울 수 없다는 점에 의견이 일치했다. 청중석에 있던 나는 "그렇다면 그렇게 별 볼 일 없는 법학 석사 프로그램을 유수 로스쿨들이 확대하고 심지어 단기 방문 교육 프로그램까지 개발하는 이유가 무엇이냐?"라고 문제를 제기했다. 낯선 질문에 당황한 발표자 및 토론자들은 서로 답변을 미루다가 결국 발표자 중 한 사람인 노스웨스턴 로스쿨의 여교수가 대답했다.

솔직히 말해서 두 가지 이유가 있다. 하나는 돈이고, 다른 하나는 네트워크다. 대부분의 로스쿨에서 외국 변호사를 위한 법학 석사 프로그램의 수입은 전미변호사협회나 대학 본부에 보고할 필요가 없다. 정규 법무 박사(J.D) 과정에 비해 학사 운영이 쉬운 외국 변호사를 위한 법학 석사 프로그램은 로스쿨로서는 포기하기 어려운 수입원인 셈이다. 게다가 주로 외국의 엘리트 법률가들이 들어오므로 로스쿨의 네트워크를 확장하는 데 상당히 좋은 기회가 된다. 돈도 벌고 네트워크도 넓어지는데 이 기회를 마다할 이유가 무엇인가?

나는 솔직하게 대답해 주어서 고맙다고 말하면서, 한국에 돌아간 뒤 그 답변 내용을 널리 알리겠다고 말했다. 이 마지막 언급은 그 약속을 이행하기 위한 것이기도 하다.

3장

한국 법률가의 탄생 공간

1. 공간의 규범성과 규범적 공간

법사회학은 법 현상에 대한 사회과학적 탐구인 동시에 사회적 맥락에 적합한 법을 획득하려는 법학적 실천이다. 이와 관련해 우리는 '법은 사회를 떠나서는 생각할 수 없다.'라는 명제를 떠올린다. 그러나 법을 사회적 존재라고 말할 때, 사회적 존재라는 말의 의미는 무엇인가? 앤서니 기든스Anthony Giddens에 따르면 사회적 삶이란 시간의 '사라짐'과 공간의 '변화' 속에서 발생하는 현전presence과 부재의 상호 교차다. 그것은 특정한 맥락과 현장locale을 중심으로 지역화regionalization, 즉 시간-공간 차별화를 통해 발생한다(Giddens 1984, 164-165). 기든스가 옳다면, 사회적 존재로서 법을 이해한다는 것은 특수한 시·공간적 맥락 속에서 법을 이해한다는 의미일 수밖에 없다. 법사회학이 시간 축과 공간 축의 균형적 접근을 추진해야 할 까닭은 바로 여기에 있다.

한국 사회에서 법사회학적 담론은 다양한 사회 이론을 법 영역에 적용시키는 계몽의 단계를 벗어나, 한국 사회의 법과 법률가에 대한 분석의 단계에 진입하고 있다. 하지만 우리는 이 시점에서 기왕의 법사회학적 담론이 '대안적 이야기 만들기'에 과도하게 집착하고 있지는 않은지를 점검해 볼 필요가 있다.[1] 그렇다면 여기서 법을 시간 축에서가 아니라 공간 축에서 이해한다는 것은 무엇을 의미하는가? 이 점에 관해서는 비판지리학자들이 제기하는 '근대 사회 이론'에 대한 반성이 도움이 된다.[2] 이들은 '인간 이성에 대한 근본적인 신뢰' 속에서 '역사의 진보'를 전제하는 서구의 근대 사회 이론이 예외 없이 시간 중심 사고에 기초한 억압성을 내포하고 있다고 비판한다. 과거에 대한 현재의 우위와, 현재에 대한 미래의 우위를 보장하는 서구의 근대적 역사관은 이야기(story 또는 history)를 만들 수 있는 자와 그렇지 못한 자들 사이의 억압과 피지배를 가능케 한다는 것이다.

법 현상의 공간적 이해는 일차적으로 시간 중심주의의 사고방식에서 벗어나, 사태의 동시성을 중요시하면서, 법 현상에 끼쳐진 공간의 독자적 영향력을 해명하는 것이다. 이런 공간 중심 사고는 물리적 공간(1차 자연)이 아니라 사회적 공간(2차 자연)으로서의 공간개념을 기초로 한다. 사회적 공간은 '사회적 삶의 구성과 재생산 과정'에서 시간 축의 영

1_그렇기에 때로는 '(대안적) 이야기 만들기'에 대한 집착 또는 회의가 법사회학적 분석의 정밀함을 감소시키는 요인이 되기도 하는 것 같다. 예컨대 분석적 개념과 사실적 개념의 양 측면을 모두 가지고 있는 '전근대-근대-탈근대'의 도식이 분석적 개념으로서의 의미는 상실한 채 사실적·역사적 개념으로만 사용되면서 마치 일종의 편 가르기와 같은 평가적 개념으로까지 오해되고 있는 상황이 그것이다. 한쪽에서는 이 도식에 대한 과도한 집착(이상돈 2001)이, 다른 한쪽에서는 이 도식에 대한 근본적 회의(이철우 1999)가 포착되고 있는 것이다. 나는 이 문제 역시 시간 축과 공간 축을 공히 수용하는 보편적 사회 이론의 관점에서 비로소 해결될 수 있다고 생각한다. 시간 축을 '인간의 자기 이해'에, 공간 축을 '인간들 사이의 관계지움'에 연결시켜 '전근대-근대-탈근대'의 도식을 분석적 개념으로 재구성하려는 것이다(이국운 1999a).

2_에드워드 소자(Soja 1989)의 책을 주로 참고했다.

향을 받지만 동시에 시간 축에 영향을 미친다. 비판지리학자인 에드워드 소자Edward Soja는 공간성의 의미를 여덟 개의 명제로 정식화하면서,[3] 그중 하나로 '사회적 산물로서의 공간성은 사회적 행위와 관계들의 매개이자 결과이며 전제이자 구현'이라는 명제를 내세운다. 소자의 이 명제는 다시 두 가지 하위 명제로 구분될 수 있다. 첫째, 현실 사회의 공간 구성은 일정한 사회적 의미 체계를 전제하고 있으며, 둘째, 그 반대로 사회의 특정한 의미 체계는 또한 특정한 공간 구성 방식을 예정하고 있다는 것이다.

법 현상의 공간적 이해를 도모하는 데 있어, 이상과 같은 고찰의 의미는 '공간의 규범성' 및 '규범적 공간'이라는 용어들로 적확하게 표현될 수 있다. 요컨대 현실 속에 존재하는 법적 공간은 어떤 형태로든 특정한 사회적 규범 체계 속에서 특정한 규범적 의미를 가지며, 반대로 사회의 특정한 규범적 기준은 또한 어떤 형태로든 특정한 공간 구성 방식을 예정한다는 것이다. 이에 따른다면, 법 현상의 공간적 이해에 있어서 근본

3_① 공간성은 실체화되고 인식 가능한 사회적 산물이며, 물리적·심리학적 공간을 사회화하고 변형시킬 때 통합되는 '2차 자연'의 일부다. ② 사회적 산물로서의 공간성은 사회적 행위와 관계들의 매개이자 결과이며 전제이자 구현이다. ③ 사회생활의 시·공간적 구조화는 사회적 행위와 관계(계급 관계를 포함해)가 물질적으로 구성되고 구체화되는 방법을 정의한다. ④ 구성·구체화 과정은 (순환되고 일상적으로 반복되는 많은 것들 가운데) 모순과 투쟁으로 충만한 문제다. ⑤ 모순들은 기본적으로 생산된 공간이 사회적 활동의 결과·구현·생산물이자 매개·전제·생산자라는 이중성을 가지기 때문에 발생한다. ⑥ 따라서 구체적 공간성은 —사실상의 인문지리는 —사회적 생산과 재생산을 위한 투쟁이 벌어지는, 즉 기존의 공간성의 유지와 강화 또는 현저한 재구조화와 급진적 변형을 목적으로 하는 사회적 실천이 벌어지는 경쟁의 장이다. ⑦ 일상적 활동의 일과와 사건들에서부터 좀 더 장기적인 역사 형성에 이르기까지 사회생활의 시간성은 사회생활의 공간성이 시간적·역사적 의존성에 뿌리 박혀 있는 것과 마찬가지로 공간적 의존성에 뿌리 박혀 있다. ⑧ 역사의 유물론적 해석과 지리의 유물론적 해석은 하나가 다른 하나에 비해 본래부터 우위에 있는 것이 아니라 분리할 수 없을 정도로 뒤얽혀 있고 이론적으로 동시에 발생하는 것이다(Soja 1989, 129-130).

적인 출발점을 이루는 것은 "모든 사회적 공간은 규범적 의미를 지니며, 모든 사회적 규범은 공간적 의미를 지닌다."라는 명제일 수밖에 없다. 우리가 당연하게 받아들이는 법원의 건물 구조, 검찰청의 주차장, 법정의 출입문, 수사실의 가구 배치 등의 공간적 구조들이 각각 규범적 의미를 지닌다는 것이며, 현행 헌법이 말하는 자유민주주의적 기본 질서나 사법권의 독립과 같은 규범적 진술들도 독특한 공간적 의미를 가진다는 것이다.

바로 이 지점에서 공간에 대한 미셸 푸코의 이해는 매우 유용한 통찰을 제공한다.[4] 푸코는 신체에 대한 조작을 정교하게 조율할 수 있는 기계에 비유되는 기율 권력disciplinary power의 관점에서 공간을 이해한다. 그에 따르면 기율은 시간과 공간에 대한 조작을 통해서만 진행될 수 있다. 그것은 대개 폐쇄enclosure, 봉쇄된 조종 영역을 필요로 한다. 폐쇄는 기율 권력의 일반화된 토대이지만, 그것만으로 신체의 이동이나 활동을 세심히 관리하기 힘들고, 내적 영역 분리internal regional division 또는 분할partitioning을 통해서만 달성될 수 있다. 기율적 시·공간의 분할은 ① 독립적 의지 형성이나 반항의 원천이 될 수도 있는 대규모적 집단 형성을 막고, ② 우연한 대면에서 일어나는 변화나 불확정성을 피해 개인 활동을 직접 조작할 수 있게 만든다. 푸코에 의하면 이런 분석적 공간에서 개인은 감시당하고 평가되며 자질을 측정당한다.

푸코에 따르면 기율 권력의 공간적 본질은 공간 경영farming of space을 통해 시선gaze을 조직하는 것이다. 제레미 벤담이 구상한 판옵티콘panopticon이 기율 권력의 극단적 표상으로 부각되는 것은 분석적 공간들을

4_여기서의 논의는 대부분 푸코의 『감시와 처벌』(푸코 1994), 3부에 주로 나타나 있는 그의 공간 논의 및 그에 관한 기든스의 요약에 기초한 것이다(Giddens 1984, ch. 3).

효율적으로 결합함으로써 최소한의 시선으로 최대한의 동시적 감시sur-veillance를 보장할 수 있게 만들기 때문이다.[5] 물론 기율은 시간의 계산적 분리에도 달려 있다. 중세의 수도원에서부터 시작된 활동의 시간화timing는 신체와 동작을 조정하기 위한 가장 기본적인 조건이다. 시간화는 경력 상승에도 적용되며, 이를 위한 대표적인 방법이 바로 시험이다.[6]

이상과 같은 푸코의 통찰은 법 현상의 공간적 이해가 법을 통한, 그리고 법을 향한 기율 권력의 작동 방식을 중심으로 시도되어야 함을 의미한다. 특히 자유민주주의가 권력 담론과 법 담론의 중첩을 예정하고 있다는 점에서, 이처럼 일정한 시·공간적 차별화를 통해 신체에 대해 권력을 행사하는 '사회적 권력'(기율 권력)을 상정하고 그것과의 관련 속에서 법 현상에 대한 공간적 이해를 도모하는 것은 반드시 필요한 일이다. 나는 이 장에서 권력관계의 그물망을 바탕으로 기율 권력의 작동 방식에 주목하는 푸코의 공간 이해를 창조적으로 이용해 한국 법률가의 탄생 공간을 분석해 보고자 한다. 분석의 전제가 되는 시·공간적 차별화, 곧 지역화의 준거로는 일단 자유민주주의에 대한 특정한 해석 경향

5_"기율은 '독방', '자리', '서열'을 조직화함으로써, 건축적이면서 동시에 기능적이고 위계적인 복합공간을 만들어 낸다. 고정된 위치를 제공하고 순환을 허용하는 것은 바로 공간이다. 공간은 개개인을 작은 단편으로 절단하고 조작 가능한 관계를 수립하며, 자리를 지정하고 가치를 표시한다. 또한 개인의 복종을 보장하고 시간과 동작에 대한 보다 나은 관리를 보장한다"(푸코 1994, 223. 번역은 기든스의 인용을 따랐음).

6_종합하자면, 기율 권력은 공간 배분에 있어서 독방식이고, 짜인 절차에 따라 활동을 코드화시킴으로써 유기적이며, 연쇄적 국면들이라는 점에서 발생적이고, 사회라는 기계의 작동 도구로서 인간 활동을 통합시킨다는 점에서 조합적이다. 미셸 푸코의 이런 시·공간 이해는 사실 —그가 직접 빚고 있는 것이지만—서구 근대사회에 대한 막스 베버의 통찰과 일맥상통하는 것이다. 단지 푸코가 정신병원과 감옥을 주목했다면, 베버는 시장 자본주의를 통해 합리화되는 좁은 의미의 경제 영역과, 관료제를 통해 중앙집권화되는 좁은 의미의 정치 영역에 연구의 초점을 맞추고 있었다는 점에서 그런 유사점이 가려져 왔을 뿐이다. 이 점에서 양자의 연결을 주장하는 좋은 본보기로 강상중(1997, 1장)의 논의를 지목하고 싶다.

으로서 '자유주의적 법치주의'를 채택하고자 한다. 사법의 규범적 본질에 관해 자유주의적 법치주의는 '사법권의 우위와 법률가 독점'을 내세우며, 이는 '사법의 민주화와 시민적 참여'를 내세우는 민주적 공화주의와 길항하면서 자유민주주의를 구성한다.[7]

2. 자유주의적 법치주의와 법률가의 탄생 공간

당신은 대한민국 법 시스템의 정점에 존재하는 최고의 법률가들의 업무 공간을 들여다본 일이 있는가? 독일의 연방 헌법재판소처럼 투명한 유리로 지어지지는 않았지만, 나름대로 많은 돈을 들여 건축한 한국 헌법재판소는 9명의 헌법재판관이라는 최고의 법률가들을 독특한 공간 속에 배치하고 있다. 동일한 크기의 커다란 아홉 개의 방에 그들을 배치하고, 그 커다란 방들 주위로 연구진과 비서진을 배치시키고 있는 것이다. 하지만 여기서 푸코의 노선을 따라 모종의 기율 권력이 일정한 폐쇄 공간 속에 법률가들을 가두어 둔 채, 그들을 분석하고 감시한다고 예단해서는 안 된다. 물론 분석과 감시는 존재한다. 그들이 내리는 판결들이 국민 대중의 삶에 구체적인 차이를 발생시킬 만큼 헌법재판이 정치적으로 중요해진 상황이라면, 그들의 업무 공간은 국민 대중으로부터 제기되는 분석과 감시의 눈길로부터 자유로운 영역일 수 없기 때문이다.

그러나 문제의 핵심은 그와 같은 분석과 감시에도 불구하고 우리가

7_이 책의 1장 및 이국운(2010, 3장) 참조.

이 최고의 법률가들을 그로부터 최종적으로 해방시켜 주고 있다는 사실이다. 자유주의적 법치주의가 채택하고 있는 '사법권 독립'의 이념은 그 분석과 감시의 눈길이 최고의 법률가들에게 법적 구속이나 정치적 압력으로 작용해서는 안 된다는 점을 말하고 있다. 비록 최고의 법률가들에게 분석과 감시를 가하더라도 그것을 기초로 이들에게 책임을 추궁해서는 안 된다는 것이 사법권 독립의 의미라는 것이다. 최고의 법률가들에게 주어진 동일한 크기의 커다란 아홉 개의 방은 바로 이와 같은 규범의 공간적 표현이다. 그들은 그 공간 속에서 자유, 즉 규범적 해방을 누릴 수 있다.

이와 같은 규범적 해방은 결국 최고의 법률가를 그들의 직무에 관해서는 분석과 감시로부터 자유로운 영역으로 방임한다. 직무에 관해 징계 혹은 탄핵 사유에 해당하는 비행이나 범죄를 저지르지 않았음에도 불구하고 최고의 법률가들에 대한 분석과 감시를 체계화시켜 그들을 기율할 수 있는 제도적 권력은 자유주의적 법치주의의 이념 내부에는 존재하지 않는다. 왜냐하면 자유주의적 법치주의는 그 본질상 사람에 의한 사람의 지배를 부인하고, 법에 의한 사람의 지배rule of law를 채택하면서, 이를 위해 법의 독자성autonomy of law을 받아들인 정치체제이기 때문이다(최대권 1992, 4장; 이국운 2001). 물론 법에 의한 지배가 실질적으로 9명의 법률가들에 의한 지배로 전락하게 된다면, 그것은 본질적으로 사람에 의한 지배이므로 부인되어야 마땅하다. 그러나 그것이 반드시 명백하지 않은 상황에서 법을 직업적으로 해석하고 판단하는 법률가에 대한 통제가 가능해진다면, 그것은 곧바로 자유주의적 법치주의의 체제를 근본적으로 붕괴시키는 결과를 초래할 수도 있다.

그러므로 자유주의적 법치주의의 체제를 선택하는 한 최고의 법률가는 적어도 법적 판단의 측면에서는 최상의 존재로 이해되어야 한다.

바로 여기에서 헌법재판소가 9명의 재판관들에게 허락하고 있는 업무 공간의 구성 방식이 자유주의적 법치주의의 본질에 닿아 있음을 확인할 수 있다. 최고의 법률가들은 자신의 성城에 둘러싸인 9명의 고독한 영주들이다. 그들은 자신들에게 주어진 널따란 업무 공간 속에서 원칙적으로 누구에게도 의탁하지 않는, 또 누구에게도 의탁할 수 없는 고독한 영주의 직무를 수행해야만 한다. 법률가의 본분을 수행하는 한 그들은 어떤 경우에도 자유이며 그들을 제한할 어떤 강제도 용납되어서는 안 된다.

여기서 주목할 것은 자유주의적 법치주의에서 최고의 법률가에 임용될 수 있는 가능성은 모든 법률가에게 열려 있다는 점이다. 이처럼 모든 법률가가 잠재적인 사법적 대표라는 사실(이국운 1999b)은 법률가의 탄생 공간에 관해 결정적인 시사를 제공한다. 그것은 자유주의적 법치주의 속에서 모든 법률가는 기본적으로 최고의 법률가의 지위에서 자신의 공간을 성공적으로 통치할 수 있도록 교육되어야 한다는 통찰이다. 이는 법률가들이 그처럼 개별화된 공간에서, 고독한 영주로서의 자격을 갖추었는가를 끊임없이 심사 받고 감시당하는 권력관계의 그물망 속에서, 또한 그것을 전제로 조직된 날카로운 감시의 시선들 속에서, 개별적으로 교육되고 평가받고 태어나고 완성되어야 한다는 의미다.

이런 관점에서, 자유주의적 법치주의의 가장 세련된 옹호인 로널드 드워킨Ronald Dworkin이 『법의 제국』Law's Empire에서 최고의 법률가를 헤라클레스에 비유한 것은, 마치 이런 사회를 최상의 사회로 주장하는 듯한 잘못을 제외한다면, 대단히 탁월한 착상으로 평가될 수 있다.[8] 예컨대 5 대 3으로 팽팽하게 맞서 있는 낙태죄의 위헌성에 관한 헌법재판에

8_Dworkin(1986), 특히 10장을 참조.

서 캐스팅 보트를 쥐게 된 한국 헌법재판소의 아홉 번째 재판관은, 마치 헤라클레스가 거인 아틀라스를 속이기 위해 잠시나마 세상을 들고 있어야만 했던 것처럼, 당연히 자신의 법적 견해 위에 잠시나마 세상을 바로 세울 수 있어야만 한다. 만약 그런 책무를 감당하지 못해 관습conventionism이나 공리주의pragmatism에 미룬다면, 법을 통한 사회의 규범적 통합은 달성될 수 없다.

그러므로 자유주의적 법치주의를 따르기로 한 이상 최고의 법률가들에게 사회적 통합을 달성할 수 있는 인격적 통합성integrity을 요구하는 것은 결코 무리한 요청이 아니다. 그리고 최고의 법률가들이 될 가능성을 독점하는 사람들에게 혹독한 훈련을 통해 인격적 통합성을 갖추도록 요구하는 것 또한 무리한 요청일 수 없다.[9] 이처럼 자유주의적 법치주의는 최고의 법적 판단을 독립적으로 수행할 수 있도록 번민과 고독과 압력을 물리칠 수 있는 인격적 통합성을 법률가들에게 요구하며, 그 연장선에서 그들의 탄생 공간을 내부적/외부적인 합리적 감시체계에 의해 구축할 것을 요구한다. 그러나 이는 곧 다른 의문으로 이어진다. 감시를 통해 인격을 도야陶冶한다는 것이 도대체 가능한 일인가?

감시와 인격적 통합성 사이의 이런 모순은 자유주의적 법치주의를 포함하는 근대적 정치 시스템 일반이 안고 있는 본질적 모순과 맞닿아 있다. 막스 베버의 표현을 빌리자면, 근대사회에서 정치는 지배를 정당화하는 권위 원천으로서 카리스마와 전통의 가치를 감소시키고, 그에 대해 합법성의 가치를 부각시키는 이른바 '합리화'rationalization의 경향을

9_따라서 최고의 법률가로 임용될 수 있는 가능성을 명시적으로 포기하는 하급 법률가들, 예컨대 과거 영국의 솔리시터(solicitor)나 한국 사회의 법무사에게는 훨씬 완화된 기준이 적용될 수 있을 것이다.

원천적으로 내포하고 있다.[10] 그러나 솔직히 말해, 합법적 지배라는 것은 '법은 법'이라는 합법성에 현혹되어 잠시 현실적인 지배의 정당성 문제를 회피하도록 할 수 있을 뿐이다. 궁극적으로 정당성의 근거는 합법성만으로는 부족하며, 마치 카리스마적 지배가 일상화의 숙명을 피할 수 없듯이, 합법적 지배 또한 제도화된 카리스마, 제도화된 전통의 도움을 반드시 필요로 하기 마련인 것이다. 이런 관점에서 감시와 인격적 통합성 사이의 현상적 모순은 회피할 것이 아니라 극복해야만 하는 어떤 것이다. 그리고 법률가들에게 정치적 운명의 최종 결단을 맡기는 자유주의적 법치주의에서 이런 극복의 필요성은 더욱 커진다.

바로 이와 같은 맥락에서 자유주의적 법치주의가 전제하는 법률가의 탄생 공간은 개개의 법률가들에 관해 마땅히 '책임의 공간'이 되어야만 한다. 그리고 그곳에서 이루어지는 내외의 감시는 자신의 법적 견해 위에 세계를 올려놓을 만큼의 책임능력을 개개의 법률가들에게 배양하려는 목적을 가져야만 한다. 감시만으로 인격적 통합성을 만들어 낼 수는 없지만, 인격적 통합성은 감시를 통해 단련될 수 있는 것이 아닌가? 그러므로 법률가를 전문직profession으로 지칭하는 대중적 언어 관행에는 근본적인 진실이 숨어 있다. 그 속에는 법률가란 진리에 대한 전인격적 고백confession 위에 전문적인 법적 견해를 건축하는 사람들이라는 선언이 내포되어 있기 때문이다.

이런 고백적 진리의 입장에서 법률가를 이해할 경우, 법률가의 탄생 공간은 법률가 집단 전체에 대해서도 특정한 규범적 의미를 가지게 된다. 핵심을 말하자면, 그것은 단지 내외의 감시체계에 의해 유지되는 개

10_Kronman(1983), 특히 4장을 참조.

별적 책임의 공간만이 아니라, 전문직으로서의 진리 고백이 부딪히는 '집단적 명예의 공간'이 되어야만 한다. 법률가의 탄생 공간은 혹독한 개별적 수련을 통과한 전문가들이 집단적으로 태어나는 공간, 따라서 그들의 명예가 집단적으로 존중되는 공간이어야만 하기 때문이다.

하지만 아직도 한 가지 문제가 남아 있다. 법률가의 탄생 공간을 둘러싼 내부의 감시체계와 외부의 감시체계는 어떻게 조화될 수 있을 것인가? 현실적으로 더욱 효과적인 것은 역시 내부적 감시체계다. 그러나 이것은 항상 동료들 간의 은밀한 담합에 의해 장식적·위선적인 차원으로 전락할 위험을 내포한다. 이런 점에서 내부적 감시체계는 외부의 그것과 긴밀하게 연결되어야 할 필요가 있으며, 그와 같은 연결의 핵심 고리는 '설득을 향한 상호 경쟁'으로 잘 표현될 수 있다. 외부적 감시체계의 핵심은 법률가들 사이의 경쟁을 조장하는 것이며, 그런 경쟁은 근본적으로 동료 법률가들 및 국민 대중을 상대로 자신의 법적 주장을 책임 있게 논증함으로써 더 많은 사람들을 합리적으로 설득하는 방식이어야만 한다. 자유주의적 법치주의는 법적 쟁점들을 놓고 법률가들이 자신의 법적 주장을 책임 있게 논증함으로써 일종의 합리적 설득 경쟁을 수행할 수 있는 공간적 구조를 요구한다. 그리고 그 공간을 중심으로 내외의 감시체계가 유기적으로 연결될 것을 요구한다.

결국 자유주의적 법치주의는 그 체제의 근본적인 요구로서 법률가들의 공간, 특히 그들의 탄생 공간이 다음의 두 가지 덕목을 증진시킬 수 있는 방향으로 구조화될 것을 요청한다고 볼 수 있다. 첫째, 법률가들에게 최후의 권위를 부담하는 인격적 통합성을 갖추게 하기 위해 각 법률가를 개별화시킬 수 있는 강력한 감시와 엄밀한 평가의 체계가 내부와 외부에 갖추어져야만 한다. 둘째, 내부와 외부의 감시체계는 법률가의 개별적 책임 의식을 고양하고, 집단적 명예감을 고취시키는 방식으로 연계되어야 하며, 이를 위해 합리적 설득을 향한 상호 경쟁이 이루어질 수 있는 공간적 구조가 마련되어야만 한다.

3. 한국의 법률가는 어디서 태어나는가

그러면 이제부터 법률가의 탄생 공간에 관한 자유주의적 법치주의의 규범적 요청에 비추어 한국 법률가의 탄생 공간을 구체적으로 분석해 보자. 주지하는 바와 같이 한국 사회의 법률가는 대체로 다음 네 단계의 과정을 거쳐 탄생된다. ① 대학에서의 법학 교육 단계, ② 사법시험의 준비 및 응시 단계, ③ 사법연수원에서의 실무 연수 단계, ④ 각 법조 직역에 대한 적응 및 동화 단계. 이 네 단계는 각기 독특한 공간적 구조를 가지고 있으며, 그 속에서 법조 사회화socialization in the legal profession가 진행된다.

그렇다면 현시점에서 이 네 단계의 공간적 구조들은 과연 자유주의적 법치주의의 규범적 요청을 충족하고 있는가? 미리 말하지만, 결코 그렇지 못하다는 것이 내 판단이다. 그리고 그런 원인의 핵심으로 여전히 사법 관료 임용 시험으로서의 본질을 유지하고 있는 '정원제 사법시험'을 지적해야 한다고 생각한다. 오늘날 한국 사회에 실존하는 기율 권력은 정원제 사법시험을 통해 법률가의 탄생 공간을 구조화하고, 그 속에 들어온 모든 사람들의 몸에 구체적으로 권력을 행사한다. 그것은 정원제 사법시험을 경계로 법률가의 탄생 공간을 엄격하게 분리한 뒤, 대단히 세련된 방식으로 법률가가 되려는 사람들의 몸과 행동과 생각을 지배한다. 그리고 그 과정에서 자신에게 복종하는 기형적인 법률가들을 양산한다. 다음에서는 간략하게나마 네 단계의 법조 사회화가 이루어지는 전형적인 공간들을 살펴보면서 이런 판단의 근거들을 검토해 보고자 한다.

1) 서울대학교 법과대학의 대형 강의실

1단계의 전형적인 장소로 살펴볼 곳은 서울대학교 법과대학의 15동 201호다. 넘쳐 나는 수강생을 견디지 못해 급기야 복도의 반을 이어 붙여 대규모 강의실을 급조해 낸 이곳의 첫인상은 강의자가 서 있는 흑판이 한쪽으로 몰려 있고, 여기저기서 끌어다 놓은 의자들이 무질서하게 널려 있어 상당히 혼란스럽다. 하지만 이곳은 여전히 가장 많은 사법시험 합격자를 배출하고 있는 서울대학교와 그 법과대학의 주요 강좌들, 특히 사법시험의 주요 과목들의 강의가 대부분 이루어진다는 점에서 한국 법률가의 탄생 공간 가운데 가장 중요한 공간들 중 하나임이 분명하다. 아마도 사법연수원을 제외하면 이곳이야말로 지난 20여 년 동안 가장 많은 법률가를 배출해 낸 공간일 것이다.

실존하는 기율 권력이 정원제 사법시험을 통해 이 공간에 지배력을 행사하는 방식은 의외로 간단하다. 사법시험에 통과해 극소수에 편입된 사람들의 고시 합격기는 매력적인 신화로서 관료적 출세주의에 오염된 대부분의 대학생들을 유혹한다. 법조 세계 내에서 서울대학교 법과대학과 그 구성원들이 누리고 있는 압도적 우위를 알고 있다면, 그들에게 이 강의실에서 저명한 교과서의 저자들로부터 직접 강의를 듣는 것만큼 합리적인 선택은 없다. 공식적·비공식적 수강생들이 법대와 타 단과대학을 넘어서 타 대학과 고시촌 등지에서 다양하게 몰려온다. 그 결과, 복도의 반을 잘라 강의실에 붙여도 모자랄 만큼 수강생들은 넘쳐 나고, 심지어 좋은 자리를 차지하기 위한 신경전이 공개적으로 전개되기도 한다.

이처럼 3백 명 가까운 수강생들 사이로 의자를 헤치며 등장하는 법학 교수는, 적어도 그가 고시 공부의 경전이 되는 교과서의 저자이거나 그 충실한 주석가가 되기로 작정하는 한, 강의 시간 내내 무수한 시선의 초점이 될 수밖에 없다. 당연한 말이지만 수강생이 너무 많은 관계로, 그리고 가르쳐야 할 교과서의 양이 너무 많은 관계로, 대개의 강의 시간은 교수의 일방적인 강연 형태, 아니 좀 더 정직하게는 극장식의 공연 형태로 진행될 수밖에 없다. 따라서 드라마 〈하버드 대학의 공부벌레들〉에서 계약법을 가르치는 킹스필드 교수가 그러하듯이 수강생들 하나를 법학 교수의 엄정한 시선 속에 잡아 놓고, 그 자신이 공부한 바에만 의존해 자신의 견해를 논증하도록 강제한다는 것은 말 그대로 영화에나 나올 수 있는 일이다.

영화대로라면, 법학 교수는 안경을 벗고, 교탁에 놓인 좌석표에서 그 날의 희생양이 될 수강생 하나를 고른 뒤, 두려움에 떨고 있는 수강생들 앞에 그 학생을 불러 세워야 한다. 그리고 "A군, 오늘 다룰 채권자 지체 부분에서 문제가 되고 있는 K사건을 읽어 보았는가? 그 요지는 무엇인가?", "B군, A의 요약은 정확한가?, 원고의 주장은 무엇인가?", "그에 대한 피고의 답변은 무엇인가?", "1심 판결은 어떤 논거로 원고의 청구를 기각했는가?", "항소심에서 뒤집어진 내용의 핵심은 무엇인가?", "상고심에서 이 판결로 인해 번복되었던 종전 판례의 핵심 내용은 무엇인가?", "이런 판례 변경을 찬성하는가? 그렇다면 그 이유는 무엇인가?" 등등을 차근차근 물어 가야 한다. 하지만 문제가 된 강의실에서 이런 수업이 진행되기란 현실적으로 상상하기 어렵다.

스스로의 인격적 통합성 위에 자신의 법적 견해를 올려놓고, 어떤 도전에도 논리적이고 인격적으로 대응할 수 있게 되기 위해 내외의 감시체계가 필요하다는 점은 앞서 논증한 바 있다. 하지만 지난 20년 동안 가장 많은 법률가를 배출해 낸 이 공간 속에서 그와 같은 좋은 의미의 '기율'이 자리 잡을 여지는 전무하다. 수많은 수강생들 가운데 자리 잡은 법학 교수는 시선을 둘 곳을 찾지 못해 허공을 응시하거나, 창밖을 쳐다 보거나, 심지어는 자신의 세계에 갇힌 채 동일한 음조로 교과서를 읽어 내려가기에 바쁘다. 이런 상황에서 법률가가 되려는 사람들을 하나하나 감시가 동반된 책임의 공간 속에 폐쇄시켜 인격적 통합성을 검증하도록 한다는 것은 도대체 가능한 일이 아니다. 결론적으로 서울대학교 법과 대학의 이 강의실은 정원제 사법시험으로 인해, 과도한 참여에 무차별 적으로 공개되어 있고, 그 결과 자유주의적 법치주의가 요구하는 공간 적 덕목들을 하나도 충족시키지 못하고 있다. 수강생들은 결코 감시되 지 않는다. 감시되는 사람이 있다면 그것은 오히려 공연을 이끄는 법학 교수다.

2) 신림동 A고시원

앞에서 서울대학교 법과대학의 강의실이 상당히 중요한 공간인 것 처럼 말했지만, 실제로는 전혀 그렇지 않다. 사법시험 수석 합격자의 인 터뷰에는 언제나 학교 수업과 교과서 위주의 학습 방법이 소개되지만, 그것이 단순한 인사치레에 불과하다는 것은 누구나 알고 있다. 솔직하 게 말해서, 서울대학교 법과대학의 강의실은 정원제 사법시험에 응시할 경쟁자들끼리 유명한 교수들의 강연을 듣는 방식으로 맞선을 보는 장소 에 지나지 않는다. 2단계의 무시무시한 전투가 시작되는 곳은 강의실이 아니라 고시 학원이고, 도서관이 아니라 독서실이다.

이와 같은 2단계의 공간을 전형적으로 상징하는 장소로서 나는 서울시 관악구 신림동의 중규모 A고시원을 선택하고자 한다. 법률가 탄생 공간을 지배하는 기율 권력이 극악한 본 모습을 드러내는 공간이 바로 이곳이다. 실존하는 기율 권력이 그 모습을 드러내는 일차적인 방식은 단연코 '폐쇄' 또는 '감금'이다. 고시 준비생들은 한결같이 1.5평이 채 되지 않는 좁고 누추한 각자의 공간 속에 고시를 향해 스스로를 감금시킨다. 그러나 한번 감금되고 나면 그들의 몸과 행동과 생각을 지배하는 것은 결코 그들 자신이 아니다. 몇 년 또는 몇 개월 후의 정원제 사법시험에 합격하기 위해서는 아무리 그럴싸한 명분이 생긴다고 하더라도 절대로 그 좁고 폐쇄된 공간으로부터 스스로를 해방시켜서는 안 된다. 동일한 맥락에서 그들은 주어진 시간을 계산적으로 분리한다. 최대한의 공부 효과를 발휘하기 위해 분 단위로 시간을 나누어 엄정하게 관리하면서, 그와 같은 시간 관리를 통해 최종적인 시험에서 성공하고야 말 것을 스스로에게 암시한다. 이처럼 분할된 공간과 시간 속에서 이들에게 유일하게 요구되고 또 가능한 것은 다른 곳에 감금된 이들을 의식하면서 끊임없이 경쟁하는 것이다.

앞서의 법과대학 강의실이 수강생들을 지나치게 대중화해 군중 속에 유폐시킨다면, 고시원의 공간적 구조는 고시 준비생들을 지나치게 개별화해, 예컨대 독립적 의지 형성의 원천이 될 수도 있는 동류 집단의 형성을 불가능하게 만든다. 이 공간 속에서 고시 준비생들은 그 어떤 도움도 없이 자신의 인내력과 암기력만을 무기로 처절하게 경쟁한다.[11]

11_최근 고시원의 생활환경이 급격히 변화해 사실상 신세대들의 독립된 주거 공간으로 재탄생하는 경향이 감지되고 있으며, 고시 학원에서의 체계적인 학습이 사법시험 준비의 전형적인

법률가로서의 인격적 통합성을 함양함에 있어 이 같은 고행은 언뜻 크게 도움이 될 것처럼 보일 수 있다. 그러나 현실은 정반대다. 무엇보다 큰 문제는 폐쇄된 공간 속에서 기율 권력을 행사하는 감시의 주체가 드러나 있지 않다는 사실이다. 법률가가 되려는 고시 준비생들은 과도하리만큼 개별화되어 있다. 그러나 그들을 감시하고, 그들을 평가하는 주체는 언제까지도 그 모습을 드러내지 않는다. 때때로 고시 학원의 유명 강사나, 옆방의 사법시험 십수생이나, 고시 전문 서점의 만물박사 주인 아저씨에 의해서 자신의 실력을 측정할 수 있는 단편적인 정보를 얻기는 하지만, 그 앞에 머리를 조아리고 겸허하게 법률가로서 자신의 능력과 자질을 평가받을 수 있는 감시와 평가의 권위 있는 주체는 단 한 번도 이 공간에 나타나지 않는다.

어떤 의미에서 이런 '은폐'에는 역설적으로 고시원의 공간을 고독한 책임의 공간이 아니라 무한한 방종의 공간으로 변모시킬 위험이 내포되어 있다. 고시원의 공간이 고시 준비생들에게 줄 수 있는 것은 어디까지나 사법시험을 준비한다는 행동의 외관에 불과하다. 따라서 그 분할된 폐쇄 공간에 들어가 고시 공부의 외관을 덧입는 순간, 고시원의 공간은 곧장 무한대의 자유를 그들에게 보장한다. 이런 이유로 오늘날의 한국 사회에서 고시 준비생들은 고학력 실업자군의 당당한 표지가 될 수 있는 것이다.

고시원의 폐쇄 공간을 지배하는 기율 권력이 최종적으로 그 모습을

패턴으로 정착함에 따라 수험 비용이 급격히 상승하고 있다. 정원제 사법시험의 내용이 전혀 변화하지 않고 있는 점을 감안할 때, 이것은 고시원의 좁은 공간에서나마 이루어지던 비교적 평등한 경쟁 과정에 고가의 수험 비용이 하나의 경제적 요인으로 등장하는 것을 의미한다.

드러내는 것은 이들 모두가 응시한 사법시험의 점수가 발표될 때다. 하지만 이 단계에서도 기율 권력은 여전히 자신의 모습을 감추고 있다. 기율 권력은 고시 준비생이 얻은 점수를 오로지 자신과 고시 준비생 사이에 놓인 폐쇄 공간 속에만 은밀하게 누설하기 때문이다. 따라서 앞서의 영화에서처럼 평가의 주체와 객체 사이의 공공연한 격돌은 고시원의 공간과 그 연장선인 사법시험의 응시 공간에 이르기까지 단 한 번도 발생하지 않는다. 감시와 평가는 없고, 합격과 불합격만이 있을 뿐이다. 합격한 사람에게도 불합격한 사람에게도 개별적으로 확인할 수 있는 점수 외에 무엇 때문에 합격했는지 또는 무엇 때문에 불합격했는지를 설명하고 또 납득할 수 있는 합리적인 근거는 어디에도 없다. 그렇기 때문에 합격자가 발표되는 순간 고시원의 공간 속에는 수많은 추측과 루머가 난무하고, 자신의 실력을 합리적으로 평가받지 못한 고시 준비생은 1년 뒤에 자신에게 허락될지 모르는 행운을 좇아 다시금 고시원의 밀실에 스스로 감금되는 것이다.

3) (서초동) 사법연수원[12]

이상에서 살핀 것처럼 정원제 사법시험은, 또는 그것으로 상징되는 기율 권력은 서울대학교 법과대학의 강의실과 신림동 고시원의 폐쇄 공

12_나는 개인적으로 사법연수원의 공간에서 생활해 본 적이 없기 때문에, 이 부분의 서술은 여러 사법연수생, 개업 법률가들의 전언에 주로 의존했다. 한 가지 첨언할 것은, 그 전언들이 모두 서울시 서초구 서초동에 있던 옛 사법연수원의 공간을 전제했다는 점이다. 따라서 경기도 일산에 신축된 사법연수원의 공간 구조에 대한 논평은 이 글의 범위에서 제외될 수밖에 없다. 이 점에 대해서는 추후의 더욱 발전된 논의를 기약하기로 한다.

간을 독특한 방식으로 지배하고 있다. 고시 준비생들 및 넓은 의미의 고시 산업에 종사하는 모든 이들의 탐욕과 연결된 채, 하나의 권력관계의 그물망을 형성하면서, 한국 법률가의 탄생 공간은 개별적 책임 의식이나 인격적 통합성과는 전혀 관계없는 '무책임과 비합리와 불명예'의 공간으로 타락하고 있는 것이다.

그렇다면 이런 왜곡된 공간을 성공적으로 헤치고 나온 예비 법률가들의 공간은 과연 어떤가? 모든 고시 준비생들에게 선망의 대상인 3단계의 공간, 즉 사법연수원은 과연 이상과 같은 일탈에서 벗어난 자유주의적 법치주의의 법률가 탄생 공간인가? 유감스럽지만, 사법연수원의 공간조차도 실존하는 기율 권력의 지배에서 자유롭지 못한 것 같다. 많은 부분에서 사법연수원의 공간은 이전의 그것들보다 자유주의적 법치주의가 요구하는 법률가 탄생 공간의 원형에 가까이 갈 수 있는 조건을 갖추고 있다. 대표적으로 사법연수원에 와서야 예비 법률가들은 비로소 자신의 이름표가 붙은 좌석에 앉아 자신의 법적 견해를 공개적으로 단련하고 또 시험받는 기회를 부여받게 되는 것이다. 하지만 이와 같은 공간적 이점이 적절하게 이용되고 있는지는 의문이다. 기율 권력의 지배가 전혀 다른 방식으로 작동하고 있기 때문이다.

여기서 작동하는 기율 권력의 핵심 코드는 사법연수원을 '선택된 공간' 또는 '선택된 자들의 공간'으로 인식하게 만든다는 점이다. 극소수의 정원 안에 든 대가로 사법연수원생들은 입소와 함께 별다른 사정이 없는 한 예외 없이 법률가의 자격을 부여받게 될 것을 보장받는다. 그리고 그와 동시에 자신의 동료들을 법률가라는 동업 집단의 일원으로 대우할 것을 요구받는다. 따라서 스스로 법률가의 길을 포기하지 않는 이상, 설사 그 능력과 인격성이 조금 의심스러운 구석이 있다 해도, 그것만을 가지고 극소수의 정원 안에 든 사람의 자격을 탄핵할 수는 없다. 선택된

자들이 스스로를 보호하지 않는다면, 결국 아무도 그들을 선택된 자로 우러르지 않게 될 것이기 때문이다.

여기서 발생하는 중요한 문제는 이들에게 사실상의 법률가 자격이 입소와 함께 주어짐으로써 그들을 교육하는 사법연수원 교수들의 권력이 상당 정도로 제한된다는 사실이다. 비록 지정된 좌석에 앉아 있기는 하지만, 근본적으로 자신과 동일한 자격을 전유한 동종 직업인을 앞서의 영화 속에서와 같은 방식으로 몰아붙인다는 것은 여간한 사명감이나 배짱이 아니고는 생각하기 어려운 일이기 때문이다. 이런 이유로 양자 사이에는 처음부터 어떤 의미에서 동종 직업인으로서의 예의 또는 도덕이 작동하기 시작한다고도 말할 수 있다. 동종 직업인 사이에 예의를 갖추는 것은 일면 바람직한 일이기도 하지만, 문제는 그로 인해 인격적 통합성을 목표로 이루어져야 할 예비 법률가들에 대한 혹독한 훈련이 더 이상 강조되기 어렵다는 점이다. 요컨대 사법연수원의 예비 법률가들은 입소와 동시에 법률가로서의 인격적 통합성을 문제시하는 내부적 감시 체계로부터 실질적인 해방을 누리게 된다는 것이다.

바로 이 점에서 오늘날 사법연수원의 교육이 법률가로서의 인격적 통합성이 아니라 기존 체제의 법적 판단을 효과적으로 주입하는 방면으로 집중하게 될 수밖에 없는 한 가지 중요한 원인이 발견된다. 동종 직업인들 사이에서 전체의 통합을 깨뜨리지 않으면서도 그들 사이의 위계를 확보할 수 있는 유일한 길은 앞서의 강의실과 고시원 공간을 지배했던 익숙한 방식에 다시 한 번 의탁하는 것이다. 차이점이 있다면, 그것은 암기와 평가의 텍스트가 교과서가 아니라 대법원의 판례집으로 바뀐다는 것뿐이다.[13] 이처럼 대법원 판례를 정해진 서식에 따라 정리하는 능력이 최고의 판단 기준이 된다는 것은, 그리고 사실상 그 판단의 결과에 따라 법원-로펌-검찰-개업 변호사의 순서로 법률가의 직역이 구분

된다는 것은, 선택된 공간 또는 선택된 자들의 공간인 사법연수원조차
도 '합리적 설득을 향한 상호 경쟁'의 공간이 될 수 없다는 것을 의미한
다. 정답이 있는 교육에서, 오답의 가능성이 있는 여러 개의 대안들을
가지고 논증적으로 경쟁한다는 것은 사실상 아무런 실익이 없는 노릇이
기 때문이다.

이와 같이 '합리적 설득을 향한 상호 경쟁'이 사라진 공간 속에서 집
단적 명예감을 고취할 어떤 자기 정체성이 발생하리라 기대할 수는 없
다. 그렇다고 한국의 법조 직역 내부에 예컨대 영국의 법정 변호사barrister
들처럼 1년에 10여 차례씩 예복을 차려 입고 정찬dinner을 함께하며, 신
사 중 신사로서의 법률가직을 기념할 만한 어떤 확립된 전통이 존재하
는 것도 아니지 않은가(법무부 1984). 따라서 남은 길은 자신들을 선택해
사법연수원에 모이게 했던 정원제 사법시험의 신화를 끊임없이 집단적
으로 상기하는 방법밖에 없다. 이렇게 해서 저 기율 권력은 다시 한 번
사법연수원의 공간 속에 그 모습을 드러내게 되는 것이다.

4) 경주의 법조 타운

사법연수원을 수료한 신참 법률가들은 여러 가지 모습으로 법조 직
역에 진출한다. 하지만 실제로 독립적인 법률가로서 활동할 수 있기 위
해서는 얼마간의 적응 및 동화 기간이 필요하다. 법률가의 전문 직업성

13_특히 사법연수생의 숫자가 1천 명 수준으로 급증하면서, 사법연수원의 입소가 결정된 시점
부터 선배 연수생들을 강사로 스터디 모임이 시작되는 등 '사법연수원의 고시 학원화'가 급
속도로 진행되고 있다.

에 주목한다면, 이 기간은 일종의 도제 수습 기간이라고도 말할 수 있다. 한국 사회에서 법률가의 탄생은 실질적으로 이 기간이 지나서야 비로소 완결된다. 도제 수습이 진행되는 이 4단계의 공간은 기본적으로 법률가들의 통상적인 업무 및 생활공간이다. 따라서 도제 수습은 어떤 의미에서 그 공간들에 익숙해지는 과정과 다름없다. 이런 공간의 예로 나는 경주의 법조 타운을 살펴보고자 한다.

대규모 로펌이 없다는 점을 제외한다면, 이 공간의 구성은 한국 법률가들의 통상적인 업무 및 생활공간을 전형적으로 대표한다고 생각되기 때문이다. 한국 사회의 법조 타운들이 모두 그렇지만, 이 공간의 랜드 마크는 우뚝 솟은 두 개의 쌍둥이 건물이다. 하나는 대구지방법원 경주 지원이고, 다른 하나는 대구지방검찰청 경주 지청이다. 마치 어느 하나가 다른 하나보다 더 높거나 더 화려해서는 안 된다는 듯이 두 개의 건물은 경쟁심을 불러일으키며 서있다. 그 뒤로는 높은 무선탑을 이고 있는 경주경찰서의 건물이 있고, 그 주위에는 언제나 닭장처럼 생긴 버스에 전경들이 타고 있다. 다시 그 주위로는 상가들마다 변호사들의 이름이 쓰인 크고 작은 간판들이 즐비하고, 그 사이사이로 법무사들의 간판들도 얼굴을 내밀고 있다. 이런 변호사-법무사 사무실들의 뒤로는 이런저런 음식점들이 영업 중이고, 보온병에 커피를 담은 어린 아가씨들의 오토바이가 큼직한 승용차들 사이를 이리저리 빠져나간다.

이런 공간 속에서 신참 법률가들은 대체로 가까운 미래에 유력해질 것이 예상되는 새로운 영주로서 그 모습을 드러낸다. 성적순에 따라, 법원에 온 신참 판사는 직원들에게서 경외 어린 영접을 받고, 검찰에 온 신참 검사는 형사 사법 관계자들에게서 조심스러운 신고를 받으며, 기세 좋게 대로변에 사무실을 차린 신참 변호사는 이런저런 화려한 이력을 선전하는 사무장의 칭찬 속에 파묻힌다. 따라서 이들 모두가 법조 타운 내부에서 주인공의 역할을 담당하는 배우들로 대접받는 것은 당연한 일이다. 실제로 일주일에 두세 번씩 열리는 재판에서 이들은 모두 주인공으로 출연한다. 멋쩍게 서있는 당사자들이나 피고인을 제외하면, 법정에서 말할 수 있는 자격자들은 이들뿐이기 때문이다.

실존하는 기율 권력이 모습을 드러내는 지점은 바로 이런 주인공의 역할을 공유하는 문제에 관련해서다. 외도外道를 하건, 주사酒邪를 하건, 기본적으로 이 주인공의 역할에 충실하려고 하는 한, 큰 문제는 발생하지 않는다. 그러나 주인공의 역할을 외면하고, 조직의 논리를 벗어나 엑스트라들의 업무에 끼어들기 시작하면 금방 커다란 마찰에 직면한다. '합리적 설득을 향한 상호 경쟁'을 시도하는 신참 판사에게는 어린 나이답지 않게 고지식하다는 평판이 돌고, 폭탄주를 거부하고 피의자들에게 경어를 쓰는 신참 검사에게는 오래된 수사관들로부터 무언의 항의가 빗발친다. 조직의 보호를 받지 못하는 신참 변호사가 의뢰인들을 직접 접촉하며 공격적인 마케팅에 돌입할 경우에는 크나큰 파장이 일어난다. 수십 명에 지나지 않는 법률가들을 정점으로 수백 명의 중개인들이 공존하는 법조 타운의 생존 질서가 보호 본능을 발휘하게 되기 때문이다.

이런 점에서 법조 타운의 도제 수습을 통과한다는 것은 곧 그 속의 삶의 질서에 익숙해져서, 특별히 의뢰인과 중개인과 자신 사이에 해야 할 일과 하지 말아야 할 일을 구분하는 직업적 지혜를 체득한다는 것을 의미한다. 그것은 또한 법조 타운의 좁은 구획 안에서도 가야 할 곳과 가지 말아야 할 곳, 공개적으로 만나야 할 사람과 공개적으로 만나지 말아야 할 사람을 구분해 낼 줄 알게 된다는 것을 의미한다. 예컨대 넓은 의미의 중개인이 경찰서 옆의 다방에서 만난 피의자 또는 피해자와 함께 변호사 사무실을 두드릴 경우, 사무장을 내보내지 않고 변호사가 그를 직접 만나는 것은 자칫 뜻하지 않은 위험을 초래할 수 있기 때문이다. 이런 까닭에 법률가들은 현실적으로 이 과정에서 특별히 의뢰인과의 만남을 주선하는 중개인들의 감시체계 속에 적응하는 법을 스스로 배우게 되는 것 같다. 그들과의 관계 속에서 법률가로서의 위신을 유지하면서 솜씨 있게 살아가는 요령, 그리고 이를 위해 그들이 넘볼 수 없는 법률가들만의 유회 공간을 확보하는 요령 등을 자연스럽게 터득하게 되는 것 같다. 이것은 한국 사회의 신참 법률가들이 법조 타운의 좁은 공간에서 자신들만의 삶으로 침잠하게 된다는 것을 의미한다. 정원제 사법시험에 합격하기 위해 그랬듯이 고시원의 공간에서 그랬듯이 자신의 삶의 범위를 한정하고 밀실에 유폐되는 익숙한 삶의 길을 선택하게 되는 것이다.

4. 법치의 공간과 민주의 공간

이상에서 살핀 바와 같이, 오늘날 한국 법률가의 탄생 공간은 자유주의적 법치주의의 규범적 요청을 전혀 충족시켜 주지 못하고 있다. 법률가 개인에게 인격적 통합성을 배양할 수 있는 내외적 감시체계는 작동하지 않고 있으며, 법률가 전체에게 책임감과 명예 의식을 고취할 수 있는 합리적 설득을 향한 상호 경쟁의 공간적 구조도 갖추어지지 않고 있다. 오히려 현실을 지배하는 기율 권력은 정원제 사법시험을 고리로 삼아 '무책임과 비합리와 불명예'의 공간 속에서 예비 법률가들의 몸과 행동과 생각을 철저하게 관통하고 있다. 그런 기율 권력의 보이지 않는 지침이야말로 법률가 양성 과정을 지배하는 '살아 있는 법'이라고 말할 수 있다. 그것에 복종하지 않는 한, 오늘날 한국 사회에서 법률가가 될 수 있는 길은 실제로 전무하기 때문이다.

그러므로 이처럼 왜곡된 현실 속의 기율 권력을 타파하기 위해서는 일단 한국 법률가의 탄생 공간을 재구성하는 작업이 필요할 것이다. 그리고 그 연장선에서 1천 명이나 되는 예비 법률가들을 하나의 공간 속에서 교육하는 현재의 사법연수원 제도와 좀 더 적은 숫자의 예비 법률가들을 특색 있게 교육하는 법학전문대학원 제도의 장단점도 새롭게 조명되어야 할 것이다. 한 걸음 더 나아가 법률가 탄생 공간의 이런 왜곡이 법률가들의 공간 심리를 경유해 국민 대중의 법적 일상에 그대로 반영되고 있지는 않은가를 고민해 볼 필요도 있다. 기율 권력이 작동하는 공간적 방식은 많은 경우 '익숙한 느낌'이라는 자연스러운 감정을 무기로 삼는다. 그렇다면 오늘날 한국 사회에서 법원의 건물 구조, 검찰청의 주차장, 법정의 출입문, 수사실의 가구 배치 등의 공간적 구조들은 과연 법률가와 국민들 중 누구에게 익숙한 것들인가?

이와 같은 생각은 자유민주주의의 공간적 의미를 완결적으로 구현하기 위해 자유주의적 법치주의의 차원을 넘어서야 할 필요성을 제기한다. 아무리 훈육과 책임과 명예의 공간 속에서 탄생했더라도 공동체 전체의 규범적 운명을 몇몇 법률가들의 법적 판단에 맡길 수 있다는 것은 지나치게 낭만적이거나 모험적인 설정이 아니겠는가? 이런 맥락에서 우리는 자유주의적 법치주의와 길항하면서 자유민주주의의 다른 한 축을 이루어 온 민주적 공화주의의 유구한 전통이, 시민권을 의회와 법정에 참여할 수 있는 정치적 권리로 이해한 바탕 위에서, 사법 과정 속에 법률가들의 공간과 함께 배심원들의 공간을 배치시켜 온 점을 주목해 볼 필요가 있다. 이럴 경우, 앞에서 헤라클레스로 표현한 최고의 법률가들은 오히려 사법 과정의 정점에 위치한 지혜로운 시민들로서의 최종적 배심원들로 인식될 수 있다. 따라서 최종적 배심원이 될 가능성을 가진 법률가들에게 먼저 민주적 시민으로서의 생활 감각을 가질 것을 요구할 수 있음은 물론이다. 이와 같은 민주적 공화주의의 규범적 요청을 대한민국 헌정 체제가 적극적으로 수용한다면, 한국 법률가의 탄생 공간 또한 당연히 그것을 보장하는 공간적 구조로 재편되어야 할 것이다. 우선 법률가가 되려는 사람들에게는 일단 최고의 법률가가 될 것을 전제로 냉혹하리만큼 엄격한 훈련을 실시할 수 있는 합리적 감시의 공간이 내부적으로 확보되어야 할 것이다. 그러나 그 공간은 동시에 외부적으로, 법률가들에게 자신들의 권력을 맡기게 될 국민 대중의 포괄적 감시에 합리적으로 노출되어야 하며, 동시에 다양한 방식으로 공공성의 가치가 체현되어야 할 것이다. 요컨대 민주적 공화주의의 관점에서 법률가의 탄생 공간은 '공개와 참여'라는 덕목이 고양될 수 있도록 그 내부와 외부가 다시 구성되어야 한다는 것이다.

4장

청년 법관의 군대 생활과 법조 사회화

1. 법조 사회화란 무엇인가

한국 사회에서 신참 법률가들은 어떤 과정을 거쳐 기성 법률가 집단에 편입되는가? 과연 어떤 환경에서, 또 누구에 의해 그들은 법률가 집단 내부의 규범과 질서와 문화에 대해 구체적으로 학습하고, 그것을 통해 법률가로서의 자기 정체성을 획득하게 되는가? 오늘날 대한민국 법률가 집단에 대한 개혁 논의는 사법제도의 이상과 현실 사이에서 벌어지는 표면적 괴리를 폭로하는 수준에 머무르고 있을 뿐, 그런 괴리를 생산하는 한국 사회 내부의 고유한 메커니즘에 관해서는 아직도 본격적인 관심을 보이지 않고 있다. 그러나 후자가 해명되지 않는 한 국민 대중의 사법 불신이 이해될 수 없으며, 또한 적절한 개혁 방안이 마련되기도 어려울 것이다. 이 점에 관해 하나의 돌파구를 마련해 보려는 것이 이 장의 목표다.

이와 같은 법사회학적 분석을 위해 나는 '법조 사회화'라는 관점에 의존하려고 한다. 일반적으로 사회화란 "어린이가 세상에 태어나 자신이 태어난 사회의 문화를 습득하고 그것에 숙달되는 과정으로서 문화 전승의 통상적인 경로"라고 정의된다(김경동 1985, 168 이하; 기든스 1992, 75 이하). 이런 정의는 법사회학적 관심에서 두 가지 방향으로 개념화될 수 있을 것이다. 첫째는 '사회화의 법적 측면', 즉 한 사회 속에서 개인이 권리 주체성을 습득하게 되는 과정처럼 각종 공식·비공식 경로들을 통한 법문화의 전승 과정을 포괄하고자 할 경우다. 이는 정치학자들이 사용하는 정치적 사회화와 유사한 용례이며, 이 관점에서는 공교육 및 기타 사회화 과정에서 진행되는 법적 사회화의 양상이 일차적으로 중요한 연구 대상이 된다(Dawson et al. 1979). 둘째는 '법률가 집단 내부의 사회화', 즉 법률가 집단의 새로운 구성원이 공식·비공식의 직업교육을 통해 법률가로서 자기 정체성을 획득해 가는 과정을 파악하고자 할 경우다. 여기서 나는 일단 후자의 관점에서 법조 사회화를 이해하고자 한다.[1]

한 가지 주의할 것은 이 양자가 모순적인 상호 관계를 갖는다는 점이다. 후자는 전자를 기초로 가능한 것이지만, 그렇다고 해서 만약 후자가 전자에 환원되어 버리면 법률가의 직업적 독자성은 토대를 잃게 된다. 반대로 후자가 전자로부터 멀어져서 독자성이 너무 두드러지면, 법률가의 법 이해가 일반 시민의 법 이해로부터 유리되는 결과를 초래할 수도 있다. 일반적으로 법률가 집단은 법조 사회화의 관점에서 법적 사회화를 재구성하려 하고, 일반 시민들은 법적 사회화의 관점에서 법조 사회화를 재구성하려 한다. 사회 속에서 법과 법률가의 위상에 관한 양자의 헤게모니 투쟁은 '엘리트주의 대 인민주의'의 길항 구도로 나타난다. 바람직하기로는 끊임없이 재구성되는 법적 사회화의 토대 위에서

1_미국의 법률가 집단을 대상으로 진행된 작업으로는 폴 와이스(Paul Wice)의 책이 시사적이다(Wice 1991).

법조 사회화가 긴장과 거리를 유지한 채 진행되는 것이 최고일 것이다. 그러나 현실에서 법적 사회화와 법조 사회화 간에 그와 같은 역동적 균형을 유지하는 것은 결코 쉬운 일이 아니다.

주지하듯이, 한국 사회의 일반 시민들에게는 뿌리 깊은 사법 불신이 존재한다. 법률가들은 대체로 사법 불신을 법적 사회화의 관점에서 이해해, 광범위한 법 교육을 통해 문제를 해결하고자 한다. 그러나 이와 같은 계몽주의적 접근은 현실에서 곧잘 한계에 부딪힌다. 일반 시민들의 경우 법 지식 수준이 높아질수록 사법 불신은 더욱 심화되는 경향이 있기 때문이다. 나는 한국 사회의 사법 불신이 오히려 법조 사회화의 관점에서 설명될 수 있는 여지가 많다고 생각한다. 한국 법률가의 법조 사회화 과정은 일반 시민들의 법적 사회화 과정으로부터 너무 멀리 떨어져 있다. 이런 문제의식에서 나는 사법연수원을 마친 신참 법률가(청년 법관)들이 군법무관으로 활동하는 3년간의 현역 복무 기간 동안 어떤 환경에서 어떤 변화와 도전에 직면하며 그 과정에서 대체로 어떤 반응을 보이는지를 살펴보고, 그로부터 몇 가지 정치적 함의를 도출해 보고자 한다.

이 장에서 서술할 관찰의 내용은 나 자신의 개인적인 체험에서 비롯된 것이다. 1989년 9월부터 1991년 1월까지 약 1년 반 동안 나는 충청남도 소재 모 사단의 군사법원에서 단기 사병으로 근무했다. 이미 법과대학을 졸업하고 헌법 및 법사회학을 전공하는 대학원생이었던 내게 이것은 한국 사회의 법 현실 및 특히 청년 법관들의 법조 사회화 환경에 대해 좀 더 가까이에서 관찰할 수 있는 기회였다. 나는 상당히 오랜 기간 스스로 관찰한 내용을 간추리고 그 내용을 분석하는 방식으로 한국 사회에서 법률가 개인의 퍼스낼리티와 법률가 집단 내부의 집단적 아이덴티티가 연결되는 고유의 메커니즘을 해명해 보고자 한다.

관찰한 내용을 구체적으로 서술하기에 앞서, 기존의 법률가 양성 제도를 중심으로 한국 법률가의 법조 사회화 과정을 개관함으로써 군법무관 시기의 특수성을 살펴보자.

2. 법조 사회화의 네 단계

오늘날 한국 사회에서 법률가 양성은 제도적으로 사법시험이라는 국가시험과 사법연수원에서의 실무 연수를 통해 이루어진다. 전통적으로 법률가들의 동업조합이 법률가 양성에 결정적인 역할을 담당해 온 영미법계 국가들과 달리, 법률가 양성이 철저하게 국가 관료제의 주도로 이루어지고 있는 것이다. 제도적 차원에서 법률가의 양성과 대학 법학 교육의 연계는 분명하지 않다. 비교적 최근까지 사법시험은 매우 소수의 인원만을 선발해 왔기 때문에 대학에서 법학을 전공하는 대부분의 학생들은 법조 사회화의 과정에 진입하지 못하고 있다. 그 결과 한국의 법조 사회화 과정에서 법 이론과 법 실무는 제도적으로 분리되었고, 법률가 집단 내부에서 법학 교수 집단이 소외되는 것으로 이어졌다. 그러나 사법시험에 합격해 사법연수원에 입소하는 거의 대부분의 신참 법률가들은 대학에서 법학 교육을 경험했거나, 최소한 대학 법학 교육에 비교할 만한 지식을 갖추고 있다. 이 점을 고려할 때 오늘날 한국의 법조 사회화 과정은 다음의 4단계로 구분하는 것이 온당하다.

법조 사회화의 제1단계는 '대학에서의 법학 교육 단계'다. 이 단계는 체계적인 법학 교육을 통해 전반적인 법 지식을 학습함으로써, 다른 학문을 전공하거나 다른 직업을 가진 사람들과의 사이에 학문적·직업적 관심사에 있어서 일정한 차별성이 조성되는 시기다. 여기서 중요한 것은 이 과정에서 법학 전공자들 사이의 유대 관계가 자연스럽게 이루어지며, 이것이 일종의 동년배 집단을 형성해 향후 법조 사회화 과정의 주된 요소로 작용하게 된다는 사실이다. 인간과 세계에 관한 근본적인 성찰이 요구되는 '대학'이라는 환경에서 반복적인 인간관계를 통해 형성된다는 점에서 이와 같은 동년배 집단은 기존 법률가들의 고정된 자기상과 일정한 차별성을 배양하는 토대로 작용하기 쉽다. 그러나 최근과 같이 비법학 전공자들이 사법시험에 응시하는 사례가 급증함에 따라 동년배 집단이 갖는 이런 기능은 점차 퇴색하고 있다고도 볼 수 있다.[2]

제2단계는 '사법시험의 수험 준비 및 응시 단계'다. 특히 과중한 암기를 요구하는 현행 사법시험 제도의 특성상 수험생들이 사법시험의 수험 준비에 전력을 투구할 수밖에 없다는 점을 고려할 때, 이 단계는 모든 것이 사법시험의 합격이라는 한 가지 목표에 결부된 상태로 법조 사회화가 진행되는 시기라고 말할 수 있다. 이 때문에 종래의 사법시험 제도는 대학 법학 교육의 파행을 초래하는 가장 중요한 원인으로 지적되어 왔다.[3] 따라서 이 시기에 도서관이나 고시원 등을 중심으로 이루어지는 사법시험 수험생들 간의 인간관계는 본질적으로 잠재적 경쟁자들 간의 임시적 유대 관계라는 범주에서 벗어나기 힘들다. 어떤 의미에서 이 시기는 오로지 승자(합격자)만이 세상을 얻을 수 있다는 처절한 생존의 논리가 은밀하게 학습되는 단계라고도 할 수 있다. 한국 사회의 법률가

2_최대권은 '서울대의 거대한 고시 학원화'를 지적하는 글에서 1990년대 중반의 사법시험 응시 열기가 법학 교육의 파행과 동전의 양면임을 지적하고 있다(최대권 1996, 81-114).

3_이 점을 들어 사법시험 제도의 개혁을 주장하는 법학 교수들의 글은 부지기수이지만, 그중에서도 정종섭의 글은 여전히 시사적이다(정종섭 1994, 35-47).

들이 보편적으로 가지고 있는 엘리트 의식은 이와 같은 수험 단계를 성공적으로 통과했다는 승자 의식과도 밀접하게 관련되어 있다.

제3단계는 '사법연수원에서의 실무 연수 단계'다. 사법시험 합격자들을 대상으로 2년 동안 진행되는 이 실무 연수는 최초로 기존 법률가 집단 내부의 규범과 질서와 문화에 대해 학습하게 된다는 점에서 본격적인 법조 사회화가 시작되는 시기라고 볼 수 있다. 이 시기는 전반기 1년 사법연수원에서의 실무 연수, 후반기 1년 법원, 검찰청, 변호사 사무실 등에서의 시보 생활로 이루어진다. 이 단계의 법조 사회화는 판결서·공소장 등의 작성 실무 및 시보 생활의 경험과 같은 실무 법 지식의 습득만이 아니라, 사법연수원생들 상호 간의 유대 관계 속에서도 이루어진다. 그러나 사법시험 합격자들 사이의 엘리트 의식을 기초로 한 이른바 '기수별 유대 관계'는 법률가 집단 내부의 직역 확보와 관련된 또 다른 종류의 경쟁에 의해 제약된다. 법원과 검찰 및 유명 로펌의 취업 여부가 사법시험과 사법연수원의 성적을 기준으로 결정되는 상황에서 사법연수원생들 간의 경쟁은 더욱 치열해질 수밖에 없기 때문이다.[4]

마지막 제4단계는 '각 법조 직역에서의 적응 및 동화 단계'다. 사법연수원 수료와 함께 법률가의 자격을 부여받은 뒤, 각자의 선택 및 사법시험과 사법연수원에서의 성적에 따라 판사·검사·변호사 등의 직역으로 진출하게 되는 신참 법률가들은 다시금 각각의 직역 속에서 일정한 적응 및 동화의 과정을 겪는다. 판사를 기준으로 말하자면 배석판사로

4_1990년대 중반 이후 사법시험 합격자 수가 대폭 증가하고, 학기제와 학점제를 도입하는 등 사법연수원의 교육 시스템이 많은 부분 대학원 교육화되면서, 사법연수원생들 간의 경쟁은 더욱 치열해진 대신 사법연수원들 내부의 전체적인 유대 관계는 훨씬 약해졌다는 평가도 적지 않다. 이에 관해서는 차한성(1995, 354 이하)을 볼 것.

근무하는 시기가 여기에 해당한다. 법률가 집단의 다수를 점하고 있는 1인 개업 변호사들의 경우에는 각 지방변호사회에 가입한 뒤, 그 지역의 법률 공동체에 적응하는 과정일 것이다. 법원과 검찰에서 운용되는 부장판사, 부장검사 제도는 이들 신참 법률가에 대한 사실상의 도제 학습과도 무관하지 않으며, 로펌들에서 운용되는 시니어senior−주니어junior 관계도 동일한 관점에서 이해할 수 있다. 아무튼 이 과정을 무사히 통과함으로써 각각의 법률가는 비로소 명실상부한 법률가 집단의 일원으로 행동할 수 있게 되는 것이다.

　오늘날 한국 사회에서 법률가는 실질적으로 이상과 같은 4단계의 법조 사회화 과정을 거쳐 탄생한다. 그렇다면 이 글에서 주목하고자 하는 군법무관 시기는 이 과정에서 어떤 의미를 갖는가? 이 시기는 분명 제4단계의 '각 법조 직역에서의 적응 및 동화 단계'에 해당한다. 그러나 평생 군법무관으로 살아갈 생각이 없는 이상, 실제로는 3단계와 4단계 사이의 중간기로 파악하는 것이 합당할 것이다. 여기서 주목할 것은 3년 동안의 중간기를 맞게 되는 신참 법률가의 특성과, 그들을 맞이하는 법조 사회화 공간의 특이성이다. 군법무관은 군복무를 하기 전에 사법시험에 합격한 대부분의 신참 법률가들이 의무 복무를 해결하는 방식이다. 따라서 이들은 대체로 동년배 집단 중에서도 비교적 빨리 사법시험에 합격한 사람들이고, 더불어 앞에서 말한 승자 의식의 측면에서도 상대적으로 두드러지는 사람들인 경우가 적지 않다. 한편 이들 중 대부분이 3년 동안을 지내게 되는 군대 내의 법무 관련 조직은 민간 사회의 경찰−검찰−법원−교도소, 그리고 각종 정보 기구 및 일반 행정 기구 등에 해당하는 조직들이 매우 밀착되어 있다는 점에서 사실상 민간 사회의 축소판이라고 볼 수 있다. 이런 이유로 대부분의 군법무관들에게 이 시기는 법률가로서 맞이하는 최초의 실질적인 사회 경험인 동시에, 본격적인 법률가 인생에 앞서 주어지는 실험 기간의 의미를 갖는다. 그렇다면 이처럼 새파란 나이의, 엘리트 의식으로 충만한 신참 법률가들은 의무 복무라는 이름으로 주어지는 이 실험 기간 동안 과연 어떤 변화와 도전에 직면하며, 또 그에 대해 어떻게 반응하고 있을까? 이제 참여 관찰의 내용을 살펴보자.

3. 소규모 법조 공동체와 청년 법관

　본격적인 이야기에 들어가기에 앞서 참여 관찰이 이루어진 공간적·시간적 배경을 언급할 필요가 있다. 우선 군사법원이 청년 법관들의 군생활에서 구체적으로 어떤 위치를 차지하고 있는지에 관해서다. 매년 3월부터 6월여까지 경북 영천의 구舊 제3사관학교에서 장교로서 군사교육 훈련을 받은 청년 법관들이 최초로 본격적인 군 복무를 시작하는 곳은 대부분 경기도와 강원도의 휴전선 부근에 주둔한 이른바 '전방사단'의 법무부다. 1980년대 들어 사법시험 합격자 수가 3백 명 수준으로 늘어난 이래 1990년경까지는 군에 입대하는 청년 법관들의 수도 대폭 증가해 정훈이나 감찰, 또는 일반 행정장교로 발령이 나는 경우도 적지 않았지만, 기본적으로는 역시 이들 전방 사단에서 군 검찰관으로 1년여를 근무하는 것이었다. 지리적으로는 물론, 각종 통제로 인해 어느 정도 서울로부터 격리되어 있는 이곳에서 청년 법관들은, 비록 상대적인 의미에서이지만, 법률가가 아니라 군인으로서의 정체성을 얼마간 강요받게 되는 것이 사실이다. 하지만 그렇게 1년여의 근무가 끝나면, 대개는 서울이나 후방의 향토 사단 또는 군단에서 군판사軍判事로서 나머지 기간을 근무하게 되는데, 이곳에서는 앞서의 근무지와는 달리 훨씬 자유스러운 분위기에서 주로 대민 관계의 소송 업무를 경험할 수 있다. 참여 관찰이 진행된 곳이 바로 이와 같은 후방 사단 법무부에 설치된 군사법원이었다.

염두에 둘 만한 몇 가지 공간적 특징을 살펴보면, 먼저 이곳은 전 군을 통틀어 처리 사건 수가 1~2위를 다툴 만큼 상대적으로 바쁜 군사법원이다. 그 이유는 관할구역이 광범위한 탓도 있지만, 주로는 대부분의 범죄가 영외 생활을 하는 단기 사병들에 의해 저질러지기 때문이다. 따라서 이곳에서는 상대적으로 더욱 많은 대민 접촉이 이루어지며, 군사법원 자체도 일반적인 명령 계통에서 어느 정도 벗어날 수밖에 없다. 또한 이 군사법원은 주위에 많은 상급 부대들을 두고 있는 향토 사단의 사령부에 자리 잡고 있는데, 이는 두 가지 의미가 있다. 첫째는 고등군사법원이 약 20여 킬로미터 떨어진 육군본부에 설치되어 있어 소송 과정에서 항소를 염두에 둔 여러 가지 상황이 벌어질 수 있다는 점이다. 둘째, 이 군사법원이, 상급 부대에 소속된 많은 청년 법관들이 직업군인 상급자들의 눈치를 살피지 않고도 그들만의 회합을 가지는 장소로 제공될 수 있다는 점이다.

다음으로, 관찰 대상이었던 청년 법관들의 특징을 살펴보자. 1989년에서 1990년까지 이곳에 근무했던 군법무관들은 대개 1980년에서 1983년에 이르는 시기에 대학에 입학했던 27세 전후의 명문 법대(대부분 서울대학교 법과대학) 졸업생들이었다. 이들은 대부분 대학의 학부 4학년 또는 졸업한 해에 사법시험에 합격해 2년 동안의 사법 연수 기간을 수료하고, 1년여의 전방 복무 기간을 마친 사람들이었다. 이들이 한창 사법시험 준비에 몰두했던 1984년에서 1987년까지가 학생운동과 민주화 운동이 최고조에 달했던 시기였음을 고려한다면, 대체로 이들은 학창시절 동안 민주화 운동이나 학생운동에 그다지 깊은 관계를 가지기 어려웠을 것으로 추측할 수 있다. 이처럼 이 청년 법관들이 1980년대 한국 사회가 겪은 엄청난 소용돌이에서 한 걸음 비켜나 있었던 점이 법조 사회화의 과정에 어떤 요인으로 작용했는지에 관해서는 섣불리 단정할 수 없지만, 이와 같은 특성이 참여 관찰의 내용을 일반화하는 데 하나의 조건으로 고려되어야 한다는 점은 비교적 분명하다. 그러면 이제 이상과 같은 사항들을 고려하면서 구체적인 내용을 살펴보자.

1) 주위 사람들

우선 이 청년 법관들의 법조 사회화가 구체적으로 어떤 인간관계들 속에서 벌어지게 되는지를 살펴야 할 필요가 있다. 이를 위해 무엇보다 그들 주위에 존재하는 사람들과, 그들이 청년 법관들과의 관계에서 담당하는 여러 가지 역할에 주목해 보자.

먼저 이 법조 사회화가 군대 조직 안에서 벌어지는 일이라는 점에서 청년 법관들을 둘러싸고 있는 여러 일반 군인들, 특히 직업군인들과의 관계를 생각해 보아야 한다. 한마디로 일반 사병이나 하사관 또는 위관급 이하의 장교들과 이들은 통상적인 행정 업무로 인한 것 외에는 직접적인 관계를 거의 맺지 않는다고 해도 과언이 아니다. 이들의 계급은 비록 소위 또는 중위에 지나지 않지만, 한 사단 내에 하나밖에 없는 군 검찰관 또는 군판사라는 점에서, 그리고 가까운 장래에 민간 사회에 나아가 판검사 또는 변호사로 입신할 것이라는 점에서 영관급 이상의 고급 직업군인들도 이들을 함부로 대하지 못하는 것이 사실이다. 따라서 이들에게 상명하복의 군인 관계를 내세울 수 있는 존재는 지휘관인 사단장·부사단장·참모장 등 몇 안 되는 최고급 장교들에 불과하다. 하지만 실제로는 이들 역시 법에 대해 전문적인 지식을 갖고 있지 못하므로 별다른 통제를 가하지 못한다. 다만 사단장은 인사권 외에도, 1심 재판 결과에 대해 감형 조치 등을 할 수 있는 이른바 관할관 확인 절차를 통해 청년 법관들의 법적 판단에 개입할 수 있다.[5] 물론 군대식으로 하자면 아침 구보나 전투 체육, 각종 행사 참석 등의 일상적인 규제를 통해 지휘관들이 청년 법관들을 통제할 수 없는 것은 아니다. 그러나 법에 대한 전통적인 두려움 때문인지 그와 같은 간섭 역시 일과성으로 끝나는 경우가 대부분이다. 이런 이유로 군검찰부와 군사법원이 설치되어 있는 법무부는 군대 조직 내에서 모두들 두려워하는 헌병대조차도 어떻게 할 수 없는 특권적인 부처로 취급되는 것이 보통이다. 요컨대 이 청년 법관들은 일반 군인들, 특히 다른 직업 군인들이 범접하기 어려운 특권 지대에서 생활하게 된다는 것이다.

한편, 시선을 법무부 안으로 좁혀 보면, 행정적인 업무를 처리하기 위해 근무하는 행정병들을 제외하고도 청년 법관들과 함께 생활하는 두 부류의 직업군인들이 존재한다. 사법시험이 아니라 군법무관 시험을 통해 선발된 장기 복무 군법무관들과 법무 하사관들이 그들인데, 모든 생활이 이들과 함께 이루어진다는 점을 고려할 때 청년 법관의 법조 사회화 과정에서 이들의 역할은 자못 핵심적이라고 말할 수 있다.

우선 장기 복무 군법무관(군법무관 시험 출신자)들을 보면, 청년 법관(사법시험 출신자)들과의 관계에서 이들을 규정하는 가장 적절한 단어는 '열등의식'이라고 할 수 있다. 이 감정의 근원은 여러 방면에서 찾을 수 있는데, 사법시험에 비해 군법무관 시험의 합격선이 낮다는 점이나, 군 복

5_그러나 이 절차는 적지 않은 부정의 소지를 내포하고 있었기 때문에 차후에 군사법원법이 개정되면서 평시에는 행사되지 않게 되었다.

무 기간이 3년인 청년 법관들에 비해 10년을 꼬박 근무해야만 민간 변호사 자격을 취득할 수 있다는 점 등을 들 수 있다. 그럼에도 불구하고 이런 열등의식이 양자 사이에 전면적 갈등으로 표출되는 경우는 비교적 드물다. 왜냐하면 양자 모두가 적어도 군대 조직 내부에서는 동등한 법률가 자격을 가진 것으로 취급되기 때문이다. 오히려 이들 사이의 갈등은 끊임없는 내연 상태로 존재하는데, 여기에는 다시 군대 조직의 계급 구조가 갈등의 중요한 축을 구성한다. 대개 군 검찰관-사단 법무참모-군단 법무참모의 순서로 진급하게 되는 장기 복무 군법무관들은 10년 복무가 가까워졌을 때 대개 중령급에 이르는 반면, 청년 법관들은 대부분 중위 계급장을 떼지 못한 채 제대하기 때문이다. 따라서 상급자인 장기 복무 군법무관이 계급에 따른 상명하복을 주장하고, 청년 법관들이 이에 반발하는 형태로, 양자 간의 갈등이 심화될 소지가 있다. 이런 갈등은 대개 군 검찰관으로서 군판사에 비해 상대적으로 처리해야 할 업무가 많고, 일반 직업군인들로부터 청년 법관들에 비해 실력이 떨어지는 것으로 평가받기 쉬운 장기 복무 군법무관들로부터 촉발되곤 한다. 그러나 좁은 법조 시장 내부에서 언제 어떤 관계로 만날지 모른다는 생각이 작용하기 때문인지 이와 같은 갈등이 실제로 폭발되는 사례는 목격하기 힘들다.

청년 법관들의 법조 사회화 과정에서 빼놓을 수 없는 또 다른 존재는 법무 하사관들이다. 이미 십수 년의 군대 생활을 통해 대개 35세 내지 40세 이상인 이들은 군사법원이 설치된 지역의 토박이로서 법무부 내의 여러 가지 행정적인 업무 처리와 함께, 수사 보조 및 공판 서기의 직무를 수행한다. 그러나 이들이 담당하는 더욱 중요한 업무는 아무 연고도 없는 지역에 발령을 받아 부임한 청년 법관들을 위해 넓은 의미에서 그들의 생존 일체를 책임지는 것이다. 주거와 식사 문제는 물론 심지어느 유흥에 이르기까지 대개 적어도 열 살은 아래인 청년 법관들에게 법무 하사관들은 깍듯이 존댓말을 써가며 각종 서비스를 제공한다. 청년 법관들이 직무상으로도 직속상관인 데다가, 이들이 군 복무를 마치고 난 뒤 현지에서 개업 변호사로 자리 잡게 될 경우 자신도 군복을 벗고 변호사 사무장으로 따라가는 것이 최상의 진로라고 여기기 때문에, 법무 하사관들의 입장에서는 이런 수고를 마다하지 않는 것이다. 어떤 측면에서 이들은 이미 청년 법관들의 사무장 일을 수행하고 있는 것이나 마찬가지다. 이들은 다른 일반 직업군인들에게 직접 나서서 법률관계 상담을 해주기도 하고, 군법무관들과의 인간관계를 배경으로 실질적인 사건 브로커의 역할을 담당하는 경우도 적지 않기 때문이다. 더욱이 각급 군사법원들과의 횡적인 연계를 고리로 마음만 먹는다면 이 사건 브로커의 역할을 전국 범위로 확대할 수 있어, 같은 하사관들 사이에서는 물론 위관급 장교들 사이에서까지 이들 법무 하사관은 항상 특별한 대우를 받을 수 있는 것이다. 따라서 이들은 평상시에 사복을 입고 출퇴근을 하는 특전을 누리거나, 법무부 내에서도 '모모 상사'보다는 보통 '모모 과장'이라고 불린다. 위의 청년 법관들이 '모모 부장'으로 불리는 점에 비추어 이 법무 하사관들은 사실상 민간의 법원 사건 계장 또는 검찰 수사 계장 정도에 비교되는 지위를 누리는 셈이다. 그럼에도 불구하고 이들의 지위는 불안하고 취약하다. 군대 조직 내에서 이들은 어디까지나 일개 하사관에 불과하기 때문이다.

이제 시선을 법무부로부터 바깥으로 돌려 보자. 먼저 주의를 끄는 것은, 형사사건의 경우에 늘 관련이 있게 되는 수사기관들, 즉 '헌병대' 또는 '보안대' 등과의 관계다. 검찰에 비해 현저한 약세를 보이는 민간 경찰과 달리 군대 내부의 사법 업무에 있어 헌병대의 위세는 훨씬 강력해서, 군 검찰관이 행사하는 수사 지휘권은 실제로 제대로 발휘되지 못하는 경우가 많다. 이런 현상은 부분적으로 군 검찰 쪽의 나태함에서 비롯되는 측면이 없지 않지만, 더욱 큰 원인은 헌병 대장의 계급이 그에 대응하는 법무참모보다 대부분 한 계급 정도 상위라는 점이다. 그러므로 헌병대의 수사관들은 이런저런 이유로 대부분 군 검찰과의 직접적인 관계에서 해방되어 상대적으로 자유로운 지위에 놓이며, 앞서 언급한 바와 같이 단기 사병들의 폭행 사고 등 실질적으로 민간 경찰과 거의 다름없는 사건들을 다루면서도 수사 범위나 강도, 영장 청구 등에 관해 훨씬 자유로울 수 있는 것이다. 이런 사정은 군대라는 특수성이 좀 더 중요하게 부각되는 보안대 담당의 시국 사건들의 경우에는 더욱 극명하게 드러난다. 따라서 청년 법관들의 역할 범위는 그만큼 축소될 수밖에 없다.

　다음으로 또 하나 주목할 인물들은 기성 법률가로서 군사법원 및 군 검찰의 업무와 관련해 청년 법관들과 접촉하게 되는 몇몇 개업 변호사들이다. 한 달에 한 번 꼴로 진행되는 십 수 건의 공판에서 사선변호인이 선임된 사건은 거의 예외 없이 특별하게 다루어지는데, 그 이유는 선임되는 변호사들이 대부분 청년 법관으로서 법무부에 근무한 경력이 있거나, 적어도 해당 지역에 근거를 두고 있는 개업 변호사들이라는 사실과 무관하지 않다. 앞서 언급했듯이 학연, 지연, 사법연수원 인맥 등을 제외하고라도, 해당 지역에 뿌리를 박고 있는 법무 하사관들을 고리로 청년 법관들과 개업 변호사들이 연결되는 경우가 적지 않기 때문이다. 이때 재판을 전후해 여러 형태의 만남들이 이루어지는데, 특히 술자리 등의 비용은 개업 변호사들의 몫이 된다. 달리 말해, 청년 법관들은 법무 하사관들과 개업 변호사들을 통해 해당 지역의 법조 사회에 첫 선을 보이게 되는 셈인데, 만약 청년 법관들이 전역 이후 개업 변호사로 나설 요량인 경우 이와 같은 모임이 특별한 의미를 갖게 될 것은 분명하다.

2) 직무 수행

청년 법관들이 담당하는 공식적인 직무는 대략 공판 업무와 법률 상담, 일반 행정 업무와 군법 교육 등이 있다. 그 밖에 군인이라면 누구나 받아야 하는 통상적인 군사훈련 등도 포함되어야겠지만, 실제로 군사 훈련에 청년 법관들이 참여하는 경우는 극히 드물다. 이하에서는 군사 훈련을 제외한 직무들에 관해 청년 법관들의 모습을 살펴본다.

장기 복무 군법무관들이 상대적으로 격무에 해당하는 군 검찰관을 담당하는 것과 달리 대개 군판사의 직무를 맡아보는 청년 법관들에게 공판 업무는 가장 주된 업무다. 민간 법원과 달리 군사법원의 공판 업무는 독특한 어려움이 있는데, 그 까닭은 대개 1심 재판의 재판부가 일반 장교들 2명과 군판사 1명으로 구성되기 때문이다. 청년 법관들은 군판사로서 법률에 문외한인 심판관(일반 장교)들 사이에서 공판절차의 진행은 물론 유무죄와 선고 형량의 결정에 이르기까지 모든 문제를 주도적으로 해결해 가야 한다. 게다가 대체로 가장 계급이 낮은 중위 신분에서 공판을 진행해야 하기 때문에, 그런 역할이 상당히 거북스러울 수 있다. 그러나 동년배의 일반 법원 판사들에게 주어지는 업무 부담에 비하면 설혹 사건 수가 많은 군사법원이라 하더라도 격무라고 보기는 힘들다.

한 걸음 더 나아가 군사법원에서 처리되는 사건의 내용을 들여다보면, 이런 차이는 더욱 분명하게 드러난다. 왜냐하면 공소 제기되는 사건의 70퍼센트가 속칭 '탈영'이라고 불리는 '군무 이탈죄' 사건이기 때문이다. 가히 천편일률적인 이 사건들에 대해 청년 법관들은 기실 사건 기록을 자세히 검토할 필요조차 느끼기 어렵다. 따라서 법무 하사관이나 행정병들이 만들어 주는 기록의 요약본만으로도 무리 없이 재판을 진행시킬 수 있고, 재판 후에 판결문을 작성하는 일 또한 거의 기계적으로 이루어진다. 그 밖에 사병들 간에 드물지 않게 벌어지는 영^營 내외의 폭행 사건들 역시 비슷한 경우에 속한다. 이런 이유로 공판 업무에 관해 청년 법관들은 장교들의 독직 사건이나 〈국가보안법〉 위반 사건 등과 같이 영 내외의 관심을 자아내는 사건들이 아닌 이상 별다른 업무 부담을 느끼지 않는다.

법률 상담은 공식적인 직무의 일부로 생각되고는 있지만, 실제로는 그리 많이 이루어지지는 않는다. 그 이유로는 첫째, 앞서 언급했듯이, 청년 법관들이 군대 조직 내부에서 매우 특수한 위치를 차지하고 있다는 점, 둘째, 직업군인들의 법률 상담 문의가 주로 법무 하사관들을 통해 이루어진다는 점을 들 수 있다. 법무 하사관들은 '우리 부장님께 여쭤보겠다'는 말 한마디로 일반 직업군인들과 청년 법관들 사이에서 사실상의 중개자적 지위를 확보하곤 한다.

법무부와 관련된 일반 행정 업무 역시 공식적인 직무이긴 하지만, 청년 법관들에게 맡겨지는 일은 별로 없다. 3년 만에 군 복무를 마치고 다시 사회로 나갈 사람들에게 일반 행정 업무를 맡길 이유가 많지 않을 뿐만 아니라, 이 업무는 대개 장기 복무 군법무관들로 보임되는 법무참모의 몫이기 때문이다. 청년 법관들은 심지어 수사, 공소 제기와 유지, 공판 등을 제외한 다른 업무들에 개입되는 것을 한사코 기피하기도 한다. 이런 태도로 인해 장기 복무 군법무관들과 청년 법관들 사이에는 드러나지 않는 긴장이 초래될 때도 있다.

마지막으로 군법 교육은 종일 법무부 사무실에만 갇혀 지내는 청년 법관들에게 더할 나위 없는 스트레스 발산 기회가 된다. 군법 교육은 대개 봄과 가을 두 차례에 걸쳐 사단 예하 전 부대의 장병들에게 기초적인 군법 지식의 전달과 계몽을 통해 특히 '탈영', '영내 외 폭행', '휴가 및 귀향 시의 각종 사고', '교통사고' 등을 방지할 목적으로 실시되는데, 재미 있는 사례를 들어 가면서 기초적인 법 지식을 설명하는 동안 청년 법관들은 모처럼 많은 사람들 앞에서 자신의 존재를 과시할 수 있다. 그 밖에 전역 대기자들을 위한 군법 교육도 정기적으로 실시된다. 사단 예하 부대의 주둔지가 상당히 넓은 경우에는 하루 만에 사령부로 돌아올 수가 없어 군법 교육을 실시한 예하 부대에서 유숙하기도 하는데, 그때 청년 법관들은 상당히 융숭한 대접을 받곤 한다. 아직도 사령부에서 나온 군법무관이라면 계급의 고하를 막론하고 대단히 출세한 사람으로 여기는 풍토가 있을 뿐만 아니라, 해당 부대의 지휘관으로서는 혹시 자신의 부대에서 사고가 발생해 군사법원에 이를 경우를 미리 대비해야 하기 때문이다. 어찌되었든 이 군법 교육이라는 기회를 통해 청년 법관들은 법률가로서의 특권적인 위상을 재확인하게 되는 셈이다.

3) 일상생활

일상생활의 측면에서 청년 법관들 사이에 생활의 질적 차이를 가져오는 요인은 그들의 주된 생활의 근거지가 어디인가 하는 점이다. 이 문제는 결혼 여부, 근무 지역의 연고자 유무 등과도 밀접한 관련이 있다. 설사 이들이 결혼해 가정을 이룬 상태라 하더라도 신접살림을 주둔지 부근에서 할 수 없는 한, 청년 법관들은 객지 생활을 하는 홀아비 신세가 될 수밖에 없다. 이런 청년 법관들은 대개 외부 숙소를 얻어 자취를 하거나 독신자 장교 숙소B.O.Q에서 지내는데, 그 경우에도 다른 일반 장교들과 원만한 관계를 유지하기는 쉽지 않다. 앞서 말한 대로, 청년 법관들은 일반 장교들과는 구별되는 특별한 위상을 누리고 있기 때문이다. 비록 비슷한 연령과 계급의 장교들이라고는 해도 사단 내부에 한두 명밖에 없는 군판사와 일반 장교들이 격의 없이 어울리기는 여간 어려운 일이 아니다.

이런 이유들 때문에 청년 법관들의 일상생활은 거의 모두 법무부의 구성원들 및 그곳에 출입하는 몇몇 사람들로 이루어진 소규모의 법조 공동체 속에서 이루어지게 된다. 직무상으로 청년 법관들과 밀접한 관계를 가지고 있는 법무 하사관들이 이 소집단의 집사執事로서 일상생활에 있어서도 청년 법관들과 긴밀하게 연관될 수밖에 없는 것은 바로 이런 맥락에서다. 많은 청년 법관들은 토요일 출근을 하지 않고 자신의 고향이나 근거지에 다녀오는데, 이것은 이 독특한 소집단으로부터의 정기적인 탈출인 셈이다. 그러나 흥미롭게도 청년 법관들의 개인적인 연줄망과 법무부를 둘러싼 법조 공동체가 서로 연결되는 경우는 거의 없다. 함께 근무하는 대부분의 구성원들은 실제로 서로의 집 전화번호도 제대로 모를 만큼 절친하지 않다.

이처럼 무미건조한 생활환경에서 군법무관들과 법무 하사관들, 그리고 몇몇 개업 변호사들, 나아가 헌병 장교들이나 보안대 수사관들까지를 이 청년 법관들과 연결시키는 거의 유일한 매개물은 넓은 의미의 '유흥'이다. 밤낮없이 계속되는 화투 놀이와 술자리는 그것을 대변한다. 그러나 여기에서도 몇 가지 특징을 찾아 볼 수 있다. 속칭 '고스톱'으로 일컬어지는 네댓 명이 참가하는 화투 놀이는 대개 두세 명의 장교들과 두 명의 하사관이 근무하는 법무부 전체 구성원이 즐기기에 안성맞춤인 놀이가 된다. 별다른 부담 없이 서로의 돈을 잃기도 하고 따기도 하면서 무료함도 달래고 어떤 의미에서 인적인 유대감도 높게 되는 것이다. 그렇기 때문에 때때로 한가한 오후에 사무실에서 화투 놀이가 벌어지더라도 내부에서 문제가 되는 일은 거의 없다. 그러나 이 화투 놀이에 개업 변호사나 헌병 장교, 나아가 다른 수사기관의 관계자들까지 참여하게 되면 사정은 크게 달라진다. 이들과는 어느 정도의 거리를 유지해야 하는 것이 현실적인 필요이기 때문에 도란도란한 분위기는 별로 없고, 오히려 구체적인 상황에 맞는 친분 관계를 형성하기 위해 화투 놀이가 이용되는 것 같은 인상도 적지 않다. 그러나 한 가지 분명한 것은 넓은 의미의 사법 또는 경찰 업무를 담당하는 관계자들 이외에 인사·작전·정보·군수 등 정통 군사 분야의 일반 직업군인들과는 이와 같은 유흥을 통해 친분 관계를 형성하는 경우가 없다는 점이다. 그런 의미에서 넓은 의미의 유흥은 군판사인 청년 법관들을 정점에 둔 소규모의 (법조) 공동체 내부에서 각 구성원들 사이의 유대 관계를 형성하고 유지하기 위한 수단으로 이용되는 것이라고 볼 수 있다. 유흥과 관련해 청년 법관들에게 주대酒貸가 요청되는 일은 결코 없는데, 이는 이 소집단 내부의 유대 관계가 청년 법관들에게 특별한 위상을 보장한다는 공동의 전제하에서 이루어진다는 것을 짐작하게 한다.

한편 이 소규모 법조 공동체 내부에서도 청년 법관들 및 법률가 자격자들 사이의 독특한 유대를 형성하기 위해서는 좀 더 특수한 형태의 유흥이 사용되는 것을 관찰할 수 있다. 속칭 '포카'라고 일컫는 서양식 카드놀이도 사용되지 않는 것은 아니지만, 이 청년 법관들 사이에서는 주로 '마작'이라는 중국식 담쌓기 놀이가 이용되고, 그 경기 방식의 전수도 대부분 이들 사이에서만 이루어진다. 앞서의 '고스톱'에 비해 '마작'은 훨씬 복잡한 경기 규칙을 이해해야 하며, 실제로 게임을 즐기려면 상당히 긴 적응 기간이 필요하다. 또 놀이의 기구 또한 '고스톱'에 비해 비교할 수 없을 만큼 고급스러울 뿐 아니라, 사용되는 용어들 역시 일반 사람들에게는 매우 생소하다. 청년 법관들의 특별한 위상은 마작 놀이를 통해서도 재확인되는 측면이 있다. 예를 들어, 인근 지역에 근무하는 청년 법관들이 그들만의 회합을 가질 때, 법무부에서는 마작 놀이가 벌어지곤 한다. 여하튼 청년 법관들은 마작 놀이를 통해 법률가 집단 내부에서 나름의 인적 유대를 강화하고, 민간의 검찰과 법원, 변호사들로 이루어지는 또 다른 사회관계의 통로를 개척하는 것으로 생각된다.

이 같은 설명에서 어느 정도 알 수 있듯이 청년 법관들의 일상생활은 한마디로 지독히 외로운 것이다. 무엇보다 동료 직업군인들은 물론 지휘관이나 상급자로부터도 매우 특별한 위상을 보장받고 있다는 사실이 오히려 이들을 더욱 심각한 고립 속에 밀어 넣는 것으로 보일 정도다. 특히 주말에 돌아갈 연고지가 없거나 연고지가 너무 멀 경우에 청년 법관들의 외로움은 더욱 심해진다. 그러나 이 외로움을 떨치고 새로운 인간관계를 형성해 가기엔 여러 가지 현실적인 어려움이 있다. 20대 후반의 젊은 나이임에도 불구하고, 군법무관이라는 지위 때문에 일반 군인들이 접근하기 어려운 특수한 위상을 누리고 있을 뿐만 아니라, 이 위상을 가볍게 여기는 것은 특수한 대우 자체를 포기하는 것과 동일시될 위험이 있기 때문이다. 그리하여 청년 법관들은 대체로 더욱 자신들만의 세계에 침잠해, 하루바삐 3년의 복무 기간이 지나가기를 바라면서 매사에 수동적으로 행동하게 된다. 3년의 의무 복무 기간이 청년 법관들의 법조 경력에 포함된다는 점은 이 기간을 참아 낼 수 있는 거의 유일한 보상이다.

4. 청년 법관의 실존적 조건 : 고립과 체념

오늘날 한국 사회에서 정직하고 능력 있는 법률가 집단을 확보하는 것은 결코 법률가들만의 문제가 아니다. '법의 지배'가 확고한 정치 이념으로 받아들여지고, 사법 체제의 운용이 거의 전적으로 법률가들에게 맡겨진 상황에서, 정직하고 능력 있는 법률가들은 정당하고 효과적인 사법 대표 기구를 확립하기 위한 필수적인 전제이기 때문이다. 그렇다면 이런 관점에서 이와 같은 참여 관찰의 내용은 어떻게 이해될 수 있을까?

앞서 말했듯이 청년 법관들은 한국 사회의 법조 사회화 과정에서 제3단계인 '사법연수원에서의 실무 연수 단계'와 제4단계인 '각 법조 직역에서의 적응 및 동화 단계'의 중간기에 해당한다. 군 사법 영역은 그들이 선택한 법조 직역이 아니라 군 복무를 위해 단지 3년간 머무는 곳일 뿐이다. 그러나 위의 참여 관찰은 이 기간 동안 청년 법관들이 한국 사회의 법률가로서 정체성을 획득하거나 적어도 부여받게 된다는 사실을 알려 준다. 마치 누군가가 고안하기라도 한 듯이, 법조 사회화의 관점에서 이 시기 청년 법관들의 생활환경은 대단히 입체적으로 구성되어 있다.

우선 확인해야 할 것은 청년 법관들이 강력한 권력자들이라는 사실이다. 사법연수원을 마치고 곧바로 판사나 검사로 임관하는 동년배들이 각기 배석판사나 초임 검사로서 수년간 부장판사, 부장검사 밑에서 사실상 도제 수습을 받아야 하는 것에 비해, 군 검찰관이나 군판사로 근무하는 청년 법관들은 별다른 제약 없이 직무상의 권한을 행사한다. 철저한 계급 조직인 군대 내에서 이와 같은 권력 행사가 가능한 것은 일차적으로는 청년 법관들의 법적 전문성 때문이지만, 여기에는 그 법적 전문성이 군대 조직의 중심부를 향해 행사되어서는 안 된다는 조건이 따른다. 군대 조직의 중심부를 향해 법적 전문성을 발휘하는 문제에 관해서는 청년 법관들과 긴장 관계를 형성하는 장기 복무 군법무관들이 강력한 이해관계를 가지고 있기 때문이다. 따라서 청년 법관들의 강력한 권력은 그들에게 수사나 재판을 받는 군대 구성원들에게 행사된다.

의무 복무 기간 동안 청년 법관들이 누리는 강력한 권력은 근본적으로 그들이 가까운 장래에 판사 또는 검사가 될 후보자들이라는 사실에서 비롯된다. 계급이나 보직과 같은 군대 내부적 요인이 아니라 판검사 후보자라는 법조 내부적 요인이 청년 법관들의 특권적 위상을 가능하게 하는 근거다. 이런 맥락에서 청년 법관들의 직무 수행과 일상생활이 거의 완벽하게 정상적인 군대 조직으로부터 분리된 소규모 법조 공동체에서 진행된다는 점은 특별히 주목할 만하다. 이 법조 공동체는 한편으로 청년 법관들이 군대 조직의 중심부를 향해 법적 전문성을 발휘하지 못하도록 하면서, 다른 한편으로 그 밖의 방면으로 그들의 권력 행사를 돕는 복합적인 기능을 수행하고 있기 때문이다.

군대 조직 내부의 사법 계통에 종사하는 헌병-보안대-검찰 수사관들을 기축으로 군법무관들, 그리고 몇몇 개업 변호사들로 구성된 이 소규모 법조 공동체는 청년 법관들의 법조 사회화가 이루어지는 실질적인 장場, field이다. 그 속에서 청년 법관들은 무엇은 해도 되고 무엇은 하면 안 되는지를 자연스럽게 터득하며, 법조 사회 내부에서 자신에게 요구되는 것과 자신이 요구해야 하는 것을 구별할 수 있게 된다. 이런 관점에서 이 소규모 법조 공동체의 가장 핵심적인 특징은 폐쇄성이다. 민간 사회나 언론, 군대 조직은 물론이려니와 심지어는 그 구성원들의 가족으로부터도 이 소규모 법조 공동체는 대단히 세심하게 마련된 행위 코드들에 의해 폐쇄되어 있다. 따라서 그곳에 입장하기 위해서는 그 내부의 행위 코드에 적응하는 과정이 필요하다.

바로 이와 같은 맥락에서 청년 법관들의 일상생활에서는 두 가지 측면이 크게 두드러진다. 하나는 소규모 법조 공동체가 회합할 때마다 빠지지 않고 동반되는 넓은 의미의 '유흥'이고, 다른 하나는 이 법조 공동체의 집사로서 그것을 실질적으로 준비하는 법무 하사관들의 존재다. 친목을 도모할 목적으로 화투 놀이나 카드놀이를 하거나 개업 변호사들과 함께 술자리를 가지는 것 정도를 위법이라고 말하기는 어려울지도 모른다. 그러나 그렇다고 해서 그와 같은 행동들이 공식적인 직무의 하나라고 말하기는 더욱 어렵다. 이 소규모 법조 공동체가 향유하는 넓은 의미의 '유흥'은, 이처럼 꼭 집어 위법이라고 말할 수는 없어도, 어딘지 떳떳하지 못한, 경계선상의 집단행동이다. 그리고 그와 같은 집단행동은 예외 없이 법무 하사관들의 실무적인 준비를 통해 조직되고 실행된다.

앞서 보았듯이, 법무 하사관들은 대체로 군사법원 소재지에서 오랫동안 근무한 사람들이고, 청년 법관들은 길어야 2년 정도 거쳐 가는 사람들이다. 달리 말해, 법무 하사관들이 소규모 법조 공동체의 고정 멤버라면, 청년 법관들은 객원 멤버나 마찬가지라는 것이다. 따라서 법무 하사관들의 실무적인 준비를 통해 실행되는 넓은 의미의 '유흥'은 소규모 법조 공동체의 고정 멤버들과 객원 멤버들 사이에서 일정한 관계를 형성하고 또 조율하는 사회적 네트워킹 수단이라고도 볼 수 있다. 결정적인 권력은 객원 멤버들(청년 법관들)이 행사하기 때문에, 그리고 객원 멤버들은 계속 바뀌기 때문에, 사회적 네트워킹을 위해서는 넓은 의미의 '유흥'이 계속되어야 하고, 그 과정에서 법무 하사관들은 소규모 법조 공동체의 유지와 관리라는 특수한 임무를 부여받게 되는 것이다.

이처럼 독특한 연줄 망 구조는 기실 대한민국 사법 체제의 그늘을 대변하는 것이다. 특히 청년 법관들을 '관리'하는 법무 하사관들의 역할은 기능적으로 한국 사회에서 엘리트 법률가들과 국민 대중 사이를 가로막고 있는 '사건 브로커' 집단의 역할과 상당 부분 겹친다고도 볼 수 있다. 법률 서비스 시장의 정보 유통 경로를 차단하고 독점한 채, 엘리트 법률가들에게 과도한 독점이윤을 보장해 주는 대신, 법률 서비스의 정보를 왜곡하고 가격을 높이며 질을 떨어뜨리는 '사건 브로커' 집단은 각 지역마다 빠짐없이 존재하며, 이것이야말로 한국 사회에서 사법 불신을 발생시키는 근본 원인들 중 하나다. 물론 법무 하사관들의 경우 군대라는 특수한 환경에서 그와 같은 역할을 직무의 연장으로 수행하는 측면이 많지만, 통상의 법률 서비스 시장에서는 자발적인 '사건 브로커' 집단을 어렵지 않게 만날 수 있다.

이런 관점에서 청년 법관들의 법조 사회화 환경은, 심하게 표현하면, 법률가들이 '사건 브로커' 집단과의 관계를 학습하는 과정이라고도 말할 수 있을 것이다. 엘리트 법률가들이 그들만의 인간관계 속에 고립되고 법률 서비스의 수요자인 국민 대중과의 접촉이 '사건 브로커' 집단에 의해 차단되는 교묘한 메커니즘은 이와 같은 법조 사회화 과정을 통해 은밀하게 재생산되고 있다.

여기서 대한민국 사람이라면 누구라도 당연히 제기할 수 있는 질문들이 도출된다. "이 청년 법관들은 왜 그처럼 투명하지 못한 소규모의 법조 공동체에 저항 없이 합류하는가? 그들은 젊은 나이에 사법시험에 합격하고 사법연수원을 마친 엘리트 중의 엘리트가 아닌가?" 이 질문들에 대해 이 장의 참여 관찰로부터 얻을 수 있는 답변은 크게 두 가지다.

첫째, 청년 법관들이 이중 삼중으로 고립되어 있기 때문이다. 군 복무의 특성상 자신의 준거지로부터 떠나는 것은 당연한 일이지만, 청년 법관들은 그 주위를 둘러싼 어느 집단에 비교하더라도 더욱 외롭다. 장기 복무 군법무관들이나 법무 하사관들, 기타 군대 내부의 사법 계통 종사자들은 군대 조직 그 자체에 대한 애착이 있고, 개업 변호사들은 지역의 법조 사회가 있으며, 심지어 사병들조차도 부대 내에 동료들이 있다. 그러나 청년 법관들에게는 이에 비견할 만한 아무 것도 없으며, 따라서 그들은 군대 조직 내의 어떤 공동체에도 실질적인 소속감을 느끼지 못한다. 여기에 청년 법관들이 강력한 권력을 행사할 수 있다는 점은 또 다른 고립을 초래한다. 왜냐하면 그것은 청년 법관들이 소속 부대 안팎의 모든 구성원들로부터 감시될 수 있다는 의미이기도 하기 때문이다. 이런 까닭에 청년 법관들에게는 자신들의 집사나 다름없는 법무 하사관들의 인도를 받아 소규모의 법조 공동체에 들어서는 것이 너무도 자연스럽다.

둘째, 청년 법관들 스스로가 군 복무 기간을 지나가는 시간으로 취급하기 때문이다. 어떻게든 3년의 의무 복무 기간만 때우면 그만이라는 체념적 태도는 청년 법관들의 행동 전체를 설명하는 열쇠 말이나 다름없다. 군대 조직의 비합리성에 대해서도, 자신들의 특권적 위상에 대해서도, 끊임없는 '유흥'이나 법무 하사관들의 역할에 대해서도 청년 법관들은 언제나 자신들은 잠시 이곳에 머물 뿐이라는 태도로 일관한다. 따라서 청년 법관들이 업무 수행이나 일상생활에서 자신의 이름을 걸고 적극적으로 책임지려는 자세를 보이지 않는 것은 당연하다. 이들은 자신들의 본격적인 법률가 인생이 제대 이후의 법조 사회에서 시작될 것이라고 생각하며, 군대 생활은 별 탈 없이 마치기만 하면 그만이라고 생각한다. 이 체념적 태도와 연관되는 임시성·익명성·소극성 등은 청년 법관들의 법조 사회화 과정에 속속들이 배어 있다.

고립과 체념이라는 이 두 요소는 청년 법관들이 의무 복무를 마친 뒤에도 그대로 살아남는다. 주지하듯, 대한민국의 관료적 사법 체제는 사법연수원을 수료한 젊은이를 판사나 검사로 임용한 뒤 사법 관료제 내부에서 승진 체계를 통해 관리하다가, 종국에는 변호사로 개업하도록 해왔으며, 그 결과 전관예우라는 사법 부패 현상을 조장해 왔다. 대단히 흥미롭게도 이런 관행은 청년 법관들의 법조 사회화 과정을 지배하는 고립과 체념이라는 두 요소를 그대로 전제하고 있다. 판사나 검사가 된 젊은 사법연수원 수료생은 판사직이나 검사직이 평생토록 복무해야 할 천직이 아니라는 점을 잘 알고 있다. 따라서 다른 이유가 없다면, 그가 군이 자신의 이름을 걸고, 마치 판사직이나 검사직이 자신의 천직이라도 되는 것처럼, 적극적으로 책임을 부담하려는 자세로 이를 수행할 리는 만무하다. 다른 직업에 비해 고도의 도덕적 청렴성이 요구되는 판사직이나 검사직은 그 자체로서 고립을 자초하는 직업이나 마찬가지다. 여기에 어차피 잠시 머물다 가는 직위에 불과하다는 생각이 덧붙여지면, 책임에 관해 소극적인 체념적 태도를 갖게 되는 것은 자연스러운 일이 아닐까.

앞서의 참여 관찰을 통해 제도 개혁의 단서를 포착할 수는 있겠지만, 군 사법제도 전반에 대한 개혁론을 제시하는 것은 이 장의 범위를 넘어서는 일이다. 나는 다만 청년 법관들의 법조 사회화 환경을 분석함으로써 한국 사회의 신참 법률가들이 일반 시민들의 기대와는 달리 매우 왜곡되고 비정상적인 과정을 거쳐 기성의 법률가 집단에 편입되고 있다는 점을 드러내고자 할 뿐이다. 군 복무가 일생에 있어 잠시의 특수한 경험으로 치부될 수 있다면, 청년 법관들의 법조 사회화 경험이 앞으로 법률가 생활을 하는 데 크게 문제되지 않을 수도 있다. 그러나 이들이 겪는 법조 사회화의 경험은 오히려 그 정반대의 가능성, 즉 앞으로의 법률가 인생을 지배하는 기본적 프레임을 제공할 가능성에 더욱 주목하게 한다. 특히 참여 관찰에서 드러난 군대 내 사법기관 주변의 소규모 법조 공동체는 고립과 체념이라는 청년 법관들의 실존적 조건을 이용해 기성 법률가 집단의 문화적 특징과 행위 코드를 신참 법률가들에게 전수하는 결정적인 장이다.

| 5장 |

포항 지역 법조 문화 연구

1. 사법적 헤게모니의 문제

1999년 3월 나는 한동대학교가 신설한 법학부의 전임교원으로 임용되어 경상북도 포항에 이주했다. 충청남도 대전(현재는 대전광역시)에서 태어나 고등학교까지 마치고, 대학 입학 이후로는 줄곧 서울에서 살아온 나로서는 말 그대로 아무런 연고가 없는 신천지에 진입한 셈이었다. 그때 포항이라는 사회에 관해 내가 알고 있었던 것은 기껏해야 포항제철과 해병대에 관련된 단편적인 지식들 정도였다. 그나마도 돌아가신 고모부의, 귀신 잡는 해병대 이야기와, 고등학교 때 수학여행 와서 졸린 눈으로 용광로를 구경했던 기억들이 뒤범벅이 되어 무언가 투박하고 거친 군사적 철강 산업의 이미지로 형상화되어 있을 따름이었다.

헌법학과 법사회학을 넘나드는 학문적 관심을 가진 소장 학자로서 나는 당시 법률가 집단의 정치적 역할을 비교 법사회학적으로 규명하는 매우 야심적인 작업(이국운 1998)을 가까스로 마무리한 상태였다. 그리고 이어지는 연구 과제로는 한국형 법학 전문 대학원의 추진을 둘러싼 사법 개혁의 제 담론을 법정치학의 관점에서 분석한 뒤, 이를 통해 나름의 학문적 실천을 시도해 보려는 생각을 가지고 있었다. 이런 맥락에서 나는 이후 약 2년 동안 상당히 거시적인 관점에서 한국 사회의 사법 개혁 논의를 재검토하고, 새로운 방향에서 그것을 다시 시작하고자 노력했다. 그 결과는 법률가 양성 제도의 정치적 기능을 분석하거나, 정원제 사법시험의 위헌성을 논증하는 일련의 작업이었다(이국운 1999b; 2000; 박경신·이국운 2000).

이와 같은 작업들 속에서 하나의 이념적 지표가 되었던 것은 무엇보다 '사법적 대표로서의 법률가'라는 명제였다. 헌법이 선언하는바, 대한민국의 모든 권력은 국민으로부터 나온다는 국민주권의 원리(헌법 제1조 제2항)에서부터 시작해 나는 사법권의 헌법적 정당성을 근본적으로 다시 정초하고자 했다. 이런 헌법 해석에 입각할 경우, 사법적 대표로서의 법률가라는 명제는 너무도 당연했다. 법관으로 구성되는 사법부의 권한 역시 국민으로부터 나오는 것이라면, 대한민국의 모든 법관은 현실적으로 사법적 대표일 수밖에 없고, 그 법관 임용 자격을 독점하는 대한민국의 모든 법률가는 잠재적인 사법적 대표일 수밖에 없기 때문이다.[1] 그동안의 사법 개혁 논의에서 금과옥조로 받아들여졌던 '사법권의 독립'이라는 명제는 어디까지나 입법·행정적 대표들과 비교해 사법적 대표의 독특성을 나타내는 차원에서 이해되어야 마땅했다. 현행 헌법의 해석상 사법의 '민주성'은 사법의 '독립성'보다 더 근본적인 차원에서 요청되는 헌법적 가치일 수밖에 없었기 때문이다.[2]

1_달리 말해 현행 헌법 속에서 법률가 자격을 부여하는 과정은 잠재적 사법적 대표의 선출 과정으로서, 정치적(입법적) 대표의 선출 과정에서 선거에 출마한 후보자를 확정하는 것과 기능적으로 등가(等價)라는 것이다.

그러나 이처럼 당연하고 합리적인 헌법 해석론은 한국의 사법 현실에서 쉽게 무시되었다. '사법적 대표로서의 법률가'라는 명제는 일반 시민들은 물론 판검사들이나 심지어는 법학 교수들에게까지 낯설게 받아들여졌다. 이들 모두에게 사법권은 으레 사법시험에 합격한 법률가들이 독점하는 또 그래야 정당한 것이었으며, 이 점에 관해서는 어떤 문제 제기도 필요하지 않았다. 헌법이 요구하는 사법의 민주성은 사법의 독립성으로 간단히 대체되었으며, 그것은 다시 '사법은 법률가들의 독점 영역'이라는 불가침의 명제로 고착되어 있었다.[3]

'사법적 대표로서의 법률가'라는 헌법 규범과 '사법은 법률가들의 독점 영역'이라는 헌법 현실 사이에 존재하는 괴리는 내게 이에 관한 법사회학적 해명의 필요성을 강하게 부각시켰다. 그와 함께 떠오른 것은 사법적 헤게모니judicial hegemony라는 개념이었다. 헌법 규범과 헌법 현실의 간극이야말로 그 속에 살아 있는 법living law과 이를 유지하고 관리하는 방식으로 작동하는 권력적 지배 관계의 현존을 드러내는 징표였던 까닭

2_다른 한편 이처럼 법률가를 사법적 대표로 이해하는 것은 지금껏 사법 개혁 논의를 지배해 온 두 가지 상이한 논리들에 대해 중용지도(中庸之道)를 제시하는 것이기도 했다. 극단적으로 말해서, 어떻게 해서든 사법시험 및 사법연수원 체제를 고수하려는 기득권층의 경우 법률가는 어디까지나 사법 관료라는 논리를 기반으로 삼았다면, 법학 전문 대학원 및 변호사 자격 시험 체제를 확립하려는 개혁주의자들은 법률가는 일종의 사법 상인(judicial merchant)이라는 논리를 기반으로 삼았다고 볼 수 있다. 그리고 양 진영은 사법의 본질에 관한 관료주의와 시장주의의 대립을 최고조로 고양시키면서 각각 일정한 반사이익을 누려 왔던 것이다. 이렇게 볼 때, '사법적 대표로서의 법률가'라는 명제는 민주적 대표의 논리를 통해 양자를 조화시키려는 헌법의 태도를 보여 주는 것일 수 있었다. 시장주의적 방식으로 잠재적인 사법적 대표인 사법 상인을 양성하고, 다시 그로부터 관료주의적 방식으로 현실적인 사법적 대표인 사법 관료를 임용하는 것은 가능할 뿐만 아니라 바람직한 것이었기 때문이다.

3_개인적으로 나는 2003년 7~8월에 있었던 대법원장의 대법관 임명 제청 파동이 이와 같은 법조 내외의 인식을 바꾸는 데 중요한 계기가 되었다고 판단한다. 이 과정에서 적어도 대법원이 법원의 대의기관이 아니라 국민의 대의기관이어야 한다는 점은 국민적 차원에서 분명한 공감대를 확보할 수 있었기 때문이다.

이다. 이론적인 측면에서, 이런 발상은 형식적 법규범 바깥의 살아 있는 법을 사회학적 방식으로 확인하려는 흐름과, 형식적 법규범 그 자체를 계급 관계의 반영으로 해석하려는 흐름 사이에서, 주로 지배와 그 정당화를 초점으로 법규범과 법 현실 사이의 간극을 추적하려는 흐름과 연결되어 있다. 다른 두 접근이 공유하는 이원론적 이해를 비판하면서, 이 제3의 접근은 법규범과 법 현실의 간극을 채우는 이데올로기, 관행, 조직 문화, 도덕, 상식, 습관, 이미지 등을 특히 권력관계의 입장에서 분석하는 것이 법사회학의 본령이 되어야 한다고 주장한다.[4]

이 제3의 관점에서 살피자면, '사법은 법률가들의 독점 영역'이라는 명제는 수많은 의문점을 내포하고 있었다. '사법적 대표로서의 법률가'라는 명백한 헌법 규범에도 불구하고 그 명제의 정당성이 의심되지 않고 있는 이유는 무엇인가? 그것은 누구에 의해 어떻게 만들어지고 또 어떤 방식으로 유포되며 관리되고 있는가? 현실 속에서 그 명제의 정당성을 뒷받침하고 있는 제도적·비제도적 장치들에는 어떤 것들이 있는가? 잠재적으로 그 명제의 정당성을 위협할 수 있는 다른 명제들은 무엇이며, 그것들은 또 어떻게 대중의 인식으로부터 배제되고 있는가? 이와 같은 의문점들 가운데 나는 일단 가장 손쉬운 것, 즉 '현실 속에서 이 명제의 정당성을 뒷받침하고 있는 제도적·비제도적 장치들은 무엇인가?'라는 물음에 답하는 것이 급선무라고 판단했다. 사법적 헤게모니를, '사법

4_현대 법사회학자들 중 이런 주장을 가장 강력하게 펼치고 있는 사람은 역시 영국 학자 앨런 헌트(Alan Hunt)다. 그는 법사회학이 갖는 비판적 실천 학문으로서의 성격을 강조하면서, 그와 같은 법사회학적 분석이 법적 실천에 있어서 일종의 역헤게모니 전략으로 연결되어야 한다고 주장한다(Hunt 1993, Ch. 10; Hunt & Wickham 1994). 법사회학사를 세 개의 다른 흐름으로 이해하는 것은 일차적으로 만프레드 레빈더로부터 시사받은 것이다(레빈더 1981, 특히 제3장 제3절 "법사회학의 3대 고전가").

과정에서 법률가 집단이 다른 사회집단들에 대한 지배를 관철하는 과정에서 그 정당성에 관한 동의를 이끌어 내는 사회·문화적 힘'이라고 정의할 수 있다면, 한국 사회의 현실에서 가장 시급한 것은 무엇보다 그 힘이 작동하는 메커니즘을 파악하는 작업이었기 때문이다.[5]

내가 포항 사회에 대해 법사회학적 관심을 가지게 된 것은 바로 이런 문제의식에서였다. 사법적 헤게모니의 존재를 드러내고 그 작동 방식을 규명하기 위해서는 법률가와 일반 대중이 의사소통하면서 구체적으로 삶을 엮어 가는 현장에 대한 미시적 관점의 질적 분석이 반드시 필요하다. 바로 그 '짙은 묘사'의 현장으로서 나는 포항 사회가 가진 탁월한 가치를 발견하게 되었다. 후술하듯이 포항 사회의 독특한 점은 극히 최근(1998년 10월 1일)에 이르러 2~3년 만에 대규모 법률가 집단(약 60여 명)을 갖게 되었다는 것이다. 법사회학자의 관점에서 이것은 사법적 헤게모니의 발생·유지·관리에 대한 관찰과 분석에 대단히 유리한 환경이 아닐 수 없었다.

대략 2001년 중반부터 나는 이 같은 문제의식에서 포항 사회에 대한 법사회학적 참여 관찰을 시작했다. 문헌 자료 조사와 같은 기초적인 작업 이외에, 나는 참여 관찰을 위해 포항 사회의 다양한 시민 활동에 참여하면서 지역사회의 법적 현실을 직접 경험했다. 그리고 그 과정에서 다수의 지역 주민들, 특히 지역사회의 정치적 엘리트들과 법률가들을 자연스럽게 대면할 수 있었다. 그들 가운데 일부와는 면접 조사를 진

5_성공적인 헤게모니는 지배계급의 이해(利害)를 표현할 뿐만 아니라, 종속된 집단으로 하여금 그것을 '자연스러운 것'으로 혹은 '상식'의 문제로 간주하게 만들 수 있다. 대표적인 이론가인 안토니오 그람시에 따르면, 이런 동의의 자세는 사회적 생존의 모든 측면, 즉 제도·관계·사상·도덕 등에 퍼져 있다. 요컨대 헤게모니란 '자연스럽거나 자명한 것으로 기능하는 통합적 관계망'인 것이다(아담슨 1989, 242-254; 김성국 1995).

행했고, 연구비를 사용할 수 있게 된 이후에는 면접 조사원(한동대학교 재학생들)을 통해 좀 더 넓은 범위의 지역 주민들을 간접적으로 조사하기도 했다. 그러나 근본적으로는 나 자신이 지역사회에서 경험한 다양한 대면 접촉의 인상을 우선으로 하고, 면접 조사 자료는 이를 뒷받침하는 증거로 이용했다. 말하자면, 철저히 주관적이고 질적인 분석으로 시종하려는 것이 연구의 방법론적 지향이었다.

이 장의 핵심은 결국 포항 사회라는 단위에서 '사법적 대표로서의 법률가'라는 규범과 '사법은 법률가들의 독점 영역'이라는 현실 사이의 간극이 어떤 방식으로 '유지 및 관리'되고 있는가를 포착하는 것이다. 이를 위해 나는 의도적으로 참여 관찰 및 인터뷰의 대상을 크게 세 부류의 지역민들로 나누어 접근했다. 첫째는 포항 사회의 일반 시민들, 둘째는 포항 사회의 법률가들(판사, 검사, 변호사, 법학 교수), 셋째는 이 양자를 매개하는 포항 사회의 일부 구성원들이었다. 마지막의 매개 집단에 관해서는 우선 고위 공무원, 지역 정치인, 지역 상공인, 종교 지도자, 교수 지식인, 전문직 종사자, 시민 단체 지도자 등과 같은 넓은 의미의 정치적 엘리트들을 한 축으로 삼고, 다음으로 경찰, 법무사, 법원 직원, 공인중개사 등과 같이 일반 시민과 법률가를 실무적으로 연결하는 넓은 의미의 하위 법조 집단을 다른 축으로 삼았다. 이 세 부류의 구성원들이 형성하는 상호 관계를 입체적으로 분석함으로써 나는 포항 사회에서 사법적 헤게모니의 유지 및 관리 메커니즘을 해명해 보고자 한다.

2. '압축 근대'와 포항 사회의 변화

1995년 이웃 영일군과 통합되어 새롭게 출범한 포항시는 경상북도 동해안의 최대 도시로서 2010년 현재 대략 1천1백 제곱킬로미터의 면적과 약 52만 명에 이르는 인구를 보유하고 있다. 총인구의 30퍼센트인 16만여 명은 과거 영일군 소속이었던 남북의 농어촌 지역에 거주하고 있으며, 그 외의 약 33만여 명가량이 영일만을 둘러싸고 형산강의 북안에 형성된 좁은 시가지에 거주하고 있다. 포항제철로 대표되는 제철 및 철강 산업의 본거지이며, 울릉도를 오가는 정기 여객선의 출발지로도 유명하고, 한국전쟁 당시 격전을 치른 뒤 해병대의 고향이 된 곳이기도 하다.[6]

불과 30여 년 만에 서구 선진국의 근대화 경험을 따라잡은 대한민국의 근대화 과정은 흔히 '압축 근대'라는 말로 요약되곤 한다. 같은 공간 속에 전근대와 근대, 그리고 탈근대의 모순이 동시에 존재하는 것을 나타내는 표현이다. 포항은 그와 같은 급속한 근대화의 특징을 고스란히 보여 준다. 단적으로 인구 구성의 변화가 그러하다. 1960년대 중반 포항은 약 6만여 명의 인구를 가진, 동해남부선의 종착역 도시에 불과했다. 울릉도 여객선과 귀신 잡는 해병대를 제외하고, 이 작은 항구도시를 상징하는 대표적인 이미지는 울창한 소나무 숲이 너른 백사장과 어우러진 영일만 정중앙의 송도 해수욕장 정도였다. 그러나 1960년대 말 포항제철의 건설공사가 시작된 이후 이런 낭만적인 분위기는 급속도로 탈바꿈했다. 우선 인구는 10년마다 두 배로 증가해 1970년대 중반에는 15만여

6_포항시의 여러 통계 수치는 시청 홈페이지에 정기적으로 게시되고 있다. http://www.ipohang. org 참조.

명, 1980년대 중반에는 28만여 명에 달했으며, 시군 통합이 이루어진 1995년에는 급기야 50만 명을 돌파했다. 도시의 중앙을 관통하는 형산강의 삼각주는 직강 공사의 와중에서 자취를 감추었고, 저지대의 매립과 복개를 통해 단기간에 현대적 시가지의 형태가 갖추어졌다.

오늘날 포항의 랜드 마크가 된 포항제철의 거대한 고로高爐들은 압축적 근대화를 통해 탄생한 새로운 산업도시를 상징한다. 4기에 걸친 포항제철소의 건설공사가 진행되는 동안 이 현대적 구조물을 보기 위해 전국 각지에서 사람들이 몰려들었다. 1970년대에서 1980년대에 걸쳐 이루어진 포항 인구의 폭발적인 증가는 말할 것도 없이 포항제철과 그 배후에 조성된 철강 산업 단지의 고용 창출이 직간접적으로 초래한 결과다. 경상북도 동해안의 외진 도시라고는 도저히 생각할 수 없을 만큼, 포항 사회는 전국 각지에서 몰려든 다양한 사람들로 순식간에 북새통이 되었다. 서로를 알지 못하는 다양한 외지인들이 좁은 공간에서 익명의 관계로 살아가는, 서울과 같은 대도시의 모습이 포항 사회에도 등장했던 것이다.

이런 상황에서 현대 한국인의 사회적 삶을 지배하는 다양한 '소집단 구조' 또는 '연줄 망 조직'이 포항 사회의 이곳저곳에 형성되기 시작했음은 물론이다. 전국 각지에서 몰려온 대부분의 외지인들에게 소집단 또는 연줄 망은 사회적 삶 그 자체를 유지하기 위한 필수적 인프라였기 때문이다.[7] 그러나 여기서 주목할 것은 포항 사회 자체의 확대와 재구성을

7_한국 사회 속의 법을 설명하기 위한 핵심 개념으로서 최대권은 일찍이 '소집단 구조'의 중요성을 주목한 바 있다. 그에 따르면 한국 사회의 표면에 드러난 2차 집단들의 배후에는 제 나름의 인간관계를 통해 형성되는 1차 집단들이 존재한다. 이것은 과거 법 공동체로서 농촌 사회를 뒷받침하던 사회구조의 흔적이지만, 아직도 법 공동체로서의 사회적 기반을 갖추지 못한 도시 사회에서 전혀 다른 방식으로 작동한다. 곧, 한국 사회에 독특한 '소집단 구조'가 정서

촉발했던 포항제철이라는 압도적 존재로 인해 그와 같은 연줄 망 조직의 형성 과정이 일반적인 대도시와는 사뭇 달라질 수밖에 없었다는 사실이다. 그런 특징은 적어도 다음의 두 가지 점에서 뚜렷하게 드러난다.

첫째는 새로운 포항 사회의 엘리트 집단이 될 수 있었던 포항제철의 임직원들이 독특한 방식으로 연줄 망을 형성했다는 점이다. 서울 또는 외국에서 우수한 인력을 유치하기 위해 포항제철은 설립 초기부터 주거와 교육, 기타 문화시설 등을 패키지로 제공하는 전략을 구사했다. 그 결과 포항제철의 임직원들은 초기부터 기왕의 포항 시가지와는 분리된 현재의 남구 효자동 일대에 아주 현대적이고 세련된 생활공간을 형성했고, 포항제철의 사세 확장과 포항공과대학교의 설립(1986년)에 따라 이 생활공간은 지곡동 방향으로 더욱 규모가 확대되었다. 이와 같은 공간적 분리는 불가피하게 포항제철의 임직원들과 대다수의 일반 포항 시민들 사이에 일종의 문화적·정서적·심리적 분리를 발생시켰다. 더구나, 그 바탕에 생활환경 자체의 현격한 차이가 있었다는 점에서, 이런 총체적 분리는 포항 사회의 통합을 저해하는 중대한 차별 요인으로 작용할 개연성을 안고 있었다. 서울 강남의 아파트 단지들보다 화려하고 세련된 효곡 주택단지의 공간적인 조건을 일반 포항 시민들은 '서울특별시 강남구 지곡동'이라고 씁쓸하게 표현하곤 한다. 이는 포철 직원들을 '모시고' 살아가는 포항 시민들의 심리를 단적으로 드러낸다.

둘째는 폭발적인 인구 증가 및 그에 따른 연줄 망의 형성 과정에서 당초 6만여 명에 불과하던 포항 원주민들, 그 가운데에서도 일단의 지역 엘리트들이 기득권을 향유할 수 있었다는 점이다. 특히 지역 명문 고

적 연대성의 유지는 물론이려니와 사회적 이익의 추구와 규범적 정당성의 확보에 있어서도 핵심 기제로 기능하는 것이다(최대권 1983a).

등학교(포항고·동지상고·포항여고)를 중심으로 관계와 정계에 포항과 서울을 잇는 연줄 망 조직을 구축한 지역 엘리트 집단은 포항제철과 그 배후의 철강 산업 단지가 요청하는 각종 협력 사업에 관여하면서 비교적 손쉽게 새로운 포항 사회의 주류를 형성했다. 포항제철의 임직원들이 독자적인 생활공간에 스스로 안주하고, 외부에서 유입된 대다수의 사람들은 익명의 관계 속에 머무를 수밖에 없는 상황에서, 이 지역 엘리트 집단이 조직적인 이점을 누릴 수 있었던 것은 당연했다. 포항제철과 포항 시민들 사이에서 이들은 정치적·경제적 중개자 역할을 수행할 수 있는 최적의 조건을 가지고 있었기 때문이다.

포항제철과 지역 엘리트 집단 사이의 이와 같은 공생 관계는 1980년대 중반까지 비교적 순탄하게 유지되었다. 양자의 관계는 사실상 경제 건설을 주도하던 강력한 국가와 그 성과에 만족하면서 종속적 위상을 감수하던 시민사회가 맺었던 비대칭적 관계와 질적으로 유사한 것이었다. 대표적인 국책 기업이던 포항제철은 새로운 포항 사회를 건설해 낸 국가와 같은 존재였기 때문이다. 따라서 양자 사이에 갈등이 발생하는 경우에도 요사이처럼 법정 공방으로 비화되는 경우는 극히 드물었다. 강력한 국가와 종속적인 시민사회의 비대칭적 관계는 통상 재판이 아니라 행정지도에 의해서 관리되었다.[8]

따라서 이처럼 특별한 성장 경험이 포항 사회에 매우 독특한 법 감정 또는 법 정서를 배양했음은 짐작할 만하다. 단적으로, 포항의 부동산

8_1990년대 이후에 터져 나오는 여러 가지 문제 제기들을 생각한다면, 개발연대의 이와 같은 비공식적 분쟁 해결은 사실상 노골적인 강요나 무기력한 희생, 그것도 아니면 정치적 흥정이나 협상에 의한 것이었음을 부인하기 어렵다. 어떤 의미에서는 포항 사회의 지속적인 급성장 그 자체가 사회적 갈등을 해소하는 기제로 작용했다고도 볼 수 있다. 적어도 그것은 포항 사회의 일시적 패배자들에게까지 새로운 역전의 기회가 보장되어 있음을 의미했기 때문이다.

거래, 특히 일반 시민들에게 일상적인 거래인 주택 매매 및 주택 임대차 계약 과정에서 공인중개사들의 활동이 활발해진 것이 1990년대 중반에 들어와서라는 사실을 들 수 있다. 그 이전에는 공인중개사의 도움 없이 계약 당사자들이 스스로의 신뢰만을 바탕으로 법률관계를 형성하는 경우가 허다했던 것이다. 이처럼 객관적인 법제도를 신뢰하기보다는 면식 있는 사람들과의 주관적 의리를 중시하고, 배타적 인간관계 속에서만 법률관계를 형성하려는 경향은 포항의 토박이 주민들 사이에서 쉽게 발견된다. 그리고 그런 특징은 특별히 외지 출신 주민들과의 관계에서 사회적 갈등을 해결하는 방식에도 어느 정도 영향을 미치고 있다.

1987년 6월의 민주화 항쟁 이후 한국 사회의 운영 원리가 국가 주도에서 민간 주도로 바뀌면서 포항 사회에도 극적인 변화의 조짐이 생겨나기 시작했다. 이미 인구 30만을 헤아리던 당시의 포항 사회 내부에서 '시민사회'의 활성화를 주장하는 움직임이 발생했던 것이다. 새로운 흐름에 주도권을 행사했던 이들은 대체로 포항 원주민들이면서도, 앞서 언급한 관계와 정계를 잇는 연줄 망 조직에서 한 걸음 떨어져 있었던 일군의 비판적 지식인들 및 전문직 종사자들이었다. 이들은 지역의 현안을 다루는 각종 매체들을 중심으로 급속한 근대화 과정에서 외면되어 왔던 포항 사회의 여러 문제들을 사회적 이슈로 제기하면서 포항 사회의 지배 블록을 압박하는 전략을 구사했다. '청하 핵 폐기장 유치 반대', '철강 공단의 환경 파괴에 대한 대책 요구', '영일만 어업 피해 보상 청구', '4년제 대학 설립 추진' 등 다양한 이슈를 공론장에 등장시키면서, 이 새로운 토착 시민 세력은 자신들의 주도 아래 포항의 시민사회를 활성화하고자 노력했다.[9]

1988년의 제13대 국회의원 선거 이후 시간이 갈수록 포항에 시민사회를 활성화하려는 움직임은 무시할 수 없는 흐름으로 성장해 갔다. 포항제철과 지역 엘리트 집단의 공생 관계를 다양한 각도에서 문제 삼으면서 토착 시민 세력은 민주화 시대의 포항 사회를 통치하기 위해서는 종래의 지배 블록을 해체하는 일종의 환골탈태가 필요하다는 점을 강조했다. 지방자치제도의 전면 실시와 포항제철의 민영 기업화가 예상되던 시점에서 이 주문은 분명히 회피할 수도 없고 회피해서도 안 되는 것이었다. 1992년의 제14대 국회의원 선거와 1995년의 첫 번째 민선 시장 선거에서 예상을 뒤엎고 포철과 연관된 기존의 지배 블록에서 어느 정도 소외되어 있던 무소속 후보자(허화평)와 야당(민주당) 후보자(박기환)가 연거푸 당선된 것은, 적어도 포항 사회 내부의 관점에서는, 토착 시민 세력의 등장이라는 흐름에서만 이해될 수 있는 사건이었다. 나아가 경제정의실천연합(1992년), 녹색소비자연대(1997년) 등 시민 단체들이 속속 결성되면서 이런 흐름은 되돌릴 수 없는 국면으로 나아가기 시작했다. 한마디로 종래의 지배 블록에 맞서는 새로운 토착 시민 세력이 민주화의 시대정신을 타고 포항 사회의 새로운 주역들로 등장하고 있었던 것이다.

중요한 것은 이와 같은 민주화 국면에서 새로운 토착 시민 세력 및 그들의 지원으로 새롭게 지역사회의 대표권을 장악한 정치인들(허화평·박기환)에 의해 법(사법 기구)과 법률가 집단이 포항 사회에 초대되었다는 사실이다. 종래의 지배 블록에 비해 상대적으로 정치적·경제적 기반이 취약했던 이들은 다양한 이슈들을 공론장에 등장시키는 한편, 헌법재판소의 등장 이후 한국 사회에 본격화되었던 사법 정치학에도 관심을 기

9_이 흐름을 잘 보여 주는 것으로 예컨대 포항지역사회연구소가 발행한 계간지 『포항연구』를 주목할 필요가 있다. 특히 1992년 통권 12호의 특집 좌담 "포항 사회의 진단과 전망"에는 종래의 지배 블록과 새로운 토착 시민 세력 간의 인식 차이가 선명하게 드러나고 있다.

울렸다. 예외적 정치과정인 사법 과정을 통해 정치적 목적을 추구하는 것은 통상적 정치과정인 입법 과정에 비교해 거래 비용이 적게 들었기 때문이다. 이런 맥락에서 토착 시민 세력은 1960년대부터 간헐적으로 제기되었던 법원과 검찰청의 유치 문제를 공론장에 제기한 뒤, 법(사법 기구)과 법률가 집단을 포항 사회의 중심에 초대하기 위해 적극적인 청원 작업과 유치 운동을 진행했다.[10] 그리고 그와 동시에 사법 과정을 이용해 지역 현안을 이슈화하는 작업에도 상당히 적극적인 모습을 보였다.

흥미로운 것은 이 과정에서 포항 사회의 새로운 주역으로 등장했던 토착 시민 세력이 그 역량을 시험받는 사건이 돌출했다는 점이다. 1995년 개교한 '한동대학교의 재단 분쟁'은 기본적으로 대학 설립 과정의 재정 위기를 해결하려다가 발생한 재단 운영 분규였다. 그러나 1980년대부터 줄기차게 포항 지역에 4년제 대학을 설립하고자 노력했던 토착 시민 세력은 그 결과로 탄생한 한동대학교의 재단 분쟁에 적극적으로 개입했고, 강력한 결속력을 발휘하면서 급기야 1996년 중반부터 쌍방 당사자들 사이에 벌어진 민형사 재판 과정에까지 발을 들여놓게 되었다. 안타깝게도 이 과정에서 분쟁은 걷잡을 수 없이 격화되었으며, 이는 동시에 포항 사회 내부에서 대학 재단 운영 분규 이상의 의미를 가질 수밖

10_1990년대 초반부터 포항에서 개업해 활동했던 이현우 변호사는 포항시에 법원과 검찰청이 신설되어야 하는 근거로 다음의 몇 가지를 제시하고 있다. ① 현실적으로 경주 지원 및 경주 지청이 처리하는 민형사 사건의 60~70퍼센트가 포항시 및 영일군에서 발생한 사건들이라는 점, ② 따라서 포항과 영일의 주민들이 경주 지원 및 경주 지청을 이용해야 하는 불편과 낭비를 해소할 시급한 필요성이 있다는 점, ③ 날로 급증하는 포항 지역의 분쟁과 범죄에 효과적으로 대응하기 위해 관계 기관인 법원과 검찰청이 해당 지역에 있어야 한다는 점 등(이현우 1993, 147-167). 또한 1993년 2월 26일 국회의장, 대법원장, 법무부 장관 앞으로 포항지역사회연구소, 포항상공회의소, 포항지역발전협의회 대표 등 760명이 연명해 제출한 "법원 및 검찰청 신설에 관한 청원"에도 대동소이한 내용이 들어 있다. 이 청원서는 이현우 변호사의 글 말미에 붙어 있다.

에 없다. 구 재단 및 이를 지원하는 토착 시민 세력을 한 축으로 하고, 현 재단 및 이를 지원하는 외지 출신 기독교인들을 다른 축으로 하는, 일종의 집단 분쟁의 차원이 추가되었기 때문이다.

분쟁의 승패를 떠나 이 사건에 관한 7년에 걸친 기나긴 재판 과정에서 분명해진 것은 대부분 외지에서 유입된 익명의 시민들이 포항 사회속에 엄존하고 있다는 사실이었다. 한동대학교라는 공동체적 기반을 중심으로 토착 시민 세력과의 기나긴 투쟁을 지속했던 일군의 기독교인들은 대다수의 외지 출신 포항 시민들 가운데 단지 하나의 예에 불과했을뿐이다. 아이러니하게도 토착 시민 세력이 초대한 법(사법 기구)과 법률가 집단은 이 익명의 시민들이 포항 사회의 구성원들로서 스스로를 드러내게 만드는 매개 장치로 작용했다. 시민사회의 중심에서 소외된 익명의시민들일 망정, 그 사회적 존재를 위협받았을 경우에는 법(사법 기구)과법률가 집단에게 호소하는 방식으로라도 자신들의 존재 또는 실명을 드러낼 수밖에 없었기 때문이다. 시민사회의 활성화라는 관점에서 이는토착 시민 세력의 범위를 넘어서서 포항 사회의 재구축이 필요하다는점을 여실히 드러내고 있었다. 1995년의 시군 통합 이후 약 50만 명의인구 규모에서 성장이 정체되고 있는 포항 사회에서, 대다수의 외지 출신 포항 시민들을 포용하지 않은 채, 토착 시민 세력만으로 시민사회의활성화를 달성하는 것은 불가능한 상황이었기 때문이다.

3. 포항의 법문화 : 일반인과 경계인

일제강점기 이래 이웃 경주의 법원과 검찰청의 관할구역이었던 포항 지역은 1998년 10월 1일을 기해 사법적 독립을 이루게 되었다.[11] 그 날짜로 대구지방법원 포항 지원과 대구지방검찰청 포항 지청이 설치되었기 때문이다. '사법적 대표로서의 법률가'라는 시각에서 보자면, 법원과 검찰청의 설치는 혁명적 사건일 수 있었다. 양적인 변화만 보더라도, 50만 명이 사는 도시에 걸맞지 않게 5~6명[12]에 불과했던 변호사 숫자가 2~3년 만에 60여 명으로 크게 증가했다. 질적인 변화는 법원과 검찰청의 설치 그 자체로 인해 발생했다. 포항 사회 내부에 민형사소송의 1심 단계를 중심으로 진행되는 독립적 사법 과정(좀 더 정확히는 사법적 대표 과정)이 확립되었기 때문이다.

그 이후로 5년여의 기간이 경과하는 동안 판사, 검사, 변호사, 그리고 법학 교수[13]로 구분된 포항의 법률가 집단은 포항 사회의 사법 과정을 독점적으로 운영해 오고 있다. 그렇다면 이처럼 포항 사회의 중심부에 갑자기 출현한 법(사법 기구)과 법률가 집단은 포항 사회 내부의 권력 관계에 어떤 영향을 끼치게 되었을까? 포항 사회에서 사법적 헤게모니의 관리 메커니즘을 해명하기 위해서는 포항 사회의 내부에서 사법 과정을 독점하고 있는 법률가 집단이 어떤 방식으로 사법적 대표의 역할을 수행하고 있는지, 그리고 만약 사법적 대표의 역할을 수행하지 못하

11_원래 포항 지원 및 포항 지청의 설치는 1993년 12월의 입법 조치를 통해 1997년 9월 1일 부로 시행될 예정이었으나, 1997년 8월 22일 〈각급 법원의 설치와 관할구역에 관한 법률〉의 일부 개정을 통해 그 시기가 1998년 10월 1일로 연기되었다.

12_포항 지원과 포항 지청이 설치되기 이전, 사법 서비스의 확충 차원에서 도입된 시법원이 설치되어 단기간 존속했으며, 여기에는 판사 1인이 근무했다.

13_1990년대 중반 포항 사회와 그 주변부에 신설된 한동대학교와 위덕대학교(행정구역상으로는 경주시)는 각기 1998년과 1995년 법학 전공을 개설했다. 이로 인해 법원과 검찰청이 설치된 것과 거의 비슷한 시기에 10명 가까운 법학 교수들이 포항 사회에 출현하게 되었다. 단, 지방대학들의 신입생 유치 곤란으로 위덕대학교는 최근 법학 전공을 실질적으로 포기했다.

고 있다면 그 원인은 무엇인지를 탐구하는 것은 매우 중요하다. 이를 위한 준비 작업으로서 여기서는 먼저 포항의 법률가 집단이 상대하고 있는 사법적 피대표들, 즉 넓은 의미의 의뢰인 집단이라 할 포항 시민들의 법의식을 분석해 보고자 한다.

이하에서 나는 포항 시민들을 크게 일반인과 경계인으로 나누어 분석해 보고자 한다. 여기서 일반인은 포항 사회의 일반 시민들을 지칭하며, 경계인은 다시 두 부류로 나누어진다. 첫째는 고위 공무원, 지역 정치인, 지역 상공인, 종교 지도자, 교수 지식인, 전문직 종사자, 시민 단체 지도자 등과 같은 넓은 의미의 정치적 엘리트들이고, 둘째는 경찰, 법무사, 법원 직원, 공인중개사 등과 같이 일반 시민과 법률가를 실무적으로 연결하는 넓은 의미의 하위 법조 직업 종사자들이다.[14] 이처럼 분석 대상을 일반인과 두 종류의 경계인으로 나눈 것은 그 각각이 사법적 엘리트들인 법률가 집단과의 연계 고리라는 점에서 분명히 구분될 수 있기 때문이다. 이하에서는 특히 이들 간의 상호 관계에 유념하면서 포항 사회의 법문화를 입체적으로 스케치해 본다.

법원과 검찰청의 설치를 주장했던 포항 사회 내부의 논리에는 토착 시민 세력을 기축으로 시민사회를 활성화하기 위해 사법 과정을 적극적으로 이용하려는 권리 정치politics of right의 흐름이 자리 잡고 있었다. 동일한 관점에서 해석될 수 있는 대표적인 사례는 앞서 언급한 한동대학교

14_나는 2002년 11월과 2003년 6월 두 차례에 걸쳐 한동대학교 재학생들로 이루어진 면접 조사원들을 통해 70여 명의 일반 포항 시민들을 인터뷰했고, 이후 따로 선발해 교육시킨 면접 조사원들(주로 상급 학년 재학생들)을 통해 다양한 직종의 하위 법조 직업 종사자 20여 명을 다시 인터뷰했다. 그 밖에 넓은 의미의 정치적 엘리트들은 내가 직접 인터뷰하거나 다양한 방식으로 접촉해 참여 관찰을 수행했다. 크게 세 차례로 진행된 인터뷰는 동일한 질문들에 근거해 진행되었으며, 그 결과는 면접 조사원들이 작성해 제출한 기록의 형태로 채집되었다.

의 재단 분쟁 사건이지만, 그 밖에도 '시청 공무원들의 뇌물 수수 사건', '포스코의 납품 비리 사건' 등 공직 부패 사건들이 문제되었고, 2004년 에는 '송도 백사장 피해 보상 사건'이 소송 전 단계의 협상 과정을 어렵 사리 마무리한 상태다.[15] 요컨대 법원과 검찰청의 설치 이후 사법 과정 을 통한 정치적 문제 제기는 비교적 활발하게 진행되어 왔다고 말할 수 있다.

넓은 의미의 정치적 엘리트들을 종래의 지배 블록과 토착 시민 세력 으로 구분할 수 있다면, 적어도 전자의 입장에서 이와 같은 변화는 상당 히 당혹스러울 수밖에 없었던 것 같다. 왜냐하면 지역사회에 대한 그들 의 지배권이 사법 과정을 통한 정치적 비판에 언제나 노출될 수밖에 없 게 되었기 때문이다. 사법 과정을 통한 정치적 문제 제기의 태반이 검찰 의 수사권 발동을 유도하는 것이었으므로, 이런 우려는 대단히 실제적 인 의미를 가지고 있었다.[16] 또한 지방자치단체에 대한 민사소송이나 행정소송이 늘어나는 것도 행정 능률이나 소송비용 등의 측면에서 매우

15_포항 송도의 상가 주민들은 1968년 포스코 건설 이후 인접한 백사장이 점차 사라져 장기간 영업 피해를 입었다는 이유로 1999년 12월부터 포스코에 피해 보상을 요구해 왔다. 그 뒤 양자는 합의하에 2001년 10월 한국해양연구원에 피해 조사를 의뢰했으며, 동 연구원으로부 터 포스코 건설 이후 송도해수욕장 상가 일대의 모래가 서서히 사라졌으며 그 원인은 포스 코 건설에 따른 준설 작업의 영향이 75퍼센트, 방파제 연장 공사와 자연재해 등의 영향이 25퍼센트라는 조사 결과를 통보받았다. 이에 따라 2003년 봄부터는 피해 보상을 위한 협의 가 아홉 차례 진행되었는데, 그 과정에서 주민 대표 2명, 포스코 2명, 시의회 의원 1명, 지역 발전 협의회 1명 등 8명으로 이루어진 '송도실무소위원회'가 주도적인 역할을 했다. 250억 원을 요구하는 송도 상가 주민들과 1백억 원을 제시하는 포스코의 입장이 맞서 합의가 순탄 하게 이루어지지는 못했으나, 결국 지루한 협상 과정을 거쳐 2004년 9월에 이르러 최종적 인 타협에 이르렀다.

16_실제로 내가 만났던 고위 공무원, 지역 정치인, 지역 상공인 등은 법원과 검찰청이 설치된 이후 발생한 대표적인 변화로서 검찰의 공직 사정 수사가 강화된 것과, 이에 따라 일련의 공 직 부패 사건들이 문제되었던 것을 이구동성으로 언급했다.

신경이 쓰이는 일이었다.[17] 그러나 도전 세력이라고 할 수 있는 후자의 입장에서도 이와 같은 변화가 반드시 만족스럽지만은 않았다. 사법 과정을 통해 정치적 이슈를 제기하는 방식은 정치과정을 경유하는 것보다 비용 면에서 매력적이었지만, 동시에 언제나 법적 분쟁의 위험부담을 감수해야 했기 때문이다. 특히 토착 시민 세력 내부의 갈등이 도덕 차원의 상호 비난을 넘어 형사적인 고소 고발 사태로 비화되는 일이 생기면서 시민사회의 활성화를 위한 시민 단체들의 활동이 오히려 위축되는 사태가 벌어지기도 했다.

그러므로 법원과 검찰청이 설치된 이후 포항 사회의 정치적 엘리트들에게는, 어떤 이유에서건, 사법 과정을 독점하는 이 새로운 엘리트들에게 접근할 통로를 확보해야 한다는 공통의 목표가 있었으리라고 추측

17_예컨대, 2003년 7월 4일 제92회 포항 시의회(제1차 정례회)에서 김종린 의원이 발언한 내용을 보자(해당 회의록에서 발췌 인용). "…… 본 의원이 지난 87회 포항시 의회 제2차 정례회 때 우리 시 소송사건 현황과 소송에서 패소한 원인이 업무 소홀, 미숙 등으로 인한 패소에 대해 관련 공무원의 책임과 향후 승소율을 높일 수 있는 계획 등에 대해 시정 질문을 한 바 있었지만, 이번 민사소송 패소 원인 조사 특별위원회 활동 결과 지난 3년 동안 포항시에서 패소한 민사소송의 건수는 92건으로 이 중에서 71건은 부당 이득금 반환 청구의 건이며 나머지 21건은 소유권 이전등기, 손해배상 청구의 건 등으로 파악되었습니다. 이에 따른 배상금이 44억4천만 원, 소송대리인 선임 비용 1억3,900만 원과 원고 측 소송비용으로 1억8백만 원으로 민사소송 92건에 대해서만 47억1천만 원이라는 시민의 아까운 세금이 사용되었음을 알게 되었습니다. …… 아울러 소송을 담당하고 있는 법무 담당을 외부 전문가를 영입하는 방안에 대해 질문하겠습니다. 포항시에서 발생하는 행정소송 및 민사소송 등을 수행하는 법무 담당은 현재 행정직이 업무를 수행하고 있습니다. 그러나 매년 시민들이 자기의 권익을 찾는 소송이 증가하고 있는 상황에서 효율적인 소송수행 대처 능력이 떨어진다고 판단이 됩니다. 지난 2000년부터 2002년까지 3년간 포항시에 발생된 민사소송 및 행정소송 건수만 하여 226건이나 됩니다. 이렇듯 많은 소송 업무에 효율적으로 대처하기 위해서는 이번 민사소송 패소에 대한 행정사무 조사 결과에서도 대안으로 제시하고 있습니다만 포항시의 법무 담당을 변호사 또는 법무사 등 외부의 법률 전문가 중에서 별정직으로 임명해 소송 업무에 대해 전문성을 강화하고 행정·재정적인 손실을 방지할 의향은 없는지 시장의 견해를 밝혀 주시기를 바랍니다. ……"

할 수 있다. 무엇보다 1심 단계의 최종 결정권자들인 판검사 집단과 상호 이해의 연결 고리를 확보하는 것은 시급하고도 긴요한 일일 수밖에 없었을 것이다. 이에 관해 일단 생각할 수 있는 방법은 출신 학교나 출신 지역 등을 고리로 삼아 사적인 연결 고리를 만드는 것이다. 출신 학교가 법률가 집단 내부에 다수의 졸업생을 배출한 명문이거나, 출신 지역이 포항이나 기타 인근 지역이거나, 둘 다라면 사적인 연줄 망을 만들 수 있는 가능성은 당연히 높아진다. 하지만 모든 것이 새롭기에 모든 것이 노출되는 포항의 법조 환경에서 이런 노골적인 접근은 위험하기도 할 뿐만 아니라 심지어 역효과를 가져올 가능성도 있다. 더구나 판검사 집단은, 다음 장에서 논의할 여러 가지 이유로, 가능하면 포항 사회 내부에 깊이 관여하지 않은 채 익명의 사법적 엘리트로 남아 있으려는 성향이 강하다. 따라서 학연이나 지연에 의존한 연줄 망 만들기는 기껏해야 개인적으로 인사나 하고 지내는 식의 초보적 관계를 확보하는 것 정도의 효과를 가질 뿐이었다고 생각된다. 그렇다면 포항 사회의 정치적 엘리트들에게는 어떤 대안이 있었을까?

여기서 주목할 것은 최근 들어 이들 내부에서 진행되고 있는 일련의 변화다. 특히 2000년대로 진입하면서 포항 사회에서는 오랫동안 익명의 존재였던 외지 출신 지식인과 전문직 종사자들이 넓은 의미의 정치적 엘리트 집단 내로 포섭되는 현상이 나타나고 있다.[18] 예를 들어 '지방 분권 운동'과 같이, 개발연대의 중앙집권적 사고방식에 가려 묻혀 있었던 새로운 이슈들에 관해 포항공과대학교·한동대학교·위덕대학교 등에 재직하는 대학교수들과 산업과학연구원·포항테크노파크 등의 연구

18_시민운동의 관점에서 이런 인식의 전환을 보여 주는 예로 포항지방의정연구소에서 주최한 "좌담, 포항 지역 시민운동의 과제와 전망" 자료집(포항지방의정연구소 1999)을 참조.

전문 인력들, 그리고 그 밖의 전문직 종사자들은 상당히 적극적인 태도를 보여 주고 있다. 면식 있는 사람들과의 주관적 의리를 중시하고, 배타적 인간관계 속에서만 법률관계를 형성하려는 종래의 경향 역시 조금씩 완화되고 있다. 종래의 지배 블록과 토착 시민 세력이 이와 같은 변화를 적극적으로 주도하려는 쪽과 그렇지 못한 쪽으로 분화되고 있는 것도 흥미롭다.

여기서 중요한 것은 정치적 엘리트 집단 내부의 변화가 사법적 엘리트들과 의사소통 공간을 만드는 문제에 있어서도 새로운 해결책을 등장시키고 있다는 점이다. 그 가운데 대표적인 것은 포항 사회라는 공동의 대상을 위해 자발적으로 공익 운동을 시작한 뒤, 그 움직임에 사법적 엘리트들을 동참시키는 방식이다. 예컨대 범죄 예방 운동이나 부패 추방 운동과 같은 범시민적 공익 운동에 각급 기관장들이나 시민 단체 지도자들이 포함된 운동 주체가, 포항 사회의 핵심 관련 기관인 법원이나 검찰청의 기관장이나 소속 구성원의 참여를 요청하고, 그 과정에서 자연스럽게 유기적인 협력 관계를 구축하는 것이다. 2002년 이후 1~2년 동안 포항 사회에서 시작된 '기관장 홀리 클럽holy club 운동'이나 '부패방지 신고센터 설립 운동' 등은 이런 새로운 추진 방식을 채택하고 있다.[19]

법원과 검찰청이 설치된 이후 포항 사회의 상층부를 형성하는 넓은 의미의 정치적 엘리트 집단이 이와 같은 변화를 보이고 있는 것에 비해, 저변에 존재하는 대다수의 일반 시민들은 별다른 변화를 경험하지 못하고 있는 것으로 판단된다. 70여 명의 포항 시민들을 인터뷰한 결과를 종

19_흥미로운 것은 이 두 운동 모두가 기독교라는 또 다른 연줄 망 조직에 의해 주도되는 인상이 짙다는 점이다. 기관장 홀리 클럽 운동은 포항성시화운동본부에서, 부패방지센터 설립 운동은 포항 YMCA에서 그 산파 역할을 맡은 바 있다.

합해 보건대, 이들은 남녀노소, 정치적 성향, 직업 및 학력, 포항에서 생활한 기간 등을 막론하고 한국 사회의 구성원들이 보편적으로 가지고 있는, 법과 법률가에 대한 피해 의식을 공유하고 있었다.[20] 법이란 무척 딱딱하고 권위적인 것이며, 법률가들은 모두 똑똑하고 돈도 많이 버는 사람들이지만, 고압적이고 거만하며 불친절하기 때문에 대하기가 불편한 사람들이라는 것이 공통적인 인식이었다. 이것은 예컨대 1991년과 1994년에 한국법제연구원에서 시행한 국민 법의식 조사 연구의 결과와도 대체로 일치하는 것이었다.[21]

다음은 '법', '판사', '검찰', '변호사'라는 말을 들었을 때 바로 연상되는 단어가 무엇이냐는 질문에 대한 일반 시민들의 답변 중 일부다.

"짜증스럽다. 법률은 특권층을 위해 존재하는 것 같다. 또한 법률 용어 자체가 너무 어렵기 때문에 일반 서민들은 접근조차도 못한다. 법률가들끼리의 법 같다"(32세의 남자 회사원, 대졸, 중산층, 포항 거주 기간 5년).

"딱딱하다. 경직된다. 그리고 법이라는 단어만 들어도 나는 분명 죄가 없음에도 불구하고 긴장된다"(53세의 주부, 고졸, 중산층, 포항 거주 기간 평생).

20_특징적인 것은 포항 사회의 일반 시민들이 면접 조사원들에게 보이는 태도였다. 법이나 법률가에 관련된 인터뷰는 일단 최대한 회피하려 했으며, 마지못해 응하는 경우에도 대단히 소극적인 답변 태도로 일관하는 경우가 많았다. 하위 법조 직업 종사자들은 일반 시민들과 조금 달랐다. 대체로 초반에는 인터뷰의 목적 등을 집요하게 묻는 등 회피하려 했으나, 인터뷰가 진행될수록 적극적이고 과시적인 태도로 돌변하는 경우가 많았다.

21_두 차례의 국민 법의식 조사는 "귀하는 법이란 말을 들으면 가장 먼저 어떤 느낌을 갖게 됩니까?"라는 질문에 대해 합계 70퍼센트가 넘는 응답자가, "권위적이다", "편파적이다", "엄격하다"라는 답변을 한 것으로 보고하고 있다(한국법제연구원 1994, 37).

"특별한 단어가 떠오르지는 않지만, 내가 법률가들을 안 좋아한다는 것만큼은 확실하다"(60대 초반의 남자 무직자, 학력 미상, 빈곤층, 포항 거주 기간 평생).

"냉정하고 돈 많이 밝히고 뭐 그런 것! 그런데 세상에 뭐든지, 좋은 점이 있으면 나쁜 점도 있고 그런 거지. 솔직히 법 없으면 우리가 어떻게 사나? 약육강식? 법 없으면 힘없는 사람들 살기 힘들지. 그런데 그 법을 하는 사람들이 하도 돈 밝히고 약한 사람들 사정을 생각 안 해주니까 사람들이 욕하는 거지, 법 자체는 나쁘다고 생각 안 해요"(40대 초반의 여자 청소원, 학력 미상, 중하위층, 포항 거주 기간 40년 이상).

"권위, 부패. 서민들에게는 법이라는 이름으로 힘을 내세우고 횡포를 부리면서 더 큰 힘 앞에서는 굽신거리는 사람들"(42세의 남자 회사원, 대졸, 재산 상태 미상, 포항 거주 기간 4년).

"대체적으로 딱딱하고 사무적이란 느낌이 든다. 전문적이고 부유하다는 느낌도 있다"(20세의 여대생, 재산 상태 미상, 포항 거주 기간 20년).

일반 시민들 가운데 포항 사회의 법률가들을 알고 있는 사람들은 많지 않았으며, 알고 있더라도 개인적인 친분 관계에 의한 경우가 대부분이었다. 흥미롭게도, 개인적으로 아는 법률가에 대해서는, '내가 아는 그 사람은 예외적으로 좋은 법률가'라는 식으로 호의적인 평가를 하는 경우가 적지 않았다. 법원과 검찰청이 설치된 것이 몇 년 되지 않아서인지, 포항에서 법 또는 법률가에 관련된 경험을 가진 사람들 역시 소수에 불과했고, 어쩌다 경험이 있는 경우에도 대체로 "아주 골치 아프고 짜증스러운 일이었다."라는 투의 부정적 체험담을 토로했다. "다른 것은 다

두고, 첫째, 인격을 무시해!"라며 분노를 표시하는 경우도 있었다. 포항에 법원과 검찰청이 설치된 사실은 대부분 어렴풋하게나마 알고 있었으나, 그로 인해 자신들의 법 생활에 긍정적인 변화가 있었다고 평가하는 사람은 거의 아무도 없었다.[22] 정치적 엘리트 집단에서 아주 중요한 변화로 평가하고 있는 '시청 공무원들의 뇌물 수수 사건'이나 '포스코의 납품 비리 사건'을 거론하는 사람은 하나도 없었고, 현직 총장의 법정 구속 사태까지 초래했던 '한동대학교의 재단 분쟁 사건'을 떠올리는 사람들도 소수에 지나지 않았다. 다른 지역과 비교해 포항 사회의 법 집행이 공정한지를 묻는 질문에 관해서는 대체로 '어디나 똑같다'는 답변이 많았으나, 외지 출신들의 경우에는 다수가 "포항 사회 자체가 준법정신이 결여되어 있다."는 식의 반응을 보였다.

대단히 흥미로운 것은 "누가 구속되거나 전세금을 날리는 등 법적으로 긴급한 상황이 발생했을 경우에 어떻게 하겠느냐?"라는 질문에 대한 일반 시민들의 답변이었다. 거의 모두가 변호사를 선임해서 문제를 해결하겠다는 반응을 보였으며, 실력 있는 변호사를 찾기 위해서는 우선 자신도 잘 알고 법도 잘 알며 변호사도 잘 아는 주변의 사람들을 찾아 상의하겠다고 말했다. 하지만 하위 법조 직업 종사자들이 그런 중개자 역할을 담당하는 것에 관해서는 부정적인 의견을 표시하는 경우가 많았다. 이처럼 포항 사회의 일반 시민들은 법률가들이 자신들과 신분이 다른 사람들이라고 생각하고 있었으며, '사법적 대표로서의 법률가'들이 포항 사회에 출현한 것이나 그로 인해 여러 가지 변화가 발생한 것에 관해서는 대부분 인식 자체를 하지 못하고 있었다.[23]

22_도리어 법원과 검찰청이 들어온 뒤로도 장성동 지역이 별로 개발되지 않아 땅값이 거의 오르지 않았다는 식의 불평을 토로하는 사람들이 있을 정도였다.

이에 비해 경찰, 법무사, 법원 직원, 공인중개사 등과 같이 일반 시민과 법률가를 실무적으로 연결하는 하위 법조 직업 종사자들의 경우에는 훨씬 구체적인 정보와 이해를 가지고 있었다. 법과 법률가에 관한 인상에 있어서도 전반적으로는 일반 시민들과 같은 부정적인 이미지를 나타내는 경우가 많았지만, 일반 시민들의 인식 그 자체에 관해서는 법 지식이 부족한 탓도 크다는 견해가 대부분이었다. '판사는 권위, 검찰은 권력, 변호사는 돈'과 같이 상당히 분화된 이해를 가진 사람들이 다수였고, 법률가란 한마디로 법 지식을 가지고 일반 시민들 위에 군림하는 사람이라는 생각이 지배적이었다.

이들은 자신이 경험한 법적 분쟁에 관해서는 일반적으로 속속들이 그 내용을 분석하고 있었고, 군이 요청하지 않아도 자세하게 설명하는 경우가 대부분이었다. 포항 사회의 법률가들에 관해서는 특히 변호사들을 중심으로 아는 사람들이 많았으며, 자신이 아는 법률가의 경우에는 '실력 있고 훌륭한 법률가'라는 단서를 다는 것이 보통이었다. 포항에 법

23_인터뷰에서 일반 시민들에게 질문한 내용은 다음과 같다.

A-1. '법', '판사', '검찰', '변호사'라는 말을 들었을 때, 바로 연상되는 단어는 무엇인가요? 왜 그 단어가 연상된다고 생각하세요?

A-2. 개인적으로 아시는 법률가가 있으십니까? 그중에 포항에 계시는 분은 누구신가요? 그 분에 대해 어떻게 생각하세요?

A-3. 포항에서 사시는 동안 법이나 법률가와 관련해 경험하신 일 중 가장 기억에 남는 일은 무엇이었습니까? 자세히 설명해 주세요.

A-4. 포항에 법원과 검찰청이 언제 생겼는지 아시나요? 그것들이 생긴 뒤에 포항 시민들의 삶에 어떤 변화가 있었다고 생각하세요?

B-1. 법원, 검찰청, 변호사 사무실 등 법률가들의 집무 공간에 가보신 적이 있나요? 느낌이 어떻던가요?

B-2. 다른 지역에 비해서 포항 사회에서 법의 집행이 공정하다고 생각하세요?

B-3. 누가 구속되거나 전세금을 날리는 등 법적으로 긴급한 상황이 발생한다면 어떻게 할 생각이신가요?

원과 검찰청이 설치된 사실은 대개 날짜까지 정확하게 기억하고 있었고, 그로 인해 발생한 변화에 관해서도 각기 일정한 평가를 가지고 있었다. 법원이 가까워져서 비용상으로 크게 절약이 된다든지, 검찰청이 생긴 뒤로는 경찰에 고소·고발하는 사건 수가 줄었다는 등의 평가들이었다. 정치적 엘리트들이 거론하는 대형 비리 사건들을 변화의 구체적인 예로 드는 경우는 전무했다.

하위 법조 직업 종사자들은 일반 시민들에 비해 어느 정도 법에 대한 지식과 경험을 가지고 있는 자신들이 포항 사회의 법률가들(특히 변호사들)에 대해 훨씬 객관적인 평가를 내릴 수 있다는 생각을 공유하고 있었다. 그리고 이와 같은 일종의 자신감은 일반 시민들이 변호사를 선임하는 과정에 대한 이들의 관찰에도 그대로 이어지고 있었다. 거의 공통된 답변에 의하면, 의뢰인들은 일반적으로 변호사를 그냥 찾아가는 경우는 드물고 어떻게 해서든 중간에 아는 사람을 넣어서 여러 가지를 확인하려고 한다는 것이다. 이때 대개 입소문에 의존하는 경우가 많고, 판검사 출신 변호사라면 일단 믿고 보는 것이 대다수라고 한다. 하지만 지나고 보면 차라리 스스로 법 지식을 쌓아서 차근차근 문제를 해결하는 것이 더 나은 경우가 많다는 것이 이들의 주장이었다. 말하자면, 법적으로 억울한 일을 당하는 이유는, 간혹 법률가가 게을러서인 경우도 있지만, 십중팔구 본인이 무지하고 미련하기 때문이라는 것이었다.[24]

24_인터뷰에서 하위 법조 직업 종사자들에게 질문한 내용은 앞서 일반 시민들에 관한 내용 가운데 A영역의 질문에 다음 내용을 덧붙인 것이었다.

C-1. 일반 포항 시민들이 생각하는 법률가의 이미지와 당신이 생각하는 그것 사이에 차이가 있다고 생각하세요?

C-2. 일반 포항 시민들은 소송이 발생한 경우에 대체로 어떤 방식으로 변호사를 선임하던가요?

C-3. 그간의 경험 가운데 법률가가 잘못해서 일반 포항 시민이 억울함을 당한 경우를 알고

다음은 소송이 발생한 경우에 포항 시민들이 변호사를 선임하는 일반적인 방식에 대한 하위 법조 직업 종사자들의 답변 중 일부다.

"주위 사람들에게 물어서 연고 있는 변호사를 의뢰한다. 아무래도 조금이라도 아는 사람이 연결되어 있으면 잘해 주리라는 믿음이 있어 그러는데, 사실은 똑같다"(40세의 남자 공인중개사, 대졸, 재산 상태 무응답, 포항 거주 기간 미상).

"솔직히 말해 판사나 검사를 하다가 그만둔 사람을 알아보고 찾아간다. 조금만 알아보면 그런 변호사는 금방 알 수 있다"(31세의 남자 형사, 대졸, 중하위층, 포항 거주 기간 2년).

"보통은 어떻게 해서든 아는 사람을 통해 해결하려고 하고, 어떻게 할 수 없는 경우에는 그냥 방문해서 상담하더라"(54세의 남자 법무사, 중졸, 하위층, 경주에서 출퇴근).

"변호사 사무실을 찾아가거나 연줄을 통하거나 한다. 어떤 시민들 중에는 자기한테 어떤 변호사가 좋을지 문의해 오는 경우가 있다. 솔직히 나는 어떤 변호사가 실적이 좋고 일을 잘한다는 것을 안다. 하지만 우리는 절대 발설하지 않는다. 그것은 법원 규칙에도 정해져 있다"(34세의 남자 법원 사무직원, 대졸, 중하위층, 포항 거주 기간 3년).

이 같은 분석을 종합하면, 포항 사회의 법문화와 그 변화 추이를 다

계신가요? 자세히 설명해 주세요.

음과 같이 스케치할 수 있을 것이다. 첫째, 포항 사회의 저변을 차지하는 대다수의 일반 시민들은 법원과 검찰청이 설치된 이후에도 여전히 법률가란 권위적이고 불친절한 높은 신분의 사람들이라는 인식과 함께 이들에 대한 막연한 불만을 가지고 있다. 둘째, 포항 사회의 상층부를 차지하는 넓은 의미의 정치적 엘리트 집단은 법(사법 기구)과 법률가들이 포항 사회의 중심부에 등장한 이후 여기에 적응하는 과정에서 내부적으로 상당한 구조적 변화를 경험하고 있다. 셋째, 상층부의 변화와 저변의 불변이라는 상황 속에서도 실제로 일반 시민들을 법률가들과 연결시키는 하위 법조 직업 종사자들은 법원과 검찰청이 설치된 이후 조성된 새로운 조건 속에 효과적으로 적응하고 있다.

4. 포항의 법률가들

그렇다면 이제 논의의 초점을 1998년 10월 1일 이후 포항 사회의 중심에 등장한 법률가들에게로 돌려 보자. 비록 포항 사회의 일반 시민들이 여전히 법률가들에 대한 피해 의식과 막연한 불만을 갖고 있다 할지라도, 그 밖의 각종 상황은 분명히 포항의 법률가들에게 상당히 유리한 조건들을 제공해 주고 있다. 무엇보다 사법 과정을 통한 정치적 문제 제기가 계속되면서 그 과정을 독점하는 이들에게 권력을 행사할 기회가 빈번히 주어지고 있는 것이다. 민주화가 민영화를 동반하면서, 포항제철을 건설할 당시와 같은 강력한 국가권력이 사라진 포항 사회에서 법률가들, 특히 판검사 집단은 현실적으로 가장 강력한 권력 집단일 수밖에 없다. 그렇다면 포항의 법률가들은 이런 조건에서 어떻게 적응하고 있는가? '사법적 대표로서의 법률가'라는 헌법적 요청은 어떤 방식으로 실현 또는 외면되고 있는가? 이런 의문들에 답하기 위해 다음으로는 판검사들과 변호사들로 나누어 살펴보고자 한다.[25]

1) 판검사들

2003년 10월 현재 포항 사회에는 모두 10명의 판사와 14명의 검사가 존재한다. 이 가운데 지원장을 포함한 두 사람은 부장판사이고, 지청장을 포함한 세 사람은 부장검사다. 부장판사 두 사람은 각각 민사 및 형사합의부를 이끌고 있으며, 지청장을 제외한 부장검사 두 사람은 각각 형사1부와 형사2부를 이끌고 있다. 다른 사람들은 민사, 형사, 가사 단독판사들 또는 배석판사들이거나 서열에 따라 1호, 2호, 3호······ 하는 식으로 번호가 붙어 있는 평검사들이다. 전국적으로 판사의 숫자가 검사의 숫자보다 약 4백여 명 더 많다는 것을 고려한다면, 이처럼 검사가 많은 것은 상당히 이례적이라 할 수 있다. 그만큼 포항 지역에 검찰이 해결해야 할 일이 많다는 의미일 것이다. 평판사 가운데에는 여판사가 2명 있고, 평검사 중에는 여검사가 2명 있다.

판사들과 검사들의 연령 분포는 거의 비슷하다. 지원장과 지청장은 40대 후반에서 50대 초반이며, 모두 법조 경력이 20년 정도 된 사람들

25_법률가들의 인적 사항 등을 수집하기 위한 방편으로 나는 법률가들이 흔히 사용하는 법조 인대관과 각종 인터넷 법률 사이트(대표적으로 http://www.lawsee.com 등)에서 누구나 얻을 수 있는 자료를 이용했다. 그 밖의 사항들은 앞서 언급했듯이, 몇 건의 인터뷰와 다양한 방식의 참여 관찰에 의존했음을 밝혀 둔다.

이다. 그 밖의 부장판사와 부장검사들은 모두 40대 초반이며 아마도 부장 승진 이후 포항이 첫 번째 임지인 듯하다. 법원 쪽이 승진이 늦어서인지 법조 경력은 부장판사 쪽이 2~3년 앞선다. 평판사와 평검사들은 모두 30대 초반에서 30대 후반의 연령 분포를 보이고 있다. 법조 경력역시 3년에서 10년 사이로 비슷하지만, 상대적으로 검찰 쪽의 법조 경력이 짧은 편이다. 후술하는 변호사들에 비해서는 판검사 모두가 연령도 어리고 법조 경력도 짧은 것은 물론이다. 예컨대 변호사들은 거의 모두 40대 이상이고 50대도 상당히 많기 때문에, 형사 단독 사건의 경우에는 30대 판검사에 40~50대 변호사가, 민사 단독 사건의 경우 또한 30대 판사에 40~50대 변호사가 관여할 수밖에 없는 형편이다.

출신 지역 및 출신 대학의 측면에서는 판사들과 검사들이 흥미로운 차이를 보이고 있다. 먼저 출신 지역을 보면, 판사들은 대부분 포항 인근의 대구·경북 지역 출신이고, 그 이외의 지역 출신이 오히려 소수다. 출신 대학은 서울의 명문 법대인 경우가 많지만, 대구·경북 지역 출신의 경우에는 대체로 고등학교까지를 지역에서 마친 뒤 서울로 올라간 경력을 공유하고 있다. 이는 흔히 향판鄕判이라고 불리는 지역 법관들이 포항 지원에 많기 때문이다. 여기서 지역 법관이란 흔히 수도권에서 4년을 근무하면 지방으로 3년을 내려가야 하는 판사들의 순환 근무 제도를 선택하지 않고 스스로 특정 지역에서만 근무할 것을 법원행정처에 신청한 판사들을 말한다. 전국적으로는 대구·경북 지역에 지역 법관들이 많아서, 심지어 서울의 법원행정처와 일정한 긴장 관계가 형성되기도 하는데, 대개 대구 지방법원에서 2년을 근무하면 그 소속 지원에서 2년을 근무하는 방식으로 인사가 이루어지고 있다. 따라서 이 판사들은 2년이 지나면 다시 대구 지방법원 본원으로 돌아가게 된다.

그러나 검사들의 경우에는 이런 경향이 전혀 발견되지 않는다. 출신 지역은 가히 전국에서 모였다고 할 만큼 다양하며, 포항 출신은 단 한 명밖에 없다. 출신 대학 역시 판사들에 비해 훨씬 다양하며, 모두가 검사로서 포항에 부임한 것은 처음인 것으로 보인다. 이와 같은 구성은 아마도 적극적인 수사를 통해 불법을 척결해야 하는 검찰 조직의 특수성에서 비롯된 것으로 이해된다. 연줄 망 조직이 대단히 중요한 한국 사회의 현실에서, 아무래도 연고 지역에 검사가 부임하면, 청탁 등으로 신경을 쓰게 되는 경우가 적지 않을 것이기 때문이다. 검찰에는 지역 법관과 같은 제도는 없고, 인사는 전국을 단위로 이루어지며, 사법시험이나 사법연수원 성적이 작용하는 판사들에 비해, 검찰 조직의 내부 평가가 거의 모든 것을 결정한다고 한다. 포항 지청에 부임하면 대개 2년 정도 근무하는 것이 원칙이지만, 근년에는 수뇌부의 잦은 교체로 인해 그보다 자주 인사이동이 되는 경우가 많았다. 전국의 지청들 가운데 포항 지청은 규모도 크고, 검사로서의 수사 실력을 발휘할 수 있는 대형 사건도 적지 않기 때문에, 젊은 검사들이 비교적 선호하는 곳이며, 따라서 우수한 검사들도 많다고 한다.

여러 가지 상황으로 볼 때, 거의 모두가 타지 출신인 검찰 쪽보다는 그래도 인근 지역 출신이 많은 법원 쪽이 포항 사회의 지역 사정 등에 훨씬 밝을 것 같지만, 사실은 정반대라는 것이 정설이다. 판사 가운데는 원래 소극적이고 내성적인 사람들이 많은데, 이들은 외부인을 만날 기회가 별로 없어 점심 식사도 자기들끼리 해결하는 경우가 대부분이며, 특히 담당 사건에 관해서는 변호사는 물론 법원 직원들도 만나는 일이 거의 없다고 한다. 인터뷰에 응한 한 판사는 심지어 청탁이 있으면 역효과가 나는 분위기라고까지 말할 정도다. 게다가 업무의 성격상 법정에서 재판을 진행하는 것 외에는 대부분 사무실에서 사건 기록에 파묻혀 지내는 까닭에 실제로 포항 사회의 일반 시민들을 제대로 만날 시간도 없다는 것이다. 이런 이유로 사건 당사자들이나 법원 직원들 이외에 판사들이 비교적 편하게 만날 수 있는 일반 시민들은 법원이 운영하는 가사조정위원들 정도에 국한될 수밖에 없는 형편이다. 달리 말하면, 지역 사회의 유력 인사들로 구성되는 가사조정위원들은 판사들과 대면 관계를 유지할 수 있는 특권을 누리게 되는 셈이다.

이에 비해 검사들은 피의자들은 물론 고소 고발인, 피해자 등을 통해 포항 사회의 다양한 측면을 들여다볼 수 있으며, 나아가 수사관들을 동원해 그 이면을 적극적으로 파고들 수 있다는 장점을 가지고 있다. 다만 지역 사정에 대한 전반적인 이해 없이 검사가 수사와 관련해서 구체적인 정보만을 수집하다 보면, 자신도 모르게 판단의 균형을 잃을 위험이 존재하는 것도 사실이라고 한다. 이런 이유들 때문에 검찰에서는 범죄예방위원들을 다수 위촉해 지역사회와의 소통을 시도하게 되는데, 이것은 거의 비슷한 중앙집권적 조직 구조를 가진 경찰이 방범 위원들을 위촉하는 것과 상당히 유사한 결과를 낳게 된다고 한다. 다시 말해, 그와 같은 관변 위원들이 사실상 검찰로 하여금 지역 사정에 대해 특정한 선입견을 가지게 만든다는 것이다. 인터뷰에 응한 한 변호사는 이런 관행이 검사와 달리 한곳에서 계속 근무하는 검찰 수사관들의 토착성과 엇물리면서 상당히 부정적인 결과를 발생시키고 있다고 언급했다. 물론, 원래부터 조직 위주로 움직이는 검사들의 성향과, 훨씬 개인주의적인 판사들의 성향도 차이를 발생시키는 요인임은 틀림없다.

여기서 얻어지는 결론은 의도적이든 그렇지 않든 포항 사회의 판검사들이 포항 사회의 다른 구성원들로부터 상당히 격리되어 있다는 것이다. 부가적인 요인들로는 판검사들의 업무 공간인 법원 청사와 검찰 청사가 건물도 몇 개 없는 신개발지에 덩그러니 놓여 있다거나, 판검사들 대부분이 지정된 관사에서 거주하고 있는 것, 또한 지역 법관들의 경우에 주말마다 식구들이 있는 대구로 돌아간다는 것 등도 지적할 수 있다. 한마디로 사건 관계자들을 접하는 것 이외에는 포항 시민들의 생활공간에 참여할 기회 자체를 판검사들이 가지지 못하고 있는 것이다. 게다가 포항 사회를 알 수 있는 주된 통로인 변호사와의 접촉도 그렇게 생산적이지는 않은 것 같다. 일단 연배도 다른 데다가, 사건 문제로 항상 긴장을 유지해야 하는 관계이기 때문에, 지역사회의 문제를 토론하는 차원까지 교분을 발전시키기는 어렵다는 것이다. 그러므로 퇴직 후 포항 지역에 변호사 개업을 할 생각이 아닌 다음에야 판검사들이 포항 사회를 관할구역 이상의 관심을 가지고 이해하거나 대변하란 애초부터 불가능하다. 포항 사회와의 접촉은 업무 부담이 비교적 가벼운 지원장과 지청장 정도가 기관장으로서 지역사회의 문제에 참여하는 것과, 일부 판사들이 관행적으로 책임져 온 선거관리위원 업무 등에 관여하는 것 정도에 머무르고 있는 형편이다.

2) 변호사들

이처럼 현실적인 사법적 대표들인 판검사들은 상당히 고립된 생활을 하면서 업무에 관련해 선택적으로만 포항 사회와 접촉한다. 게다가 2~3년 동안 근무하고 나면 다른 곳으로 임지를 옮기게 된다. 따라서 장기적으로는 포항 사회에서 뿌리를 박고 있는 변호사들의 역할이 중요해질 수밖에 없다. 사법 과정의 성격상 형사사건의 대부분과 민사사건은 상당 부분이 변호사의 참여를 필요로 하는데, 다른 지역 변호사들이 출장 오는 경우를 제외한다면, 이 모두가 실질적으로 포항 지역 변호사들에 의해 수행되기 때문이다. 법조일원화가 이루어진 다른 나라들처럼 변호사들이 판검사로 임용된다면 모르겠지만, 그렇지 못한 우리의 현실에선 소송대리인으로서 사법절차에 참여하는 것 이외에 변호사들이 사법적 대의 기능을 수행할 수 있는 가능성은 많지 않다. 서울 등지에 비해 다른 사회 활동의 기회가 현저하게 적은 포항 지역에서는 더욱 그러하다.

법무부의 통계에 따르면 2003년 10월 현재 포항 지역에는 모두 32명의 변호사가 존재한다(석동현 2003, 28). 그중에는 연로하거나 다른 이유로 변호사 업무를 중단한 사람들이 있어 실제로는 28명 정도가 활동하고 있다. 김천의 변호사가 20명이고 안동의 변호사가 12명 정도인 것에 비하면, 이는 규모가 상당히 큰 것이며, 전국의 지원·지청 소재지 가운데서도 가장 크다고 볼 수 있다. 변호사들은 모두 대구지방변호사회 포항 지회에 소속되어 있고, 무료 법률 상담과 같은 공익 활동을 함께하고 있다. 여성 변호사는 한 명도 없으며, 변호사들은 거의 모두가 40대 이상이고, 50대 이상도 7~8명가량 된다. 사법연수원을 수료한 뒤 곧바로 개업한 변호사들은 상대적으로 법조 경력이 짧지만, 같은 경력의 판검사들에 비해서는 나이가 훨씬 많은 편이다. 아마도 사법시험의 합격년도가 대체로 늦은 까닭일 것이다. 군법무관 시험 출신인 변호사들도 2명이 있다.

소수의 예외를 제외하고 포항의 변호사 사무실들은 크게 두 장소에 몰려 있다. 하나는 법원 청사와 검찰 청사가 나란히 자리 잡은 북구 장성동의 속칭 법조 타운이다. 이곳은 말이 법조 타운이지, 주위가 전혀 개발이 되지 않아, 변호사 간판을 내건 몇 개의 신축 건물들만이 을씨년스럽게 자리 잡고 있을 뿐이다. 1998년 이후에 경주 등지에서 옮겨 온 변호사들이 주로 개업하고 있는 장소이기도 하다. 다른 하나는 포항의 구도심인 북구 덕산동·신흥동 일대다. 이곳은 시청·구청·경찰서·세무서 등이 몰려 있어 상대적으로 의뢰인들의 접근이 용이한 까닭에 법원과 검찰청이 설치되기 이전부터 몇 명의 변호사들이 사무실을 갖고 있었다. 두 장소 모두 변호사 사무실 주위에는 법무사·행정사·세무사·공인회계사 등의 사무실이 있으며, 특히 신개발지인 장성동 지역에는 공인중개사 사무실도 상당히 많다.

출신 지역 및 출신 대학을 보면, 변호사들은 판검사들과는 또 다른 차이가 확인된다. 출신 지역은 압도적으로 대구·경북 지역이 많고, 그중에서도 포항(영일)이나 인근의 경주, 영천 출신들이 대다수다. 경력이 오래된 변호사들 중에는 경주나 대구에서 개업했다가 법원과 검찰청이 설치되면서 사무실을 이전한 사람들이 상당수다. 판검사 출신인 변호사들은 대개 경주나 영덕에서 근무한 경험이 있으며, 법원과 검찰청이 생긴 뒤 4~5년이 지나면서 최근에는 포항에서 판검사로 근무했던 변호사가 개업한 경우도 생겼다. 출신 대학은 다양하지만, 크게 두 가지 유형으로 나눌 수 있다. 사법연수원 수료 후 바로 개업한 변호사들 중에는 대구·경북 지역에서 대학을 마친 경우가 대부분이다. 반면 판검사를 거친 변호사들은 서울의 명문 대학 출신들이 많다. 물론 이 경우에도 대개는 고등학교를 대구·경북 지역에서 마쳤고, 판검사 경력 가운데 경주나 대구에서 근무한 경험을 가지고 있다. 요컨대 포항의 변호사들은 어떤 형태로든 포항 또는 인근 지역과 연고를 확보하고 있는 것이다.

외지에서 들어왔다가 2~3년 만에 떠나가는 판검사들에 비해, 이처럼 지역사회에 연고를 가진 변호사들은 아무래도 정보가 많고 사정에 밝기 마련이다. 그렇다면 이들은 그와 같은 장점을 바탕으로 이를테면 적극적인 공익 소송 개발 활동 등을 통해 포항 사회에서 사법적 대의 기능을 수행할 수 있을까? 하지만 포항 사회에서 실제로 그런 활동을 적극적으로 주도하고 있는 변호사는 거의 없는 실정이다.[26] 사법 과정을 통한 정치적 문제 제기들에 관해서도 변호사들은 그 과정에 능동적으로 개입하기보다는 수동적으로 소송수행에 머무르는 인상이다. 대체로 포항 사회에서 변호사들의 공익적 사회참여는 관심사에 따라 각종 시민 단체의 이사진에 참여하는 정도라고 생각된다.[27] 서울의 경우와 달리 지역 텔레비전의 토론 프로그램에도 변호사가 등장하는 예는 거의 없다. 물론 정치적 포부를 가지고 시장이나 국회의원 선거에 출마하는 것은 예외적인 경우다.

이처럼 변호사들 역시 정치적으로 상당히 소극적인 데는 부분적으로 경제적인 이유가 있다. 서울이나 외국의 경우 다양한 공익법 활동에 토대가 되고 있는 중규모 이상의 로펌 형태를 포항에서는 찾아볼 수 없다. 월급 변호사를 두고 있는 실질적인 법무 법인은 단 하나(일월)지만, 그것도 아주 소규모이고 그 밖의 경우는 공증 업무를 담당하기 위해 형식적으로만 법무 법인의 형태를 갖추고 있을 뿐이다. 후자의 경우에는 타 지역의 변호사들과 법무 법인을 구성한 뒤, 분사무소의 형태를 취하고 있는 예도 있다. 따라서 포항 변호사들의 개업 형태는 거의 전부가 단독 개업이라고 말할 수 있다. 변호사 한 사람이 사무장과 사무 보조원, 그리고 운전기사 등을 고용해 소송 업무를 수행하는 형태가 그것이다. 이처럼 사무실을 유지할 책임이 자신에게 직접 돌아오게 되면, 변호사가 자영업자와 유사한 심리 구조를 가지게 되는 것은 시간문제다.

이와 같은 상황에서 변호사들의 수입은 의뢰인들의 수임료에 의존

26_최근에 포항의 한 중견 변호사가 부패방지신고센터의 운영위원장을 맡은 것은 이런 점에서 상당히 신선한 충격이었다.

27_예컨대 포항시고교평준화추진위원회, 포항 십대들의 둥지, 포항 YMCA, 포항 녹색소비자연대 등의 이사진에서 변호사들을 확인할 수 있다.

할 수밖에 없다. 앞서 포항의 일반 시민들 및 하위 법조 직업 종사자들의 인터뷰에서도 나타나듯이 의뢰인들은 거의 예외 없이 중간의 매개자들을 거쳐 변호사를 선임하게 되므로, 결국 이 매개자들을 관리하는 것이 변호사 업무의 일차적인 과제가 되는 것이다. 인터뷰에 응한 변호사들은 변호사 영업에 있어서 관건이 해당 변호사의 능력에 대한 평판(입소문)과 그것을 사건 수임으로 연결시킬 수 있는 사무장의 영업력이라는 사실을 부인하지 않았다. 특히 형사사건의 경우에는 한 변호사가 '업자들'이라고 지칭한 매개 집단을 '끼는' 것이 핵심이며, 이를 도외시할 경우에는 차라리 민사사건에 전무專務하는 것이 낫다는 평가였다. 물론 포항지원이나 포항 지청에서 판검사로 근무한 경력이 있는 전관 변호사이거나, 지역사회에 탄탄한 연고가 있는 변호사라면 다른 조건이 조금 나쁘더라도 나름대로 경쟁력을 가질 수는 있다. 그러나 그렇지 못한 경우에는 순식간에 사무실을 유지할 수 없을 만큼 수입이 격감하는 예도 있다고 한다. 평판이 좋은 일부 변호사들에게만 사건이 몰리기 때문이다.[28]

이런 조건에서 판검사와 동등한 법률가로서의 정체성을 가진 변호사들이 자영업자와 비슷한 심리 구조 및 경제적 조건에 적응하기란 결코 쉬운 일이 아니다. 포항 변호사들은 최소한 변호사 사무장이 하는 일을 변호사가 직접 해서는 안 된다는 수준에서 묵시적 카르텔을 맺고, 소송수행과 관련된 일이 아니라면 공론장의 전면에 나서길 꺼려하는 '지역 유지'로서의 정체성을 점차 갖게 되는 것 같다. 이는 사실 각종 연줄

28_인터뷰에 응한 변호사들 중 두 사람은 포항의 소송사건 수임 시장이 이미 포화상태에 이르렀다고 진단하면서, 특히 전관 출신의 일부 변호사들에게 사건이 집중되는 현상 때문에 포항의 일부 변호사는 사실상 개업을 포기했고, 다른 지역에서 변호사들이 옮겨 왔다가 얼마 되지 않아 돌아간 경우도 있었다고 말했다.

망 조직에서 자유로울 수 없는 자신들의 연고지에서 변호사들이 스스로를 관리하는 가장 손쉬운 방법이기도 하다. 민형사소송과 직접 관련된 영역에 자신을 국한시킨 뒤, 잠재적인 의뢰인 집단과의 사이에 너무 많이 기대하지도 않고, 너무 적게 기대하지도 않는 적당한 관계를 유지하는 것, 그리고 그 관계를 변호사 사무장과 같은 매개자들을 통해 관리하는 것이 변호사들로서는 가장 적절한 해결책이기 때문이다. 그리고 그 과정에서 잠재적인 사법적 대표로서의 변호사라는 명제는 뒷전에 물러서게 될 수밖에 없다.

여기서 한 가지 첨언할 것은 근년 들어 포항 사회에서 변호사들이 사실상 방치한 공론장에서의 사법적 대의 기능을 법학 교수들이 대행하는 현상이 발생하고 있다는 점이다. 한동대학교와 위덕대학교에 법학 전공 과정이 개설되면서 약 7~8명의 법학 교수들이 포항 사회에 등장하게 되었고, 그중 비교적 지역사회에 일찍 정착한 이들에 의해 각종 법적 담론이 공론장에 제시되고 있는 것이다.[29] 비교적 역사기 짧은 이들 대학교의 법학 전공 과정이 법률 상담소 등을 설치하는 방식으로 이런 활동을 지원하고, 나아가 포항 사회에 법률가들을 공급할 수 있게 된다면, 법학 교수들의 공익적 변론 활동은 더욱 탄력을 받게 될 전망이다.

29_앞서 언급한 포항부패방지신고센터의 소장 역시 위덕대학교에 근무하는 법학 교수다.

5. 익명성의 정치, 그 이미지들

지금까지 나는 포항 법률가들의 내부 문화를 지역사회 전체 맥락과의 관련 속에서 이해해 보고자 했다. 그렇다면 이제 처음에 내걸었던 물음에 관해서는 어떤 답변을 제시할 수 있을까? 포항 사회에서 '사법적 대표로서의 법률가'라는 규범과, '사법은 법률가들의 독점 영역'이라는 현실 사이의 간극은 어떤 방식으로 관리되고 있는가? 사법적 헤게모니는 어떤 방식으로 유지 및 관리되고 있는가?

압축 근대의 모순을 고스란히 가지고 있는 포항 사회는 1987년 이후 다행스럽게도 시민사회의 활성화를 요청하는 목소리들에 힘입어 긍정적인 방향으로 변화하고 있다. 그리고 그 과정에서 법과 법률가는 때로는 기생적인 지배 블록에 대해 토착 시민 세력을 지원하는 도구로, 때로는 폐쇄적인 토착 사회에 대해 외지 출신 시민들을 보호하는 도구로 나름의 역할을 수행하고 있다. 반대자들의 목소리를 무시하고 바다를 메워 용광로를 건설했던 강력한 국가권력은 더 이상 포항 사회에 존재하지 않는다. 민주화 이후 한국 사회가 지속적으로 경험해 왔듯이 법과 법률가가 최종적인 결정을 담당하는 법화legalization의 흐름은 포항 사회에도 그대로 진행되고 있다. 그러므로 이제 법과 법률가를 통해 포항 사회의 권력 구조를 재구축하는 것은 하나의 필수적인 요청일 수밖에 없다. 그렇다면 포항 사회는 그런 변신에 성공하고 있는가?

1998년 10월 1일 이후 포항 사회의 중심부에 등장한 법(사법 기구)과 법률가 집단에 대해 넓은 의미의 정치적 엘리트 집단은 적절한 자기 변신을 통해 어느 정도 적응하는 데 성공하고 있다. 일반 시민과 법률가 집단을 연결하는 하위 법조 직업 종사자들로 마찬가지다. 그러나 법률가들은 이와 같은 지역사회의 변화를 감지하지 못한 채, 마치 나그네들처럼, 2~3년이 지나면 돌아갈 자신들의 본거지를 그리워하고 있는 형국이다. 왜 이런 일이 일어나고 있는가? 이처럼 법과 법률가들이 포항의 지역사회에 뿌리를 내리지 못하고 있는 까닭은 무엇인가?

일반 시민들은 여전히 법과 법률가들에 대한 피해 의식에서 자유롭지 못하지만, 그들을 탓하는 것은 적절치 않다. 문제는 오히려 법 그리고 특히 법률가들 쪽에 존재한다. 서울이나 대구에서 파견되는 판사들은 법정과 사무실 속에서 사건 기록에만 매달려 있을 뿐이고, 서울에서 파견되는 검사들은 조직의 엄격한 규율 속에서 수사의 관점에서만 포항 시민들을 만날 뿐이다. 게다가 이들은 오래지 않아 나름의 추억만을 안고 다시 본거지로 돌아갈 운명이다. 판사 혹은 검사 출신의 변호사로서 다시 나타나지 않는 한, 포항 사회에서 그들의 이름은 오직 판결문이나 공소장의 서명란에만 남아 있을 따름이다. 돌아간 그들은 과연 포항 시민들의 이름을 기억이나 하고 있을까? 포항 사회에서 뿌리를 내리고 살아가는 변호사들에 대해서도 아쉬움은 한두 가지가 아니다. 짐짓게 변호사 사무실과 법정만을 오가는 그들을 포항 시민들이 만날 수 있는 것은 오로지 변호사 사무장과 같은 매개자들을 통해서다. 그것도 법적으로 궁지에 몰렸을 때에만 변호사 선임계와 함께 그들의 이름이 나타날 뿐인 것이다. 왜 좀 더 일찍 얼굴을 보여 주지 않는 것일까? 왜 좀 더 적극적으로 공론장에 모습을 드러내지 않는 것일까?

포항 사회에서 법률가의 위상을 묻는 질문에 대해 15년 가까이 지역 시민운동에 헌신해 온 한 시민운동가는 한마디로 답했다.[30]

30_2003년 12월 29일 포항 YMCA에서 본 연구의 중간 결과를 발표한 이후 진행된 인터뷰 내용.

"포항에서 법률가요? 귀족이죠. 한마디로 귀족들이에요!"

어떤 고결함과 권위, 또한 그와 동시에 어떤 권력과 무위도식의 이미지가 겹쳐 있는 '귀족'이라는 표현은 이 탐색의 결론에 관해 일정한 방향을 제시한다. 사법적 헤게모니의 유지와 관리라는 관점에서 내가 도달한 결론은 포항 사회에서 그것을 유지하는 핵심 기제가 바로 '익명성의 정치'라는 것이다. 여기서 익명성이란 말 그대로 법률가와 시민들이 서로의 얼굴과 이름을 모른 채 분리되어 살아간다는 의미다. 어차피 좋은 일로 만날 수 있는 사이가 아니라면, 아예 피차 모르고 살아가는 것이 좋을 수도 있다. 그러나 그럴 경우 법적 분쟁의 필연성을 전제로 '사법적 대표로서의 법률가'라는 명제를 내걸고 있는 대한민국의 헌법은 어떻게 되는가? 민주적 대의정치를 헌법 원칙으로 채택한 이상, 사법 과정에서도 익명성은 미덕이라기보다는 반드시 극복하지 않으면 안 되는 악덕이 아니겠는가?

그렇지만 이와 같은 헌법적 요청과는 정반대로, 포항 사회의 법률가 집단과 시민들 사이에는 익명성의 담벼락을 높이는 여러 장치가 작동하고 있다. 우선 법과 법률가에 관해 일반 시민들이 널리 공유하는 딱딱하고 권위적이며 짜증나고 피하고 싶다는 인식은 공통적으로 몇 가지 이미지들을 포함하고 있다. 첫째는 '바깥'의 이미지, 즉 법과 법률가는 자신들의 삶의 중심에서 발생한 것이 아니라 멀리 바깥 또는 바깥의 진짜 중심으로부터 주어진 것이라는 이미지다. 둘째는 '높음'의 이미지, 즉 법은 매우 어려운 것이며 따라서 그것은 사법고시를 통과한 높은 사람들이 다룰 수 있는 것이다. 셋째는 '성곽'의 이미지, 즉 이처럼 바깥의 진짜 중심으로부터 주어진, 높은 법과 법률가는 성곽을 짓고 일반 시민들과는 다른 자신들만의 삶을 살게 된다는 것이다. 마지막으로 넷째는 '은총'

의 이미지, 즉 성곽 속에 있는 법과 법률가에 관해서는 일반 시민들은 언제나 선택권을 그쪽에게 넘겨주는 태도, 다시 말해 선택하는 것이 아니라 선택받는 섭리기구(攝理祈求)의 태도를 가져야 할 것이라는 이미지다.

이와 같은 이미지들로 구성된 익명성의 담벼락은 법원과 검찰청을 가까이에 설치하는 것으로도, 그리하여 한꺼번에 60여 명의 법률가들이 등장한 것으로도 쉽사리 깨뜨릴 수 없는 강고한 것이다. 게다가 더욱 심각한 문제는 법률가들 내부에 고착화된 여러 장치들(인사 제도, 인사 관행, 연령 구성, 업무 장소, 교제 범위, 조직 이미지, 경제적 이해관계 등)이 이와 같은 익명성의 장치들을 걷어 버리기는커녕 더욱 강화하고 심지어는 활용하는 방식으로 체계화되어 있다는 것이다. 기실 고등학교까지 포항에서 보낸 젊은이가 판검사를 지내고 변호사가 되어 고향에 돌아오는 것은 너무도 환영할 만한 일이다. 그러나 그렇게 다시 돌아왔을 때 그 젊은이는, 그 법률가는 전혀 다른 사람이 되어 있다. 마치, 어떤 고결함과 권위, 또한 그와 동시에 어떤 권력과 부위도식의 이미지가 겹쳐 있는 '귀족'처럼, 그는 일반 시민들의 삶에 그다지 관여하지 않은 채, 법적 분쟁이 발생했을 경우에만 비로소 매개자들을 통해 얼굴과 이름을 드러낼 뿐이다. 포항의 송도 백사장이 아니라 일산의 사법연수원이 자신의 모든 것을 형성한 권력적 고향이 되어 있기 때문이다.

이처럼 익명성의 담벼락을 허물지 않고 더욱 활용하는 것, 그리하여 그것을 법률가들에 의한 사법권의 안온한 독점으로 연결시키는 것이 포항 사회를 지배하는 사법적 헤게모니의 본질이다. 1987년 이후 토착 시민 세력의 활동이 본격화되고 1998년 10월 1일 이후 법원과 검찰청이 설치된 이후에도 이 사법적 헤게모니의 유지 및 관리 메커니즘은 기본적으로 변화하지 않고 있는 것으로 판단된다. 주지하듯이, 오늘날 한국 사회의 공론장에는 바로 이 메커니즘을 깨뜨리기 위한 논의가 사법 개혁이라는 이름으로 진행되고 있다. 그러나 그 논의의 전제로서 사법적 헤게모니 그 자체, 특히 '익명성의 정치'에 대한 정당한 인식이 공유되고 있는지에 관해서는 의심할 바가 적지 않다. 헌법 정신, 특히 '참여'와 '자치'의 민주적 가치에 입각한 사법 개혁을 위해서는 '익명성의 정치' 그 자체를 문제 삼는 일종의 역헤게모니 전략counter-hegemony strategy이 반드시 필요하다. 이 경우에 그 구성 요소는 법과 법률가에 관해 앞서 언급한 것들과 반대의 이미지들, 즉 바깥이 아니라 '안', 높음이 아니라 '평평함', 성곽이 아니라 '마당', 은총이 아니라 '자조'自助의 이미지들이 되어야만 할 것이다.

이와 같은 문제 제기는 사실 이 작업을 통해 나 자신이 발견하게 된 정치적 실천의 방향과도 상통하는 것이다. 돌이켜 보면 이 탐색은 전형적인 외지 출신 지식인인 내가 포항 사회의 구성원으로 동화되어 가는 계기이기도 했다. 포항에서의 생활이 해를 거듭하면서 나는 점점 거시적인 차원에서만 문제를 바라보던 기존의 관점 자체에 대해 심각한 결핍을 느끼기 시작했다. 사법 개혁 논의가 여전히 답보 상태에 머무르게 된 것도 그렇지만, 근본적으로는 내가 천착하는 학문적 주제가 나를 구성하는 삶의 의미 세계와 철저하게 분리되어 있다는 사실이 더없이 불편했기 때문이다. 국가적인 사법 개혁 논의와 포항에서의 일상, 이 둘 사이의 철저한 분리는 한 사람의 비판적 지식인으로서 나의 실존에 대한 근본적인 문제 제기일 수도 있었다. 정치사회적 맥락을 잃은 창백한 분석은 적어도 내가 지향하는 헌법학이나 법사회학의 모습은 아니었기 때문이다.

6장

한국의 로펌은 어디로 가고 있는가

1. 사법상인 : 로펌과 기업 변호사

정확히 25년 전으로 시간을 돌려놓는다면, 지금 대한민국 법학계의 중견과 소장을 이루는 법학자들은 누구나 그 당시에 익숙했던 담론 하나를 기억해 낼 수 있을 것이다. 당시 대학가를 지배했던 마르크스주의의 영향 때문이었겠지만, 그때 우리는 모두 법과 자본주의에 관해 말했었다. 교조적인 마르크스주의에 대해서는 모두가 비판적이었지만, 그렇더라도 사회 속의 법을 이해할 때 경제적 토대와의 관계를 기본 변수의 하나로 삼아야 한다는 점에는 모두가 공감대를 가지고 있었다. 요컨대, '돈'과의 관계에서 분석하지 않는 한 '법'의 문제는 제대로 이해될 수 없다는 것이 당시의 비판 법학을 이끌던 시대정신이었다.

그러나 1990년대에 들어선 이후 이와 같은 담론은 급격하게 자취를 감추었다. 공론장의 주도권을 행사하던 사회 이론계의 논객들은 그람시의 헤게모니론과 포스트모던 논쟁을 경유하면서 비판적 시민사회론으로 줄달음쳤고, 비판 법학은 그 흐름을 소화하면서 그동안 소홀히 했던 각 실정법학 분야와의 화해를 통해 체제 법학과의 공존을 모색하는 데 바빴다. 게다가 하버마스나 푸코처럼, 일단 경제·사회적 토대의 문제보다는 공론장과 몸과 실천이성과 권력의 문제에 무게를 두는 주장들이 문과 학문의 주류 담론이 되면서, 이론적 차원에서도 그런 흐름을 거스르기는 점점 어려워졌다. 그리고 IMF 외환 위기 시대 이후 세계화와 정보화의 혁명적 변화가 밀려들면서는 모두들 그 변화에 적응하는 일에 전력투구하지 않을 수 없었다. 이에 따라 시대정신에 대한 감촉에서 출발하는 비판 법학 담론은 급격하게 위축되었다. 법학 전문 대학원의 문제를 화두로 구(舊)사법 체제를 흔들었던 '법학 교육개혁 논의'가 그나마 비판 법학의 입지를 보존하는 데 기여했다고나 할까?

하지만 이처럼 비판 법학 담론이 경제 사회적 토대의 문제를 외면했다고 해서, 법과 법학, 그리고 법률가 집단이 경제·사회적 토대로부터 분리된 것은 아니었다. 오히려 상황은 정반대로 진행되었다. 헌법재판소가 명실상부하게 헌정 체제의 정점에 서게 된 것과 나란히 경제체제의 운영에도 법과 법학, 법률가 집단의 역할은 나날이 강력해지고 있다. 재벌 그룹의 전횡에 맞서기 위해 시민운동가들이 소수주주권과 집단소송을 무기로 삼자, 그 재벌 그룹이 엘리트 법률가들을 불러 모아 최강의 법무팀을 꾸렸던 것은 그 전형적인 예다. 더구나 한국 경제가 미국 주도의 신자유주의적 글로벌 자본주의 체제에 전격적으로 편입된 1997년의 IMF 외환 위기 시대 이후 이런 노력은 경제 영역에 법의 지배를 관철하려는 시도로도 정당화되고 있다.

이 장의 목표는 경제 영역의 중심에 법과 법학, 법률가 집단을 동원하려는 시도를 규범적으로 평가하는 것이 아니다. 여기서는 다만 어떤 의미에서 20년 전보다 훨씬 가까워진 '법'과 '돈'의 거리를 분석하기 위해 비판 법학의 전면에 법과 자본주의의 담론이 부활되어야 할 필요성을 환기하면서, 이를 위한 출발점으로서 한국 사회의 로펌과 기업 변호사들에 대한 스케치를 제시하고자 할 뿐이다. 한국 사회에서 로펌과 기업 변호사들은 이미 판검사 집단과 어깨를 나란히 하는 법률가 집단 내부의 새로운 로열 클래스로 자리를 굳히고 있다. 하지만 사법 관료로서 국가권력을 대표하는 판검사들과 달리 사법 상인인 로펌과 기업 변호사들은 시장 권력과의 긴밀한 연관 속에 존재하며, 거래의 기획 단계에서부터 관여하는 영업 특성상 그 연관은 분쟁의 최종적 해결 과정에 개입할 뿐인 송무 변호사들에 비해 더욱 강화될 수밖에 없다. 이런 관점에서 로펌과 기업 변호사들이 정치와 경제의 동시적 법화legalization를 경험하고 있는 한국 사회에서 법과 자본주의를 연결하는 새로운 고리가 될 가능성은 분명하다. 이 장에서는 이와 같은 가능성이 실제로 얼마나 현실화되고 있는지를 간단히 살펴보고자 한다.

2. 글로벌 경제와 로펌의 지배

한국의 현실에 관한 논의에 앞서 거론해야 할 것은, 법률가 집단 내부에서 로펌과 기업 변호사들의 중요성이 급증하게 된 원인이다. 사실 로펌의 등장은 서구의 법률가 집단 내부에서도 비교적 최근의 현상이며, 엄격히 말하면 20세기 후반 미국의 법률가 집단이 개발해 낸 특수한 영업 형태라고 볼 수 있다. 미국의 경우, 1960년에 변호사의 64퍼센트가 단독 개업 변호사였고, 50명 이상의 변호사가 소속된 로펌(40개 미만)에서 일하는 변호사의 숫자가 전체의 1퍼센트 미만이었던 것에 비해, 1995년에는 단독 개업 변호사의 비율이 45퍼센트 이하로 떨어진 대신,

50명 이상의 변호사가 소속된 로펌에서 일하는 변호사의 숫자가 전체의 10퍼센트 이상으로 상승했던 것이다(Enlow 2004, 9). 이런 흐름은 1990년대 이후 확립된 미국 주도의 신자유주의적 글로벌 자본주의 체제에서 한층 강화되어, 급기야 최근에는 베이커 앤 맥켄지Baker & McKenzie나 클리포드 챈스Clifford Chance처럼 소속 변호사의 숫자가 3천 명에 육박하는 글로벌 메가 로펌들이 탄생하게 되었다. 이 때문에 적어도 경제 영역에 있어서는 영어와 달러의 위력을 앞세워 진행되는 법의 세계화가 곧 (영미) 로펌의 세계화이자 (영미) 메가 로펌의 지배로 진행되고 있다는 주장이 설득력을 갖게 되었다(문재완 2002, 277-278).[1]

이와 같은 로펌의 성장을 설명하기 위해서는 먼저 자유민주주의 체제에서 법과 자본 사이의 모순적 관계를 이해해야 한다. 막스 베버가 설명하듯이 법은 시장 교환의 합리성, 특히 예측 가능성을 확보하는 데에서 필수 불가결한 요소다. 그러나 바로 그 때문에 자유민주주의 체제에서 법은 민주정치에 밀접하게 연관될 수밖에 없고, 그 결과 법 그 자체의 자본화 또는 상품화는 상당히 제약될 수밖에 없다. 시장 교환 전체를 체계적으로 합리화하기 위해서는 법을 상품 시장 바깥에 존재하는 공공재로 관리하거나 적어도 법의 공공성을 보장하는 조치가 강구되어야 하기 때문이다. 역사적으로 이를 위해 동원된 방식은 크게 보아 '관료화'와 '전문화'였다. 전자는 법을 기본적으로 국가가 공급하는 공공적 인프라로 간주한 뒤 예외적으로 상품화를 허용하는 것이었고, 후자는 법의 상품화를 기본적으로 허용하면서도 전문직 윤리를 통해 공공성을 확보하

1_흥미로운 것은 이 과정에서 1990년대 이후 영국계 로펌의 성장이 크게 두드러졌다는 사실이다. 문재완은 이것을 주로 유럽 통합 이후 유럽 각국의 지역 로펌들이 미국계 메가 로펌들과 경쟁 관계에 있는 영국계 메가 로펌들에 의해 인수 합병된 결과로 설명한다.

는 것이었다. 양자는 사법 관료와 법 전문직이라는 법률가의 두 전형으로 구체화되었다.

흥미롭게도 이 두 법률가의 전형은 법 그 자체의 자본화 또는 상품화에 상당한 거리를 둔다. 이 점은 법률가들이 신분적 이해관계를 확보하기 위해 법의 자본화 또는 상품화를 적극적으로 저지하는 국면에서 잘 나타난다. 법률가들은 산업자본이나 금융자본에 예속되기보다는 사법 관료의 특권이나 법 전문직의 긍지를 유지하는 방식으로 자신들의 이해관계를 관철한다. 이를 위해 법률가들은 '법치주의'와 '사법권 독립'의 이데올로기를 내세우고, '법률 서비스의 공급자의 공급'supply of supplier of the legal service을 관리하는 기제를 자신들의 수중에 확보한다. 예컨대 한국 사회에서 사법 관료들은 엄격한 정원제 사법시험과 사법연수원 제도를 유지하는 데 집착해 왔고, 영국 사회에서 법정 변호사들은 법학원inns of court을 중심으로 하는 장기간의 도제 수습 과정을 유지하는 데 집착해 왔던 것이다.[2]

단적으로 말해서, 로펌의 일반화는 이와 같은 자유민주주의의 초기 기획이 효력을 잃어 가고 있음을 보여 준다. 가장 중요한 변수는 물론 자본시장 그 자체가 국민국가의 경계를 넘어 글로벌 경제의 차원으로 확장되었다는 사실이다. 글로벌 경제의 등장은 그 주도 세력인 다국적 기업들로부터 종래와는 차원이 다른 법적 서비스의 수요를 창출했고, 이에 대응하기 위해서는 종래의 사법 관료나 법 전문직과는 다른 새로운 법률가 유형 및 그들을 엮는 새로운 조직 형태가 필요했다.

2_이 점에서 리처드 에이블은 "법률가 집단은 스스로의 공급, 즉 법률 서비스 공급자의 공급을 관리하는 방식으로 변화해 왔다."라는 자신의 가설이 궁극적으로 대륙법계 국가들에서도 통용될 수 있음을 조심스럽게 주장한다(Abel 1989a, 135-136).

그렇다면 이 새로운 법률가 유형과 조직 형태가 기업 법률가와 로펌이 된 것은 무엇 때문일까? 사실 로펌이라는 조직 형태는 '법률가는 산업자본이나 금융자본에 의해 직접 고용되거나, 예속되지 않으며, 오로지 법률가에 의해서만 고용될 수 있다.'라는 법 전문직주의의 전통을 계승하면서도, 그 속에서 단위 시간당 업무 생산성을 극대화하기 위해 고안된 것이었다. 일찍이 마크 갈란터Marc Galanter가 제시한 것처럼, 로펌은 "자신이 처리할 수 있는 수준 이상의 사건을 수임하는 유능한 변호사가 다른 보조 변호사들을 고용한 뒤 이들을 치열한 경쟁 과정(토너먼트) 속에서 관리함으로써 생산성을 극대화"하는 법률가 영업 방식의 새로운 조직 형태였던 것이다(Galanter & Palay 1991).

새로운 법률가 조직 형태로서 로펌이 발전하는 과정에는 20세기 초반부터 각 주 단위를 넘어서서 연방 차원으로 자본시장을 확대한 미국의 경험이 결정적으로 작용했다. 조직 형태의 측면에서 그것은 미국 로펌이, 단독 개업 변호사들의 연합 사무실law offices의 형태에서 무한책임사원으로서의 구성원 변호사들partners이 존재하는 합명회사general partnership의 형태를 거쳐, 일정한 조건 아래 구성원 변호사들의 책임을 경감시키는 유한책임회사limited liability company, 유한책임조합limited liability partnership, 전문직 법인professional corporation 등의 형태로 변신해 가는 실험 과정이었다.[3] 이런 실험 결과의 축적은 미국법(미국 법률가)과 미국 자본 모두에게 유리한 방향으로 작용해, 급기야 글로벌 경제의 팽창 과정에서 미국법(미국 법률가)의 지배와 미국 자본의 지배가 동시에 관철되는 효과로 이어졌다. 아울러 최근에는, 특히 유럽 통합의 흐름을 타고, 법규범과 언어의 측면에서

3_미국 로펌의 조직 형태에 관해 자세한 것은 최승순(2003)을 볼 것.

강점을 지닌 영국계 로펌들까지 그 대열에 합류하게 되었던 것이다.[4]

　지금의 상황에서 글로벌 경제를 견인하는 (영미 메가) 로펌들의 지배권은 상당히 확고하다. 그러나 그렇다고 해서 앞으로도 그렇게 되리라고 단정하기는 힘들다. 무엇보다 법과 자본을 모순 관계로 유지하던 법전문직주의의 기틀이 크게 흔들리고 있기 때문이다. 이미 다국적기업으로 성장한 메가 로펌들이 법의 논리가 아니라 자본의 논리에 압도되면서 다양한 윤리적 문제들을 쏟아 내고 있는 것[5]이나, 규모로 보면 훨씬 대형인 다국적 회계 법인들이 기업 법률가들까지 고용해 회계감사, 투자 기획 상담 등을 포함한 원스톱 서비스를 제공함으로써 로펌 업계에 심각한 위협이 되고 있는 것(이른바 복수 전문직 간의 동업multidisciplinary partnership, MDP)[6] 등은 그 전조에 해당한다. 나아가 이미 국제 법률가들의 산실이 되고 있는 미국의 유수 로스쿨들이 앞을 다투어 글로벌 로스쿨로 변신을 선언하고 있는 것[7]도 주목할 필요가 있다. 전통적으로 법 전문직주의의 기틀이 되어 온 '법률 서비스의 공급자의 공급 관리 시스템'이 별개의 시장으로 독립하게 되면, 법률가 집단의 규모가 전체적으로 폭증하면서 법률가들이 자본의 논리에 굴종하게 될 가능성이 커질 것이기 때문이다.

　국민국가 체제에서 법이 자본의 논리에 일방적으로 휘둘리지 않을

4_엔로는 미국의 로펌과 기업 법률가들이 국내시장을 정복하는 과정에서 이미 상당 정도 법 전문직주의에 반대되는 경향을 축적했으며, 세계화 과정에서는 이것이 더욱 증폭되고 있음을 지적한다(Enlow 2004, 5-7).

5_예컨대 Regan Jr.(2000).

6_후술하듯이 복수 전문직 간의 동업을 허용할 것이냐라는 문제는 법률 서비스 시장 개방 문제와 관련해서도 핵심적인 쟁점들 가운데 하나다. 자세한 것은 김순석(2001)을 볼 것.

7_1990년대 이후 이런 흐름을 선도하고 있는 로스쿨로는 단연 뉴욕 대학(New York University, NYU) 로스쿨을 꼽을 수 있다.

수 있었던 것은 국민국가나 법률가 길드를 기축으로 '공공성'의 가치가 어느 정도 보존될 수 있었기 때문이다. 그러나 세계적 규모의 정치사회를 포함해 아직 어떤 공공적 준거도 확보되지 못한 글로벌 경제의 현실에서 동일한 메커니즘을 기대할 수는 없다. 가까운 장래에는 로펌의 사기업화와 기업 법률가의 상인화가 더욱 빠르게 진행되면서 법의 논리가 자본의 논리에 압도당하는 방식으로 사태가 전개될 확률이 높다.

3. 한국 로펌의 약사略史

한국 로펌의 현실을 입체적으로 이해하기 위해서는 처음부터 기업법무에 주력하는 미국식 로펌으로 설립되어 2003년 현재, 이른바 '빅4'를 형성하고 있는 김&장·태평양·세종·광장 등의 역사를 간략하게나마 개관할 필요가 있다. 대부분 각 로펌의 대표 변호사로서 여전히 활동하고 있는 설립자들의 면면이야말로 현재까지도 한국 로펌의 성격을 상당부분 규정하고 있기 때문이다. 빅4 중 태평양을 제외한 나머지 로펌의 설립자들인 김영무·이태희·신영무 변호사는 상당히 공통적인 이력을 소유하고 있다. 각기 20대 초반의 나이에 우수한 성적으로 사법시험에 합격한 뒤 사법대학원을 수료한 이들은 각기 짧은 판사 생활과 군 복무등을 거친 후 미국의 하버드 대학 또는 예일 대학 로스쿨에 유학해 법무박사(J.D. 또는 J.S.D.) 학위를 취득한다. 그리고 나서 뉴욕이나 캘리포니아 등지에서 변호사 시험에 합격해 미국 변호사 자격을 얻고 나서 일정 기간 미국의 로펌에서 수련을 쌓는다. 이들이 귀국해 각자의 사회적 배경을 기반으로 일부 국내파 변호사들과 결합해 로펌을 설립하는 것은 대략 1970년대 중반 이후의 일이다. 김영무 변호사는 1972년에 김&장을 시작하고, 이태희 변호사는 1977년에 한미Lee & Ko를, 신영무 변호사는 1981년에 세종Shin & Kim을 시작한다.[8]

　여전히 일본법과 독일법의 영향력이 지대하던 상황에서 미국 유학을 단행하고, 기업 변호사의 길을 선택한 이들의 시도는 한국 사회에 '국제 변호사'라는 새로운 종류의 법률가 유형을 등장시켰다. 물론 이들 이전에도 1960년대 후반부터 섭외 사건을 주로 취급하는 '김&장&리'나 '김&신&류'와 같은 소규모 로펌이 존재한 것은 사실이다(김주원 1995, 123-125). 하지만 이 소규모 로펌들이 소송 업무를 주로 담당하는 단독 개업 변호사의 연합 형태에서 크게 벗어나지 못했던 것에 비해, 김영무·이태희·신영무 변호사들이 시작한 새로운 로펌은 시간제 수임료 청구제, 변호사들의 전문팀 조직, 법무 보조 인력paralegal staff 활용 등 미국식 로펌들의 업무 방식과 조직 형태를 적극적으로 수용했다는 점에서 큰 차이가 있있다. 나아가 소송 업무보다는 기업 대상의 의견서 작성을 주된 업무로 삼는다거나, 외국 변호사를 적극적으로 고용해 섭외 사건의 대처 능력을 확보하는 것 등은 말 그대로 기업 법무에 집중하는 본격적인 미국식 로펌의 한국화였다.

　박정희 정부의 개발독재가 강력하게 진행되던 1970년대 말까지 새로운 로펌들의 활동 무대는 섭외 사건들의 영역을 크게 벗어나지 못했

8_대한변호사협회의 홈페이지(http://www.koreanbar.or.kr) 등에서 얻을 수 있는 이 세 설립자들의 학력은 다음과 같다. 김영무 변호사 : 1964년 서울대학교 법과대학, 1966년 서울대학교 사법대학원, 1967년 시카고 대학 로스쿨(석사), 1970년 하버드 대학 로스쿨(박사). 이태희 변호사 : 1962년 서울대학교 법과대학, 1963년 서울대학교 사법대학원, 1971 하버드 대학 로스쿨(석사), 1974년 하버드 대학 로스쿨(박사). 신영무 변호사 : 1967년 서울대학교 법과대학, 1970년 서울대학교 사법대학원, 1976년 예일 대학 로스쿨(석사), 1978년 예일 대학 로스쿨(박사).

다. 그러나 1980년대에 들어와서 한국 경제의 국제화가 추진되고 상대적으로 경제에 대한 국가의 직접 통제가 적어지면서, 로펌들의 활동이 본격화되기 시작한다. 기업 법무에 대한 수요가 점점 늘어나면서 좁은 의미의 섭외 사건 이외의 영역으로 업무 범위가 확장되고, 이에 따라 로펌의 규모도 상당히 커졌다. 여기에 1981년부터 사법시험 합격자가 한 해에 3백 명 수준으로 증가하면서 종래에 비해 변호사 숫자가 대폭 확충된 것도 중요한 변수라고 할 수 있다. 대부분 판검사를 거친 뒤 변호사가 되던 종래의 법률가 경력 유형에 비추어 볼 때, 이런 변화는 처음부터 변호사 직을 희망하는 (또는 그럴 수밖에 없는) 예비 법률가들의 숫자를 대폭 증가시켰던 것이다. 이때부터 사법연수원을 우수한 성적으로 수료하고도 판검사 대신 로펌 변호사를 선택하는 것이 세간에 화제가 되기 시작했다.

판사, 검사 및 (단독 개업) 변호사로 이루어진 법조삼륜에 로펌과 기업 법률가가 새로운 범주로 형성되고 있음을 확실하게 드러낸 것은 1986년에 이루어진 태평양Bae & Kim & Lee의 확대 개편이었다. 전형적인 국내파 엘리트로서 1980년에 태평양을 설립했던 김인섭 변호사는 바로 이 해에 송무 분야의 강점을 바탕으로 배명인·이정훈 변호사를 영입해 본격적인 로펌을 출범시켰다. 서울 지법 부장판사, 대법원 재판 연구관, 사법연수원 교수 등을 거친 판사 출신 변호사와 법무부 장관, 안기부 장관 등을 역임한 검사 출신 변호사, 그리고 위 다른 세 로펌의 설립자들과 비슷한 이력을 소유한 국제 변호사의 결합은 순식간에 태평양을 로펌계의 강력한 경쟁자로 등장시켰다. 이후 태평양은 특히 소송 업무에 강점을 지닌 한국형 로펌으로서 다른 세 로펌과는 상당히 차별화된 이미지를 발전시켰다.

1980년대 중반부터 1990년대 중반까지 계속된 한국 경제의 장기 호황은 빅4에게 안정적인 성장의 기반을 제공했다. 민주화가 본격적으로 진행되면서, 경제의 자율성이 더욱 강조되고 전반적인 기업 법무 서비스의 수요가 증가했고, 로펌의 규모는 더욱 커졌다.[9] 김&장은 압도적인 1위의 자리를 고수했지만, 해상·운송 분야 등의 우위를 바탕으로 보수적인 조직 운영을 유지한 한미는 다른 두 로펌에게 추격을 허용하는 양상을 보였다. 변호사 숫자 면에서 1990년대 초반에 김&장은 이미 70명 수준을 돌파했고, 나머지 세 로펌은 30명이 조금 못 되는 수준까지 성장했다. 그리고 다시 1996년까지 김&장은 1백 명 수준에, 다른 세 로펌은 50명 수준에 이르렀으며, '한화종금 분쟁'과 같이 세인들의 이목을 집중시키는 법적 분쟁에서 빅4가 서로 맞붙는 경우도 많아졌다.[10]

한편, 로펌의 조직 형태가 일반화되기 시작하면서, 일찍부터 인권 운동 등에 적극적으로 참여하던 인권 변호사들과, 1980년대에 사법시험에 합격한 소장파 변호사들이 10여 명 안팎의 중소 규모 법무 법인이나 합동법률사무소를 개설하는 일도 많아졌다. 덕수·해마루·시민 등의 로펌들은 시국 사건과 노동 사건 등에 주력하면서 각종 사회 활동에 활발하게 참여했고, 1988년에 출범한 '민주사회를위한변호사모임'(민변)에서도 주도적인 역할을 담당했다. 로펌이라는 새로운 조직 형태가 가져온 지적·경제적·조직적 생산성 증대가 진보적 변호사들의 공익 변론 활동에 물적 기반을 제공했던 것이다.

9_ 김건식은 1990년대 이후 한국 사회에서 기업과 법률가의 관계가 ① 사후적인 소송대리에서 사전적인 법률 자문으로, ② 우연적·일회적인 관계에서 일상적·계속적인 관계로, ③ 일면적인 관계에서 전면적인 관계로 변화했다고 지적하면서, 이런 변화가 로펌의 성장과 사내 변호사의 등장으로 이어졌음을 지적한다(김건식 2000, 242-245).

10_『주간조선』(97/05/8, 46-47), 기사 제목 "로펌들의 무한 전쟁 : 매년 20~30퍼센트 고속 성장, 유례없는 전성기."

1997년 갑자기 밀어닥친 IMF 외환위기 시대는 한국 로펌의 역사에서 중요한 분기점을 이루었으며, 특히 빅4에게는 비약적인 발전의 계기가 되었다. 신자유주의적 기조에 따른 시장 개방이 전격적으로 진행되면서, 기업의 도산과 정리 해고, 은행 등을 포함한 기업들 간의 (적대적) 인수합병, 해외 기업의 국내 진출 및 자본 투자, 그리고 심지어는 이에 따른 정부의 법령 정비 등에 이르기까지 로펌의 법무 서비스를 절대적으로 필요로 하는 문제들이 무수히 발생했던 것이다. 더욱이 세계무역기구WTO의 출범 이후에도 법률 서비스 시장의 개방 문제가 여전히 해결되지 않았기 때문에, 국내의 기업 법무 서비스 시장에 관한 한 빅4는 독점 공급자들의 특권까지 주어진 셈이었다. 이 시기 동안 빅4는 각기 외국 기업(또는 그와 관련된 외국 로펌)이나 국내 기업을 대리하면서 비약적인 성장을 기록했다. IMF 외환 위기 이후 약 5년 만에 김&장은 변호사 숫자만 180여 명(변리사와 기타 전문직을 포함하면 3백 명 이상)을 헤아리는 아시아 최대 규모의 로펌으로 성장했으며, 태평양과 세종도 각기 변호사 숫자만 1백 명 이상의 규모로 몸집을 키울 수 있었던 것이다.

이와 같은 비약적인 성장 과정에서 한국의 로펌들은 차츰 미국식 경영 방식에 익숙해지고 있다. 이에 관한 단적인 증거는 최근 들어 취약 분야를 보강하기 위해 인수합병을 마다하지 않는 대형 로펌들의 행태이며, 또 이를 통한 몸집 불리기다. 예를 들어 해운, 항공, 국제 거래 등에서 강점을 지녔음에도 상당히 보수적인 운영으로 일관하던 한미가 2001년 국내 송무 분야에 강점을 가진 광장과 전격적으로 합병해 광장Lee & Ko이라는 명칭으로 단숨에 변호사 숫자에서 2위의 자리를 탈환한 것이라든지, 2003년 화백과 우방이 합병해 화우라는 명칭으로 순식간에 1백 명 규모의 빅5로 등장한 것 등이 그러하다. 그 밖에 인수합병 등의 여파로 빅4에서 이탈한 변호사들이 연대해 전문성과 경쟁력을 갖춘 중소 규모 로펌으로 새롭게 출발하는 경우(우현·지평 등)도 있고, 사이버 로펌의 선풍이 한결 잦아든 이후에는 한결 다양해진 정보 전달 시스템을 기초로 아예 처음부터 특정 분야의 틈새시장을 공략하기 위한 소규모 부티크형 로펌(두우·다래)을 창립하는 사례도 증가하는 추세다. 또한 그 연장선상에서 최근에는 중국 법률 서비스 시장에 진출하려는 노력도 활발해지고 있다(대륙 등).

이와 같은 로펌의 질주에 대응해 학계와 시민사회에서는 법조 윤리 차원의 요청들을 제기하기 시작했다. 비록 법과 자본주의의 담론을 전면에 내세우고 있지는 않지만, 예를 들어, 김건식은 이익 상충이라는 기술적인 측면을 넘어서서 영리성을 최고의 가치로 삼는 로펌의 기업화가 기업 법률가들에게 법률가로서의 독립성을 포기하게 만든 뒤 결국 대기업으로 상징되는 기득권의 방패로 전락하게 될 가능성을 지적하고 있다(김건식 2000, 247-252). 이런 우려의 연장선상에서 2004년 10월 사법개혁위원회는 공익 변호사의 의무 고용 등의 방식으로 내형 로펌의 공익성을 확보하는 방안을 대통령에 대한 건의 사항에 포함시키기로 결정하기도 했다.[11] 한편 2000년대 들어와서 그동안 민변의 공익 활동에 주축을 이루던 중소 규모 로펌들이 기업 로펌과 공익 로펌으로 크게 양분되고 있는 흐름 또한 주목할 만하다.

11_로펌의 윤리 문제는 법조 윤리의 영역에서도 뜨거운 감자로 급부상하고 있다(오승종 2004).

4. 한국 로펌의 인적 구성

대한변호사협회가 제시한 통계[12]에 따르면, 2004년 11월 현재 우리나라에는 6천9백 명에 가까운 변호사 가운데 2천8백 명 정도가 법무 법인 또는 공증 인가 합동법률사무소에 근무하고 있다. 이처럼 전체 변호사의 40퍼센트에 육박하는 숫자가 기록되는 이유는 사실상 단독 개업 변호사와 다름없으면서도 사건 수임과 사무실 유지, 그리고 공증 업무 등과 관련해 합동 사무실 체제를 유지하는 변호사들이 많기 때문이다. 구성원 변호사의 숫자가 소속 변호사의 숫자의 거의 세 배에 이른다는 점은 이를 단적으로 나타낸다. 실제로 기업 법무의 수요를 주로 담당하면서 조직 형태도 본격적인 로펌에서 근무하는 기업 변호사의 숫자는 1천3백 명을 조금 상회하는 것으로 추산된다.[13]

한두 개의 예외를 제외한다면, 한국의 로펌은 2004년 11월 현재 거의 완벽하게 서울 및 인근 수도권 지역에 존재한다. 특히 대부분의 섭외 사건과 프로젝트형 기업 법무 서비스를 제공하는 상위 10여 개의 로펌은 모두 서울에 소재하고 있다. 전체 변호사의 약 70퍼센트가 서울에 개업하고 있는 것을 감안한다면, 서울을 제외한 각 지역에는 사실상 단 하나의 본격적인 로펌도 없다는 말이다. 로펌의 영업 분야는 상당히 다양한데, 빅 4~5는 기업 구조 조정, 인수합병, 프로젝트 금융, 파산 및 화의, 국제 거래, 해사 및 항공, 특허 등을 포함하는 광범위한 기업 법무 서비

12_대한변호사협회 홈페이지(http://www.koreanbar.or.kr) 자료실(검색일 : 04/11/04).

13_물론 이 추산은 로펌의 기준을 얼마나 엄격하게 적용하는가에 따라 매우 달라질 수 있다. 여기서의 추산은 『중앙일보』 홈페이지가 운영하는 법조 인물 정보에서 최소 8명 이상의 변호사를 가진 약 60개 법무 법인들의 총 변호사 숫자를 기초로 한 것이다.

스를 제공하는 반면, 그 하위의 중규모 로펌들은 지적 재산권, 조세, 보험 등 특정한 분야에 나름대로 강점을 내세우고 있다. 앞서 언급했듯이, 특히 최근에는 로펌들 사이의 경쟁이 치열해지고 인수합병이 자주 벌어지면서, 엔터테인먼트나 의료 분쟁과 같은 틈새시장을 겨냥하는 소규모 부티크 로펌도 증가하고 있는 추세다. 영미계 로펌들에 비교한다면, 상대적으로 소송 업무가 많은 것은 한국 로펌들의 공통적인 특징이다.

로펌의 구성원들은 크게 변호사와 기타 전문직, 그리고 사무직원들로 나눌 수 있다. 이 가운데 변호사는 다시 구성원 변호사와 소속 변호사로 나누어지며, 구성원 변호사 가운데에서도 대표 변호사나 고문 변호사와 같은 방식으로 시니어 파트너와 주니어 파트너의 구분이 통용되는 것을 확인할 수 있다. 설립자 그룹을 제외한다면, 시니어 파트너들에 관해서는 다시 두 종류로 구분할 수 있다. 하나는 변호사 생활 초기부터 기업 법률가로서 착실하게 경력을 쌓은 경우로, 거의 예외 없이 하버드·예일·컬럼비아 로스쿨과 같이 미국에서 랭킹 10위권 내에 드는 유명 로스쿨에 1년 정도 유학해 법학 석사L.L.M.나 비교법 석사M.C.L. 학위 또는 전문 법학 박사J.S.D. 등을 취득한 뒤, 뉴욕 주 등지에서 미국 변호사 자격을 획득한 변호사들이다. 그중 일부는 설립자들처럼 외국 로펌에서 근무한 경험까지 갖고 있으며, 이는 한마디로 한국 사회에서 '국제 변호사'의 로열 코스를 이수한 경우라고 볼 수 있다. 시니어 파트너들 가운데에서도 상대적으로 젊은 그룹이 여기에 속하며, 대개는 각 대형 로펌에서 기업 법무의 전문팀을 이끌고 있다. 다른 하나는 법원 또는 검찰에서 경력을 쌓다가 상당한 수준의 고위직에 이른 뒤 기업 법률가로 전직한 경우다. 여기에는 때때로 대법원장이나 대법관, 법무부 장관이나 검찰총장 등을 거친 거물급 변호사들이 포함되기도 한다.

설립자 그룹이 수립했던 '국제 변호사'의 라는 경력 유형은 여전히

<표 1> 빅4 로펌 소속 변호사들의 구성 (단위 : 명)

	한국인 변호사 (A)	외국인 변호사 (B)	한국인 변호사 중 외국 변호사 자격 소지자	계 (A+B)
김&장	175	7	37	182
태평양	104	23	25	127
세종	91	19	34	110
광장	112	20	42	132
계	482	69	138	551

<표 2> 빅4 로펌 한국 변호사들의 최종 법학 학위 배경 (단위 : 명)

외국	177
국내	305
계	482

이국계 최종 법학 학위 수여국의 구성	
미국	164
영국	5
독일	3
일본	3
프랑스	1
중국	1
계	177

강력하게 존재하고 있다. 2003년 7월에 빅4의 홈페이지 등을 중심으로 소속 변호사들의 경력 유형을 조사한 결과는 이 점을 증명한다.[14]

〈표 1〉과 〈표 2〉에서 확인할 수 있듯이, 빅4 로펌의 소속 변호사들은 대체로 미국의 로스쿨에서 최종 법학 학위를 받은 뒤 뉴욕 주 등에서 미국 변호사 자격을 취득했다. 또한 〈표 3〉과 〈그림 1〉이 보여 주듯이, 1980년대에 사법시험에 합격한 4대 로펌의 변호사들 가운데 약 75퍼센트 이상이 외국의 법학 학위를 최종 학력으로 보유하고 있는 것으로 나타났는데, 이들 가운데 약 90퍼센트는 미국의 저명 로스쿨에 유학한 것

14_ 이에 관해 자세한 것은 Lee(2007, Ch. 7) 참조.

〈표 3〉 빅4 로펌 소속 변호사들의 외국 법학 학위 취득 현황 (단위 : 명)

사법시험 횟수(연도)	변호사	외국 최종 법학 학위자
1회 (1963년)	2	2
2회 (1964년)	1	0
3회 (1965년)	3	2
6회 (1966년)	5	0
8회 (1967년)	2	1
9회 (1968년)	1	1
10회 (1969년)	1	0
11회 (1970년)	5	2
14회 (1972년)	3	3
16회 (1974년)	2	0
17회 (1975년)	2	2
18회 (1976년)	8	6
19회 (1977년)	5	4
20회 (1978년)	5	4
21회 (1979년)	6	5
22회 (1980년)	3	3
23회 (1981년)	10	8
24회 (1982년)	10	8
25회 (1983년)	16	12
26회 (1984년)	11	8
27회 (1985년)	15	10
28회 (1986년)	12	8
29회 (1987년)	13	8
30회 (1988년)	15	13
31회 (1989년)	13	8
32회 (1990년)	17	13
33회 (1991년)	28	16
34회 (1992년)	11	6
35회 (1993년)	22	6
36회 (1994년)	16	4
37회 (1995년)	38	3
38회 (1996년)	38	0
39회 (1997년)	26	1
40회 (1998년)	31	2
41회 (1999년)	51	2
42회 (2000년)	23	1
기타	12	1
계	482	177

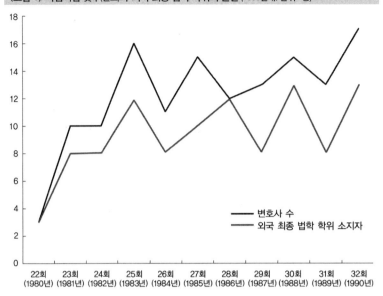

〈그림 1〉 사법시험 횟수(연도)와 외국 최종 법학 학위의 연관 (1980년대: 단위 : 명)

변호사 수
외국 최종 법학 학위 소지자

으로 알려져 있다. 따라서 처음 소속 변호사로 대형 로펌에 입사하여 약 6~7년간 근무하고 난 뒤 유학을 떠나는 관행을 고려할 때, 그 과정을 성공적으로 마친 소속 변호사들 가운데 주니어 파트너가 선임되는 것으로 추정할 수 있다. 이는 적어도 빅4의 경우, 설립자 → 시니어 파트너 가운데 국제 기업 법무 팀장 그룹 → 주니어 파트너로 이어지는 계통이 로펌 조직의 중추를 이루고 있음을 암시하는 것이다. 그 하위의 소속 변호사들은 아직 변호사 경력이 일천하고, 미국 유학 등의 경험이 없으며, 연령 또한 20대 후반에서 30대 초반의 젊은 변호사들이 대다수다.

최근 들어 고위직 법관이나 검사들이 퇴직 후 대형 로펌의 변호사로 변신하는 경우가 급증하고 있다. 예컨대 참여연대 사법감시센터의 자료를 보면, 2001년 1월에서 2004년 8월까지 퇴직한 고등법원장급 이상의 전직 법관 24명 가운데, 대학교수나 헌법재판관이 된 2명을 제외한 15

명은 대부분 대형 로펌에 영입되었다. 검찰 쪽도 사정은 마찬가지여서 같은 기간 퇴직한 고검장급 이상의 전직 검사 17명 가운데 대법관, 헌법재판관, 법무부 차관이 된 4명을 제외한 7명이 대부분 대형 로펌에 영입되었다(참여연대 사법감시센터 2004).[15] 이들 가운데에서도 법원 연수나 검찰 연수 등을 이용해 외국 유학 경험을 가진 경우가 있으나 그 비율은 낮고 연령 또한 높은 편이다. 이들은 국내의 소송 업무에 배치되는 경우가 대부분이다.

빅4에 소속된 기타 전문직 가운데 중요한 그룹으로는 변리사나 공인회계사와 같은 연관 직종을 들 수 있다. 특히 특허나 지적재산권, IT 분야 등을 특성화시킨 김&장의 경우에는 2003년 7월을 기준으로 다양한 배경을 가진 변리사들의 숫자가 거의 1백 명에 육박하고, 다른 큰 로펌들에서도 이 두 직종은 쉽사리 발견할 수 있다. 다음으로 중요한 그룹은 고문consultant이라는 명칭을 가진 외국 변호사들과 전직 고위 관료들이다. 국제 법무를 많이 취급하는 업무 특성상 외국 변호사의 협력은 필수적인 측면이 있고, 이 때문에 그 숫자 또한 점점 증가하는 것으로 관측된다. 외국 변호사로는 미국 변호사들이 압도적으로 많고, 빅4에는 외국인 변호사도 상당수 존재하지만, 재미 교포 미국 변호사나 한국 국적의 미국 변호사들이 다수를 차지하며 또한 증가하는 추세다. 재일교포를 포함한 일본 변호사들도 간혹 눈에 띄며, 중국과의 무역 교류가 활발해지면서 최근에는 중국 변호사도 일부 채용된 사례가 확인된다. 특

15_이런 이유로 최근 변호사 업계에서는 종래의 '전관예우' 대신 이른바 '로펌 예우', 법관들이 퇴직 후 자신을 스카우트할지도 모르는 대형 로펌들을 예우하는 현상이 등장하고 있다는 자조가 번지고 있다. 2004년 12월, 서울의 중소 규모 로펌 변호사들을 인터뷰할 기회가 있었는데, 그 과정에서 대형 로펌들의 윤리 문제 및 로펌 예우 문제는 이구동성으로 비난의 표적이 되었다.

이한 것은 큰 로펌일수록 상임 고문이라는 명칭 아래 법률가 자격이 없는 전직 고위 관료들을 채용한 예가 상당수 관찰된다는 점이다. 여전히 경제 운영에 있어서 정부의 역할이 강력하고, 사건 수임 등에 있어 연줄망이 중요하다는 점을 고려할 때, 이는 다분히 한국적 현실이 반영된 인적 구성이다. 그 밖에 변호사의 업무를 실무적으로 보조하는 전문 인력이나 연구원을 두고 있는 경우도 있다.

앞서 언급한 마크 갈란터의 토너먼트 이론을 동원해 거칠게나마 살펴보면, 이와 같은 인적 구성은 결국 다음과 같이 정리될 수 있다. 우선 토너먼트의 정점에는 설립자 그룹을 포함해 토너먼트 전체를 관리하는 비교적 소수의 '국제 변호사들'이 존재한다. 젊은 나이에 우수한 성적으로 사법시험에 합격하고 사법연수원을 수료한 뒤, 비교적 짧은 판검사 또는 변호사 생활을 거쳐 미국의 저명 로스쿨에 유학하고, 다시 미국 변호사 자격을 획득해 귀국하는 것이 이들이 공유하는 로열 코스다. 이 독특한 경험은 그들만이 한국 법률가 집단 가운데 유일하게 국제적 기업 법무 서비스를 제공할 수 있는 능력과 배경을 가지고 있음을 나타내는 증거다. 이런 독점력에 기초해 이들은 한편으로 소송 업무에 강점을 가지고 있는 국내파 거물 전관 변호사들과 동맹하고, 다른 한편으로 전직 고위 관료 및 외국 변호사들을 영입해 그들의 도움을 받는다. 사무직원들을 포함한 로펌의 인적·물적 설비들은 기본적으로 이 국제 변호사들의 수중에 있다.

이들에 의해 일차적으로 고용되어 있는 것이 국제 변호사로서의 동일한 경력을 쌓아 가고 있는 비교적 다수의 주니어 파트너들이다. 그들은 일단 고용 변호사의 신세를 면하기 위한 토너먼트에서는 승자가 되었지만, 토너먼트의 정점을 향해 승진하기 위해서는 또 다른 토너먼트를 치르지 않으면 안 된다. 결국 가장 열악한 처지에 놓이는 것은 토너먼트의 최저점에서 2차적으로 고용된 상태인 소속 변호사들이다. 그들을 기다리는 것은 혹독한 시련을 통해 수년 동안 특정 분야의 기업 법률가로서 '일'을 배우고, 6~7년 뒤 미국 로스쿨 유학을 통해 '국제 변호사'로서의 로열 코스를 이수해 가는 것뿐이다. 물론 소속 변호사의 단계이건, 주니어 파트너의 단계이건, 심지어는 시니어 파트너의 단계에서조차 토너먼트에서 이탈하는 것이 불가능하지는 않다. 그러나 로펌이라는 조직 형태를 벗어나지 않는 한, 이것은 결국 자신 스스로가 토너먼트의 정점에 서려는 선택일 수밖에 없다. 의뢰인에게 잠시 고용되는 경우를 제외한다면, 변호사로서 고용되지 않고 고용하기만 하는 자유를 누리는 것은 오로지 토너먼트의 정점에서만 가능한 일이기 때문이다.[16]

5. 법률 서비스 시장 개방의 비대칭성과 한국 로펌의 미래

지금까지 간략히 살펴 바와 같이 한국의 로펌은 지난 30여 년간 별다른 위기 없이 성장 가도를 줄기차게 달려왔다. 한국 경제의 꾸준한 성장이 그 밑거름이었으며, 유능한 법률가 자원의 공급이 지속적으로 확대된 것 역시 중요한 요인이었다. 심지어 사회 전체가 경제적 위기에 휩싸인 IMF 외환 위기 시대에도 비약적인 성장을 기록했을 만큼 한국의 로펌은 국제화·자유화·민주화·정보화의 물결을 동시에 호흡하면서 그

16_로펌에서 성공적으로 적응한 기업 법률가들로부터 이런 분석을 뒷받침할 만한 자료를 입수하기는 정말 쉽지 않다. 비록 정면에서 문제를 거론하고 있지는 않지만, 매우 솔직하게 로펌 변호사의 삶을 그리고 있는 글로는 윤용석(2001, 167-173) 참조.

유익을 마음껏 누릴 수 있었던 최첨단 조직이었다. 그 결과 한국 사회에서 기업 법률가들은 이미 지금까지 판검사가 누렸던 엘리트 법률가로서의 영예를 위협하는 유일무이한 집단으로 간주되고 있다. 사법연수원의 가장 우수한 수료생들이 법원이나 검찰 대신 4대 로펌을 택하는 것은 이제 뉴스거리도 되지 않는다. 법학 전문 대학원 체제가 안정되어 법률가 양산 체제가 가동되면, 법률가 집단의 안팎에서 로펌과 기업 법률가들의 지위는 더욱 향상될 것으로 전망된다. 이 점은 격심한 사건 수임 전쟁을 겪게 될 소송 업무 중심의 단독 개업 변호사들과는 전혀 다른 상황이다. 그렇다면 이와 같은 로펌과 기업 법률가들의 압도는 언제까지 계속될 수 있을 것인가?

이와 관련해 법률 서비스 시장의 개방 문제는 흥미로운 논쟁거리를 제공한다. 주지하듯이, 이 문제는 김영삼 정부가 세계화 구상을 천명했던 시점부터 한국 사회에서 계속적으로 논의되어 온 주제다. 그동안 법률 서비스 시장의 특수성이라든지, 그 개방 과정에서 단계적 접근의 필요성 등에 관해서는 적지 않은 토론이 전개되어 왔다. 하지만 논의의 주도권은 항상 정부나 이 분야에 종사하는 국내 법률 전문가들의 수중에 있었고, 그로 인해 토론은 주로 법률 서비스 시장의 개방을 피할 수 없는 대세로 받아들이면서도 어떻게 하든지 국내의 법률 서비스 시장에 미칠 파급효과를 최소화하려는 방향에 집중되어 왔다.

이와 같은 수세적인 논의의 방향에 비추어 노무현 정부가 추진했던 몇 가지 사업은 법률 서비스 시장 개방 논의의 방향을 일거에 바꿀 수 있는 폭발력을 가지고 있었다. 예를 들어 정권 초기에 추진되었던 동북아 금융 허브 사업은 국제적 금융 서비스산업이 항상 국제적 법률 서비스산업과 패키지로 연결된다는 점에서 법률 서비스산업을 국가적 전략 산업으로 재규정하게 만들 가능성이 있었다. 또한 정권 후반기에 거의 명운을 걸다시피 추진했던 한미 자유무역협정 역시 미국 법률 서비스산업의 국내시장 진출을 본격적으로 허용한다는 의미에서 지금까지의 수세적인 논의를 뒤집지 않으면 안 되는 측면을 가지고 있었다. 그러나 노무현 정부에서 이런 가능성은 어느 하나도 현실화되지 못했다.

모든 종류의 시장 개방을 신자유주의의 이념을 앞세운 '제국적 질서'의 부도덕한 확산으로 이해하는 입장에서는 노무현 정부의 정책적 실패가 천만다행으로 여겨질 것이다. 하지만 좀 더 냉정하게 사태의 추이를 관찰해 보면, 상황이 반드시 그렇게 낙관적인 것만은 아니다. 법률 서비스 시장의 개방이 미루어지고 있는 상황에도 다른 종류의 시장 개방은 빠른 속도로 진행되고 있기 때문이다. 상품 시장의 개방은 말할 것도 없고, 자본시장의 개방이나 노동시장의 개방은 이미 돌이키기 어려운 수준이다. 그렇다면 문제의 핵심은 법률 서비스 시장의 개방이나 폐쇄 그 자체가 아니다. 더욱 중요한 것은 상품·자본·노동 시장과 법률 서비스 시장 사이에 존재하는 개방 또는 폐쇄의 비대칭성이다. 서로 현격하게 대비되는 자본시장과 노동시장을 예로 들어 이 문제에 관해 잠시 논의를 심화시켜 보자.

대한민국이 IMF 구제금융을 받은 이래로 대한민국의 자본시장과 노동시장은 급속도로 개방되었다. 그러나 같은 기간 법률 서비스 시장의 개방은 계속적으로 미루어졌으며, 제도적 차원에서 개방의 수준은 거의 같은 정도에 머물렀다. 그렇다면 실제로 자본시장과 노동시장에서 발생하는 국제적 차원의 법률 서비스 수요는 어떻게 처리되었는가? 당연한 말이지만, 국제적 차원의 법률 서비스를 제공하기 위해서는 언어와 법률, 그리고 문화의 장벽을 뛰어넘지 않으면 안 된다. 일단 문제되는 국가들에서 통용되는 공식 언어에 익숙해져야만 하고, 그 공식 언어로 구성된 전문적인 법률 지식을 활용할 수 있어야 하며, 나아가 그 모든 것을 관통하는 문화적 코드들에 익숙해져야만 한다. 이 점에서 법률 서비스의 국제화는 결코 만만한 것도 아니며, 하루아침에 이루어질 수 있는 것도 아니다. 국제적 차원의 법률 서비스 수요를 해결하는 것과 관련해 자본시장과 노동시장은 근본적으로 동일한 문제에 부딪혀 왔다. 언어와 법률, 그리고 문화의 장벽을 뛰어넘을 수 있는 훈련된 국제적 법률가 집단이 존재하지 않으면 도저히 국제적 차원의 법률 서비스를 제공할 수 없기 때문이다.

그러나 바로 이 점에 관련해 지난 10여 년간 한국 사회에서는 매우 대조적인 변화가 발생했다. 자본시장에 관해서는 국제적 법률 서비스를 제공하는 매우 세련된 인프라가 생겼지만, 노동시장에 관해서는 그와 유사한 어떤 진전도 이루어지지 않았던 것이다.

자본시장과 관련된 국제적 법률 서비스 수요와 관련해 지난 10여 년 동안 국내에서 발생한 변화는 매우 극적이다. 우선 자본시장 내부에 외국계 법률 전문가들의 침투가 매우 두드러졌다. 세상을 떠들썩하게 만들었던 사모 펀드 론스타의 한국 대표가 미국 변호사였던 것은 이 점을 상징한다. 이와 더불어 국내의 법률가들 역시 개방된 자본시장의 국제적 법률 서비스 수요에 적극적으로 대응하려는 모습을 보였다. 앞서 언급했듯이, 대표적으로 김&장·광장·세종·태평양·율촌·화우 등과 같은 대형 로펌들은 대한민국의 사법시험에 합격하고 일정 기간 변호사 업무를 담당하다가, 곧바로 미국 로스쿨에서 수학해 미국 변호사 자격을 획득한 엘리트 변호사(파트너)들에 의해 지배되기 시작했다. 심지어는 법원과 검찰의 엘리트들 역시 거의 동일한 과정을 거쳐 미국 로스쿨의 학위와 미국 변호사 자격을 최종적인 경력으로 하는 현상이 벌어졌다. 법원과 검찰의 엘리트들은 퇴직 후에 대형 로펌으로 직행하는 경우가 많으므로, 결국 대형 로펌들은 대한민국의 사법시험을 합격한 뒤 미국 로스쿨 학위와 미국 변호사 자격을 획득한 엘리트 변호사들의 최종적인 집합소가 될 수 있었던 것이다.

자본시장에 관해 국제적 법률 서비스를 제공하는 매우 세련된 인프라는, 이와 같은 대형 로펌들이 국내의 고급 네트워크와 외국의 대형 로펌들 또는 그 대형 로펌들이 대리하는 글로벌 자본을 연결시키는 과정에서 공고화되었다. 이를 위해 국내의 대형 로펌들은 예외 없이 고위직 판검사 출신의 전관 변호사들을 구성원으로 영입했고, 청와대는 물론이려니와 기획재정부·국세청·특허청 등의 고위 관료 출신들을 고문으로 영입했다. 이와 동시에 외국인 변호사들이나 한국계 미국인 변호사들을 고용함으로써 전직 고위 관료-전관 변호사-미국 변호사 자격을 가진 한국 변호사-한국계 미국인 변호사-외국인 변호사-외국 로펌-글로벌 자본으로 연결되는 국제적 법률 서비스의 세련된 인프라를 완성시켰던 것이다(자본시장에 침투한 외국계 법률 전문가들은 이 연결 고리를 두세 단계 단축시킴으로써 상당히 큰 이득을 챙기기도 했다).

이 같은 설명이 보여 주는 것은 결국 자본시장의 법률 서비스 수요를 해결하는 것과 관련해서는 언어와 법률, 그리고 문화의 장벽을 뛰어넘는 것이 상대적으로 그렇게 큰 장애가 되지 않는다는 사실이다. 법률 서비스 시장의 개방 문제가 지속적으로 논의되면서도 실세로는 별다른 진전이 이루어지지 않았던 지난 10여 년 동안 한국 사회에서는 언어와 법률, 그리고 문화의 장벽을 뛰어 넘어 국내적 자본과 국제적 자본, 심지어는 국내적 권력과 국제적 권력을 동시에 대리할 수도 있는 국제적 법률 서비스 인프라가 탄생했다. 그리고 이 국제적 법률 서비스 인프라는 점점 더 규모가 커지는 대외적 법률 서비스 시장을 사실상 독점하는 '특혜'를 누릴 수 있었다.

이에 비해 같은 기간 동안 노동시장에서는 거의 아무런 변화도 발생하지 않았다. 수많은 외국인 근로자들과 수많은 외국인 며느리들이 한국 사회에 등장했고, 그로부터 국적·신분·고용·가족·재산·범죄·교육·의료 등 거의 모든 영역에 국제적 법률 서비스 수요가 발생했음에도 불구하고 이에 대응할 수 있는 법률 서비스 인프라는 거의 형성되지 못했다. 언어와 법률, 그리고 문화의 장벽은 여전히 존재하며, 이 장벽을 뛰어넘을 수 있는 인적·물적 자원은 아무 것도 마련되지 못했다. 이 점을 증명하기 위해서는 많은 증거가 필요치 않다. 예를 들어 2007년 국정감사에서 제기되었던 다음의 보고를 보자.

> 2007년 10월 18일 오전, 국회 법제사법위원회의 대전지방법원에 대한 국정감사에서 선병렬 의원은 "최근 3년간, 대전 청주 지법의 외국인 형사재판 수가 계속해서 증가하고 있는데 통역 인력은 단 1명도 없다."며 "재판 과정에서 이들에 대한 기본권 보호를 위한 대책 마련이 시급하다."고 지적했다. 외국인 형사사건이 계속 증가하고 있음에도 대전 고법이나 대전 지법, 청주 지법, 천안 지원 등 관내 민원 센터 내에는 통역 서비스를 해줄 인원이 단 한 명도 없어 대책 마련이 시급하다는 것, 특히 전국적으로 7곳만이 통역 지원 인력이 대기하고 있고, 안산 지원과 광주 지법을 제외하고는 전문 통역인이 거의 전무한 상태여서, 법원 내 직원 중 언어 능통자가 상황에 따라 통역을 지원하는 임기응변 방식에 머무르고 있다는 지적이다.[17]

앞서 말했듯이, 대형 로펌들을 중심으로 포진한 국내의 법률 전문가들은 매우 신속하게 자본시장을 중심으로 국제적 법률 서비스를 제공하

17_제17대 국회 선병렬 국회의원실 국정감사 자료에서 발췌.

는 매우 세련된 인프라를 구성했다. 그러나 그보다 더욱 간절하고 긴급한 국제적 법률 서비스가 빈발하는 노동시장에는 그것에 비교할 만한 어떤 변화도 발생하지 않았다. 돌이켜 생각해 보자. 한국 사회에서 사법시험에 합격해 판검사를 역임하다가 미국 로스쿨에 유학하고 미국 변호사 자격까지를 따고 돌아온 국제적인 엘리트 법률가가 외국인 근로자나 외국인 며느리들의 국제적인 법률 서비스 수요를 감당하기 위해 제대로 헌신한다는 소식이 단 한 줄이라도 언론 지상에 보도된 적이 있었던가? 지금 한국 사회에 존재하는 수많은 외국인 근로자들과 외국인 며느리들의 국제적인 법률 서비스 수요를 감당하고 있는 것은 가난한 목사님들과 수녀님들, 박봉의 사회복지사들과 자원봉사자들일 뿐이다. 언어와 법률, 그리고 문화의 장벽을 뛰어넘어 국제적인 법률 서비스를 제공해야 할 가장 핵심적인 현장에는 법률가가 존재하지 않는다. 대한민국의 법률가도 없고 국제적인 법률가도 없다.

오늘날 한국 사회에서 법률 서비스 시장의 개방 문제에 관해 자본시장과 노동시장의 비대칭성의 문제는 체계적으로 외면되고 있다. 국내의 유치산업 보호 차원에서 법률 서비스 시장의 개방을 한사코 늦추어야 한다는 목소리 아니면, '제국적 질서'를 확산시키는 신자유주의적 세계화는 어떻게든 막아야 한다는 목소리뿐이다. 그러나 현실은 그 어느 쪽과도 다르다. 유치산업 보호를 외치는 목소리는 대형 로펌들과 연결된 국제적 법률 서비스 인프라와 정치경제적인 이익의 방향이 같고, 신자유주의를 비난하는 목소리는 외국인 근로자와 외국인 며느리들에게 언어와 법률, 문화의 장벽을 뛰어넘는 국제적 법률 서비스가 필요하다는 사실에 둔감하다. 법률 서비스의 시장 개방은 시장 개방 전체를 이끄는 선도적인 개방이 아니라 이미 개방되어 있는 상품·자본·노동 시장의 법률 서비스 수요를 감당하기 위한 보완·보충·사후적 개방이다. 이런 관점에서 우선 법률 서비스의 시장 개방 문제를 대형 로펌이 주도하는 수세적인 논의 구조에서 자유롭게 만들 필요가 있다.

그러나 국내의 논의 상황이 어떠하든 법률 서비스의 시장 개방은 이미 피할 수 없는 문제다. 한·EU 자유무역협정에 이어 한미 자유무역협정이 발효된 이후 그동안 국내의 대형 로펌들이 누려 왔던 독점 구조가 급격하게 흔들리게 될 것은 자명하다. 세계를 지배하는 영미 메가 로펌들이 국내 법률 서비스 시장에 진출하게 되면, 국제 기업 법무 영역에서 한국의 로펌들은 상당한 타격을 감수하지 않을 수 없을 것이다. 외국계 기업들은 일차적으로 언어와 문화 등의 장애요인이 적은 외국계 로펌에 기업 법무를 의존하게 될 가능성이 크기 때문이다. 다른 한편, '복수 전문직 간의 동업'MDP이 일부라도 허용된다면, 국내외의 회계 법인이나 경영 컨설팅 회사 등이 기업 법무 영역에 진출해 한국의 로펌들에게 심각한 타격을 가하게 될 것이다. 그와 함께 법과 자본의 사이를 모순적 길항 관계로 관리해 왔던 사법 관료주의의 전통과 법 전문직주의의 시도가 모두 종식되고 자본의 논리가 법의 논리에 우선하는 미지의 실험이 외국계 로펌과 회계 법인들의 주도권 아래 시작될 것이다.

아직까지 한국의 법률가 집단 내부에는 일본식의 단계적인 개방을 통해 법률 서비스 시장 개방의 충격을 최소화할 수 있으리라는 기대가 광범위하게 존재한다(김순석 2001). 그러나 문재완이 적절하게 지적하고 있듯이, 이는 영미 메가 로펌들이 현지화 전략을 통해 글로벌 네트워크를 구축해 왔다는 점을 도외시한, 상당히 순진한 기대에 불과하다(문재완 2002). 일본이 단계 전략을 구사하던 시기와 비교해 지금은 법률 서비스 시장의 개방을 주도하는 미국에 의해 글로벌 경제체제가 확립된 상황이기 때문이다. 그러므로 이에 관해서는 좀 더 현실적인 시나리오를 그려 볼 필요가 있다. 예를 들어, 한국의 법률 서비스 시장이 상당 정도의 이익을 보장하는 한, 외국계 로펌(혹은 회계 법인)들이 시너지를 얻을 수 있는 한국의 로펌들을 인수·합병하는 방식으로 국내의 기업 법무 시장 및 소송 시장에 적극적으로 참여하는 것과 같은 경우다.

그러나 이처럼 비관적인 전망에도 불구하고, 단독 개업 변호사들에 비해 한국의 대형 로펌과 기업 법률가들은 법률 서비스의 시장 개방에서 유리한 위치를 점하고 있다. 최악의 경우 영미 메가 로펌에 의해 합병되더라도 그 대상이 되는 한국의 대형 로펌이나 기업 법률가들에게, 그리고 그들의 서비스를 받는 국내외의 기업들에게는, 그것 자체가 훨씬 유리한 선택일 수도 있기 때문이다. 이렇게 보면, 결국 법률 서비스 시장 개방에 관해 한국의 로펌이 취할 수 있는 시나리오는 두 가지로 압축될 수밖에 없다. 하나는 사실상 영미 메가 로펌의 지역 브랜치로서 새로운 환경에 적응하는 것이고, 다른 하나는 예컨대 일본이나 중국의 로펌 및 기업 법률가들과 연대해 영미 메가 로펌들에 대항할 수 있는 지역 블록을 형성하는 것이다. 다만 사실상 한국의 로펌의 지배 세력이라고 말할 수 있는 '국제 변호사'의 공통된 커리어를 고려할 때, 별다른 계기가 없는 한, 후자의 가능성이 현실화되기는 쉽지 않을 것이다.

이런 상황에서 법률 서비스 시장의 개방 등에 관해 긍정이든 부정이든 지나치게 극단적인 태도를 고집하는 것은 경계할 만하다. 어떤 상황에서도 잃을 것이 없는 한국의 대형 로펌들은 경우에 따라 미국법에 대항할 한국법의 경쟁력을 강조하기도 하고, 세계를 지배하는 미국법의 위용을 선전하기도 한다. 이 좌충우돌이 즉흥적이거나 정신분열적인 것이 아니라면, 그것을 이끄는 이해 관심은 단 한 가지일 수밖에 없다. 바로 자신들이 대표하는 자본의 이익을 최대화하는 것, 또는 자신이 자본이라면 자신의 이익을 최대화하는 것이다.

따라서 우리는 먼저 초점을 명확히 한 뒤, 상황 변화에 흔들리지 말고 중심을 잡아야 한다. 한미 자유무역협정에 의해서든, WTO와의 협상에 의해서든 대한민국의 법률 서비스 시장이 개방된다면, 그때 한국의 로펌들이 움직일 방향은 비교적 명백하다. 우선 개방되는 그날까지 종래의 독점 이익을 최대한 확보하고자 할 것이다. 그리고 개방된 이후에는 영미 메가 로펌들의 지역 브랜치로서 살아남을지, 아니면 이에 맞서는 국내 또는 동아시아계 로펌으로 버틸지를 두고 선택의 기로에 서게될 것이다. 이 둘 중에 무엇을 선택하든지, 그 기준이 애국심이나 민족정신, 국가 경쟁력의 차원에서 도출되리라는 기대는 아예 접는 것이 좋다. 단언컨대, 냉혹한 자본의 논리가 기준이 될 수밖에 없을 것이다. 무엇보다 영미 메가 로펌들이 최초로 제시하는 인수합병의 가격이 고민의 출발점이 될 것이기 때문이다.

7장

사법 개혁의 정치학

법률가 양성 제도 개혁 논의의 정치적 함의

1. 사법적 대표로서의 법률가

이 장에서는 한국 사회에서 벌어지는 사법 개혁 논의의 정치적 의미를 분석하려고 한다. 나는 오늘날 한국 사회에서 진행되는 사법 개혁 논의 속에 통치 구조의 근본을 좌우하는 권력투쟁이 진행되고 있다고 생각한다. 그리고 바로 이 권력투쟁의 진면목을 확인하고 그로부터 공동체적 결단을 도출하는 것이 가까운 장래에 헌법적 과제로 등장하리라 예상한다. 하지만 현실에서는 두 가지 요인이 이런 정치적 본질을 가리고 있다. 첫째는 법률가 집단 내부의 이해 다툼이요, 둘째는 사법의 본질에 관한 잘못된 이해다. 따라서 바로 이 두 가지의 이론적 장애물을 걷어 내는 것에서부터 논의를 시작할 필요가 있다.

법률가 양성 제도 개혁 논의는 대의 기구의 작동 불량에 대한 대중적 저항의 표현이다. 특히 사법적 통로의 대의 기구가 제대로 작동하지 않을 때, 법률가 양성 제도 개혁 논의는 격화되는 양상을 보인다. 이처럼 법률가 양성 제도가 중대한 정치적 함의를 갖는 이유는 앞서 말했듯이 '자유주의적 법치주의'라는 정치체제에서 법률가가 (잠재적인) 사법적 대표로서의 위상을 갖기 때문이다. 자유주의적 법치주의는 한마디로 법적 담론 내부에 존재하는 법 창조law-making와 법 발견law-finding의 모순적 공존 관계를 정치과정 속에 제도화하려는 정치적 근대화의 기획이다. 이 기획의 완성에 있어서 반드시 필요한 것은 '법의 지배' 또는 '리갈리즘'legalism이라는 특정한 이데올로기이며, 그 속에서 법률가 집단은 사법 대의 기구를 장악함으로써 비정당적非政黨的 정치권력을 독점하는 특혜를 누리게 된다. 그리고 그로부터 의회와 법원을 정점으로 삼는 양대 대의 기구, 즉 입법 대의 기구와 사법 대의 기구를 통해 '법 창조와 법 발견의 다이내믹스'를 운영하는 특유의 정치과정이 작동하게 되는 것이다.

대한민국은 이런 정치체제의 좋은 본보기다. 대한민국 헌법은 오로지 국가만이 법률가 자격을 부여할 권한을 가진다는 점을 전제하면서, 법률가에게 특수한 헌법적 지위를 부여한다. '법치주의'와 '법 앞의 평등'을 바탕으로 국가의 사법권이 법관으로 구성된 사법부에 속한다고 선언하면서, 그것은 법관의 자격을 법률로 정할 것을 언급한다(헌법 제101조). 이 위임에 의해 법원조직법은 '법관 임용 자격자'를 '변호사 자격자'로 한정하고, 〈검찰청법〉도 동일한 태도를 견지한다(〈법원조직법〉 제42조, 〈검찰청법〉 제27조). 이것은 결국 변호사 자격이 '국가의 법적 판단을 대리하기 위해 법관으로 임용될 수 있는 자격'으로 동일시될 수 있음을 의미한다. 대한민국 헌법의 제일 원리인 국민주권의 원리와 관련해, 이런 법 규정들의 의미는 명확하다. 법률가만이 사법권을 행사하는 사법부의 일원이 될 수 있다면, 그는 본질적으로 국민의 사법적 대표일 수밖에 없다. 실제로 사법권을 행사하는 판검사가 현실적인 사법적 대표라면, 판검사가 될 자격을 독점하는 변호사는 잠재적인 사법적 대표인 것이다.

그러므로 대한민국과 같은 정치체제에서 법률가 양성 제도 개혁 논의는 무엇보다 사법 대의 기구, 그중에서도 (잠재적인) 사법적 대표의 선출 과정에 관한 정치적 불만의 표출이라고 이해되어야 한다. 따라서 이 불만의 실체는 궁극적으로 다음의 두 가지 가운데 하나일 수밖에 없다. 첫째는 사법 대의 기구가 제 몫을 하지 못하고 있으니 그 기능을 획기적으로 강화하라는 요청이다. 이것은 입법 대의 기구가 어떤 구조적 한계에 부딪혀 정치적 부하를 견디지 못할 지경이 되었을 때 발생한다. 둘째는 사법 대의 기구가 너무 강력하니 그 권력을 약화시키라는 요청이다. 이것은 사법 대의 기구의 압도에 따라 '동의에 의한 지배'라는 민주정치의 원리가 훼손될 때 발생한다.

달리 표현하면, 전자의 요청은 '의회 주권 체제'와 같은 입법 우위의 통치 구조가 대중의 정치적 수요를 효과적으로 수용하지 못할 때 등장하고, 후자의 요청은 '사법 국가 체제'와 같은 사법 우위의 통치 구조가 법률가의 법 독점으로 연결될 때 등장한다. 요컨대 전자는 '법의 정치화'politicization of law로 표현되는 법 창조 중심의 구조 변동에 대한 반작용이고, 후자는 '정치의 법화'legalization of politics로 표현되는 법 발견 중심의 구조 변동에 대한 반작용인 셈이다.

여기서 한 가지 매우 어려운 문제가 등장한다. 자유주의적 법치주의의 정치체제에서 그와 같은 정치적 불만이 법률가 양성 제도에 대한 특정 형태의 개혁 논의와 연결되는 고리는 무엇인가? 이 점을 해명하지 못하면, 법률가 양성 제도 개혁 논의는 언제까지나 법률가 집단 내부의 이해 다툼 정도로 취급될 수밖에 없다.

이 문제를 풀 수 있는 실마리는 '법의 정치화'가 나타나는 통치 구조에서 법률가 집단이 사법 대의 기구의 협소한 영역만을 지배하는 특수한 신분 집단으로 관리되는 반면, '정치의 법화'가 나타나는 통치 구조에서 법률가 집단은 입법 대의 기구와 사법 대의 기구를 포괄하는 보편적 지배 신분으로 고양된다는 사실이다. 그렇다면 법률가 집단의 이런 대조적 성장을 가능하게 하는 구조적 요인들을 추적함으로써 법률가 정치에 관련된 일종의 유형론을 수립할 수 있지 않을까?

영국과 미국, 독일과 일본을 비교 연구하면서 나는 이미 그와 같은 구조적 요인들을 '지배적인 법 이론의 형태'와 '법률가 집단의 내부 조직 구조'라는 두 가지로 요약한 바 있다. 간단히 말하자면, ① 지배적인 법 이론이 실질/내용 지향적substance/content-oriented이고 법률가 집단의 내부 조직 구조가 통일되어 있을수록 법률가 집단은 정치적으로 적극적이 되며, ② 지배적인 법 이론이 형식/권위 지향적form/authority-oriented이고, 법률가 집단의 내부 조직 구조가 분열되어 있을수록 법률가 집단은 정치적으로 소극적이 된다는 것이다(이국운 1998).

그렇다면 이제 사법 개혁의 정치학을 논의함에 있어 왜 법률가 양성 제도 개혁 논의가 분석의 초점이 되어야 하는지가 분명해진다. 법률가 양성 제도는 바로 지배적인 법 이론을 끊임없이 재생산하며, 동시에 법률가 집단의 내부 조직 구조를 결정하는 핵심 고리다. 그렇기에 그로부터 입법 대의 기구와 사법 대의 기구, 법 창조와 법 발견의 다이내믹스를 운영하는 권력 게임의 장기 법칙이 형성될 수 있는 것이다.[1] 물론 이런 법칙은 국민국가의 건설이라는 정치적 근대화의 또 다른 기획이 어

1_현실의 개혁 논의 과정에서 이와 같은 정치적 함의는 전혀 주목되지 못하고 있다. 한국의 경우는 말할 것도 없고, 앞서 언급한 4개국에서조차 사법 서비스의 효율성 확보나 법조 윤리의 강화와 같은 차원에서 개혁 논의가 머무르고 있다. 하지만 그러면서도 논의의 중심에 무엇인가 비밀스러운 체제의 본질이 건드려지고 있다는 두려움과, 그럼에도 그 핵심에 다가서지 못하고 있다는 아쉬움이 함께 나타나는 것은 공통된 현상이다. 헌법 정치학자의 관점에서 이런 상황을 타개하는 비책은 역시 비교 법정치학적 분석밖에 없을 것이다.

떤 방식으로 달성되느냐에 따라 상당 부분 달라질 수 있다. 국가와 시민 사회의 관계를 중심으로 강한 국가를 전제하는 법 관료주의와 강한 시민사회를 전제하는 법 전문주의를 대비할 수 있고, 그에 대응해 사법 관료로서의 법률가와 논증 상인論證商人으로서의 법률가를 대비할 수 있기 때문이다. 이런 관점에서 나는 이제 한국 사회에서 벌어지는 사법 개혁 논의, 특히 법률가 양성 제도 개혁 논의를 대한민국 정치체제의 미래에 관해 제시되는 4개의 청사진으로 분해해 보려고 한다. 신기하게도 이론적 구도와 현실적 상황이 맞아떨어지는 모습이 펼쳐질 것이다.[2]

2_나와 비슷한 유형론을 전개하는 예로는 미잔 다마스카(Mijan Damaska)의 연구를 들 수 있다. 그는 서구의 근대 정치사와 근대 법사를 연결시키면서 반응적(reactive) 국가와 행동적(activist) 국가를 대별한 뒤, 다시 분쟁 해결적(conflict-solving) 절차와 정책 보완적(policy-implementing) 절차라는 법 과정의 이념형들을 연결시킨다. 따라서 결국 다음 네 가지 유형의 국가형태가 나타난다. ① 위계 구조적 정부하의 정책 보완적 (사)법 과정, ② 위계 구조적 정부하의 분쟁 해결적 (사)법 과정, ③ 대등 구조적 정부하의 분쟁 해결적 (사)법 과정, ④ 대등 구조적 정부하의 정책 보완적 (사)법 과정. 다마스카의 연구와 비교해 이 글은 사법으로 표현되는 좁은 의미의 법 과정만이 아니라 입법까지를 포함하는 넓은 의미의 법 과정을 분석한다는 점, 그리고 자유주의적 법치주의의 정치 시스템만을 분석한다는 점에서 구분된다. 이런 차이의 실제적 의미는 법 과정의 유형과 각 정치 시스템의 고유한 딜레마를 연결시킬 수 있다는 것이다(Damaska 1986).

2. 강한 국가의 모델

1) 약한 사법

1945년 이후 50여 년 동안, 한국의 헌법 현실은 특수한 구조적 취약성을 내포해 왔다. 우선 식민 피지배의 부정적인 유산을 가진 채 출발했던 것 자체가 문제였다. 식민지 경영을 위한 억압 기구로 건설되었던 과대 성장 국가기구가 냉전 구조하의 남북 분단 체제에서 그대로 존속되었던 것이다. 이것은 지배 권력이 통치의 방편으로 대의 기구가 아니라 과대 성장 국가 기구를 선택하는 조건이 되었고, 그 과정에서 과대 성장 국가 기구 자체가 핵심적인 정치적 행위자로 기능하도록 만들었다(최장집 1985). 나아가 한국전쟁 이후에 계속된 남북 대치 상황과 그로 인한 국가기구의 '위기 정부화'는 상황을 더욱 악화시켰다. 비대해진 군사 기구와 이념적 통제 기구는 지속적으로 되풀이되는 헌법 개정 및 국가긴급권의 행사를 통해 시민사회에 대한 국가기구의 통제력을 강제로 확보했던 것이다.[3] 이에 더해 독재적 군사정권에 의해 1960년대부터 시작된 재건 사업은 단기적으로 일종의 파국을 불러왔다. 강력한 집정관적 국가기구가 주도하는 지도指導자본주의적 경제개발로 인해 대의 기구의 위상이 형식적 거수기로까지 전락했던 것이다(박광주 1992).

3_한국 헌정사에서 계엄령은 1948년 10월 제주도 폭동 당시를 시발로 여순 반란, 한국동란, 4·19혁명, 5·16쿠데타, 6·3사태, 10월 유신, 부마사태, 10·26사태, 광주항쟁에 걸쳐 지속적으로 발령되었으며, 한국 동란기와 유신 체제기를 중심으로 긴급명령 또는 긴급조치들도 다수 발포되었다. 전시 체제하의 위기 정부라는 관점에서 제헌 헌법 및 이승만 헌법을 분석한 것으로 한상희(2000)의 연구가 주목된다.

헌법 현실의 이런 취약성은 사법 개혁 논의에도 강력하게 반영되어 있다. 과대 성장 국가기구를 불변의 상수로 취급하려는 '강한 국가의 모델'이 여전히 위세를 떨치고 있는 것이다. 뒤에서도 말하겠지만, 최근에는 법률가 집단의 제도적 이익을 강화하려는 목적에서 강한 국가와 강한 사법을 연결시키는 입장이 유력해지는 추세다. 하지만 독재적 군사 정권에서 사법 관료로 성장해 온 대부분의 고위직 법률가들은 아직도 명확하게 강한 국가와 약한 사법의 연결을 선호한다. 그렇다면 법률가 집단의 제도적 이익을 강화하는 것에 관해 법률가들 스스로가 반대하는 일종의 아이러니는 어떻게 이해되어야 할 것인가? 여기에 문제되는 것이 바로 법률가 개인의 신분적 이익을 중심으로 삶을 엮어 가는 잉여 지배계급의 관성이다.

주지하는 바와 같이, 강한 국가의 모델에서 권력의 핵심은 어디까지나 소수의 권력 엘리트들과 행정 관료들의 연합체다. 그 가운데서도 국가원수와 직접 연결되어 기획 및 조정 기능을 담당하는 청와대의 권력 엘리트들은 말 그대로 핵심 중의 핵심으로 받아들여져 왔다. 흥미로운 것은 이 핵심 집단 내부에서 사법 관료들의 위상이 그리 높지 못했다는 점이다. 실권은 어디까지나 군부나 정보 계통의 직업 정치인들에게 있었고, 그 주위를 다시 행정 관료들과 언론인들이 둘러싸고 있는 형국이었다. 누군가 법적 쟁점을 문제 삼지 않는 한, 사법 관료들이 중요한 역할을 담당할 수 있는 기회는 거의 없었다. 간단히 말해, 사법 관료들은 권력 엘리트 내부에서 국가원수의 호출을 거의 받지 못하는 비교적 한가한 엘리트들이었던 것이다.

이런 구조 속에서 사법 관료들은 다음의 두 가지 역할을 중심으로 조직되었다. 첫째는 특히 형사 사법의 집행 과정에서 집권 세력의 정치적 통제 수단을 관리하는 역할이다. 청와대의 사정수석비서관−법무부

장관-검찰총장-검찰 조직의 라인은 그 조직의 중추에 해당한다. 둘째는 통상 국민 대중의 정치적 의사 형성과 무관한 것으로 이해되는 민형사 분쟁의 해결 과정을 관리하는 역할이다. 대법원장에 의해 대표되는 기성 법원 조직은 그 조직의 근간이라고 할 수 있다. 그 이외의 법률가 조직은 이 두 조직에서 산출된 것이 아닌 한 별다른 의미를 가지기 힘들었다. 예컨대 변호사회는 본질적으로 퇴직 판검사들의 클럽이었으며, 법학 교수 집단은 독자적 의미를 갖지 못하는 학술적 액세서리에 불과했다.

독재적 군사 정권 기간 동안 이런 사법 관료들이 '법의 지배'를 내세워 권력 엘리트들에게 맞선 적은 거의 없었다. 1972년의 사법 파동과 같은 한두 번의 소동이 영웅담으로 기억될 만큼, 그들은 사법적 대표로서의 헌법적 본분을 미루어 둔 채, 오히려 지배 연합에 기생하는 잉여 지배계급의 길을 묵묵히 고집했다. 독재자들로 지탄받는 권력 엘리트들에 비해 이것은 대중의 비난으로부터 상대적으로 자유로운, 비교적 안전한 삶의 방편이기도 했다. '법은 본질적으로 형식일 뿐이고, 그 내용은 권력의 명령에 따를 수밖에 없다'는 자조적인 법적 허무주의가 이들의 법 이론이었다. 이런 과정에서 그들의 정치적 관심을 차지한 것은 매우 철저한 위계질서를 바탕으로 운영되고 있는 계급적 사법 관료제 그 자체였다. 무엇보다 법원과 검찰의 엄격한 내부 승진 시스템은 그 정점이 권력 엘리트와 연결되어 있는 까닭에 사법 관료제 내부의 미시 정치를 촉진시켰고, 이로 인한 사법 조직의 내부 정치화는 곧바로 사법권의 독립에 심각한 위협을 야기했다.[4]

4_법원을 예로 들자면, 대법원장-대법관-고등법원장-지방법원장-고등법원 부장판사-지방법원 부장판사-고등법원 단독판사-지방법원 단독판사-지방법원 배석판사-지방법원 예비

그렇지만, 사법 조직 내부의 부패가 본격적으로 드러나기까지 사법 관료들은 상대적으로 민주화의 소용돌이에서 비켜나 있었다. 그 이유는 말할 것도 없이 기껏해야 1년에 1백여 명이 합격할 수 있었던 사법고시의 신화가 작용했기 때문이다. 말하자면, 엄청난 경쟁률을 뚫고 소년등과少年登科에 성공한 천재 관료들로서의 이미지가 민주화의 요구를 제어하고 있었던 것이다. 그러나 '법관 재산 공개'와 '전관예우 파동' 등을 통해 사법 기득권층의 현실이 언론의 조명을 받게 되자, 신화의 힘은 더 이상 버팀목이 될 수 없었다. 정치 판검사들의 인적 청산, 권위주의적 사법절차의 개선, 사법시험 합격자 수의 대폭 확대, 미국식 로스쿨 제도의 도입 등 사법 개혁의 의제들이 제시될 때마다, 사법 기득권층은 끊임없이 수세에 몰렸다. 기성 체제를 옹호하는 그들의 목소리는 분명 사법 조직의 정점에서 선언되는 권력자들의 그것이었으나, 이에 동조하는 메아리는 어디에서도 들리지 않았다.

단적으로 법률가 양성 제도의 개혁과 관련해 이들은 3백 명 남짓을 선발하는 사법시험 제도가 법률가들의 질적 저하를 초래했음을 지적하면서 선발 인원의 축소를 주장했다. 또한 전관예우와 같은 관행이 불법적이라는 점은 인정했지만, 이를 사회문제화함으로써 사법 관료제를 공격하는 것은 사법권의 독립에 대한 심각한 도전이라고 받아들였다. 장원 급제자들로서의 자존심을 건드리지만 않는다면, 지나치게 단순하거

판사로 이어지는 엄격한 서열이 사법 관료제의 기본적 조직 원리가 되고 있다. 이 점은 법원과 대응 편성된 검찰 조직도 마찬가지다. 또한 특히 법원의 경우에 같은 계급에 있어서조차 사법연수원 성적 등이 근무지 결정에서 일종의 서열 기준으로 작용한다는 것은 이미 공공연한 비밀이다. 2003년 3월의 인사 파동에서 단적으로 드러났듯이 검찰의 경우에는 상대적으로 정치적 고려가 더욱 중요하게 여겨져 왔고, 이것이 바로 망국적인 정치 검찰화의 핵심 요인으로 지적되고 있다. 예컨대 참여연대 사법감시센터(1996)의 각 장들을 볼 것.

나 지엽적인 법률 서비스들은 유사 법률가 집단에게 맡기는 방식[5]으로 사법 관료제의 비효율을 극복할 수 있다는 것이 이들의 대안이었다. 그리고 그 이면은 사법 현실을 모르는 소수의 법학 교수들에 휘둘려 섣불리 로스쿨 제도를 도입했다간 사법 조직의 근간이 완전히 무너질 수도 있다는 위협이었다.

이렇게 볼 때, '강한 국가/약한 사법'의 입장은 지배 연합의 주변부에서 신분적 이익을 확보하는 데 골몰해 온 고위직 사법 관료들의 일그러진 자화상임에 분명하다. 형식주의적 법 이론과 법률가 집단의 내부 분열을 고수하려는 집착이 있을 뿐, 아직까지 여기에는 한국 사회의 미래에 관한 어떤 청사진도 제시되고 있지 않다. 법 획득 기구, 즉 대의 기구를 강화함으로써 법 집행 기구의 압도적 권력을 제어하려는 대중적 개혁 요청의 본질을 이들이 깨닫지 못하고 있기 때문이다. 이런 이유로 이 입장은 여전히 구태의연한 관료적 수구守舊의 논리에 머물고 있다. 물론, 자유주의적 법치주의의 한 유형으로서 이 입장이 정당성을 가질 수 있는 가능성이 전혀 없는 것은 아니다. 강한 국가의 모델 속에서 입법 대의 기구에 우선권을 양보하는 민주적 사법 소극주의의 논리가 바로 그것이다. 하지만 잉여 지배계급의 관성에 물든 현재의 고위직 사법 관료들 가운데서 과연 누가 그처럼 세련된 헌법 정치학적 입장을 국민 대중 앞에 제시할 수 있을 것인가?[6]

5_예컨대 등기 업무는 법무사에게, 특허 업무는 변리사에게, 조세 업무는 세무사에게 맡기는 방식을 의미한다.

6_예컨대 강력한 국가를 전제하는 뉴딜의 시대정신에 공감하면서도 민주적 사법 소극주의를 주창했던 펠릭스 프랑크푸르터(Felix Frankfurter) 전 미국 연방 대법관의 입장이 바로 그것이다.

2) 강한 사법

1990년대에 들어서면서 밀어닥친 사법 개혁의 대중적 요청은 결국 앞서의 '강한 국가/약한 사법'의 입장을 실질적으로 무너뜨렸다. 특히 '사법도 서비스'라는 구호를 앞세운 사법 시장주의의 논리 앞에서 이 입장은 별다른 방어 논거를 마련하지 못한 채 스스로 붕괴했다. 하지만 그렇다고 해서 지난 50여 년을 지배해 온 강한 국가의 모델이 곧바로 효용을 잃은 것은 아니었다. 대중매체의 전면을 장식하는 로스쿨주의자들의 화려한 논변에 맞서서 배후에서 움직이는 강력한 세력 결집의 흐름이 있었다. 문제는 고압적 권위주의와 만성화된 비효율일 뿐이며 그것만 덜어 내면 국민의 신뢰를 회복할 수 있으리라는 기대를 법률가들의 다수는 공유하고 있었다. 그리고 바로 이 상식적 기대로부터 '강한 국가/강한 사법'으로 귀결될 하나의 새로운 입장이 태동하기 시작했다. 법률가 양성 제도의 개혁 논의가 제도화되는 과정에서 그것은 좀 더 젊은 세대의 사법 관료들에 의해 본격적으로 모습을 드러냈다.

일차적으로 세력 결집의 계기가 된 것은 로스쿨 도입 논의의 와중에서 재발견된 영미법과 대륙법의 구분이었다. 로스쿨이 판례와 논증 중심의 영미법을 전제로 한 법학 교육 방법이라면, 법전과 해석 중심의 대륙법을 전제로 한 법학 교육 방법은 그와는 달라야 한다는 것이 주된 논변이었다. 뒤에서도 말하겠지만, 로스쿨 도입 논의가 주로 영미 법학의 배경을 가진 서울 법대의 일부 공법公法 교수들에 의해 주도되었던 점도 재미있는 관전 포인트를 제공했다. 법조계와 법학계의 압도적 다수를 차지하고 있는 독일 법학/일본 법학 배경의 판검사 및 사법私法 교수들은 이것을 대륙법의 몸체에 영미법의 머리를 얹으려는 서투른 모험으로 규정했다. 전혀 다른 법체계, 전혀 다른 사법 풍토, 전혀 다른 법학 교과서,

전혀 다른 법학 교육 방식을 고려하지 않은 정치적 선정주의는 결코 용납될 수 없다고 그들은 주장했다. 나아가 이들은 세계화나 교육개혁의 명분으로 정치권력의 지원을 얻어 사법 개혁을 추진하는 방식에 대해서도 준열한 비판을 가했다. 그것은 사법 개혁은 정치의 논리가 아닌 사법의 논리로 진행되어야 하며, 이를 무시한 권력의 동원은 사법의 독자성에 대한 근본적인 위협이 될 수 있다는 경고였다.

로스쿨 도입 논의에 밀려 '강한 국가/약한 사법'의 입장이 붕괴되는 과정에서, 이런 비판들은 법조계는 물론이려니와 주요 법과대학의 사법 교수들을 포함한 법학계의 다수의 지지를 확보하는 데 성공했다. 그리고 그 결과, 좀 더 젊은 세대의 사법 관료들이 '사법제도개혁추진위원회'와 같은 모습으로 법률가 양성 제도 개혁 논의의 제도화 과정에 확실한 지분을 확보하게 되었다. 하지만 구체적인 개혁 작업이 시작되면서 이들은 곧바로 이론적인 난관에 부딪혔다. 그들이 지켜 낸 것은 사실상 대륙법을 기반으로 하는 '강한 국가의 모델' 그 자체였을 뿐, 그 속에서 사법이 어떤 모습을 가져야 하는지에 관해서는 별다른 논의가 없었기 때문이다. 바로 이 시점에서 오랫동안 헌법 교과서 속에서만 거론되던 한 가지 법 이론이 '강한 사법'의 뉘앙스를 풍기며 법률가들의 전면에 떠오르기 시작했다. 통치의 합법성이 아니라 통치의 정당성을 기초로 삼는 이른바 '실질적 법치국가'의 이론이 바로 그것이다.

'강한 국가/강한 사법'의 입장은 대의 기구를 강화해 법 집행 기구를 견제하라는 대중적 개혁 요청에 민감하다는 점에서 앞서의 '강한 국가/약한 사법'의 입장과 대비된다. 문제는 대의 기구를 어떻게 강화할 것인가에 관한 대안인데, 이 입장은 현대의 복지국가 체제에서 통법부通法府로 전락해 버린 입법 대의 기구를 신뢰하기보다는 차라리 사법 대의 기구를 강화해 그것을 감시하고 대체하는 것이 바람직하다고 주장한다.

228

이것이야말로 현대적 상황에 적합한 '실질적' 민주주의이며, 그로 인해 탄생하는 '실질적' 법치국가만이 현실성 있는 대안이라는 것이다. 이 입장의 추종자들에게 전후 독일의 경험은 많은 점에서 '강한 국가/강한 사법'을 제대로 실현한 일종의 전범典範으로 받아들여졌다. 자연법 이론에 기초한 헌법전, 자유민주적 기본 질서와 방어적 민주주의, 헌법과 헌법 재판소의 우위, 그에 바탕한 사법 관료제의 전문적 분화 등은 그들의 서가를 장식하는 수십 권짜리 독일 법학 주석서들의 무게만큼이나 권위 있게 다가왔다.

이처럼 '강한 사법'의 주장이 손쉽게 대세를 장악할 수 있었던 것은 반드시 그것이 법률가 집단의 이해관계를 반영하기에 적합한 논리였기 때문만은 아니다. 시대정신의 저류에는 분명히 사법의 강화를 요청하는 어떤 흐름이 있었다. 그 이유의 태반은 여전히 독재적 군사정권의 모태에서 자라난 속물 정치인들에게 입법 대의 기구가 지배되고 있었다는 점이다. 의회정치의 실질적 주체인 정당들은 집권 세력의 정치적 동원 기구가 아니면 그에 대항하는 지역주의적 파벌이었으며, 더구나 1인 보스 중심의 정치자금 모집을 연결 고리로 재벌과의 광범위한 유착에서 벗어나지 못하고 있었다. 이처럼 입법 대의 기구가 대중적 개혁 요청을 수용하지 못하면서 사법 대의 기구가 대안으로 떠오른 것이었다. 장식적 헌법 기구가 되리라는 예측에도 불구하고, 1988년 조직된 이래 최종적인 헌법 해석 기관으로서 헌법 정치의 중심에 자리 잡은 헌법재판소의 활약은 오로지 이와 같은 변화의 연장선에서만 이해될 수 있다. 위헌 법률 심판 제청과 헌법 소원이 봇물을 이루고, 각종 시민 단체와 이익 단체들이 헌법 해석 투쟁을 당연한 것으로 여기게 된 상황은 1980년대 말의 한국 사회에서는 상상하기 힘든 모습이다. 소수의 전문적인 헌법 정치학자들이 희망을 섞어 내놓던 전망이 어느덧 현실이 된 것이다.[7]

특별한 이데올로기적 주창자를 옹립할 겨를도 없이, '강한 국가/강한 사법'의 입장, 즉 실질적 법치국가론은 1990년 후반에 이르러 법률가 집단 전체를 압도하는 지배 담론으로 등극했다.[8] '통치행위'나 '특별권력관계'와 같이 사법 심사에서 제외되는 영역을 지칭하는 법률 용어들은 부정적인 의미를 가지게 되었고, 민주주의란 곧 법치주의이고 또 법치주의일 수밖에 없다는 주장이 득세하기 시작했다. 사법시험의 헌법 과목은 점점 헌법재판소의 판례들로 채워졌고, 그런 변화에 대해 반론을 제기하기가 어려워졌다. 각종 법조 비리 사건에 대해 엄정한 단죄가 이루어지는 가운데, 강한 국가를 운영하는 모든 관료는 근본적으로 사법적 정향orientation을 가져야만 하며, 그 정점에는 사법 대의 기구의 최고 기관이 있어야 한다는 생각이 광범위하게 유포되었다.

법률가 양성 제도의 개혁과 관련해 이 입장은 '강한 사법'을 위해 법률가 숫자를 대폭 증원하는 조치에 동의했다. 그러나 '강한 국가'를 위해서는 법률가 양성의 중심이 사법 관료제에 있어야 한다는 원칙은 결코 양보하지 않았다. 법무부(검찰)의 주관 아래 매해 1천 명의 사법시험 합격자를 선발하고 그 모두를 대법원이 주관하는 사법연수원에서 교육한다는 2001년 3월 이래의 〈사법시험법〉 체제는 결국 실질적 법치국가론을 매개로 이루어진 법원과 검찰의 임시적 연대가 낳은 작품인 셈이다.

7_그 밖에도 1990년대 이후 한국 사회에서 사법 정치의 강화 혹은 정치의 법화가 진행되고 있다는 증거는 상당히 많다. 김영삼 정권에서 진행된 두 전직 대통령(전두환·노태우)에 대한 세기의 재판이나, 김대중 정권에 들어와서 줄을 잇고 있는 각종 부패 게이트와 특별검사들을 떠올릴 수 있다.

8_오랫동안 전후 독일 법학을 긍정적으로 소개해 온 대부분의 공법 학자들을 제외하고, 법조계 내부에서 굳이 그 주창자를 찾는다면, 사법 적극주의 측면에서는 대법관이자 대통령 후보였던 이회창 씨를, 법률가의 사회적 책임론의 측면에서는 사법연수원장을 오래 역임한 가재환 씨를 거론할 수 있을 것이다. 대표적으로 이회창(1987), 가재환(1995, 1부)을 볼 것.

나아가 이 연대는 '강한 국가/약한 사법'의 입장에서 외면되었던 오랜 현안들에 관해서도 전향적인 태도를 취하면서[9] 순식간에 법률가 집단 내부를 통일하고 상실했던 주도권을 되찾았다. '강한 국가/강한 사법'의 입장에서 사법적 보수(保守)의 논리가 꽃을 피우게 된 것이다.

　법률가 집단 전체로나 법률가 개인으로나 '강한 국가/강한 사법'의 입장은 손해 볼 것이 별로 없는 안전한 미래를 약속한다. 특히 대륙법 체제의 본질상 법률가 집단 내부의 상석을 차지하게 될 고위직 판사들과 주요 법과대학 교수들 사이의 연대는 더욱 강화될 조짐을 보이고 있다. 그러나 이 사법적 보수의 논리가 법률가 집단 밖에서도 통용될 수 있을지에 관해서는 성급하게 낙관할 수 없다. 또한 내부의 균열도 안심할 상태는 아니다. 예컨대 '강한 국가/약한 사법'의 구도에서 초과 이익을 누리던 검찰은 갈수록 위축감에 시달리고 있으며, 사법 대의 기구의 정점에서 벌어지는 헌법재판소와 대법원의 투쟁은 사법 강화 전략에 대한 대중적 신뢰를 저감시키고 있는 것이다. 앞서 말했듯이 이 실질적 법치국가론자들이 꿈꾸는 것은, 전후 독일에서 실현된 것처럼, 국가의 모든 권력이 복수의 전문화된 사법 관료제에 포섭되고, 그것이 다시 하나의 최고 사법 권력(헌법재판소)에 의해 재구성되는 모습일 것이다. 하지만 50여 년을 증식해 온 강고한 국가조직이 여전히 '약한 사법'의 논리에 익숙한 법률가들의 통치를 순순히 받아들일 수 있을 것인가? 오히려 개

9_법조계와 법학계의 연대에 관해서는 사법시험 합격자 수를 대폭 증원한 것 이외에도, 사법시험 응시자들에게 법학 분야의 최소 학점을 이수하도록 요구하고, 법학 교수들에 대해 변호사 자격을 부여할 것을 고려하기로 했다. 법률 서비스의 전문화에 관해서는 사법시험 1차 선택 과목에 전문 법학 분야를 추가하고, 대학원 방식으로 사법연수원을 운영해 그 내부에 심화 과정을 개설하며, 법원 내부에 전문 법원이나 전담 재판부를 설치하는 방식으로 대응하기로 했다. 그 밖에 법률 서비스의 효율성 확보에 관해서도 전례 없는 적극성을 보였고, 법조 비리 사건이 터질 때마다 공정성의 문제에 있어서는 예외가 없음을 선포했다.

별 국가조직의 자체 논리를 따라 체계적 자기 재생산autopoiesis으로 나아가리라는 것이 합리적인 전망이 아닐까?

3. 강한 시민사회의 모델

1) 강한 사법

로스쿨법이 통과되기 전까지 한국 법률가 집단의 내부에서 '강한 국가/강한 사법'의 입지는 상당히 탄탄했다. 그러나 대다수의 비법률가들은 그 전망에 별 관심이 없었고 혹 관심이 있었더라도 시대착오적이라는 비판을 서슴지 않았다. 1990년대 이후, 특히 1997년의 IMF 외환 위기 이후, 이들이 문제시하는 것은 '강한 사법' 이전에 '강한 국가' 그 자체다. 도대체 강한 국가가 왜 필요한가? 현대 생활에 필요한 수많은 법적 판단들을 적시적소에 공급할 만한 강한 국가라는 것이 도대체 존재할 수는 있는 것인가? 혹시 이것은 국민국가주의 또는 복지국가주의가 생산하고 강요하는 하나의 획일적 환상이 아닌가? 세계화와 정보화의 방향으로 급속하게 변해 가는 세상에서 금과옥조처럼 강한 국가의 신화를 붙들고 있는 것은 처량한 노스탤지어일 뿐이다. 강한 국가만이 시민의 자유를 보장할 수 있다는 주장은 이미 폐기처분된 지 오래다. 그 대신 자유의 새로운 공간으로 떠오르는 것은 시민들이 스스로 구성한 강한 시민사회다.

한국 사회에서 이런 '강한 시민사회의 모델'은 독특한 역사적 맥락을 가지고 있다. 억압적 국가기구가 공포정치를 자행했던 1980년 전후를 정점으로 광범위한 민주화 운동과 함께 헌법 현실은 점차 개선되기 시작했다. 1987년 6월의 전 국민적 저항운동과 그 결과로 탄생한 개정 헌법은 자유주의적 법치주의의 정상화를 향한 하나의 전환점이었다. 하지만 본격적인 민주화 이행 과정은 항상 과대 성장 국가 기구의 관리라는 정치적 난제를 동반했다. 기득권에 위협을 느끼는 순간 민주화 과정을 폭력적으로 중단시킬 수도 있을 만큼 그것은 결정적 장애물이었기 때문이다. 이것을 극복하는 과정에서 시민 세력은 대단히 독특한 전략을 채택했다. 그들은 지배 기구를 와해시키거나 우회하지 않고, 단계적 타협을 통해 지배 연합 속에 편입됨으로써 그 내부를 장악하는 노선을 따랐던 것이다.[10] 이와 같은 '트로이 목마' 작전은, 따라서 때때로 전면적인 민주화 이행과는 방향을 달리하는 개혁 담론을 필요로 했다. 그중에서도 가장 매력적이었던 것은 국제경쟁력의 강화라는 관점에서 제시된 탈규제의 논리, 즉 '시장주의 관점'이었다.

사법 개혁 논의에서 강한 시민사회의 모델은, 1994년 이후 김영삼 정권에서 시장주의의 관점이 국제경쟁력의 강화를 위한 개혁 담론의 총아로 등장하면서 그야말로 갑자기 밀어닥쳤다. '사법도 서비스다'라는 짧은 구호는 사법 관료제의 고압적 권위주의에 짓눌려 있던 국민 대중, 즉 법률 서비스 소비자들의 주권 의식을 한순간에 고양시켰다. 그 설명에 따르면, 과다한 수임료, 사건 브로커들의 수임 비리, 관행화된 전관

10_이런 전략의 존재를 단적으로 드러내는 것은 1990년대 들어 민주화 운동을 이끌어 온 이른바 시민사회론의 출현이다. 시민사회론을 둘러싼 다양한 논의들은 결국 독특한 민주화 전략에 대한 다양한 평가에 지나지 않는다(한국사회학회·한국정치학회 1992; 최장집·임현진 1993; 유팔무·김호기 1995).

예우, 섭외 사건들에서의 무능력 등 사법 현실의 다양한 문제점들은 무엇보다 법률 서비스 시장에서 카르텔을 형성한 채 담합을 일삼는 악덕 법률가들 때문이었다. 따라서 그와 같은 공급독점supply monopoly을 깨버릴 수만 있다면, 높은 독점가격이 저렴한 시장가격으로 떨어지고 아울러 법률 서비스 시장의 분화가 촉진될 것은 당연한 일이었다. 또한 그렇게만 될 수 있다면, 사법 개혁은 너무도 손쉬운 작업이 될 터였다. 그렇다면 과연 어떻게 법률 서비스의 공급독점을 깨뜨릴 수 있을 것인가? 사법 개혁 논의의 초점은 자연스럽게 이 물음에 모아졌다.

로스쿨 도입 논의가 사법 개혁 논의의 전면으로 급부상한 것은 바로 이 시점에서였다. 물론 이에 관해 법률 서비스 시장의 공급독점이란 결국 서비스를 제공하는 공급자의 공급독점, 즉 공급자 독점에서 비롯되는 것이라는 등의 학술적인 논구가 선행된 것은 아니었다. 오히려 전반적인 시장주의 개혁의 모범 사례로서 세계적 차원의 법률 시장을 휩쓸고 있는 미국의 법률가 양성 제도가 별다른 고려 없이 개혁 대안으로 제시되었을 뿐이었다. 그러나 로스쿨 도입 논의가 제기되면서 법률가 양성 제도 개혁 논의는 생존을 건 권력투쟁으로 급변했다. 시장이 모든 것을 결정하게 두는 것은 3백 명이 합격하던 시대의 법률가들에게는 사법 관료 또는 법복귀족으로서의 모든 기득권이 날아가 버릴지도 모르는 치명적인 위협이었기 때문이다. 1995년 이후 로스쿨 도입 논의를 주도했던 서울 법대의 일부 공법 교수들은 열광적인 대중의 성원을 바탕으로 법조계의 극렬한 반대를 돌파하려 했다. 세계화의 슬로건을 앞세워 시장주의 개혁을 완성하려는 정권 차원의 지원이 그들의 배후에 존재했다. 하지만 조금만 냉정하게 생각해 보면, 그토록 격렬했던 1995년의 권력투쟁은 사실 상당히 과장된 것이었음이 드러난다. 강한 국가를 강한 시민사회로 대체한 것을 제외한다면, 로스쿨 도입 논의 역시 '강한 사법'을 내세운 것은 마찬가지였기 때문이다. 이 주장의 묘미는 강한 시민사회와 강한 사법의 연결 고리로서 '법률 시장 중심주의'라는 법 이론을 제시한 것이었다. 공급자와 소비자 사이의 정보 불평등이 해소되기 힘든 법률 서비스 시장의 특성을 감안할 때, 그것은 종국적으로 법률가들의 시장 지배를 예정하는 것이기도 했다. 이렇게 볼 때, 로스쿨주의자들이 진정으로 목표했던 것은 법률 서비스 시장의 규모를 극적으로 확대하는 것이었다. 그것은 전국적 규모의 로스쿨들을 권력 중심으로 육성해 법치주의 담론을 일반화하고, 이를 통해 입법 대의 기구에 대한 사법 대의 기구의 우위 또는 법률가의 대의 기구 장악을 도모하려는 기획이었다. 말하자면, 로스쿨을 통해 대규모로 배출될 법률가들이 '정치의 법화'를 통해 보편적 지배 신분으로 고양되는 모습이 그들의 비전이었던 셈이다.

그렇지만 1995년의 권력투쟁에서 법률가 집단 내부의 합의는 도출되지 못했다. 모든 논쟁은 '국가 대 시민사회' 또는 '국가 대 시장'의 구도에서 맴돌았고, 서로에게 공통된 '강한 사법'의 측면은 어느 쪽으로부터도 주목받지 못했다. 논란의 본질은 '강한 사법'의 구현 방식을 두고 법률가 집단 내부의 신구 세력 간에 벌어지는 주도권 다툼이었음에도, 그 진면목은 당사자들에게조차 발견되지 않았다. 이런 상황에서 로스쿨주의자들은 시장주의의 자기 논리에도 충실하지 못한 채, 스스로 법률가 집단의 주도권을 겨냥하고 있음을 드러냈다. 로스쿨 인가 기준을 마련하는 과정에서 법과대학들의 서열화 또는 계급화가 불가피하다는 사실이 공개되었기 때문이다. 이 사건을 계기로 로스쿨주의자들에 대한 법학 교수 집단 내부의 지지는 급격하게 줄어들었다. '주로 영미 법학의 배경을 가진 서울 법대 일부 공법 교수들의 선정적 모험주의'가 비난의 대상이 되기 시작한 것도 이즈음이다.

그 이후 로스쿨주의자들은 시장주의 개혁의 또 다른 통로였던 대학

교육개혁의 방향으로 법률가 양성 제도 개혁의 우회로를 개척하려 했다. 학부 수준에서는 기초 교양 교육을 강화하고, 전문 직업교육은 대학원 수준으로 끌어올리려는 대학 교육개혁의 기본 방침이 로스쿨 도입 논의와 일치했기 때문이다. 그러나 각고 끝에 만들어진 '학사 후 법학 교육' 제안[11] 역시 법조계의 강력한 반발로 그대로 시행되지 못했으며, 오히려 실질적 법치국가론자들에게 재기의 계기를 제공했을 뿐이다. 그리하여 2001년 3월에 입법된 현행 〈사법시험법〉은 양자의 타협인 동시에 법률가 집단 내부의 이론적 주도권이 실질적 법치국가론자들에게 다시 넘어갔음을 의미했다. 이렇게 해서 7~8년에 걸친 로스쿨주의자들의 투쟁은 사법시험 합격자 수의 대폭 확대라는 물량적 성과만을 남기게 되었던 것이다.

앞서 언급했듯이 '강한 시민사회/강한 사법'의 입장은 시장주의의 슬로건으로 채색된 제한적 개혁의 논리에 불과하다. 잉여 지배계급의 관성에 찌든 권위주의적 사법을 청산하는 것과 관련해 그것은 매우 효과적인 관점과 도구를 제시했다. 하지만 어설픈 시장주의 논리가 강한 사법의 권력 지향성과 만나면서 예상치 못한 부작용이 발생한 것도 사실이다. 그 가운데서도 사법의 미래가 태어나는 전문 법학 교육의 현장이 다양한 종류의 고시 학원으로 전락하고 있다는 점이다.[12] 물론 국

11_이 방안의 핵심은 국민들 모두에게 학부 법학 교육을 받을 기회를 개방한 뒤, 학부 법학 교육 이수자들에게만 변호사 자격시험의 응시 자격을 부여하고, 공정한 심사를 거쳐 인가를 획득한 전문법학대학원을 마친 사람들에게는 변호사 자격시험의 1차 시험을 면제하는 것이다(새교육공동체위원회 1999).

12_돌이켜 보면 로스쿨 체제가 시작되기 직전까지 대한민국은 이른바 3중의 고시 학원화에 시달리고 있었다. 첫째, '법과대학의 고시 학원화'가 매우 심각했다. 사법시험 합격자를 다수 배출하는 소수의 명문 법과대학에서 사법시험 과목 중심의 학사 운영은 오랜 전통이었다. 그런데, 이런 파행적 학사 운영이 사법시험 합격자 1천 명 시대를 맞으면서 다수의 중견 법

제경쟁력의 강화라는 관점에서 시장주의의 슬로건이 사법 개혁 논의에 다시 등장할 가능성도 무시할 수는 없다. 그러나 그렇더라도 1995년에 덧입을 수 있었던 선명한 개혁적 이미지를 기대하는 것은 무리한 일이다. 애초부터 그것은 시장주의의 논리를 빌어 시민사회 속에서 법률가들의 패권을 확보하려는 '강한 사법'의 논리였기 때문이다.

2) 약한 사법

이처럼 '강한 시민사회/강한 사법'의 입장이 약화되면서, '강한 국가/강한 사법'의 입장이 법률가 집단 내부의 주도권을 회복한 것이 노무현 정부 초기까지의 상황이었다. 그렇지만, '정치적 관료주의와 경제적 시장주의의 혼전 동거'라 할 〈사법시험법〉의 각종 폐해를 고려할 때, 사법 개혁 논의가 중단되리라고 예상할 수는 없었다. 그것은 다양한 종류의 고시 학원에서 성장한 법률가들이 사법 관료제의 후원과 실질적 법치국가론의 논리를 따라 대의 기구 전체를 장악하는 최악의 시나리오이기 때문이다. 이런 관점에서 특히 노무현 정부를 지나면서 한국 사회의 다양한 층위에서 '강한 시민사회/약한 사법'의 입장이 형성되고 있음은 주목할 만한 현상이다. '국가 속의 법'이나 '시장 속의 법'이 아니라 '시민사

과대학으로 급속하게 번져 갔다. 법률 전문가 이전에 지식 교양인으로서 갖추어야 할 인문 교양은 전혀 주목받지 못했다. 둘째, '명문 대학들의 고시 학원화'가 대세가 되고 있었다. 명문 대학생들이 전공을 불문하고 사법시험 준비에 골몰하는 것은 1990년대 이후 대학가에 확립된 풍토였다. 이런 풍토에서 인문·사회·자연·공학 등 다양한 전공들 간의 조화로운 성장이나, 비판적 공론장으로서 대학의 사회적 기능을 들먹이는 것은 사치에 불과했다. 셋째, '사법연수원의 고시 학원화'가 시작되었다. 합격이 확인되는 순간, 사법연수원에서의 높은 성적을 위해 또다시 학원 수업에 돌입하는 모습은 결코 이례적인 현상이 아니었다.

회 속의 법'에서부터 출발해 '사법의 민주화'를 당연한 요청으로 받아들이려는 흐름이 서서히 결집하고 있는 것이다.

역사적으로 이런 입장은 1980년대 이후 자생적으로 성장해 온 법학 교수 집단 내부의 비판 법학 운동과 일정한 관련을 가지고 있다. 물론 아직도 다수의 이해를 확보했다고 말할 수는 없지만, 젊은 세대의 법학자들 가운데는 공감을 표시하는 경우가 적지 않다. 시장주의적 개혁 운동이 세계화를 이끄는 신자유주의적 접근과 동전의 양면임을 깨달은 뒤, 법률가 집단의 바깥에서도 점차 지지가 확산되고 있다. 앞서 거론한 바와 같이, 이 입장의 출발점이자 귀결점은 법률가의 헌법적 지위를 (잠재적인) 사법적 대표로서 재발견하는 것이다. 판검사가 현실적인 사법적 대표라면, 변호사는 잠재적인 사법적 대표다. 판검사의 임용 과정이 현실적인 사법적 대표의 선출 과정이라면, 법률가 자격 부여 과정은 잠재적인 사법적 대표의 선출 과정인 것이다. 이와 같은 인식은 곧바로 사법개혁 논의, 특히 법률가 양성 제도 개혁 논의가 본질적으로 대표 선출 과정에 관련된 중대한 정치 문제라는 사실을 드러낸다. 따라서 그것은 결코 법률가들만의 문제일 수 없으며, 반드시 시민 전체가 개입하고 참여해서 합의해야 할 문제인 것이다.

2005년 현재 이들 사이에는 정원제 사법시험을 폐지하고 변호사 자격시험을 도입하는 것이 가장 시급한 과제라는 점에 관해 일정한 합의가 존재한다. 로스쿨주의자들을 앞세운 법률 소비자들의 압력에 따라 사법시험 합격자 수를 1천 명으로 늘렸으면서도, 구태의연한 과거의 법학 교육제도 및 사법연수원 체제를 그대로 유지함으로써 결과적으로 시민들의 기대에 못 미치는 법률가를 양산하는 상황이 초래되었기 때문이다. 법률가 집단 내부의 주도권 다툼에 골몰하면서 로스쿨주의자들이 머뭇거렸던 그 지점에서 이 '민주시민법학파'는 명쾌하게 활로를 제시한다. 요컨대 정원이라는 절대적인 기준에 의해 (잠재적인) 사법적 대표의 숫자를 제한하는 정원제 사법시험 제도는 공무담임권과 직업 선택권에 대한 과도한 제한으로서 위헌이라는 것이다. 따라서 하루바삐 이를 폐지하고 변호사 자격시험을 도입해야만 한다는 것이다.[13]

이와 같은 법률가 양성 제도의 개혁은 당연히 판검사 임용 제도의 개선을 통해 명실상부하게 법조일원화를 실현하는 방향으로 이어져야한다. 사법시험을 판검사를 임용하는 시험으로 이해하고 변호사를 판검사의 잉여이자 부산물로 이해하는 것은 대단히 시대착오적이다. 1년에 법률가가 1천 명씩 탄생한다는 것은 그 자체로 이미 사법 관료주의로 문제를 해결하는 것은 불가능함을 증명한다. 정원제 사법시험을 통해 법률가의 숫자를 통제하는 원시적인 방법은 이제 통용될 수 없다. 변호

13_국민의 세금으로 운영되는 판검사의 **숫자**를 법률에 의해 제한하는 것은 당연한 일이나, 국회와 지방의회의 의원 숫자를 법률로 제한할 수 있는 것과 마찬가지다. 그러나 변호사의 숫자를 제한하는 것은 사정이 다르다. 국회와 지방의회 선거에 있어서 입후보자의 숫자를 제한하는 것이 헌법적으로 용인될 수 없는 것과 마찬가지다. 따라서 〈사법시험법〉과 같이 정원이라는 절대적인 기준에 의해 잠재적인 사법적 대표의 숫자를 제한하는 것은 국민의 정치적 기본권을 침해하는 것이다. 국회와 지방의회 선거에서 입후보자의 숫자를 성적순·소득순·선착순 등의 절대적인 기준에 의해 제한할 수 없는 것과 동일한 이치다. 다음으로, 정원제 사법시험은 국민의 직업 신택의 자유에 대한 과도한 제한이다. 변호사 자격시험으로서 사법시험의 본질은 법률 전문직에 소요되는 능력과 자격을 심사하는 것이다. 문제는 정원제 사법시험에서 그런 심사가 직업 수행 능력과 하등 상관없는 이유, 즉 특정 연도의 사법시험에서 정원 이내에 들었는가를 기준으로 진행된다는 점이다. 어떤 수험생이 법률 전문직을 수행하기에 충분한 학식과 능력을 갖추고 있는지가 그 수험생이 전체에서 몇 등을 차지했는가와 무슨 관련이 있을까. 이처럼 정원 내에 들지 못했다는 이유로 법률 전문직을 선택할 자유를 박탈하는 것은 과도한 제한이다. 직업 선택의 자유를 덜 제한하는 방식을 나두고 군이 더 제한하는 방식을 택하는 것이기 때문이다. 이런 간단한 논증은 정원제 사법시험의 헌법적 부당성을 백일하에 드러낸다. 따라서 정원제 사법시험을 철폐하는 것이야말로 사법 개혁의 일차적인 과제가 되어야 한다. 그 자리에는 잠재적인 사법적 대표를 선출하는 절차이자 법률 전문직의 능력과 자격을 심사하는 과정으로서 순수한 의미의 변호사 자격시험이 도입되어야 한다. 앞서 말한 법률가의 헌법적 지위가 법률에 의해 확인되어야 한다는 것이다(박경신·이국운 2000; 이국운 2002b).

사들에게까지 국가공무원과 같은 위상을 부여하는 낭비를 일삼으면서, 판검사의 임용 과정에 대한 국민의 참여를 봉쇄하는 현재의 사법연수원 체제는 반드시 극복되어야 한다. 다시 말하지만, 사법 개혁의 유일한 길은 정원제 사법시험을 철폐한 뒤, 변호사 자격시험을 도입하고, 사법연수원 체제를 혁파함과 동시에, 법조일원화에 기초해 민주적인 판검사 임용 제도를 확립하는 것이다.

법률가 양성의 구체적인 방식에 관해 본격적인 논의는 아직 없지만, 전문 법학 교육과정에서 대학이 중심적 역할을 담당해야 한다는 점에 관해서는 일정한 공감대가 존재한다. 왜냐하면 시장 친화적인 방식으로 국민국가의 정치적 유연성을 확보해야 하는 포스트 모던적 상황에서 대학만큼 탈관료화와 탈사사화脫私事化를 동시에 담당할 수 있는 대안을 마련하기 어렵기 때문이다. 다시 말해, 시장 속에서 법의 공공성을 담보할 공공적 권위 주체로서 시민사회의 공론장인 대학의 가치가 주목되고 있는 것이다. 물론 이를 위해서는 소극적 해석 과학이 아니라 적극적 논증 과학으로서 법학 자체의 성격 변화가 요구된다. '법률가 집단의 통치 집단화'라는 위험을 감지하면서도, '강한 시민사회/약한 사법'의 관점에서 로스쿨 제도의 도입을 전향적으로 검토할 수 있다는 주장이 제기되는 것은 바로 이런 맥락에서다(이국운 2002b).

그러나 민주시민법학파의 주된 관심은 법률가 양성 제도의 개혁이 아니라 '사법의 민주화'다. 첫 단계는 판검사의 임용 과정에 시민이 참여하는 것이다. 대법원 구성에만 국회 동의라는 간접적인 참여를 허용하는 현행 헌법이 부족한 측면이 있는 것은 사실이지만, 우선 대법원장의 법관 임명에 동의권을 행사하는 대법관회의의 활성화를 요구할 필요가 있다(헌법 제104조 제3항). 나아가 헌법의 개정이 가능하다면, 특별히 고위 법관의 선임에 관해서는 헌정사의 전례(1962년 헌법)를 감안해, 주민 직선이나 법관추천회의에 의한 간선으로 국민의 참여를 제도화하는 방안을 고려해야만 한다. 검사에 관해서는 〈검찰청법〉 등의 개정만으로도 임용 과정에 국민의 참여를 제도화할 수 있다. 다음 단계는 재판 과정에 시민이 참여하는 것이다. 배심제의 도입을 위해서는 헌법 개정 여부를 우선 검토해야 하겠지만, 그렇다고 현재 재판 과정에서 국민 참여가 완전히 봉쇄되고 있는 것은 아니다. 법관의 자격을 법률로 정하도록 했다면(헌법 제101조 제3항), 〈법원조직법〉 등을 개정해 일반 국민에게 한시적인 법관 자격을 부여한 뒤 법률가와 동등한 자격으로 재판 과정에 참여하는 것을 고려할 수 있기 때문이다.

사법의 민주화와 함께 사법 개혁의 대미를 장식해야 할 것은 사법의 분권화다. 직역별 분권화도 중요한 과제이지만, 더욱 핵심적인 것은 지역별 분권화의 문제다. 이를 위한 근본적인 반성의 하나로서 지금까지의 논의가 5천만 명으로 이루어진 단 하나의 사법 통치 구조를 염두에 두었음을 지적해야만 한다. 개혁론자든 기득권층이든 중앙집권적 사고방식의 노예가 되었던 것은 마찬가지가 아닐까? 이를 위한 한 가지 방안으로 변호사 선발 권한의 지방분권화가 제안된 바 있다. 그 핵심은 변호사 자격시험을 각 고등법원의 관할 지역별로 구분해 실시하고, 5년의 기간을 거쳐 전국적인 변호사자격을 얻은 사람들로부터 판검사를 임용하자는 것이다. 요컨대 변호사 선발은 지방에서, 판검사 임용은 중앙에서 하자는 말이다.[14]

사법의 민주화와 분권화를 주장하는 것에서 드러나듯이 '강한 시민사회/약한 사법'의 입장은 한마디로 민주적 혁신의 논리다. 그 출발점을

14_자세한 것은 이 책의 9장 참조.

이루는 법 이론은 시장 법학이 아니라 시민 법학이다. 이들의 시각에서 사법의 민주화와 사법권의 독립을 모순 관계로 이해하는 것처럼 안타까운 일은 없다. 사법권의 독립이란 법치주의 속에서 최종적 판단을 내려야 하는 법관에게 그에 대한 법적 책임을 면제하기로 한 헌법적 지혜일 따름이다. 따라서 사법권이 국민의 정치적 의사와 독립적으로 구성되어야 한다고 믿는다면, 그것은 곧바로 반(反)헌법적인 사법 독재의 출발점이 될 수도 있다. 사법의 독립은 사법의 독점이 아닌 것이다. "대한민국의 주권은 국민에게 있고, 모든 권력은 국민으로부터 나온다."(헌법 제1조 제2항)고 선언한 이상, 사법에 대한 국민의 참여도 많으면 많을수록 좋다는 전제를 공유할 필요가 있다. 법치주의와 법 앞의 평등을 선언하고 입법 대의 기구와 사법 대의 기구를 설치한 헌법 구조 속에서 법으로부터 소외되는 것은 정치로부터 소외되는 것과 동일한 의미다. 따지고 보면, 헌법적 정치는 모두 법을 통한 정치이기 때문이다. 그런 점에서, 사법의 민주화와 분권화는 정치적 평등, 법적 평등으로 나아가는 지름길을 여는 것이다.

4. 사법 개혁의 정치적 함의

누누이 강조했듯이, 사법 개혁 논의, 특히 법률가 양성 제도 개혁 논의는 결코 법률가 집단 내부의 주도권 다툼으로 국한될 문제가 아니다. 비록 논쟁에 참가하는 당사자들조차 깨닫지 못하고 있긴 하지만, 그것은 본질적으로 자유주의적 법치주의를 정상화하는 과정에서 한국 정치의 기본 구도를 확정하려는 통치 구조 차원의 권력투쟁이다. 따라서 헌정 체제의 안정을 위해서라면 되도록 가까운 장래에 이에 관한 공동체적 결단이 내려져야 할 것이다. 결단의 한 축은 '국가 우위 대 시민 우위'이고 다른 한 축은 '입법 강화 대 사법 강화'다. 그렇다면 이 가운데 어떤 조합이 최선의 선택이 될 수 있을까?

단기적인 관점에서 가장 유력한 것은 역시 '강한 국가/강한 사법'의 입장(보수保守)일 것이다. 무엇보다 법률가 집단 내부의 이론적 주도권을 확실하게 장악한 상태이기 때문이다. 하지만 이 입장은 공동체적 결단에 반드시 필요한 사법 개혁의 정치 문제화에 있어서 근본적인 장애요인을 가지고 있다. '사법은 정치와 구분되며, 정치보다 우위이고, 그 담당자는 사법 관료제다.'라는 도그마가 너무나 강력해 극복이 쉽지 않다는 것이다. 이 점만을 고려한다면, 앞으로 펼쳐질 정치 문제화의 과정에서 새롭게 떠오르는 '강한 시민사회/약한 사법'의 입장(혁신革新)이 의외로 유리한 지위를 점하게 될 수도 있다. 법률가 집단의 외부에서는 이미 '사법의 민주화와 분권화'라는 슬로건이 상징적으로 광범한 시지를 확보하고 있으므로 계기만 주어진다면 공론장의 분위기는 바뀔 수 있다. 과연 민주시민법학파는 이 호기를 선용할 수 있을 것인가?

그러나 성급한 예측은 금물이다. 시장 만능주의로 각인된 '강한 시민사회/강한 사법'의 입장(개혁改革)은 비록 잠시 기세가 꺾였지만, 세계화와 정보화의 피할 수 없는 흐름 속에서 언제든 다시 각광을 받을 수 있다. 특히 법률 서비스 시장의 개방이 본격화되고, 일본형 로스쿨의 성패가 명확해지면, 국제경쟁력의 강화 차원에서 시민사회의 주도권을 법률가들에게 맡기자는 로스쿨주의자들의 주장이 탄력을 받게 될 것이기 때문이다. 동일한 맥락에서, 급격히 스러지고 있는 '강한 국가/약한 사법'의 입장(수구守舊) 역시 그 잠재력을 무시해서는 안 된다. 앞서 암시했듯이, 누군가 민주적 사법 소극주의의 논리로 그 내용을 다듬기만 한다면,

적어도 시민사회 내부의 혼란에 실망해 강한 국가에 미련을 두는 세력에게는 매력적인 대안이 될 것이기 때문이다. 더구나 그 지지자들은 여전히 사법 관료제를 지배하는 최고의 권력 엘리트들이 아닌가?

8장

노무현 정부의 사법 개혁 평가
사법 서비스 공급자 위원회의 한계

1. 사법 개혁 문제의 성격

사법 개혁은 김영삼 정부 시절부터 논의기 계속되었음에도 불구하고 노무현 정부 말기까지 실질적인 성과는 거의 없었던 한국 사회의 대표적인 정치적 난제들 가운데 하나다. 평범한 시민의 입장에서 그것은 이미 소리만 요란하고 결론은 없는 일종의 정치적 소음이라고도 할 수 있다. 이 장에서 나는 노무현 정부의 사법 개혁, 특히 대법원 산하 '사법개혁위원회'(이하 사개위)와 그 뒤를 이은 대통령 소속 '사법제도개혁추진위원회'(이하 사개추위)의 활동을 전반적으로 분석하고 평가하고자 한다. 미리 말하지만, 그 성과에 관해서는 그리 높은 점수를 줄 수 없을 것 같다. 사법 서비스 공급자들 사이의 기득권 조정에만 매달리다가 사법 개혁의 리더십과 비전을 모두 잃은 채 국가의 백년대계를 표류시켰다고 생각되기 때문이다.[1]

논의를 시작하기 전에 우리는 먼저 한국 사회에서 사법 개혁이라는 문제가 갖는 성격을 짚어 볼 필요가 있다. 다른 개혁 과제들과 마찬가지로 사법 개혁에는 '압축 근대의 모순'으로 요약되는 한국 사회 특유의 구조적 모순이 결부되어 있다. 국민국가 형성기의 과제가 제대로 해결되지 않은 상태에서 복지국가 구축기의 과제가 중첩되고, 그 위에 다시 탈근대 및 세계화 시대의 과제가 덧붙여지는, 말하자면 개혁 과제가 3중으로 누적되어 있다는 것이다.

여기서 국민국가 형성기의 과제란 '사법 권력의 민주적 정당성'을 확보하는 문제를 말한다. 식민지 사법의 유제, 즉 사법 내부에 잔존하는 봉건적 특권 및 특권 의식을 청산하고, 민주정치, 법 앞의 평등, 그리고 기본적 인권 보장이라는 헌법적 요청이 사법제도 전반에 '근본적으로' 관철되도록 하는 것이다. 인신 구속 위주의 형사 사법제도를 정상화하는 문제, 정원제 사법시험 제도를 혁파하는 문제 등이 단적인 보기다.

다음으로 복지국가 구축기의 과제는 '시민의 입장에서 사법적 후생의 양과 질'을 획기적으로 증진시키는 문제다. 개발독재 과정에서 왜곡, 축소된 사법 관료제를 사법 서비스 시장의 확대와 사법적 복지 제도의 확충을 통해 혁신함으로써 사법 권력에 대한 시민적 접근 가능성을 높이는 것이 핵심이다. 법률가 숫자의 획기적인 증대, 국선 변호 제도 및 법률 구조 제도의 완비 등을 예로 들 수 있다.

1_다만 이와 같은 시도를 가능하게 만든 논의의 공개 구조 자체에 관해서는 높이 평가하고 싶다. 특히 사법 개혁 논의의 주 무대였던 대법원 산하 사법개혁위원회와 이를 이어받은 대통령 소속 사법제도개혁추진위원회의 활동이 각각의 홈페이지들(http://www.scourt.go.kr 및 http://www.pcjr.go.kr)에 지속적으로 게시되었던 것은 획기적인 발전이었음이 분명하다. 이를 통해 위원회 구성원 및 전문가들 사이에서 벌어진 논의와 관련 자료들이 공개되지 않았다면 비판적 성찰의 노력은 매우 제한된 정보들에 갇힐 수밖에 없었을 것이기 때문이다. 물론 그렇다고 하더라도 이와 같은 절차의 공개성이 곧바로 그 공공성과 합리성까지 보장해 주는 것은 아니다.

마지막으로 탈근대 및 세계화 시대의 과제는 사회의 급진적 다원화 및 지구촌화에 대응해 '사법 시스템의 자율적 대응 능력'을 고양시키는 문제다. 국가법 및 국가 사법의 최종적 권위를 우회해 세계적 규모로 확대되고 있는 전문적 시스템들의 영역에 대해 '체계적으로 합당한reasonable' 사법적 대응 수단들을 확보하는 것이 일차적인 과제다. 이른바 전문법[2]의 영역을 감당하면서 자본과 노동의 세계화에 대처할 전문적 법률가 집단을 양성하는 문제가 관건이다.

이와 같은 3중의 개혁 과제를 동시적으로 해결해야 한다는 것과 더불어, 문제를 더욱 어렵게 만드는 또 다른 이유가 존재한다. 압축 근대의 모순을 공유한다는 점에서 사법 개혁은 한국 사회의 다른 개혁 과제들인 정치 개혁, 경제개혁, 교육개혁, 행정개혁, 지방 개혁, 재정 개혁 등과 근본적으로 연결되어 있다. 따라서 그것은 '사법'이라는 특수한 영역에 대한 개혁이 아니라 한국 사회 전체의 재구성을 목표하는 '총체적 사회 개혁'의 하나로 이해되어야 하고, 또 그렇게 추진되어야 한다. 예건대 법학 전문 대학원 제도의 시행을 법학 교육이나 법률가 양성의 좁은 틀에서만 바라보는 것은 바람직하지 않다. 오히려 그것은 고등교육 제도 전반, 시장규제 기구 전반, 정치적 엘리트 충원 방식 전반을 포괄하는 광범위한 틀에서 이해되고 추진되어야만 한다. 로스쿨 제도의 시행이 정치 개혁, 경제개혁, 교육개혁 등과 근본적으로 연결되어 있다는 것이다.

이런 까닭에 사법 개혁의 성패는 — 앞서 언급한 다른 개혁들도 마찬가지이지만 — 결국 한국 사회의 총체적 재구성을 목표로 하는 일관된 정치적 비전 및 이를 추진하는 확고한 정치적 리더십의 유무에 좌우

2_이에 관해 자세한 것은 이상돈(2003) 참조.

되는 것일 수밖에 없다. 리더십과 비전 중 어느 하나라도 결여된다면 사법 개혁은 곧 방향을 잃고 좌초하게 되는 것이다. 이런 관점에서 나는 노무현 정부의 사법 개혁 작업에 대해 다음의 두 가지 질문을 던져 보고자 한다. 첫째, 누가 사법 개혁을 주도했는가? 둘째, 어떤 담론이 사법 개혁을 주도했는가? 두말할 것도 없이, 전자는 사법 개혁을 이끄는 정치적 리더십에 관한 물음이며, 후자는 그것이 내세우는 정치적 비전에 관한 물음이다.

이 두 가지 물음을 해명하기 위해 나는 일단 리처드 에이블 등이 강력하게 주장하는 '법률가 공급 통제'라는 가설에 주목하고자 한다. 이 가설에 따르면 법률가 집단은 사법 서비스 시장에 대한 지배권을 확고히 하기 위해 두 가지 장기 전략을 구사한다. 한편으로는 사법 서비스의 수요를 확충하면서, 다른 한편으로는 시장 내부의 경쟁을 제한하는 것이다. 전자의 수요 확충은 기본적으로 사회 내의 다른 엘리트 집단과의 투쟁을 전제한다. 따라서 법률가 집단에게 좀 더 손쉬운 것은 후자의 경쟁 제한이며, 이를 위해 사법 서비스의 공급을 통제하는 매우 세련된 수단들, 예컨대 자율적 징계, 광고 금지, 서열 구조 등이 발전하게 되는 것이다. 그중에서도 가장 핵심적인 것은 사법 서비스를 공급하는 공급자(법률가)의 공급을 공급자 집단이 통제하는 것, 즉 법률가 공급에 대한 통제권을 법률가 집단이 확보·유지하는 것이다.[3]

이 가설은 사법 서비스의 공급자로서 법률가 집단이 법률가 공급 통제에 집착하는 이유를 공급 조절을 통한 독점이윤의 유지로 설명한다. 하지만 이것은 사태의 일면일 뿐이다. 왜냐하면 좀 더 완결적인 설명이

3_리처드 에이블 등은 1980년대를 지속한 세계적 규모의 비교 법조사회학 연구를 통해 이를 확인하고자 했다(Abel 1987; 1989b; Abel & Lewis 1988).

되기 위해서는 법률가 집단의 공급 통제 및 공급자 통제에 대해 사법 서비스의 소비자들이 적극적으로 대응하지 못한 채 점차 순응하게 되는 까닭이 분석되어야 하기 때문이다. 법조 사회학 이론에서 시장 중심적 접근과 대비되는 국가 중심적 접근[4]이나 제도적 접근[5]을 무시할 수 없는 것은 바로 이런 맥락에서다. 특히 영국이나 미국에 비해 상대적으로 강력한 국가 전통을 가진 다른 국가의 법률가 집단들을 제대로 설명하기 위해서는 사법 서비스 시장 바깥의 다른 정치사회적 변수들을 적절히 고려해야만 한다.

이 점에 주의하면서 나는 국가 중심적, 제도적 접근을 포괄하면서 최근 테렌스 할리데이 등에 의해 강력하게 제기되고 있는 법률가 정치론의 주장을 경청하고자 한다. 이에 따르면 사법 서비스 소비자들이 그처럼 종속적이 되는 것은 지식적·이데올로기적 차원에서 법률가 집단의 정치적 관여, 즉 법률가 정치가 성공적으로 관철되고 있기 때문이다.

4_뤼셰마이어는 미국과 독일의 법률가 집단을 대상으로 법률가 집단의 내부 조직, 법적 업무의 분화 정도, 법률가 집단의 신분적 위상, 권력 구조 내부에서 법률가 집단의 위치, 사회의 전체적인 가치 정향, 법률가 양성의 유형, 법률가 집단의 내부 문화, 소송 의뢰인과의 관계 및 법조 윤리 등에서 나타나는 차이점들을 양국의 법사(法史)에 연결시켜 효과적으로 비교한다(Rueschemeyer 1973; 1988, 289-321; 1978, 97-127). 그가 영미법 전통과 대륙법 전통의 국가들을 넘나들면서 의미 있는 비교 분석을 수행할 수 있었던 까닭은 근대 법 시스템의 토대인 국민국가를 전면에 등장시킴으로써 국민국가의 성격과 불가분의 관계에 있는 법 시스템의 질적인 특성들(법의 존재 형태나 법 추론의 방식, 법 문화적인 요소 등)을 효과적으로 고려할 수 있었기 때문이다. 다시 말해, 뤼셰마이어의 비교 분석에는 '시장경제의 발전'이라는 에이블의 가정보다 더욱 적절한 가정, 즉 ① 시장 교환의 증가, ② 공적·사적 관료제의 발달을 핵심으로 하는 '근대사회로의 변동'이라는 역사적 가정이 전제되어 있었던 것이다.

5_제도주의적 접근에서는 ① 다른 제도와의 경계 형성(boundary establishment), ② 합리화(rationalization)를 핵심으로 내세우면서 시장 중심적 접근을 보완하고자 한다(Kritzer 1991, 529-552). 이 관점에서 수행된 대표적인 연구로는 사회통제, 분쟁 해결, 정책 결정의 세 차원에서 5개국의 법률가 집단과 사법제도 일반을 비교 분석한 허버트 제이콥(Herbert Jacob) 등의 작업이 있다(Jacob, Blankenburg, Kritzer, Provine & Sanders 1996).

다시 말해, 법률가 집단의 정치사회적 위상은 사법 서비스 시장에서의 일방적인 공급 통제 또는 공급자 통제를 통해 자동적으로 확보되는 것이 아니라, 그와 함께 지식적·이데올로기적 차원에서 벌어지는 법률가 정치, 즉 사법 서비스의 소비자 집단을 대표하는 다른 경쟁 엘리트 집단들과의 치열한 투쟁 과정을 통해 결정된다는 것이다. 따라서 앞서 '법률가 공급 통제 가설'에서 부차적인 것으로 취급되었던 사법 서비스의 수요 확충이나 공급 제한은 '이데올로기적 정당화'의 측면에서 매우 중요한 요소가 될 수밖에 없다. 바꿔 말하면, 법률가 정치는 예컨대 '사법권의 독립'과 같은 헌법적 교의를 기초로 법률가 집단의 정치적 우위를 인정하는 특수한 정치체제, 곧 정치적 자유주의를 전제하게 된다는 것이고, 반대로 정치적 자유주의는 법률가 정치를 핵심 기제로 내포하게 된다는 것이다(Halliday & Karpik 1997).

요컨대 나는 노무현 정부의 사법 개혁을 이끈 정치적 리더십과 정치적 비전을 식별함에 있어서 두 가지 초점을 전면에 내세우고자 한다. 하나는 법률가 공급 통제이며 다른 하나는 법률가 정치다. 따라서 위의 두 물음은 다음과 같이 재구성될 수도 있을 것이다. 첫째, 노무현 정부의 사법 개혁 작업에서 법률가 공급 통제에 관한 정치적 관심은 누구에 의해 어떻게 관철되었는가? 둘째, 노무현 정부의 사법 개혁 작업을 이끈 주도적 담론 속에서 법률가 정치는 누구에 의해 어떻게 수행되었는가?

2. 개혁의 주체는 누구였는가

김영삼 정부 이후 노무현 정부에 이르기까지 한국 사회의 사법 개혁 작업에서는 뚜렷한 경향을 확인할 수 있다. 사법 개혁 작업의 주도권이 사법 서비스의 공급자인 법률가 집단으로 넘어가는 현상이 두드러졌던 것이다. 무엇보다 사법 개혁 작업의 추진 주체가 변화해 온 과정이 이를 단적으로 보여 준다. 대통령 직속의 '세계화추진위원회'(1994~95년, 이하 세추위)에서 교육부 주도의 '새교육공동체위원회'(1998~99년, 이하 새교위)로, 다시 법무부 주도의 '사법개혁추진위원회'(1999~2000년, 이하 사개추)를 거쳐 대법원 산하의 '사법개혁위원회'(2003~2004)로 추진 주체이자 주관 기관이 변화해 왔던 것이다.

정치인(대통령) → 교육 관료(교육인적자원부) → 검사 집단(법무부) → 판사 집단(대법원)으로 이어진 추진 주체의 변화는 노무현 정부의 사법 개혁이 그 출발점에서부터 사법 서비스의 공급자 집단에 의해 주도되었음을 의미한다. 특히, 김영삼 정부 시절 당시 청와대 정책기획수석비서관이던 박세일 교수를 비롯한 일군의 소장 법학 교수들이 세추위의 사법 개혁 작업을 주도했던 것을 생각할 때, 10년 뒤의 사개위 및 사개추위를 판사 집단의 대표라 할 대법원이 주도하고 있는 것에서는 격세지감마저 느껴질 정도다. 이와 더불어 특기할 점은 정치 시스템상 사법 서비스의 소비자 집단(국민 대중)을 대표해야 할 국회 및 각 정당들이 지난 12년 동안 사법 개혁의 추진 과정에서 지속적으로 배제되었다는 사실이다. 달리 말해, 한국 사회에서 사법 개혁 작업은 그동안 법률가 집단의 주도권 아래 탈의회적·비정당적 방식으로 시도되어 왔으며, 이 점은 노무현 정부에서도 마찬가지였다고 볼 수 있다.[6]

6_현재의 정치 시스템을 전제로 제도적 차원에서 사법 개혁의 방법을 논의하자면, 헌법 개정의 차원, 법률 개정의 차원, 하위 법령(대통령령, 대법원 규칙 등) 개정의 차원이라는 세 가지 차원을 구분할 수 있을 것이다. 이 가운데 헌법 개정의 차원을 사개위에서 다루는 것은 적절하

물론 사법 서비스의 공급자인 법률가 집단이 사개위 및 사개추위를 주도했다고 해서 정치적 리더십의 문제가 곧바로 해결되는 것은 아니다. 사법 서비스의 공급자 집단 내부도 여간 복잡한 것이 아니기 때문이다. 바로 여기서 나는 다음과 같은 질문이 제기되어야 한다고 믿는다. "파티party의 주인은 누구였는가?"

여기서 '파티'라는 말은 일상적인 어법과 마찬가지로 두 가지 의미를 동시에 담고 있다. 첫째는 '잔치'라는 뜻으로서 사개위 및 사개추위가 사법 개혁에 관한 일종의 공론 잔치 또는 공론 마당으로 기획되었음을 의미한다. 둘째는 '당파'라는 뜻으로서 사개위 및 사개추위가 사법 서비스 공급자 집단의 정치적 이익을 결집시키는 당파적 목적으로 이용되었음을 의미한다. 그렇다면 결국 이 질문의 핵심은 간단한 것일 수밖에 없다. 사개위 및 사개추위라는 공론 마당을 사법 서비스의 공급자 위주로 조직한 뒤, 그 내부에서 사법 개혁에 관한 공론의 범위·수준·방향을 조정하고, 활동의 평가와 후속 조치까지를 당파적으로 주도했던 주도 세

지 않다. 또 하위 법령 개정의 차원은 행정부의 각 부처(법무부·교육부 등)나 대법원(법원행정처)이 독자적으로 논의해도 못할 바 아니다. 그렇다면 결국 문제는 〈법원조직법〉, 〈사법시험법〉, 〈형사소송법〉 등과 같은 법률 개정의 차원으로 귀결한다. 이처럼 사법 개혁도 정치 문제, 즉 입법 문제인 이상 정치과정, 즉 입법 과정을 통해 푸는 것이 마땅하다. 이를 고려한다면, 처음부터 사개위를 국회나 대통령 소속의 위원회로 만든 뒤, 대법원을 비롯한 법조의 각 직역이 비판적 거리를 유지하면서, 활발한 논의를 통해 국회와 대통령을 압박하는 전략을 취하는 것이 바람직했다. 그랬더라면, 사개위의 건의 내용 확정 → 대법원장에게 건의 → 대통령에게 제출 → 행정부 내부에서 재검토 및 관련 절차 이행 → 법률안 확정 → 국회 상정 및 제 정파에서 논의 → 국회 의결 및 법률 공포 → 예산안 확정 → 예산 의결 → 관련 기구 및 조직 설치에 이르는 기나긴 과정을 단축하는 효과도 있었을 것이다. 이런 뜻에서 정책 결정 기관으로서 사개위의 제도 설계는 '입법 전략'을 염두에 두지 않은 정치적 아마추어리즘의 소산으로 평가될 수밖에 없다. 활동 종료 시한이 임박해지면서 '후속 기구'의 필요성을 사개위 스스로 강조했던 것이나, 그 결과 출범한 사개추위가 입법화의 장벽 앞에서 무기력하게 해산할 수밖에 없었던 것은 모두 그와 같은 제도 설계의 비효율성에 기인하는 바 크다.

력은 과연 누구였는가?

잘 알려진 바와 같이, 노무현 정부에서 사법 개혁 작업의 공식적인 출범에는 2003년 하반기의 정국을 달구었던 대법관 후보자 제청 파동이 결정적인 계기로 작용했다. 당시 서성 대법관의 퇴임이 임박하면서 참여연대를 비롯한 주요 정치적 시민 단체들은 현직 고위 법관을 서열 순으로 대법관 후보자에 제청해 온 종래의 인사 관행이 사법부의 관료화 및 보수화를 강화시킬 뿐만 아니라 법관의 독립에도 악영향을 끼친다는 판단 아래 '시민이 바라는 대법관 후보자 제청 운동'을 시작했다. 다양한 배경을 가진 법률가들로 대법원을 재구성함으로써 관료 사법의 정점을 법원의 대표 기관이 아니라 국민의 대표 기관으로 탈바꿈시키려는 것이 이 운동의 목표였다.[7]

이와 같은 흐름에 영향을 받아 당시 최종영 대법원장은 헌법이 자신에게 부여한 대법관 후보자 제청 권한을 스스로 제한해 '대법관 후보자 제청 추천 위원회'를 구성한 뒤 각계로부터 대법관 제정 후보자를 추천받기에 이르렀다. 그러나 이 과정을 거친 뒤 개최된 추천 위원회의 회의에서 공개된 제청 후보자 명단은 고등법원장 직급의 고위직 법관들만을 포함하고 있었으며, 이는 결과적으로 종래의 인사 관행을 그대로 유지한 셈이었다. 상황이 이렇게 되자 대법관 후보자 제청 추천 위원회에 위원으로 참여한 당시 강금실 법무부 장관과 박재승 대한변호사협회장은 강력하게 이의를 제기하면서 회의장에서 퇴장했고, 이로써 사태의 파장

7_그 취지 등에 관해서는 『JURIST』 2003년 7월호의 특집 I "바람직한 대법관, 헌법재판관의 임용을 위해"에 실린 내 발제문, "대법관과 헌법재판관, 누구를 어떻게 뽑을 것인가?" 및 이에 대한 김갑배(대한변호사협회 법제이사), 김상준(대법원 재판연구관), 김인회(민주화를위한변호사모임 사무차장), 문흥수(서울지방법원 부장판사)의 각 토론문을 참조할 것(괄호 안은 당시 직책).

이 일파만파로 커지기 시작했다.

그동안 일반 시민들에게는 거의 알려지지 않았던 사법 관료제 내부의 불만이 집단적으로 표출되기 시작한 것은 바로 이 시점에서였다. 서울지방법원의 박시환 부장판사(이후 대법관 역임)가 대법원장의 조치를 정면으로 반박하면서 사표를 제출한 것을 계기로 판사 집단 내부에서 조직적인 반발이 개시되었던 것이다. 이 과정에서 1988년 5월 조직된 뒤 법원 내부에서 1988년과 1993년 두 차례의 소장 법관 서명 파동을 주도했던 이른바 진보적 판사들의 연구 모임인 우리법연구회의 역할이 언론 지상에 노출되기 시작했다. 아울러 전국 법원에서 잇따라 개최된 법관 회의는 그와의 대립 구도 속에서 상대적으로 보수적인 판사들의 세력 결집으로 비치기도 했다.[8] 전국의 법원 조직을 송두리째 요동치게 만들었던 이 사태로 인해 사법시험 및 사법연수원 성적이 평생을 좌우하는 관료적 승진 시스템은 심지어 사법 관료제 내부에서조차 지지받기 어렵다는 사실이 분명해졌다. 그와 함께 사태 초반 정치적 시민 단체들이 대법원 인사에까지 간섭하는 것을 우려하던 대중매체들의 논조도 관료 사법의 모순과 한계를 집중 조명하는 쪽으로 급속히 선회하기 시작했다. 여론의 향배가 대법원에 매우 불리해지면서 대법원장을 비롯한 관료 사법의 지도부는 사면초가의 국면에 몰리게 된 셈이었다.

이후 노무현 정부의 사법 개혁 작업을 이끌게 되는 주도 세력이 모습을 드러낸 것은 이처럼 대법원이 유례없는 정치적 위기에 봉착한 상황에서였다. 최종영 대법원장은 법원 조직 안팎의 비등한 불만 여론을 수렴하기 위해 2003년 8월 18일 사상 최초의 전국 법관 회의를 개최했

8_우리법연구회의 활동은 주로 사법 개혁, 법원 조직, 법관 인사 등 '사법학'(司法學) 분야에 집중되었다. 이에 관해서는 우리법연구회(2005)에 주요 자료가 실려 있다.

다. 그리고 자신 및 대법원에 쏟아지는 정치적 압력을 사법 개혁을 향한 국민 대중의 열망으로 해석한다면서, 그 에너지를 노무현 정부의 출범 이래 제대로 시작되지 못했던 사법 개혁 작업에 연결시키는 방식으로 정치적 위기를 돌파하고자 했다. 이를 위해 최종영 대법원장은 2003년 8월 22일 노무현 대통령과 만나 사법 개혁 작업의 공동 추진에 합의하고, 일단 대법원 산하에 '사법개혁위원회'를 구성해 체계적인 사법 개혁 방안을 마련하기로 의견을 모았다. 대법원의 입장에서 이 합의는 정치적 위기를 정치적 기회로 역이용해 개혁 대상으로 몰린 상황을 개혁 주체가 되는 계기로 삼는 대단히 절묘한 선택이었다. 결과적으로 대법원의 이와 같은 정치적 행보는 큰 성공을 거두었다. 이후 헌정사상 초유의 여성 헌법재판관(전효숙)이 지명되는 등 종래의 인사 관행이 일부 지양되면서, 팽배했던 불만 여론은 점차 잦아들었고 법률가 집단 내부의 관심은 새롭게 구성될 사개위 및 이를 통한 사법 개혁 작업의 향배에 쏠리게 되었기 때문이다.[9]

돌이켜 보건대, 판사 집단 내부에서 조직적 균열의 조짐까지 감지되었던 사태를 가까스로 봉합한 뒤, 대법원은 스스로 주도권을 가지고 사법 개혁 논의를 다시 시작하는 것 이외에 시민들의 지지를 회복할 방법이 없다고 판단했던 것으로 보인다. 그리고 이를 위해 대법원장 자신이 나서서 대통령과의 합의를 이끌어 낸 뒤, 사개위의 설계와 구성에 대법원 스스로 실질적인 주도권을 행사하기 시작했던 것이다. 이런 이유로 '대법원 산하'라는 조직적 위상이 잘 보여 주듯이 사개위에서 이루어진

9_흥미롭게도 이 과정에서 우리법연구회의 활약이 다시 주목의 대상이 되었다. 대법원장과 대통령 간의 합의를 이끌어 낸 실무 주역들인 이광범 법원행정처 송무국장, 박범계 대통령 법무비서관 등이 모두 우리법연구회의 회원들이었기 때문이다.

사법 개혁 논의의 주인은 처음부터 대법원이었음을 누구도 부인할 수 없다. 대법원은 자신의 집 앞 마당[10]에서 '파티'를 열기로 하고, 주제와 시간표를 확정한 뒤, 참가할 인사들의 초대장도 사실상 스스로 작성했던 것이다.

이처럼 사법 개혁의 정치적 리더십이 대법원에 의해 행사되었던 까닭에, 노무현 정부의 사법 개혁 작업은 처음부터 법률가 집단의 내부 구조에 직접적으로 영향을 받을 수밖에 없었다. 주지하듯이, 한국 사회의 법률가 집단은 직역에 따라 법원, 검찰, 변호사회, 법학 교수 집단, 기타 유사 법률가 집단 등으로 그 내부가 엄격하게 구분되어 있으며, 이 하위 집단들 사이의 수평적인 연결 고리는 매우 빈약한 상태다. 하위 집단들 가운데는 법원 및 검찰이 압도적인 우위를 누리고 있고, 다른 하위 집단들은 심지어 이에 부속된 형태라고까지 말할 수 있을 정도다. 법률가 집단 전체를 하나로 아우르는 법률가 길드lawyer's guild는 제대로 형성되지 못했고, 판사, 검사, 변호사, 법학 교수 등을 아우르는 보편적 명칭으로서의 '법률가'라는 개념도 제대로 발전되지 못했다.

사법 서비스 공급자 위원회의 작동 방식과 관련해 이와 같은 법률가 집단의 조직적 분열 구조는 크게 두 가지의 정치적 함의를 가진다. 첫째는 각 하위 집단들 사이의 기득권 조정이 전면에 부각되는 까닭에 법률가 집단의 차원을 넘어서는 공론이 발생하기 어렵다는 점이고, 둘째는 이처럼 제한된 의미의 공론에 참여하는 것조차도 일단 각 하위 집단의 정치적 대표성을 획득한 경우에만 가능해진다는 점이다. 그러므로 이를 역이용할 경우 사실상 본격적인 사법 개혁 논의를 회피하면서 법률가

10_ 실제로 사개위의 회의는 공간적으로도 예외 없이 대법원 청사의 대회의실에서 개최되었다.

집단 내부의 특정한 정치적 입장을 관철하는 것도 충분히 가능하다. 특히 사법 서비스 공급자 위원회의 주도 세력이 그 구성 과정에서 각 하위 집단 및 수요자 집단의 대표들을 '간택'할 수 있는 경우라면, 이런 가능성은 더욱 확실해질 수 있다. 사개위의 설계와 구성을 주도했던 대법원은 이 점에 주목하면서 법률가 집단 내부의 조직적 분열 구조를 적극적으로 이용하고자 했다.

물론 대법원의 주도권 행사가 나름대로는 상당히 절박한 분위기에서 이루어졌음은 부인할 수 없다. 왜냐하면 주도권의 행사는 곧 사법 개혁의 성패를 대법원이 정치적으로 책임진다는 의미가 강했기 때문이다. 정치인(대통령)이나 교육 관료(교육인적자원부)가 파티의 주인이었던 1994~95년의 세추위나 1998~99년의 새교위를 좌초시킨 것은 당시의 초대받은 손님들이었던 법조 각 직역의 끈질긴 반대였다. 따라서 이와 같은 파티의 교체 또는 파티의 주인의 교체는 법조 각 직역, 특히 대법원이 사법 개혁 사업의 완수에 관해 심대한 정치적 부담을 스스로 안게 되는 것을 의미했다. 여기서도 정돈된 개혁 대안을 내놓지 못한다면 법조 전체는 말 그대로 개혁 대상으로 전락하게 될지 모른다는 일종의 절박감이, 적어도 사개위의 출범 초기에는, 대법원 내부에 존재했던 것으로 관측된다. 이런 뜻에서 사개위는 대한민국의 법률가 집단에게 주어진 자율적 법조 개혁의 마지막 기회였던 셈이다.

아이러니한 것은 이와 같은 절박감이 2003년 10월 28일 사개위가 구성되는 과정에서 사법 서비스 공급자 집단의 역할을 지나치게 강조하는 방식으로 관철되었다는 것이다. 위원장(변호사), 부위원장(법원행정처 차장)을 제외하고 사개위의 위원 구성은 법원, 법무부(검찰), 변호사회라는 법조삼륜에서 각 2인, 법학 교수, 행정부(교육부·국방부), 시민 단체, 언론계에서 각 2인, 그리고 헌법재판소, 국회, 경제계, 노동계, 여성계에서 각 1인씩으로 구성되었다. 사개위는 위원장단을 제외할 경우 전체적으로 법조인과 비법조인의 비율이 절반씩임을 강조했으나, 사법 서비스의 공급과 수요라는 시각에서는 그 비율이 전혀 다른 양상으로 나타난다. 행정부의 일부(국방부),[11] 헌법재판소 역시 사법 서비스의 공급자이고 로스쿨 문제 등에 있어서는 법학 교수 역시 그러할 수밖에 없다면, 사실상 사법 서비스의 수요자로서 사개위에 참석한(좀 더 정확히는 초대받은) 위원은 전체의 3분의 1에 미달하는 수준이었기 때문이다. 이처럼 사개위는 그 구성에 있어서 철저히 '사법 서비스 공급자 위원회'의 본질을 벗어나지 못했던 것이다.

구성의 한계보다 더욱 심각한 문제점은 운영 과정에서 나타났다. 대법원장이 부의한 안건들, 즉 대법원의 기능과 구성, 법조일원화 등 법관 임용 제도의 개선, 법학 전문 대학원 제도의 도입, 국민의 형사재판 참여 제도, 형사 절차의 개선 및 사법 서비스의 확충 등은 물론이려니와 위원들에 의해 추가된 안건들은 비전문가들의 입장에서 쉽사리 이해할 수 없는 '전문적인' 사안들이었다. 그 때문에 논의 과정은 처음부터 사법 서비스 공급자들의 전문적인 토론에 의해 지배되었으며, 분과위원회의 논의가 본격화되었던 후반기부터는 시민적 관점이 제대로 부각되기 어려운 상황으로 치달았다(민사재판 절차의 개혁 문제에 관한 토론 등). 문제는 이런 전문적인 토론이, 사안별로 이루어지는 법률가 집단 내부의 (정치적) 합종연횡을 일정 부분 반영하고 있었다는 것이다. 로스쿨 문제에 관한 논의가 초기에는 대법원과 법학 교수들이 변호사회에 맞서다가 후기에는 대법원-법무부의 추축에서 법학 교수들이 갈라서는 방식으로 전개

11_주지하듯이 국방부의 참여는 군 검찰, 군사법원 등 군대 내부의 법률가 집단의 이익을 반영시키는 관점에서 이루어졌다.

되었던 것이 그 대표적인 예다. 이런 이유로 사개위에서 사법 서비스 소비자의 대표들은 논의 과정에는 제대로 참여하지 못한 채 공급자들 사이에서 벌어지는 합종연횡에 수시로 동원되는 일종의 수동적 유권자의 신세를 면치 못했던 것으로 평가된다.[12]

제도 기획의 차원에서는 차라리 위원회에는 법조 각 직역에서 1명씩만 참여시키고, 사법 서비스 수요자들을 각 2명씩으로 증원시키며, 대신 전문위원 집단을 강화해 사실상 사법 서비스 공급자들 사이의 의견 조율은 전문위원 단계에서 거치고, 그 결과를 공급자 위원들을 통해 위원회에 설명한 뒤, 위원들의 총의를 모으는 방식으로 운영할 수도 있었을 것이다. 그렇게 했더라면, 예컨대 사개위의 위원장(조준희 변호사)은 사법 개혁의 상징적인 인물로 언론의 집중 조명을 받게 되고, 그와 같은 여론의 힘이 행정부 및 국회를 통과하는 기나긴 입법 및 예산 확보 과정에 동력으로 작용할 수도 있었을 것이다. 그러나 유감스럽게도 사개위는 그런 방식으로 운영되지 못했으며, 심지어는 전문위원 단계에서 상당 부분 조율된 견해조차도 위원들의 토론에서 더욱 분기되어 공급자 집단 간의 대립이 격화되는 양상으로 전개되기도 했다. 여기에 사법 서비스 공급자의 대표로 참가한 판사, 검사, 변호사, 법학 교수 모두가 좁은 의미의 민형사법 분야 전문가들로서 사법 개혁의 큰 줄기를 잡는 데 필요한 헌법적 시각이 제대로 부각되지 못했던 것 역시 중요한 한계로 작용했다. 이런 이유들이 복합적으로 작용해 사개위는 결국 '사법 서비스 공급자 위원회'로서 공급자 집단의 총이익을 확보하고 다시 공급자

12_이와 같은 일종의 소외는 경제계 대표로 참여한(초청받은) 한 위원이 2004년 후반기의 회의 과정에 거의 참석하지 않는 것으로도 나타났다. 그런데 이해할 수 없는 것은 이 위원이 후속 기구인 사개추위 위원으로 다시 임명되었다는 사실이다.

들 사이의 이익 충돌을 조정하는 데 매달리는 일종의 협상 기관^{bargaining} ^{agency}으로 시종일관할 수밖에 없었던 것이다.

그러므로 '사법 서비스 공급자 위원회'로서 사개위를 주도한 것은 사개위의 위원들 자신이 아니었다고 나는 생각한다. 앞서 언급했듯이, 파티의 주인인 대법원은 조직을 구성하고 의제를 정했을 뿐만 아니라, 결정적인 고비마다 적극적으로 개입해 사개위의 결정을 이끌어 내는 역할을 담당했다. 파티의 진행과 결말은 파티의 주인과의 관계 속에서 이루어질 수밖에 없었으며, 참여자들 대부분이 '초대받은 손님'의 자의식에서 벗어날 수 없었다. 물론 이 점에 관해서는 일부 긍정적인 평가도 있을 수 있다. 대법원의 주도적인 역할은 종래의 위원회들에 비해 사개위가 어느 정도라도 사법 서비스 공급자들 간의 합의를 도출할 수 있었던 핵심 원인이었기 때문이다. 그렇다면 문제는 이제 명확해진다. 공급자들 사이의 합의를 이끌었던 대법원의 논리 또는 이데올로기는 무엇이었을까? 이것은 앞서 제기한 두 번째 질문, 즉 노무현 정부의 사법 개혁 작업을 이끌었던 정치적 비전에 관한 물음이기도 하다.

3. '강한 사법'의 주도권 문제

1) 강한 사법에 대한 합의

사법 개혁을 이끄는 정치적 비전에 관해 나는 이미 일련의 선행 연구(이국운 2000; 2003b)에서 대한민국 법률가 집단 내부의 상황을 분석한 바 있다. 한국 사회의 사법 개혁 논의 속에 통치 구조의 근본을 좌우하는 권력투쟁이 진행되고 있으며, 법률가 양성 제도 개혁 논의에 초점을 맞출 경우 그것은 '국가 우위 대 시민 우위', '입법 강화 대 사법 강화'라는 두 축을 중심으로 분석될 수 있다. ① 강한 국가-약한 사법, ② 강한 국가-강한 사법, ③ 강한 시민사회-강한 사법, ④ 강한 시민사회-약한 사법으로 요약할 수 있는 이 입장들은 1990년대 후반부터 법률가 집단 내부에서 비교적 명료하게 분화되기 시작했다. 2003년의 시점에서 이들 사이의 입장 차이는 법률가 양성 제도의 개혁 문제에서 사법의 정치적 역할에 관한 이데올로기에 이르기까지 상당히 뚜렷하다.

그 각각의 요지는 다음과 같다. 첫째, '강한 국가/약한 사법'의 입장은 지배 연합의 주변부에서 신분적 이익을 확보했던 고위 사법 관료들이 내세우는 관료적 수구의 논리다. 형식주의적 법 이론과 법률가 집단의 내부 분열을 고수하려는 집착이 있을 뿐, 강한 국가를 전제하면서도 입법 대의 기구에 우선권을 양보하는 민주적 사법 소극주의의 가능성은 아직 미개척지로 남아 있다. 둘째, '강한 국가/강한 사법'의 입장은 법 집행 기구를 견제하라는 대중적 개혁 요청에 사법 대의 기구의 강화로 대응하자는 사법적 보수의 논리다. 사회 전체의 법화 현상과 맞물리면서 이 실질적 법치국가론은 법조 내부의 사법 개혁론을 주도함과 동시에 법률가 집단 전체를 이끄는 지배 담론으로 등극했다. 셋째, '강한 시민사회/강한 사법'의 입장은 세계화의 관점에서 강한 국가의 현실성을 문제 삼는 시장적 개혁의 논리다. 정치의 법화를 추동하면서 종국에는 법률가 집단을 보편적 지배 신분으로 고양할 전국적 규모의 법학 전문 대학원 체제의 확립이 이 미완성의 기획의 요체다. 넷째, '강한 시민사회/약한 사법'의 입장은 사법의 민주화와 분권화에 좀 더 주목하려는 민주적 혁신의 논리다. 이들은 사법의 독립을 사법의 독점과 구분한 뒤, 법률가를 사법적 대표로 이해하며, 정원제 사법시험의 철폐와 변호사 선발 권한의 지방분권화를 주장한다.

결론부터 말하자면, 나는 노무현 정부의 사법 개혁 작업을 이끌었던 대법원의 입장을 일단 '강한 사법'의 논리로 요약할 수 있다고 생각한다. 사개위의 출범에 앞서 대법원은 10년 동안 고수해 오던 로스쿨 문제에 관한 강경 반대의 입장을 재고하면서, 법조일원화, 대법원과 하급심을 포함한 법원 체제의 정비, 형사 사법 체제의 근본적 개선 등에 관해 전향적인 입장 전환을 검토했던 것 같다. 예를 들어, 2003년 여름 대법관 후보 제청 파동으로 법원 조직 전체가 소용돌이에 빠져들기 직전 개최된 법조인 양성 제도에 관한 공개 토론회에서 사법 개혁에 관한 대법원 책임자라고 할 수 있는 이강국 대법관(당시 법원행정처장, 현재 헌법재판소장)은 다음과 같은 인사말을 남기고 있다.

…… 대법원은 10여 년 전부터 사법정책연구실 및 사법제도비교연구회 등을 통하여 법조인 양성 제도에 관하여 지속적으로 연구하여 왔습니다. 특히 금년 1월에는 '사법 발전 계획 제2차 추진 계획'의 일환으로 그동안 논의된 각종 법학 교육 및 법조인 양성 제도에 관하여 보다 중립적이고 전향적인 자세로 심층적인 연구, 검토를 다시 시작할 계획임을 밝힌 바가 있으며, 이번 토론회는 그 연장선상에서 이루어지는 것이기도 합니다. …… 향후 대법원도 우리 실정에 가장 적합하고 실효성 있는 방안에 관하여, 중립적이고 열린 자세로 허심탄회하게 함께 연구하고 논의하여 국민적 합일점을 이끌어 낼 수 있도록 최선을 다하고자 합니다(대법원 2003, 11-12).

이 언명은 사실상 로스쿨 제도에 대해 당시까지 고위 사법 관료들이 견지했던 전면적 반대의 입장을 철회하고 있는 것으로서, 말하자면 로스쿨 체제가 상징하는 '강한 사법'의 방향으로 법원 또는 판사 집단 내부의 정치적 지향이 변화했음을 나타내는 것이다. 이 변화의 원인을 추적하는 것은 별도의 논의를 필요로 하지만, 일단 ① 1980년대 이래 법원 조직이 팽창하고 소장 판사 집단의 규모가 성장한 것, ② 법원 내부에 탈관료화의 요구가 등장하고 사회 전반의 시장주의적 개혁 흐름에 판사 집단이 적응하기 시작한 것, ③ 로스쿨 연수 등으로 '강한 사법'의 전형인 미국 사법제도에 대한 경험이 집단적으로 축적된 것, ④ 1994년 대법원 법원행정처에 사법정책연구실이 설치된 이후 사법제도 전반에 대한 정책 역량이 확보된 것 등을 지적할 수 있다. 어찌되었든 중요한 것은 사개위가 출범하기 전에 대법원, 특히 사법 정책 입안의 핵심 기관인 법원행정처 내부에 '강한 사법'을 지향하는 정치적 입장 변화가 존재했다는 사실이다. 2003년 8월에 밀어닥친 미증유의 정치적 위기를 사개위의 설계와 구성을 주도하는 방식으로 역이용할 수 있었던 것은 바로 이와 같은 이론적 입장의 전환이 선행됐기 때문이다.

대법원이 내세운 '강한 사법'의 논리가 사개위의 논의를 이끌어 간 과정을 설명하기 위해서는 각 주제들에 관한 검토가 선행되어야 하겠지만, 총론적으로 평가하자면 이와 같은 합의를 이끈 핵심 논리는 다음의 세 가지였다고 볼 수 있다.[13]

첫째, 사법 서비스의 유효수요를 최대한 확보한다.

둘째, 사법 서비스의 공급 체계를 '법원의 우위'를 기초로 하는 이른바 법조삼륜의 3자 정립(三者鼎立) 구조로 재편한다.

13_사개위의 각 주제들에 관한 간단한 평가는 2004년 12월 16일에 열린 참여연대 주최 사개위 활동 평가 토론회 자료집 참조.

셋째, 사법 서비스의 총공급 조절 기제, 특히 법률가 공급 통제 권한을 법조삼
류의 외부로 유출시키지 않는다.

당시까지의 사법 개혁 논의를 돌이켜 볼 때, 첫 번째 논리는 그야말
로 극적인 발상의 전환이라고 평가하지 않을 수 없다. 종래 '약한 사법',
'제한 사법', '소극 사법'이라는 사법 서비스 공급 조절 논리에 익숙해 있
던 대법원은 입장을 공세적으로 전환해 '사법 서비스에 대한 시민의 접
근권 보장' 및 '정치적·경제적 영역에서 사법의 역할 강화'를 고리로 적
극적인 유효수요의 확보에 진력하고자 했다. 이렇게 볼 때 사개위의 논
의 과정에서 각급 판사직의 대폭 확충을 필요로 하는 법원 체제의 정비,
형사 절차에서 변호사의 역할 강화, 심지어 행정부 내부에서 법무 담당
관 제도의 확대 실시 요구나 로스쿨의 실무 교원 확보에 이르기까지 사
법 서비스에 관한 유효수요를 확보하려는 노력이 매우 공격적으로 진행
되었음은 주의를 요하는 대목이다. 한마디로 '사법 영역의 파이를 키우
자'라는 모토에 입각한 대법원의 이와 같은 선도에 일찍부터 이를 주장
해 온 법학 교수들은 물론이려니와 변호사회 및 법무부(검찰)까지도 마
지못해 동참한 흔적을 발견할 수 있기 때문이다.

여기서 변호사회 및 법무부(검찰)의 입장에 관해 '마지못해'라는 수식
어를 붙인 까닭은 대법원에 비해 이들이 여전히 '희소성의 원리'에 기초
한 사법 서비스의 공급 조절 논리에 미련을 가지고 있었기 때문이다. 나
아가 유효수요 확보의 논리에 따라 붙는 대법원의 두 번째 논리, 즉 '대
법원을 정점으로 하는 법조삼류의 3자 정립 구조'는 그동안 이들 3자간
의 수평적인 병립 구조에 익숙해 있던 검찰과 변호사회의 자존심에 심
대한 타격이 될 수밖에 없었다. 이런 까닭에 사법 서비스의 유효수요 확
보를 주도하면서 대법원이 내세우는 '법원의 우위' 주장은 법조삼류 내

부에 상당한 긴장을 유발할 수밖에 없었다고 평가된다. 심지어 형사소송에 있어서 배심제의 도입을 초점으로 하는 시민의 사법 참여 논의 역시 토론 과정에서는 '법원의 우위'를 강화하는 논리로 이용된 측면도 없지 않다. 후술하듯이 사개추위의 논의 과정에서 이 문제는 '공판중심주의의 강화'라는 모습으로 사개추위(대법원)와 검찰 사이의 격돌로 이어졌던 것이다. 다만 여기서는 이상과 같은 갈등을 해결하기 위한 제안들 역시 사개위 내부에서는 대법원의 주도로 제기되었음을 주목하지 않을 수 없다. 예컨대 "정부 부문을 중심으로 사법 서비스의 유효수요를 확보한 뒤, 민간 부문에까지 그 추세를 확대시키자."라는 제안이나 "법조일원화를 통해 법조삼륜이 '법원의 우위'를 실질적으로 공유하자."라는 제안이 바로 그것들이다.

단적으로 판검사 및 정부 부문의 변호사 숫자의 확대로 드러나게 될, 이런 시도는 당연히 '예산 확보'라는 암초에 부딪힐 것이 분명하다. 그러나 돈을 낼 주체인 사법 서비스의 소비자들이 배제된 가운데, 사법 서비스의 공급자들 사이에서 벌어진 사개위의 논의는 결국 여러 의제들을 효과적으로 연결했던 대법원의 승리로 상당 부분 귀결되었다고 볼 수 있다. 로스쿨 문제와 관련해 국립법학대학원안으로 버티던 법무부(검찰)가 법무부 장관의 교체를 계기로 입장을 바꾼 것이나, 변호사회가 현행 제도 유지안과 변호사 직역 확대론 사이에서 좌충우돌을 거듭한 것에 비해, 대법원은 적어도 로스쿨 정원 문제가 돌출하기 전까지는 거의 모든 사항에 관해 입장을 같이 한 법학 교수들의 지원을 바탕으로 앞서의 두 논리에 기초해 '강한 사법'에 관한 합의를 밀어붙였던 것이다.

2) 관료적 공급 중심주의에 관한 균열

이상과 같은 '강한 사법'에 관한 사법 서비스 공급자 위원회의 합의
는, 그러나 핵심적인 논리적 결함을 가지고 있었다. 유효수요가 확보될
경우에 총공급의 증가는 논리적으로도 불가피하지만, 제도 개혁에 관해
서는 총공급을 증가시켜야만 유효수요가 실제로 개발될 수 있는 측면이
있기 때문이다. 앞서 언급했듯이, '법원의 우위'를 기초로 '강한 사법'을
이루려면 이에 적합한 법률가 양성 제도로서 로스쿨 제도가 선택될 수
밖에 없으리라는 점은 사개위 출범 이전에 이미 대법원도 잘 알고 있었
던 것으로 보인다. 로스쿨 제도를 통한 본격적인 변호사 경쟁 체제의 구
축은 법조일원화의 강력한 초석이기 때문이다.

그러나 로스쿨 체제의 구체적인 기획에 있어서 대법원은 '강한 사법'
에 관한 어느 정도의 합의가 이루어짐과 동시에 앞서 말한 세 번째의 논
리, 즉 "사법 서비스의 총공급 조절 기제를 법조삼륜의 외부로 유출시키
지 않는다."라는 입장으로 돌아갔다. 이것은 '강한 사법'에 관한 합의를
곧바로 '시장주의'나 '시민사회 중심'의 논리와 연결시키지 않겠다는 의
미였으며, 오히려 법률가 공급 통제 권한을 여전히 법률가 집단 내부에
확보함으로써 사법 관료제를 바탕으로 하는 '관료적 공급자 중심주의'의
논리와 연결 고리를 더욱 튼튼히 하겠다는 선언이었다.

대법원의 이와 같은 입장 선회는 그동안 유지되었던 법학 교수들과
의 동맹을 깨는 것이었고, 동시에 사개위의 논의 과정에서 대법원의 주
도권에도 심각한 타격을 주는 것이었다. 그럼에도 불구하고 대법원은
'강한 사법'에 관해 사개위를 통해 법조삼륜 사이에 새롭게 형성된 느슨
한 동맹에 의존하면서 사법 서비스 공급자들 사이의 합의를 확보하는
데 전력을 다했다. 이런 점에서 로스쿨 제도의 시행에 있어서 일단 현재

의 사법시험 합격자 숫자의 수준에서 시작한다는 대법원의 제안은 사개위의 논의 과정 전체에서 대법원이 던진 승부수였던 셈이다.

대법원의 제안이 사실상 로스쿨의 총입학정원을 1천2백 명 수준으로 동결하겠다는 선언으로 받아들여지는 가운데 이에 관한 격렬한 토론 과정에서 당시까지 합의를 이끌어 온 대법원의 주도권은 한계를 노정하기 시작했다. 사법 서비스 수요자 집단을 대표하면서 특히 대법원과의 동맹을 이끌던 법학 교수들은 갑자기 돌출한 관료적 공급자 중심주의의 장벽 앞에서 당혹해하며 서둘러 동맹을 철회한 뒤 새로운 전선을 만들기 위해 분주하게 움직였다. 집단 내부의 여러 가지 세부적인 입장 차이를 무시한다면, 이 문제에 관해 법학 교수 집단이 대변한 입장은 한마디로 요약될 수 있었다. '어떤 경우든 사법 서비스의 총공급 조절 기제, 특히 법률가 공급 통제 권한은 법조삼륜의 외부에 있어야 한다.'

1999년 새교위안 등에서 상당 부분 구체적인 작업이 진행되었던 덕택이겠지만, 사개위의 논의 과정에서 예건대 1995년 세추위를 이끌었던 과격한 시장 논리, 즉 사법 서비스의 공급만이 아니라, 사법 서비스의 공급자의 공급(법률가 양성)까지도 수요와 공급의 논리에 의해 결정해야 한다는 주장이 조직적으로 제기된 흔적은 찾기 어렵다. 다만 대학들 간의 로스쿨 유치 경쟁이 공공연한 사실이 되면서, 이와 같은 사법 서비스 수요자 집단의 입장, 즉 사법 서비스의 (독점적) 공급자들이 총공급의 조절을 통해 가격기구를 왜곡하는 사태는 막아야 한다는 논리에 관해서는 급속하게 여론이 결집되었다. 이 때문에 로스쿨 제도를 시작하되 총정원의 제한을 통해 법률가 공급을 통제하려던 대법원의 시도는 결과적으로 의결정족수(출석 위원의 3분의 2)를 채우지 못한 채, 다수 의견으로 남을 수밖에 없었다. 이에 맞서는 소수 의견은 총공급 조절 기제, 즉 법률가 공급 통제 권한을 법조삼륜의 바깥에 두어야 한다는 법학 교수들의 입장이었다.

로스쿨의 총입학정원을 제한하는 것에 관한 법학 교수 집단의 이의 제기는, 사개위가 어디까지나 '법원 우위의 강한 사법을 목적으로 대법원에 의해 구성된 사법 서비스 공급자 위원회'였음을 확인해 주는 증거였다. 또한 이들의 때늦은 이의 제기가 단지 7인의 찬성만을 확보할 수 있었다는 사실은, 협상 전략의 차원에서 파티의 주인이었던 대법원이 찬반이 팽팽하게 갈리는 상황들을 돌파하기 위해 세심한 다수 구성 전략swing voting strategy를 활용했던 것에 비해 사법 서비스의 수요자들이 별다른 전략 없이 공급자들의 '강한 사법'의 논리에 부비판석으로 찬동했던 결과로 이해될 수 있을 것이다.

'관료적 공급자 중심주의의 유지 여부'를 둘러싸고 벌어진 이와 같은 균열을 봉합하기 위해 대법원은 사개위를 잇는 사법 개혁 작업의 후속 기구를 설치하고 그 속에서 논의를 계속하자는 절묘한 타협안을 제출했다. 이로써 사개위는 다수 의견과 소수 의견의 공존이라는 방식으로 합의를 이끌어 낼 수 있었으나, 양자는 일종의 동상이몽을 가지고 있었다. 전자는 다수 의견의 유지를, 후자는 소수 의견의 다수화를 바라고 있음이 분명했기 때문이다.

이런 관점에서 대단히 흥미로운 것은 대법원장에 의해 파격적으로 회부되었던 '시민의 사법 참여'라는 의제의 행방이다. 시민의 사법 참여에 관해서는 응당 법관 임용 제도의 민주적 정당성 확보 방안이나 치안판사 법원magistrate court과 같은 사법의 분권화 방안처럼 현재의 직업 법관 체제에서 접근이 용이한 문제로부터 논의를 시작하는 것이 바람직했으나, 신기하게도 사개위의 논의는 초기부터 배심제도의 도입 문제에 집중하는 모습을 보였다. 공청회와 모의재판으로 이어진 배심제도의 도입 여부에 관한 결정은, 그 자체가 갖는 헌정사·법사회학적 중요성과는 상관없이, 사개위와 같이 1년여의 활동 시한이 예정된 기구에서 결론을 내리기는 애초부터 무리한 것이었다. 따라서 사개위 이후에도 지속적인 논의를 기약하는 것은 당연한 결론이겠지만, 앞서 언급했듯이, 배심제도가 갖는 전후방 개혁 효과, 특히 판사가 지배하는 법정을 중심으로 사법절차를 재조직하려는 대법원의 강한 사법 논리와의 연관 속에서 그 정치적 효과를 이해할 필요가 있다. 사개위의 논의 과정에서 배심제도의 도입 문제는 그 의제의 존재만으로도 법원의 우위에 입각해 강한 사법에 관한 합의를 도출하려는 대법원의 입지를 강화해 준 측면이 적지 않기 때문이다.

요컨대 '사법 서비스 공급자 위원회'로서 사개위의 논의 과정은 파티의 주인이었던 대법원의 주도권 아래 '강한 사법에 관한 합의'를 이룬 뒤, '관료적 공급자 중심주의의 유지 여부에 관한 균열'을 노출시키는 방향으로 전개되었다. 사개위가 사법 개혁에 관해 법률가 집단 전체를 아우르는 잠정적인 합의에 노닐할 수 있었던 것은 그 설계자이자 구성자인 대법원의 정치적 리더십에서 비롯된 것이었으며, 그 점에서 사개위의 성과는 사법 서비스 공급자 위원회가 거둘 수 있는 최대한이었다.[14] 하지만 이것은 결코 사법 개혁 작업 그 자체에 관해 사개위가 최대한의 공헌을 했다는 것으로 이해되어서는 안 된다. 사법 서비스의 수요자인 국민 대중의 입장에서 보자면, 사법 서비스 공급자들끼리의 합의는 어디까지나 그들만의 합의에 불과한 것이었기 때문이다. 이런 관점에서 사개위의 뒤를 이어 사법 개혁의 후속 작업이 어떻게 진행되었는지를 주의할 필요가 있다. 두말할 것도 없이 여기서의 핵심은 사법 서비스 공

14_자세한 것은 사법개혁위원회(2004) 참조.

급자 위원회의 연속 여부였다.

4. 비정치적 법률가 정치의 함정

1) 사개추위의 정치적 리더십

사개위의 활동이 종료되는 시점에 노무현 정부는 사개위의 성과를 사법 서비스 공급자 위원회의 합의로 받아들인 뒤, 이를 적극적으로 정치 문제화함으로써 입법 과정에 돌입하는 방식으로 사법 개혁 작업을 진행시킬 수도 있었다. 사개위의 건의문을 대법원장이 대통령에게 제출하는 것을 사법 개혁 작업의 주도권이 사법 서비스의 공급자 집단(법률가 집단)으로부터 사법 서비스의 소비자 집단(국민 대중)으로 넘어오는 절차로 해석할 여지도 충분했다. 또한 사개위의 합의를 국회 및 각 정당들과 공유한 뒤 사법 개혁의 방향 및 각 방안들에 관한 제 정파의 입장을 표명케 함으로써 어차피 부딪힐 수밖에 없는 입법 과정을 대비할 수도 있었다. 입법 전략으로 말하자면, 그렇게 해서 정부 제출 법안과 다수의 의원 입법안이 서로 경쟁하도록 만드는 것이 더 효과적일 수도 있었기 때문이다.[15]

15_개인적으로 나는 2004년 10월 23일 제4회 한국 법률가 대회의 마지막 순서였던 사법개혁위원회 활동 경과보고 자리에서 사개위의 실무 책임자로서 당시 보고자였던 이광범 부장판사에게 이를 공개적으로 제안했으나 즉시 부정적인 답변이 돌아왔다.

그러나 노무현 정부는 정반대의 진로를 채택했다. 사개위는 사법 개혁 작업을 책임 있게 추진해야 한다는 논리로 후속 추진 기구의 설치를 건의했고, 이에 따라 노무현 대통령은 2004년 12월 15일 대통령령으로 사법제도개혁추진위원회 규정을 제정·공포했으며, 그 결과 2005년 1월 18일 사개추위가 출범했다. 사개추위는 사개위의 합의 사항을 실현할 수 있는 구체적인 방안을 마련하는 것을 목표로 약 2년간의 활동 시한을 부여받았다.

구체적인 과제는 ① 권리 구제 기능과 함께 정책 결정 기능을 할 수 있도록 대법원의 기능을 개혁하는 방안, ② 충실한 재판을 할 수 있도록 하급심을 강화하는 방안, ③ 연소한 사법연수생이 아니라 경험이 풍부한 변호사 중에서 법관을 선발하는 법조일원화 추진 방안, ④ 새로운 시대에 부응하는 새로운 법조인 양성을 위한 법학 전문 대학원의 도입 방안, ⑤ 법조 윤리의 확립 방안, ⑥ 국민이 직접 재판에 참여하는 국민의 형사재판 참여 방안, ⑦ 피고인의 인권이 보장되는 형사 사법제도 개혁 방안(인신 구속 제도의 개선, 국선 변호 제도의 확대, 재정 신청 확대, 피해자 보호 방안, 양형의 합리화, 공판 중심주의적 법정 심리 절차 실현, 경미한 범죄의 신속한 처리 절차 도입, 형벌 체계의 합리적 재정립, 군사법 제도 개혁 등), ⑧ 누구나 쉽게 법률 서비스를 받을 수 있는 법률구조 제도의 확대 방안, ⑨ 노동분쟁 해결 절차의 개선 방안, 판결 및 재판 기록의 공개 범위 확대 방안, 공익 소송 활성화 및 대체적 분쟁 해결 수단alternative dispute resolution, ADR의 확대 방안, 악의적 불법 행위자에 대한 징벌적 배상 제도의 도입 방안 등이었다.

이처럼 사개추위는 어디까지나 사개위의 각 합의 사항에 대한 실현 방안을 마련한다는 제한적인 목적을 가지고 있었으며, 그 구성 역시 철저하게 '사개위의 숙제를 잘하기 위한 관점'에서 이루어졌다. 대표적인 증거는 사개추위 위원들의 면면이다. 노무현 정부 시절 설립된 수많은 정부위원회들과 마찬가지로 사개추위는 공동 위원장인 국무총리를 필두로 교육인적자원부·법무부·국방부·행정자치부·노동부·국방부 장관 및 법제처장 등을 위원으로 삼는 방식으로 사실상 관계 국무위원들을 총망라하는 구조를 가지고 있었다. 이것은 국무회의 이전에 행정부 내부의 의견 대립을 효과적으로 조절하기 위한 것이었지만, 그 결과 정작 위원들 간의 활발한 토론을 통해 사법 서비스 소비자의 입장에서 사개위의 합의 사항을 적극적으로 재검토하고 보완할 수 있는 여지는 처음부터 차단될 수밖에 없었다. 여전히 사법 서비스의 공급자 관점을 대변하는 법원 행정처장, 대한변호사협회장, 그리고 사개위 시절부터 회의 참석 자체가 드물었던 일부 민간 위원들을 제외한다면, 결국 사법 서비스 소비자 집단의 관점을 대변할 수 있는 가능성은 3~4명의 법학 교수들(송상현·신인령·채이식·김효신)로 제한될 수밖에 없었다. 하지만 사개위의 논의 및 합의 과정에 참여하지 못했던 이들로서는 그 합의의 내용을 재론하는 것이 당연히 부담스러웠다.

이와 같이 사개추위의 위원들이 명목적으로 구성되면서, 정치적인 리더십의 행사는 자연스럽게 사개추위를 운영하면서 위원회에 상정할 안건을 미리 조율하는 실무 추진 그룹의 몫이 될 수밖에 없었다. 실무 추진 1팀, 실무 추진 2팀, 기획 연구팀, 운영팀으로 구성된 사개추위의 실무 추진단은 기본적으로 사개위의 위원 및 전문위원들 가운데 사개위의 합의를 구체화하는 데 실무적으로 유용한 인력들에 의해 구성되었다.[16] 민간 측 공동 위원장(한승헌 변호사)을 보좌하면서 사개추위를 실질

16_개인적으로 나는 사개위의 전문위원들 중 적어도 두 명의 법학 교수가 사개위의 결론에 대해 명시적인 반대 입장을 가지고 있던 까닭에 자신들이 사개추위의 구성 과정에서 자연스럽게 배제되었다고 토로하는 것을 확인한 바 있다.

적으로 운영하는 실무 추진 단장에는 사개위의 위원 중 한 사람이었던 김선수 변호사가 노무현 대통령의 사법 개혁 비서관으로서 겸직하게 되었고, 그와 함께 실무 추진의 주축을 이룬 구성원들 중에는 법원행정처에서 파견된 소장 엘리트 판사들과 민주화를위한변호사모임 출신의 변호사들이 두드러졌다. "법원 우위의 강한 사법을 지향하면서도 법률가 공급 통제 권한을 법률가 집단이 관리한다."라는 사개위의 기본 노선은 사개추위에 파견된 직업 공무원들의 지원 속에서 이들 두 그룹, 즉 대법원과 민변의 연대에 의해 유지되었으며, 검찰, 변호사회, 법학 교수 집단은 사개위 시절에 비해서 상대적으로 배제되었다.

소장 엘리트 판사들과 민변의 변호사들로 구성된 사개추위의 주도 그룹은 철저하게 '숙제를 해낸다'는 관점에서 사개추위의 활동을 진행했고, 이를 통해 사개추위 내부에서 정치적 리더십을 행사했다. 이들은 먼저 사법 개혁 법안의 성안 작업을 철저하게 실무적인 비정치적 과정으로 간주한 뒤, 정치과정 및 입법 과정을 지배하는 각 정당 및 국회와의 관계는 정부의 법안 제출 이후 대통령 등이 정치적으로 책임지는 것으로 이해하고자 했다. 자신들의 임무는 어디까지나 사법 서비스 공급자 집단 내부의 이견을 조율해 최선의 타협안을 도출하는 것이라고 다짐하면서, 별다른 입법 전략을 마련하지 않은 채로 주어진 과제들을 성실하게 처리하고자 했다. 지난 10여 년의 사법 개혁 과정에서 사개추위의 주도 그룹은 사실상 사법 개혁의 이상을 온몸으로 체현하면서 새로운 사법 체제의 주역이 될 수 있는, 다시 말해 명실상부하게 '사법 개혁자들'이 될 수 있는 최적의 위치에 있었다. 그럼에도 불구하고 이들은 정치적 명운을 걸고 전면적인 개혁을 추진하는 대신 여전히 막후에서 실무 추진만을 담당하는 비정치적 법률가 정치의 관성에 그대로 안주하고자 했다. 이 점에서 사개추위 또한 '사법 서비스의 공급자 위원회'의 본질에서 전혀 벗어날 수 없었으며, 법률가 집단 내부의 각 하위 집단들이 각축하는 종래의 비정치적 법률가 정치의 패턴 역시 계속적으로 유지될 수밖에 없었던 것이다.

2) 법률가 집단의 내부 정치와 그 결과

사개위의 합의 사항을 충실하게 집행하는 새로운 주도 그룹 앞에서 법률가 집단 내부의 각 하위 집단들은 나름대로 투쟁했다. 먼저 로스쿨 개혁과 관련해 가장 심각한 타격을 입을 위기에 처한 법학 교수 집단은 격렬하게 저항했다. 차제에 로스쿨 개혁 자체를 포기하고 종래의 사법시험 및 사법연수원 체제를 개선하자는 주장도 있었지만, 법학 교수 집단 내부의 대세는 총입학정원 1천2백 명 수준의 사개(추)위안을 '관제 특혜 분양 사이비 로스쿨 체제'로 규정한 뒤, 조속히 이를 폐기하고 입학 정원의 규제가 없거나 최소한 약 3천 명 정도의 입학 정원이 보장되는 체제를 요구하는 방향으로 기울었다.[17] 이에 대한 사개추위의 대응은 기본적으로 쟁점 사항을 뒤로 미루면서 절차를 계속 진행시키는 것이었다. 로스쿨 법안에는 총입학정원 제도만을 규정하고 구체적인 정원 규모의 획정 및 로스쿨 설립인가 등은 법안 통과 이후 대통령령에 의해 설치되는 법학교육위원회가 담당하도록 한 것은 법학 교수 집단의 반발과 이의 제기를 봉쇄하는 편리한 구실이 되었다.

2005년 5월 16일 사개추위의 제3차 전체 회의에서 로스쿨 도입 방

17_대표적으로 사개추위의 로스쿨 개혁 관련 공청회에서 발표되었던 논문인 김창록(2005), 박종보(2005)를 볼 것.

안이 의결되고 10월 27일 '법학 전문 대학원 설치·운영에 관한 법률안'이 국회에 제출되기까지 법학 교수 집단은 크게 두 차원에서 조직적으로 반응했다. 먼저 이들은 각 대학 차원에서 벌어진 로스쿨 유치 경쟁을 주도했다. 각 대학에 소속된 법학 교수들은 법과대학이 아니라 해당 대학 전체의 발전이라는 차원에서 각 대학의 지도부를 설득했고, 이를 위해 로스쿨 개혁과 관련된 국제 학술 대회 등을 경쟁적으로 개최하는 한편, 로스쿨 유치를 위한 특별 조직을 구성하기 시작했다. 다음으로 이들은 법학 교수 집단 전체의 총의를 모아 사개추위의 로스쿨 법안에 맞서려고 시도했다. 대표적으로 2005년 10월 전국 법과대학학장협의회는 '법학 전문 대학원 설치·운영에 관한 법률 제정 법률안'과 '변호사 자격 시험 법안'을 대안 입법으로 제시했으며,[18] 이례적으로 정부의 로스쿨 법안을 전면 저지하기 위한 법학 교수들의 시위가 시도된 이후, 2006년에는 그동안 대표성에 문제가 있던 한국법학교수회의 지도부가 민주적 선거를 통해 구성되어 전열을 다지기도 했다.

그러나 로스쿨 개혁 문제에 관해 분수령이 된 것은 이상과 같은 조직적 차원의 대응이 아니었다. 오히려 법학 교수 개개인의 이동이 대세를 결정했다. 사개추위가 왕성하게 활동하던 2005년 및 2006년에 법학 교수들은 대규모로 직장을 옮겼는데, 그 목적지는 말할 것도 없이 누가 봐도 로스쿨 유치가 유력한 수도권의 주요 법과대학들이나 각 지역의 주요 국립 법과대학들이었다. 특히 사개추위의 로스쿨 법안이 그대로 유지될 경우 경계선에 놓일 것이 예상되는 법과대학 가운데에는 매우 공격적으로 법학 교수진을 확충한 예도 있었다.[19] 경력을 갖춘 법학 교

18_『법과사회』제29호(2005년 하반기)의 말미에 수록된 〈자료 1.2〉 참조.

수 및 실무가 교원을 다수 확보하는 것이 로스쿨 경쟁에서 유리한 위치를 확보해 주리라는 것은 이미 여러 경로로 예고되고 있었기 때문에[20] 법학 교수들의 대규모 이동은 당연한 것일 수도 있었다. 하지만 사개위 이래 법률가 집단 내부 정치의 전개 과정에서 법학 교수들의 대규모 이동은 결정적인 의미를 갖는다. 그동안 법률가 공급 통제 권한을 법조삼륜의 외부에 두어야 한다고 주장하던 법학 교수들은 이제 총입학정원의 규제 속에서도 로스쿨 설치가 유력한 법과대학의 구성원이 됨으로써 사실상 법률가 공급 통제 권한을 공유하는 입장이 되었기 때문이다. 이런 관점에서 법학 교수들의 대규모 자리 이동은 "법원 우위의 강한 사법을 지향하면서도 법률가 공급 통제 권한을 법률가 집단이 관리한다."라는 사개(추)위의 기본 노선에 개별적으로 투항하는 의미를 지니고 있었다.

한편 사개위 이래 '사법 영역의 파이를 키우자.'라는 대법원의 '강한 사법' 논리에 밀리는 형편이던 검찰은 사개추위의 활동 과정에서 조직적인 저항을 시도했다. 이른바 '형사 절차에서 공판중심주의의 실현 문제'와 관련해 검사 작성 피의자 신문조서의 증거능력 문제가 쟁점이 되면서 검찰(검사 집단)은 법원(판사 집단)과 동등한 지위를 누리던 그동안의 위치를 방어하는 동시에, 대법원의 강한 사법 논리가 법원 우위의 사법 체제를 겨냥하고 있다는 사실을 적극적으로 드러내고자 했다. 노무현 정부의 출범 이래 '상설적 특별검사제 신설 논의', '고위 공직자 수사처 설치 논의', '경찰의 수사권 독립 논의', '자치 경찰제 실시 논의' 등 각종

19_서울의 한 사립대학 법학과가 7명의 교수진을 불과 1년 만에 25명 수준으로 확충한 것이 단적인 예다.

20_예를 들어 2004년도 교육인적자원부 교육 정책 과제였던 "법학 전문 대학원 도입 방안에 관한 연구"(연구 책임자 : 한상희, 2004년 11월) 제3장 참조.

현안에서 줄곧 수세적 입장이던 검찰은 사개추위에서 형사 절차의 개혁 문제를 둘러싸고 법원과 정면으로 부딪히는 것을 고비로 공세적 입장으로 전환했다. 이 시점에서는 검찰 개혁 논의가 그처럼 여러 갈래로 진행되었던 것은 오히려 검찰에 도움이 되는 측면도 있었다. 검찰개혁은 사개위-사개추위가 담당했던 좁은 의미의 사법 개혁 논의로 해결할 수 없는 권력 재편의 광범위한 차원들에 모두 연결되어 있었기 때문이다. 결과적으로 검찰은 여러 쟁점들에서 변화를 최소화하는 방식으로 법원과 함께 강한 사법의 주도권을 분담하는 데 일단 성공했다. 다만 그 대가로서 사개추위의 활동이 종료된 이후 현재까지도 법원(판사 집단)과 검찰(검사 집단)의 갈등은 지속되고 있다.

사개추위의 정치적 리더십을 대법원-민변의 추축이 행사하게 되면서 가장 곤란한 상태에 빠진 것은 변호사 집단이었다. 검사 집단과는 달리 강력한 조직을 갖지 못한 변호사 집단은 사법 개혁의 대상으로 지목되면서 끝없이 불리한 위치로 내몰렸다. 사법시험 합격자 수가 1천 명으로 증가한 이래 날로 격화되고 있는 변호사 업계의 경쟁을 고려하면서, 변호사 집단은 대법원 주도의 사법 개혁 작업, 특히 '로스쿨 개혁 문제'에 관해 특단의 대책이 필요하다는 점에 공감하기 시작했다. 이런 맥락에서 사개추위가 활동을 시작하던 2005년 2월 대한변호사협회의 지도부가 좀 더 보수적인 인사들로 교체된 것은 변호사 집단의 대응 방향을 예감케 하는 것이었다. 천기흥 변호사(대한변호사협회장)의 새로운 지도부는 전임 박재승 지도부와는 정반대로 사개추위가 변호사 집단을 제대로 대변하고 있는지에 관해 강력한 의문을 표시하면서 사실상 사개추위의 활동을 보이콧하는 입장을 취했다. 그러면서 이후 사법 개혁에 호의적인 대법원의 새로운 지도부(이용훈 대법원장)와 사사건건 부딪히면서, 모든 현안에서 급격하게 노무현 정부에 반대하는 입장을 채택하기 시작했다.

　이처럼 사법 서비스 공급자 위원회였던 사개위–사개추위 체제에서 검사 집단 및 변호사 집단이 이탈한 것은 노무현 정부의 사법 개혁 작업에 암운을 드리우는 것이었다. 입법 과정을 지배하고 있는 각 정당들은 여전히 사법 개혁의 책임을 사개위–사개추위 쪽에 미루면서, 법률가 집단 내부의 합의가 도출되기를 기다리고 있었다. 이런 상황에 법률가 집단 내부의 분열이 노출된다면, 사개추위가 마련한 사법 개혁 법안들이 법률가 집단 내부의 합의라는 유일무이한 압력 수단을 잃어버리게 될 것은 명약관화했다. 이 점에서 사개추위의 주도 그룹은 변호사를 겸직하고 있는 52명의 제17대 국회의원들이 입법 과정의 병목이라 할 국회 법제사법위원회를 중심으로 포진하고 있다는 점[21]을 간과했거나 의도적으로 무시했다. 이를 증명이라도 하듯 사법 서비스의 공급자 위원회에서 검찰과 변호사 집단이 이탈한 이후 사개추위의 종료 시점까지 국회는 사법 개혁 관련 법안들의 심의를 계속 미루면서 일종의 의도적 태업 상태를 연출했다. 우스꽝스럽게도 이런 사태를 야기한 기술적 원인은 제1야당(한나라당)이 사립학교법의 철회 또는 재개정 문제를 내세워 대부분의 쟁점 법안 처리를 외면했기 때문이었다. 물론 상당 기간 과반수 의석을 점하고 있었던 집권 여당(열린우리당)도 사법 개혁 관련 법안들의 심의와 처리에 미온적이기는 마찬가지였다.

　이와 같이 사법 개혁 관련 법안들의 심의와 처리가 교착상태에 빠지면서 노무현 정부의 사법 개혁 작업을 주도했던 사개(추)위가 우려했던 사태가 발생하기 시작했다. 대표적으로 로스쿨 법안과 관련해, 일부 변

21_2006년 6월 7일 현재 참여연대의 집계 내용에 관한 『국민일보』 기사 참조.

호사 출신 국회의원들을 중심으로 이미 10여 년간의 논의 과정에서 비판적으로 극복된 것으로 여겨졌던 로스쿨 체제의 문제점이 다시금 제기되었고,[22] 정치적으로는 정반대의 입장인 민주노동당 진영에서도 신자유주의적 체제 재편을 문제 삼는 일관된 논리 속에서 강력한 반대 논리가 제시되었기 때문이다.[23] 총입학정원제를 유지한 로스쿨 법안에 대해서는 정원 없는 변호사 자격시험 체제가 아니라면 최소한 변호사 3천명 시대를 약속하지 않는 한 동의할 수 없다는 식의 조건부 지지[24]가 존재할 뿐이었고, 심지어 전통적인 지지층인 법학 교수 집단으로부터도 로스쿨 개혁이 좌초할 경우 2천억 원 넘게 투자한 주요 대학들의 로스쿨 유치 경쟁이 쓸모없게 된다는 식의 초라한 논리(『한겨레』 06/11/12)도 등장했다. 이와 함께 공판중심주의의 실현으로 요약되는 형사 절차의 개혁 법안도 법원-검찰의 갈등 과정에서 용두사미가 되었고, 사개추위가 마련한 25개 법안 가운데 19개가 국회에 계류된 상태로 심의조차 제대로 이루어지지 못하고 있었다. 짧게는 4년, 길게는 12년긴에 걸친 사법 개혁 작업의 결과가 수포로 돌아갈 수도 있다는 우려 속에서 노무현 정부의 사법 개혁 작업을 이끌었던 사개추위는 뒤늦게 입법을 촉구하는 호소문 성격의 결의문을 내놓는 것으로 사실상 활동을 마감했다. 법률가 공급 통제 권한을 법률가 집단 내부에 확보하려던 노무현 정부의 사

22_이를테면 『법률 저널』 2006년 12월 8일자에 독자 투고의 형식으로 제시된 "로스쿨을 반대하는 7가지 이유"는 국회 내의 대표적인 로스쿨 반대론자인 안상수·주호영 의원 등의 주장과 일맥상통하는 내용을 담고 있다.

23_예컨대 참여연대 사법감시센터 소책자, "우리가 로스쿨을 말하는 이유 : 로스쿨 지지자의 편지"에 수록된 민주노동당 소속 최순영 의원의 "법학 전문 대학원, '법학 교육판 새만금 사업'으로 전락을 우려한다!"(2006년 11월 23일 작성) 참조.

24_같은 참여연대 소책자에 실린 로스쿨 지지자의 편지들은 대체로 이런 논조다.

법 개혁 작업, 그 비정치적 법률가 정치는 이처럼 별다른 소득 없이 종결되고 말았던 것이다.

…… 그동안 국회에서 일부 법안이 처리되었지만 주요 사법 개혁 법안이 정기 국회의 막바지 단계인 이 시점까지도 결실을 거두지 못하고 있어 안타까울 따름입니다. 사법 개혁에 대한 국민들의 강력한 요망과 높은 기대를 감안한다면 사법 개혁의 지체로 인하여 사법 시스템의 선진화가 좌절되고 사법 불신이 더욱 깊어지지 않을까 걱정됩니다. 앞으로의 정치 일정을 고려할 때 사법 개혁 법안이 올해 처리되지 못하면 사법 개혁 작업이 다시 좌초되는 것은 아닌지 우려되기도 합니다. …… (2006년 11월 20일 사법개혁추진위원회의 결의문 중 일부)

5. 사법 개혁자 없는 사법 개혁의 빈곤

2006년 말 사개추위가 해산된 이후 노무현 정부의 사법 개혁 작업은 그야말로 공중에 뜬 상태가 되었다. 조기 레임덕에 시달리는 대통령이나 붕괴 일로에 있는 집권 여당은 사법 개혁 관련 법안의 처리에 관해 별다른 권한을 가지지 못한 채, 제1당(한나라당)이 주도하는 사립학교 재개정 법안과의 이른바 빅딜에 마지막 기대를 걸고 있는 형국이었다. 만약 2007년 3월의 임시국회에서도 법안 처리가 불가능하다면, 연말의 대통령 선거를 향한 대통령 후보들의 경선 일정 등을 감안할 때, 노무현 정부의 사법 개혁 작업은 유야무야될 가능성도 적지 않았다. 특히 사법 개혁에 관한 한 상대적으로 변호사 집단의 정치적 입장과 가까운 제1당(한나라당)의 변호사 출신 국회의원들이 법안 처리의 길목을 장악하고 있다는 점에서 이런 비관적 전망은 더욱 현실성을 가지고 있었다.

만약 사개위가 끝나는 시점에 국회와 정당들에 적극적인 토론을 주문하고, 정치권에서 내놓은 대안들과 접점을 만들어 갔더라면, 그렇게 해서 정치권에게 사법 개혁 방안을 내놓아 보라고 입증 부담을 지우고 이를 역이용하는 방식으로 입법 추진 과정을 이끌고 갔더라면, 사개위가 정해 놓은 틀 속에서 사개추위가 구체적인 입법안도 만들고 이에 대한 모든 입증책임도 부담하는 것보다는 훨씬 유리한 국면을 조성할 수 있었을 것이다. 또는 많은 주제들을 병렬적으로 늘어놓을 것이 아니라 로스쿨-법관 임용-법원 지위-공판 정상화-대법원-사법 참여-기타 특수한 주제들로 의제 로드맵을 작성하고 초기에 승부를 보았더라면 결과가 달라질 수도 있었을 것이다. 전체적으로는 사개(추)위가 국회와 정당이라는 변수를 너무 안이하게 생각한 것이 패착이었으며, 집권 여당이 힘이 있던 2005년 정기국회에 총력을 기울여 로스쿨 법안을 통과시키시 않았던 것이 입법 전략의 실수였다.

이렇게 볼 때, 2007년 7월 31일 사립학교법 개정안과 함께 로스쿨 법안이 국회 본회의를 통과한 것은 심지어 사개위와 사개추위를 주도했던 그룹조차 예상하지 못한 사태였다. 이는 단지 2007년 12월의 대통령 선거를 앞둔 상태에서 거의 순수하게 집권 여당과 제1당(한나라당)의 정치적 타협에 의해 이루어진 결과였기 때문이다. 집권 여당의 입장에서는 암울한 대통령 선거를 대비해 로스쿨 제도 도입이라는 개혁성과가 필요했고, 야당의 입장에서도 사립학교법의 재개정을 두고 사실상 2년여 동안 입법 과정을 마비시켰던 책임으로부터 벗어날 필요가 있었다. 그 결과 양자의 정치적 이해타산이 맞아떨어지는 순간 로스쿨 법안은 사립학교법의 재개정안과 함께 순식간에 국회 본회의를 통과하고 말았던 것이다.

이처럼 예상치 못하게 로스쿨법이 입법된 이후의 과정은 다소 싱겁게 진행되었다. 2009년부터 출범한 로스쿨 체제를 형성하기 위해 법학교육위원회의 구성에서부터, 총입학정원의 결정, 로스쿨 인가 신청, 로스쿨 인가 등이 일사천리로 진행되었기 때문이다. 그러나 그토록 오랫동안 사법 개혁의 대표 주제로 논의되었던 로스쿨 체제가 출범했음에도 불구하고 정작 사법 개혁을 실현시킨다는 신명은 어디에서도 찾을 수 없다. 로스쿨 교육을 통한 법학 교육의 혁신보다는 변호사 자격시험의 수준과 합격자 숫자에 관한 지루한 공방이 3년 넘게 계속되고 있을 뿐이다.

그렇다면 이제 우리는 마지막 질문을 던져야만 한다. 왜 이렇게 되었는가? 앞서 나는 노무현 정부의 사법 개혁 작업이 법원 우위의 강한 사법을 지향하면서도 법률가 공급 통제 권한을 법률가 집단의 수중에 두려던 사법 서비스 공급자 위원회(사개위·사개추위)에 의해 주도되었음을 지적했다. 그렇다면 이 질문은 결국 사개(추)위를 주도한 대법원 등에 제기되는 것일 수밖에 없다. 사법 서비스 공급자 위원회가 주도한 사법 개혁이 시간이 갈수록 추진력을 잃고 있는 까닭은 무엇인가?

나는 그 이유를 일단 사개(추)위의 주도 그룹이 과거 지향적 방식, 즉 이미 발생한 수요만을 쳐다보고, 이를 따라가는 방식으로만 문제에 접근했다는 점에서 찾고 싶다. 언제 이들이 한국 사회 전체의 재구성을 목표하는 '총체적 사회 개혁'의 하나로서 사법 개혁의 의미와 범위를 규정한 적이 있었던가? 앞서 언급했던 3중의 개혁 과제를 동시적으로 해결한다는 차원의 그랜드 디자인을 단 한 번이라도 언급한 적이 있었던가? 노무현 정부의 국정 지표였던 지방분권과 균형 발전, 동북아 경제 중심과 같은 것들을 국가 사법의 근본적 재구성이라는 차원에서 심각하게 숙고한 적이 있었던가?

어찌 보면 이는 스스로를 가장 보수적이라고 평가하는 법률가, 즉 사법 서비스 공급자들이 사법 개혁 작업을 주도한 것에 따르는 당연한 결과일 수도 있다. 말하자면 사법 개혁이라는 문제의 범위가 문제 해결자의 범위를 규정한 것이 아니라 사법 서비스의 공급자 위원회라는 문제 해결자의 범위가 문제의 범위를 규정했다는 것이다. 그러나 하나의 원칙으로서 개혁은 언제나 미래를 보고 해야 하는 것이 아닌가? 미래를 본다는 것은 이미 발생한 사법 서비스의 수요가 아니라 앞으로 발생할 사법 서비스의 수요에 더욱 주목한다는 의미다. 달리 말하면, 5년 뒤, 10년 뒤, 30년 뒤를 내다보면서 일종의 포석을 놓아야 한다는 것이다.

참으로 흥미로운 것은 그 5년 뒤, 10년 뒤, 30년 뒤가 현재의 삶 속에 이미 가능성으로 존재한다는 사실이다. 따라서 모든 다른 개혁에 있어서와 마찬가지로 사법 개혁의 경우에도 관건은 현재 속에서 미래의 가능성을 포착할 수 있는 상상력이며, 이를 바탕으로 사법 서비스의 수요자늘인 시민늘에게 새로운 사법 시스템의 청사진을 제시할 수 있는 전달 능력이다. 이 능력이 없다면, 개혁을 막아서는 이익집단들의 반대 논리를 뛰어 넘어 사법 서비스의 수요자 집단, 즉 국민 대중의 동의와 지지를 확보하기란 거의 불가능하다. 그렇다면 법률가 집단의 일원으로서 사법 개혁 작업에 참여한다는 것의 의미는 자명하다. 개혁을 추동하는 미래지향적 사고 과정에서 사법 개혁의 주도 그룹은 그들 스스로 새로운 시대의 법률가가 되어 가는 것이기 때문이다. 이 점에서 노무현 정부의 사법 개혁을 추진했던 주도 그룹은 비전과 상상력의 측면에서 역부족이었다는 평가를 받을 수밖에 없을 것 같다. 돌이켜 보면 이들은 이미 발생한 문제들을 처리하기 위해 '숙제나 열심히 하고 있었을 뿐', 앞으로 발생할 문제들을 내다보면서 그랜드 디자인을 내보이지 못했던 것이 아닌가?

그 때문에 새삼스럽지만 한 가지 질문을 마저 던지지 않을 수 없다. 혹시 이들은 사법 개혁은 추진하되, 스스로는 새로운 시대의 법률가가 되지 않겠다는 것이었는가? 결국 노무현 정부의 사법 개혁 작업을 통해 한국 사회의 구성원들이 처절하게 경험한 것은 한마디로 '사법 개혁자 없는 사법 개혁의 빈곤'이다. 로스쿨 체제가 출범했음에도 불구하고 사법 개혁 논의가 갈수록 공허해지고 핵심이 모호해지는 원인은 바로 여기에 있다. 이런 맥락에서 최근 들어 이러다가 자칫 사법 개악이 될 지도 모르겠다는 회의론이 급속하게 퍼지고 있는 것은 주의를 요하는 대목이다. 아무도 책임지지 않는 상황이 발생할지도 모른다는 두려움이 그 저변에 피어오르고 있기 때문이다.

결론적으로 노무현 정부의 사법 개혁 작업을 반추하면서 내가 주장하고 싶은 핵심은 사법 개혁은 사법 개혁자들에 의해 주도되지 않으면 안 된다는 단순한 사실이다. 바로 그 사실의 기초 위에서 사법 개혁자들은 스스로 미래지향적인 새로운 시대의 법률가들이 될 각오를 해야 한다는 것이다. 여기서의 새로운 시대의 법률가들이란 결국 사법 서비스의 수요자 중심으로 사고하고 행동하는 법률가들을 의미한다. 이와 같은 근본적인 입장 전환을 위한 시금석은 하나의 헌법적 원칙으로서 사법 개혁은 어디까지나 정치 문제요 입법 문제라는 너무도 당연한 사실을 확인하는 것이다. 바로 이 점에서 '국민이 대통령'이라던 노무현 정부의 사법 개혁 작업이 시종일관 사법 서비스 공급자 위원회에 의해 주도되었던 것은 참으로 안타까운 일이다.

| 9장 |

사법 서비스 공급 구조의 지방분권화

1. 사법적 초집권주의

오늘날 대한민국의 체제를 규정하는 결정적인 한마디는 바로 '사법적 초집권주의'다. 모든 정치적·경제적·사회적 분쟁의 최종적인 해결은 사법적 방식으로 이루어지며, 이를 위한 권력의 집중은 당연하고 바람직한 것으로 간주된다. 집중된 권력이 최종적으로 도착하는 장소는 사법 과정의 정점에 놓인 헌법재판소와 대법원이다. 모두가 '위'와 '중심'을 쳐다보고 있는 가운데 꼭대기를 차지한 법률가들만이 아래를 굽어보며 모든 것을 결정하고 있다. 1987년 이래의 '민주화'는 중앙집권적 군부 통치를 중앙집권적 사법 통치로 탈바꿈시켰고, 1997년 이래의 IMF 체제는 신자유주의의 세계적인 흐름 속에서 그 변화를 더욱 가속화하고 있다.

사법적 초집권주의는 민주화 및 세계화 이후 대한민국 체제의 규범적 지향성이 자유주의적 법치주의의 방향으로 급격하게 기울어지면서 본격적으로 재구성되기 시작한 중앙집권주의의 새로운 면모다. 정치와 행정은 분쟁의 기미가 조금이라도 보이면 곧바로 법원과 헌법재판소로 몰려가고 있다. 그리고 그 과정에서 사법은 너무도 손쉽게 중앙집권주의의 통로가 되고 있다. 쿠데타로 권력을 장악했던 군인들, 지역감정으로 민중을 동원했던 정치인들이 물러가 버린 자리를 사법 과정을 독점적으로 농단하는 법률가들(또는 법률가 정치인들)이 차지하고 있다.

그러나 사정이 이러함에도 불구하고 사법적 초집권주의에 대한 정치적 토론은 충분하지 않다. 1987년 체제의 극복과 관련해 지난 수년간 전개된 각종 논의들은 한국 사회의 질적 민주화를 방해하는 핵심 요인들로서 '전 사회적 중앙집권화'와 '정치의 사법화'를 병렬적으로 제시하는 데서 머무르고 있을 뿐, 양자의 복합이 사법적 초집권주의라는 체제로 귀결되고 있음을 포착하지 못하고 있다.[1] 초집권주의의 통로가 된 사법 그 자체에 관해서도 이른바 '지역 법관 제도'에 대한 단편적인 논의(사법개혁추진위원회 2000, 316) 등을 제외하고 사법적 초집권주의의 정당성을 정면으로 문제 삼는 논의는 찾아보기 힘들다.

곰곰이 살펴보면, 대한민국에서 사법 분야만큼 지방분권 또는 지방자치와 담을 쌓고 있는 영역은 없다. 모든 법률은 국가 법률이고, 모든 소송은 국가 소송이며, 모든 법원은 국가 법원이고, 모든 검사는 국가 검사이며, 모든 변호사는 국가 변호사다. 법무사·세무사·노무사·관세사와 같은 유사 법조 직역까지 모두가 국가적 직역이다. 사법 과정에서 모든 담론은 국가를 향해 중앙과 위로만 줄달음치게 되어 있다. 심지어

1_대표적인 예로 지난 수년간 '민주주의의 민주화'라는 의미심장한 테제를 꾸준히 제기해 온 최장집의 논의를 들 수 있다. 그는 한편으로 지리적 집중과 엘리트의 동심원적인 중첩이 낳는 초집중화를, 다른 한편으로 정치의 사법화를 우려할 만한 한국 민주주의의 결정적인 장애요인들로 지목하면서도, 흥미롭게도 양자를 연결시켜 사법적 초집권주의를 문제 삼는 차원으로는 나아가지 않고 있다(최장집 2002, 특히 153-159; 달 2004, 특히 최장집의 한국어판 서문).

는 그 사법을 개혁하자는 논의와 작업조차도 개혁의 대상인 대법원이 중앙집권적으로 주도하는 것이 당연하게 받아들여지고 있다. 사법 과정을 통해 국가는 법을 내려 보내고, 판결을 내려 보내고, 법률가를 내려 보낸다. 오늘날 대한민국에서 사법 과정은 정당성과 고시생을 중앙으로 올려 보내고 권력과 법률가를 지방으로 내려 보내는 지배의 기축이다. 사법 권력은 모두 '국가'에서 나온다. 오로지 '국가'에서만 나온다.

이 장에서 나는 현재 대한민국의 체제를 사법적 초집권주의로 규정하면서 이에 대한 대안적 사고방식으로서 사법 그 자체의 분권을 생각해 보고자 한다. 국민에게 양질의 사법 서비스를 제공하고, 그 과정에서 국민의 사법 주권을 구체화하기 위해서는 무엇보다 국민 대중의 실제적인 삶의 현장과 사법 서비스의 공급 구조를 밀접하게 연계하고, 이를 통해 시민사회 내부의 다양한 의사소통 채널들을 사법 체계에 효과적으로 수용할 것이 요구된다. 그러나 지금 대한민국을 지배하고 있는 사법적 초집권주의를 그대로 두고 과연 그와 같은 사법 개혁이 가능할 것인가? 이런 문제의식에서 나는 지금까지 간과되어 온 지방분권화의 계기를 중심으로 사법 개혁 논의의 새로운 국면을 모색해 보고자 한다. 이를 위해 이하에서는 먼저 사법의 지방분권을 논의할 헌법적 기초를 탐색한 뒤, 그 관점에서 현재의 사법 현실을 비판적으로 검토하고, 법률가 양성의 지방분권화를 중심으로 하나의 출발점을 제시하며, 마지막으로 소수자 보호라는 입장에서 법률가들에게 획기적인 발상의 전환을 촉구할 것이다.

2. 사법의 지방분권화, 그 헌법적 기초

1) 사법은 정치가 아니다?

사법의 지방분권화를 이해함에 있어서 가장 먼저 문제 삼아야 할 것은 '사법은 정치가 아니'라는 기존 해석 법학 중심주의의 고정관념이다. 그러나 이것은 헌법적 시각에서 별다른 근거가 없는 생각이다. 헌법(제1조 제2항)이 말하듯이, 대한민국의 주권은 국민에게 있고, 모든 권력은 국민으로부터 나오는 것이며, 그와 같은 권력의 조직화가 바로 헌법적 정치라고 한다면, 사법의 영역 또한 헌법적 정치에서 예외일 수 없을 것이기 때문이다. 이런 관점에서 사법제도는 일종의 대의제도이며, 법률가 양성 제도 및 법관 임용 제도는 일종의 대표 기구임이 분명하다.[2]

이처럼 사법을 헌법적 정치의 핵심으로 파악하는 것은 단순히 헌법 해석론의 차원에서만 정당화될 수 있는 것이 아니다. 오히려 그것은 한 걸음 더 나아가 권력분립과 대의정치에 관한 일정한 이해를 전제한다. 주지하는 바와 같이 법적 담론은 근본적으로 적법legal과 불법illegal이라는 두 가지 코드code로 구성되는 특수한 기호 체계를 통해 이루어진다.[3] 따

2_이 책의 7장 참조. 민주적 헌법 정치에 있어서 사법의 본질에 관한 개괄적인 논의는 박홍규(1994; 2000)를 볼 것.

3_물론 이에 앞서, 법적인 것과 비법적인 것, 법적 평가의 대상이 될 만한 것과 그렇지 않은 것을 구분하는 작업이 선행된다. 법적 담론을 정치과정 속에 구조화함에 있어서 이것은 정치적인 것과 비정치적인 것, 또는 정치적으로 중요한 것과 그렇지 않은 것을 구분하는 방식을 제도화하는 과정이다. 법적 담론을 법적/비법적 및 적법/불법의 두 단계로 이해하려는 시도는 루만(Niklas Luhamann)에게서 발견된다(Luhamann 1985; 1988).

라서 정치과정 속에 법적 담론을 구조화한다는 것은 이 두 코드를 조합해 법을 획득하는 특수한 방식들을 제도하는 것을 의미한다. 그렇다면 여기서 적법과 불법의 코드를 조합해 법을 획득하는 특수한 방식들이란 무엇을 말하는가?

여기서 주목할 것은 법 획득에 관련해 법적 담론 내부에 존재하는 '법 창조'와 '법 발견'의 모순적 공존 관계다. 적법과 불법의 경계가 문제될 때, 법 창조는 그에 관한 새로운 기준을 스스로 '창조'하는 것에 비해, 법 발견은 문제 상황을 지배하는 좀 더 상위의 법 원리에 소급함으로써 그 속에서 적합한 기준을 '발견'한다. 법 획득을 위한 전자의 기본 수단이 '제정'legislation이라면, 후자의 그것은 '해석'interpretation이다. 법을 획득하는 방식에서의 이런 차이는 법을 정당화하는 방식에서의 차이에도 그대로 반영된다. 법 창조가 '제정법'lex의 우위를 내세우면서 궁극적으로 법 제정자의 욕망desire과 의지will의 결합을 중요시한다면, 법 발견은 '해석법'ius의 우위를 내세우면서, 궁극적으로 그 욕망조차 구속하는 좀 더 상위의 이성reason적 법 원리(이른바 고차법高次法, the Higher Law)와 의지의 결합을 중요시한다. 요컨대 법 창조가 욕망과 결합한 의지voluntas에 의존하는 것이라면, 법 발견은 이성과 결합한 의지ratio에 의존한다.[4]

이처럼 법 획득을 목표로 하는 '대의 과정'이란 곧 법 창조와 법 발견의 다이내믹스를 통해 수행된다. 그렇다면 그것은 다시 권력분립의 문제와 어떻게 연결될 수 있는가? 대의정치를 권력분립과 연결시키는 핵

4_예컨대 법철학 논의에 상존하는 법실증주의와 자연법론의 고전적인 대립은 법 창조와 법 발견의 모순적 공존 관계에 상응하는 것으로 볼 수 있다. 전자가 법의 세계란 궁극적으로 그것을 운영하는 인간의 욕망에 좌우되는 것임을 내세울 때, 후자는 그런 욕망조차 굴복해야 할 좀 더 상위에 있는 이성의 세계가 존재함을 내세우기 때문이다.

심 고리는 '대표'의 존재를 정면으로 인정할 때 비로소 마련된다. 왜냐하면 그것은 결국 주권의 보유자(인민)와 그 행사자(대표) 사이의 권력분립을 전면에 드러내는 것이기 때문이다.[5] 인민과 대표 사이의 이런 권력분립은 '법치주의'rule of law나 '리갈리즘'[6]과 같은 비정치적·법적 이데올로기에 의해 정당화된다. 그런 의미에서 법치주의는 대의정치와 동전의 양면인 것이다. 이처럼 대표의 지배를 법의 지배에 의해 정당화할 경우, 법 창조와 법 발견의 다이내믹스라는 대의 과정은 당연히 대표 기구 속에 그 반영물을 가지게 된다. 다시 말해, 대의 기구는 좁은 의미의 정치 과정(법 창조 과정)과 비정치적인 것으로 관념되는 사법 과정(법 발견 과정)으로 분화되며, 그 각각의 운영이 의회와 법원을 양대 정점으로 삼는 입법 대표 기구와 사법 대표 기구에 맡겨지는 것이다. 이 과정에서 통상적인 통치 기능을 담당하는 전통적인 의미의 행정 또는 통치는, 순수한 권력의 보유와 행사를 제외하고는, 모두 입법 대표 기구와 사법 대표 기구

5_물론 대의정치를 권력분립과 관련시키지 않으려는 노력 또한 존재한다. 예컨대 인민의 자기 지배는 오로지 직접민주제를 통해서만 관철될 수 있다는 동일성의 원리가 바로 그것이다. 이런 주장은 필연적으로 권력분립을 거부하고 오히려 권력 통합을 선호하게 된다. 여기서 인민의 권력은 결코 위임되거나 제한되거나 분할될 수 없는 것이며, 따라서 '대의'는 인민대중의 정치적 의사를 반영하는 모종의 해방적 실천에 의해 극복되어야만 한다. 이런 관점에서 그와 같은 해방적 실천을 담보하기 위해 강력한 정치적 동원 이데올로기와 그 구현체로서의 강력한 정치조직(예컨대 혁명 정당)이 고안되는 것은 당연한 귀결이다. 그것의 이념적 실체는 인민의 기관(organ)이지 결코 '대표'가 아니다.

6_종래의 법정치학적 논의들 속에서 '리갈리즘'은 크게 두 가지 의미로 사용되어 왔다. 첫째는 법 시스템 내부의 적법성(legality)을 법학의 본령으로 파악할 것을 주장하는 좁은 의미의 이해로서 예컨대 입헌주의(constitutionalism)에 대응되는 접근 방식을 지칭할 경우다. 둘째는 이 글이 사용하는 바와 같이 좀 더 넓은 의미에서 '법의 독자성'을 규범적으로 긍인하는 일종의 비정치적·법적 이데올로기로 사용될 경우다. 전자가 법의 시스템적 독자성에 주목하는 견해라면, 후자는 법의 이데올로기적 독자성에 주목하는 견해다. 전자의 대표적인 예로는 켈젠(Hans Kelsen)의 견해를, 후자의 대표적인 예로는 쉬클라(Judith Shklar)의 견해를 들 수 있다(Kelsen 1970; Shklar 1986).

에 편입된다.[7] 이로써 적어도 세 개의 권력들(입법 대표 기구, 사법 대표 기구, 법 집행 기구) 사이에 견제와 균형의 필요성이 논리적으로 발생한다.

지금까지 살펴본 것처럼, '사법은 정치가 아니'라는 기존 해석법학 중심주의의 고정관념은 헌법적 시각에서, 그리고 법정치학적인 시각에서 별다른 근거가 없는 생각이다. 그럼에도 그것이 정치 현실을 지배할 수 있는 이유는 대의정치, 즉 법치주의를 받아들인 우리 헌정 체제의 속성상 사법 대표 기구의 핵심 영역이 근대적 법 시스템에 관해 전문적인 지식을 지니고 있는 법률가들, 즉 법학 교육과 사법시험을 통해 양성되는 사법 엘리트 집단에 의해 장악되고 있기 때문이다. 다시 말해, 그런 고정관념은 가장 정치적인 집단인 법률가 집단을 가장 비정치적인 모습으로 정치과정에 참여하게 만드는 비정치적·법적 이데올로기의 한 반영인 것이다. 판검사는 현실적인 사법적 대표이고, 변호사는 잠재적인 사법적 대표라는 당연한 명제가 대부분의 법률가들에게 생경하게 느껴지는 이유는 그들이 앞서 언급한 비정치적·법적 이데올로기의 지배 아래 있기 때문일 것이다.

사법의 지방분권화에 관해 이런 이해는 곧장 헌법적 정치의 관점에서 지방자치에 대한 현재의 정당화 논리가 그 본질상 대단히 취약하다는 사실을 부각시킨다. 왜냐하면 그것은 지방정부 차원의 사법 대표 기구를 도외시한 채, 입법 대표 기구(지방의회)와 법 집행 기구의 정점(지방

7_전통적인 의미의 행정 또는 통치는 법 창조와 법 발견의 잠정적 혼합 상태로 특징된다. 이것은 예컨대 행정청이 한편으로 (행정입법의 사례에서 보는 바와 같이) 입법기관의 입법을 보완 또는 대행하는 보충적 입법기관으로서의 기능을 수행하는 동시에, 다른 한편으로 (행정심판의 사례에서 보는 바와 같이) 사법기관의 판결을 잠정적으로 대체하는 보충적 사법기관으로서의 기능을 수행하고 있다는 점에서 잘 드러난다. 법 창조와 법 발견으로 편입된 나머지 순수한 권력의 보유와 행사는 법과는 상관없는 권력 또는 문화 목적에 봉사하는 것이다.

자치단체장)을 선거를 통해 구성하는 데 머물고 있기 때문이다. 법 창조와 법 발견의 다이내믹스라는 법정치학의 기본 논리에 입각할 때, 이처럼 사법 대표 기구와 연결되지 못한 입법 대표 기구 및 법 집행 기구는 자치로서의 자유를 달성하기 어려운 불구의 체제일 수밖에 없다. 그리고 그 관점에서 현재의 지방자치는 돈과 지식의 문제를 거론하기에 앞서 논리에서부터 반쪽의 자치만을 예정하고 있는 것이다.

2) 국민국가만이 법공동체인가

사법의 지방분권화를 이해함에 있어서 또한 문제 삼아야 할 것은 '국민국가만이 법공동체'라는 기존 국민국가 중심주의의 고정관념이다. 그러나 이것 역시 헌법적 시각에서 충분히 재검토될 수 있는 사항이다. 헌법은 국민국가 바깥에도 유의미한 법 공동체가 존재하고 있음을 전제하고 있으며, 국민국가 내부에도 지방자치단체라는 독자적인 법 공동체를 설치해야 함을 선언하고 있기 때문이다. 말하자면, 헌법은 국민국가의 한 차원이 아니라 세계global—국가national—지방local의 세 차원에서 이루어지는 법 공동체의 삼중 구조화를 예정하고 있다. 이 점을 좀 더 자세히 논증해 보자.

우선 헌법은 존재론적 전제로서 주권 선언의 상대방이 되는 다른 주권국가의 존재를 상정하고 있으며, 나아가 다른 주권국가와 맺은 약속(조약)을 존중하고, 그 국민(외국인)의 지위를 보장하고 있다(헌법 전문 및 제6조). 이와 같이 헌법의 문체, 즉 헌법 제정 권력자의 어투는 허공을 향한 외침이 아니라 청중을 전제한 선언의 형식을 갖추고 있는 것이다. 이와 더불어 특기할 것은 헌법이 대한민국과 다른 주권국가들, 그리고 그 구성원인 인류로 구성된 세계 공동체를 법 공동체의 하나로 인식하고 있다는 점이다. '항구적인 세계 평화와 인류 공영에 이바지'할 것을 선언한 헌법 전문이나 일반적으로 승인된 국제법규의 효력을 인정하고 있는 헌법 제6조 제1항, 그리고 무엇보다 모든 국민의 기본권을 '인간으로서의 존엄과 가치'로부터 끌어내고 있는 헌법 제10조는 그 단적인 예가 될 것이다.

다른 한편으로 헌법은 지방자치에 관해서도 별도의 장(제8장)을 두어, 경제(제9장)와 함께, 그것이 매우 중요한 헌법 정책적 목표임을 명백히 하고 있다. 특기할 것은 지방자치단체의 종류와 그 조직 및 운영에 관한 사항을 법률로 정하도록 하고 있으면서도, 지방자치단체에 반드시 의회를 두어야 함을 규정하고 있다는 사실이다(제118조). 앞서 말한 법 창조와 법 발견의 다이내믹스라는 시각에서 이와 같은 규정의 의미는 매우 분명하다. 그것은 말할 것도 없이 지방자치단체에 입법 대표 기구를 마련함으로써 그 자체를 독자적인 법 공동체로 육성해 풀뿌리 민주 정치를 발전시키라는 요청이기 때문이다. 그렇다면 사법 대표 기구에 관해 헌법은 어떤 태도를 보이고 있는가? 헌법이 최고법원인 대법원 이외에 각급 법원을 언급하면서 이 양자로 법원, 곧 사법 대표 기구를 조직할 것을 입법부에 명령하고 있는 것(제101조 제2항, 제102조 제3항)은 이런 맥락에서 새롭게 음미되어야 할 필요가 있다. 요컨대 지방의회와 각급 법원을 연결함으로써 대한민국 내부에 다수의 독자적인 법공동체를 건설하라는 것이 지방분권에 관해 헌법이 입법부에 위임한 핵심 내용인 것이다.

이처럼 헌법은 법공동체의 구조화에 있어서 세계—국가—지방의 삼중 구도를 설정하고 있다. 이런 헌법적 전략에 담긴 의미는 심오한 것이다. 먼저 이론적인 차원에서 그것은 헌법이 전제하는 자유의 공간적 차원을 드러낸다. 헌법은 모든 인간에게 근본적으로 세 개의 공간, 즉 '내면 공간', '역사 공간', '초월 공간'이라는 세 차원이 동시에 작용하고 있음을 인정한다. 그리고 이 세 개의 공간 가운데 어느 하나로 다른 것들을 환원해 스스로를 절대화하는 것에서 자유의 공간적 억압이 비롯되어 왔음을 통찰한다. 따라서 자유의 관점에서 '몸'(과거)과 '기억'(현재)과 '바라봄'(미래)의 공간적 공존은 필연적이다. 그렇다면 헌법은 어떻게 3자의 공존을 달성하는가?

실천적인 차원에서 헌법은 현실의 '역사 공간' 내부에 '내면 공간'과 '초월 공간'을 확보하는 것을 대안으로 제시한다. 그리고 그것이 바로 주권국가의 창설 행위인 헌법 제정에 있어서 그 안과 밖에 지방자치단체와 세계 공동체를 확보하려는 까닭인 것이다. 따라서 헌법적 관점에서 정상적인 시민은 언제나 이 세 개의 권력 공간에 동시적으로 노출되어 있는 것으로 전제된다. 그가 자유를 개척할 수 있는 방법은 그 각각을 고유한 법 공동체로 조직한 뒤, 헌법에 기초해 3자 간의 권력균형을 달성하는 것이다. 다시 말해, 그 시민은 지방자치단체의 주민이며, 대한민국의 국민이며, 세계 공동체의 인간이 되어야 하고, 헌법에 입각해 이세 가지 정치적 아이덴티티를 균형 있게 유지함으로써 비로소 자유의 공간을 확보할 수 있게 된다. 그런 점에서 헌법은 시민의 자유를 확립하기 위한 공간적 권력균형의 협약 문서이기도 한 셈이다.[8]

8_나는 지난 수년간 '헌법과 공간'이라는 주제를 고민해 왔다. 여기 소개하는 자유의 세 공간 이론, 그리고 그 3자 공존 전략은 그 성찰에서 얻은 중간 결론의 일부다. 이것은 천지인(天地人)의 3차원으로 세계를 이해하고 그 3자의 조화를 모색해 온 전통 논리에 담긴 심오한 공간 정치학적 통찰과도 연결되는 것이기도 하다. 곧, 天(미래·희망·바라봄)과 地(과거·경험·몸)가 人(현재·기억·성실)에 의해 연결되므로, 그 人의 세계에 天과 地를 확보해 두어야 한다는 주장이다. 법정치학적인 시각에서 국가 주권주의는 곧 주권국가의 차원으로 '시간과 공간'을 압축하려는 계몽주의 프로젝트의 일환이다. 하지만 天地人의 사상과 마찬가지로 세 공간의 공존

이 같은 헌법의 공간 정치학적 독해는 사법의 지방분권화에 관해서도 중요한 방향 전환의 계기를 제공한다. 잘 알려진 것처럼 근대적 주권 국가의 형성 과정은 직권주의적인 경성 국가와 당사자주의적인 연성 국가의 두 모델로 전개되었으며, 그 사법적인 반영은 사법 관료인 판사와 전문 직업인인 변호사가 각기 법률가의 기본형이 되는 것이었다(Dyson 1980). 이 가운데 어떤 모델이 헌법이 전제하는 법 공동체의 3중 구조화를 뒷받침할 수 있을지는 비교적 명백하다. 단언컨대, 헌법은 사법 관료인 판사가 세 개의 법 공동체를 모두 지배하는 구도를 결코 예정하고 있지 않다. 법률가의 기본형이 되어야 할 것은 오히려 세 개의 권력 공간에 공히 존재하는 전문 직업인으로서의(그리고 잠재적인 사법적 대표로서의) 변호사이며, 그들로부터 세 차원의 사법 대표 기구가 민주적으로 구성되어야만 하는 것이다. 그러므로 이처럼 사법 권력을 상향식으로 구성한다는 점에서 이른바 '법조일원화'를 일종의 헌법적 요청으로 부각시키는 것도 가능하다. 다만 누누이 언급한 바와 같이 그 경우에도 세계-국가-지방의 확립과 상호간의 견제와 균형이 전제되어야 한다.[9]

을 모색하는 헌법의 전략은 근본적으로 이런 계몽적 일원화에 반대하되, 동시에 그것을 포용하려는 시도다. 그리고 바로 그 점에서 헌법은 포스트모더니즘의 무정향(無定向)과 구분된다. 이에 관한 본격적인 논의는 후일을 기약할 수밖에 없겠지만, 여기서는 우선 영향을 많이 받은 세 권의 책을 소개해 두기로 한다. 레비나스(1996), 하비(1994), 이진경(1997).

9_이런 관점에서 이미 세계적 차원에서 사법적 구성체(juridical formation)의 모습으로 제국 (Empire)이 작동한다는 네그리와 하트의 분석은 매우 주목할 만하다(네그리·하트 2001). 이들에 따른다면 최근에 이루어진 국제형사재판소(International Criminal Court)의 설립은 그런 사법적 구성체가 제도적 차원에서 등장함을 나타내는 분명한 증거일 것이다.

3. 파국적 상황, 개혁적 대안

'법 창조와 법 발견의 다이내믹스', 그리고 '법 공동체의 3중 구조화'라는 시각에서 관찰할 경우, 대한민국 사법 체제의 현 상태는 가히 파국적이다. 그럼에도 불구하고 시민의 입장에서도, 법률가의 입장에서도 이런 상황을 심각하게 받아들이려는 징후는 좀처럼 발견되지 않는다. 그저 '전관예우'는 잘못되었고, 수임료는 너무 비싸지만, 사법고시의 신화는 여전히 찬연하고, 그 정복자들의 지배는 당연한 것으로 받아들여질 뿐이다. 하지만 삶의 현실을 한 꺼풀만 걷어 내고 헌법적 관점에서 문제를 바라보면, 심각한 왜곡이 한두 가지가 아니다. 그 질곡의 핵심은 바로 '익명성'이다.

우선 시민들은 일반적으로 자신들의 사법적 대표, 즉 자신을 재판하거나 수사하게 될 판검사가 누구인지 전혀 알지 못한다. 그들의 인품이나 배경은 말할 것도 없고, 심지어 이름이나 특징조차 기억하지 못한다. 누구에게 들어 본 적도 없고, 알아야 한다고 생각해 본 적도 없다. 이들에게 판검사가 현실적인 사법적 대표이고 변호사는 잠재적인 사법적 대표라는 명제는 허구가 아니라 미지의 대상이다. 그렇다면 그 사법적 대표들의 상황은 어떤가? 그들 역시 자신들이 대표하는 시민들의 면면을 전혀 알지 못한다. 아니 누구에게 들어 본 적도 없고, 알아야 한다고 생각해 본 적도 없다. 그들에게 시민들이란 재판의 당사자이거나 수사의 대상이거나, 가끔씩 찾아와 귀찮게 구는 기자들일 뿐이다. 이처럼 대한민국의 사법 현실에서 시민은 결코 대표되지 않는다. 그들은 익명의 법률가들에 의해 사법적으로 지배되고 있을 따름이다.

한국 사회의 구성원이라면 누구나 알고 있듯이, 대표하지 않고 대표되지 않는 이 익명의 공간에 때때로 매개자들이 개입한다. 그들은 시민에게 법률가를, 법률가에게 시민을 소개하고, 그 과정에서 자신들의 이익을 확보한다. 문제는 이런 소개가 항상 개별적이고 구체적이며 일시적으로만 이루어진다는 사실이다. 소개되는 시민은 언제나 돈을 떼였거나, 교통사고를 냈거나, 이혼을 결심한 사람이다. 또한 소개되는 법률가는 고등학교 동창이거나, 판사 출신으로 최근 개업했거나, 동향同鄕으로 같은 교회 다니는 사람이다. 그리고 이 개별적이고 구체적이며 일시적인 연계는 상호 이익을 보장할 수 있을 때까지만 존재한다. 그런 보장이 사라지는 순간 그것은 다시 익명의 공간 속으로 사라진다. 판사가 누구인지 검사가 누구인지를 일반 시민이 미리 알 필요는 없다. 나아가 일반 시민이 어떤 사람들인지를 법률가가 너무 궁금하게 여기는 것도 도리가 아니다. 이처럼 대한민국 사법 체제의 현 상태는 솔직히 익명의 법률가들이 익명의 시민들을 대표하는 가운데 광범위한 브로커 집단이 정치적 실권을 장악하고 있는 형국이다. 도대체 누가 이것을 감히 민주 사법의 모습이라고 말할 수 있겠는가?

이제 사법의 지방분권화라는 관점에서 이런 파국적 상황의 원인을 생각해 보자. 비밀은 매주 월요일 아침 서울의 김포공항에서 각 지방 공항으로 떠나는 비행기 속에 있다. 일주일치의 내의와 양말을 담은 가방을 들고 자신의 관할 지역으로 떠나는 수많은 법률가들, 곧 명목상의 사법적 대표들이 그곳에 있기 때문이다. 생활의 모든 근거와 문화적 정체성을 여전히 서울의 한복판에 남겨 둔 채, 그들은 사법적 대표 또는 사법적 지배를 위해 자신들의 영지領地에 부임한다. 황급한 비행이 끝난 뒤, 영지에서 그들을 맞이하는 것은 공적 공간을 관리하는 예의 낯선 얼굴들이다. 그들의 어색한 미소 앞에서 이들은 또다시 이방인이 되어 자신들끼리 정보를 교환하고 식사를 나누며, 혹 이처럼 먼 곳에 자신들을 유배한 저 중심의 권력을 험담한다. 그리고 1천 리가 떨어진 지방에 와서도 또다시 자신들만의 서울을 재현한다.

중심의 주변, 주변의 중심. 과거 종속 이론가들이 주장하던 이 슬로 건처럼 지방 사법의 현실을 정확하게 표현하는 것이 또 있을까? 기껏해 야 2~3년을 근무할 이 법률가들에게 장기적인 관점에서 그 지방의 시민 들과 교분을 쌓으라고 주문할 수는 없는 노릇이다. 그들에게 기대할 수 있는 최선은 국가권력을 바탕으로 자칫 봉건적 독점화의 길로 치닫기 쉬운 토착 권력을 제어하는 역할 정도다. 그러나 사법의 중앙집권화가 이런 정도의 수준인데 도대체 삶의 어떤 국면들이 순수한 봉건적 토착 권력으로 남아 있을 수 있겠는가? 점심시간마다 서울에서 내려온 법률 가들이 재현하는 작은 서울은 같은 시간 지방 도시의 이곳저곳에서 태 어나는 작은 서울들의 한 보기일 뿐이다. 기업인은 기업인대로, 교수는 교수대로, 기자는 기자대로, 목사는 목사대로, 저 중앙의 대세에 촉각을 곤두세우는 작은 서울들을 재현하기 때문이다. 이런 이유로 때로는 어 떤 연줄을 따라 그 작은 서울들의 연대가 재현되기도 한다. 중심의 주변 이 주변의 중심으로 부활하는 것이라고나 할까? 그러나 그것은 본질적 으로 그들이 처한 공간적 조건과는 무관한 모임이다. 서울에서 열렸어 도 될 모임, 또는 서울에서 열렸어야 할 모임이 어쩌다 지방에서 개최된 것에 불과하기 때문이다.

사법의 지방분권화에 관해 또 한 가지 반드시 짚어야 할 슬픈 현실 은 법률가 양성의 중앙집권주의다. 종래의 사법시험 체제에서 대한민국 전문 법학 교육의 현장은 누구도 부인하기 어려울 만큼 처절하게 무너 져 내리고 있었다. 그 현실에 관한 가장 적확한 묘사는 아마도 '총체적 고시 학원화'라는 표현이었을 것이다. 그것은 전문 법학 교육 전체가 5 천만으로 이루어진 단 하나의 사법 통치 구조 속에서 중앙집권적 소용 돌이에 휘말리고 있음을 나타내는 표현이었다. 의심할 바 없이, 그 중심에는 그 성적에 따라 판사, 대형 로펌 변호사, 검사, 소형 로펌 변호사의 순서로 서열이 매겨지는 사법연수원이 존재했다. 그리고 그 주위로 사법시험에 관한 한 수험 정보 정치의 메카였던 '서울' 신림동의 고시촌이 포진했다. 서울의 명문 법과대학들은 그 다음이고, 그 뒷자리를 차지하는 것은 서울의 명문 대학들 그 자체였다. 다수의 중견 법과대학들은 사법시험 과목 중심의 파행적 학사 운영을 감수하고도 비로소 소용돌이의 가장자리에 명함을 내밀 수 있을 정도였다. 그런 상황에서 '총체적 고시 학원화'의 물결에 끼지 못하는 지방 소재 대다수 하위 법과대학들의 사정은 언급할 필요조차 없었다.

2009년 법학 전문 대학원 체제가 출범한 이후 이런 사정은 잠시 개선되는 듯 보였다. 2천 명 총입학정원의 40퍼센트가 넘는 정원이 지방에 할애됨으로써 적어도 법학 전문 대학원에 관한 한 법학도들의 지방회귀가 발생했기 때문이다. 그러나 2012년 첫 번째 변호사 자격시험이 치러진 뒤에는, 곧바로 사법적 초집권주의가 다시 무활하리라는 것이 대체적인 전망이다. 변호사 자격을 획득하기 위해 잠시 지방으로 회귀했던 법학도들은 신참 변호사가 되어 곧장 서울로 복귀할 것이기 때문이다. 지방분권의 관점에서 보자면, 이와 같은 3년간의 지방 방문을 배격할 일은 결코 아니다. 그러나 그 상태에 머물러서는 사법적 초집권주의의 극복은 결코 이루어질 수 없다.

사법적 초집권주의의 압도적인 위세 앞에서 비판적 공론장으로서의 대학과 그 공론의 중심으로서의 법 담론은 이미 청중을 잃은 지 오래다. 법학 전문 대학원이 도입된 이후에도 시험이 모든 것을 결정하고, 시험에 관련된 수험 사회학적 행위 패턴이 모든 것을 지배하는 법칙에는 전혀 변화가 없다. 그렇다면 이대로 갈 경우, 법학 전문 대학원 체제의 결과가 무엇일지는 명확하다. 냉혹한 경쟁의 최종 승리자만이 사법 권력의 중심인 서울에 남고, 나머지는 잘되더라도 월요일 아침마다 지방 공항으로 향하는 비행기 속에 몸을 실어야 할 것이다. 이것이 감출 수 없는 대한민국 사법의 자화상이다. 그렇다면 이제 우리는 애초의 출발점으로 되돌아가 질문해야만 한다. 이렇게 사법적 초집권주의에 길들여진 법률가들에게 공동체의 법적 운명을 맡기라는 것이 '인간의 지배' 대신 '법의 지배'를 선언한 대한민국 헌법의 명령이란 말인가?

앞서 말한 것처럼 사법의 지방분권화의 관점에서 현재의 상황은 가히 파국적이다. 사법 역시 대의의 일종이라는 헌법적 시각은 간단히 무시되고 있으며, 헌법이 요구하는 세계-국가-지방의 공간적 권력균형은 형편없이 무너지고 있다. 또 하나의 문제는 지방의 차원을 무시하는 이와 같은 중앙 집중의 과잉이 결과적으로 세계의 차원까지 무시하는 사태를 초래하고 있다는 점이다. 사법에 관해서도 서울은 승자들의 도시이다. 하지만 외국인을 만나거나 국제적 문제에 관련될 경우 그 승자들은 기껏해야 짐짓 무시하거나 외면하는 태도를 취할 뿐이다. 과연 이들이 세계적 차원의 사법 정치에서 대한민국의 시민들을 대변해야 할 사법적 대표들이란 말인가? 단언컨대, IMF사태 직후에 충분히 경험했던 것처럼, 세계적 차원의 사법 정치에서 대한민국의 시민들은 제대로 대표되지 못하고 있다.

앞서 언급했듯이 사법 권력의 중앙 집중은 근본적으로 국민국가 중심주의, 그리고 그에 기초한 해석법학 중심주의의 소산이다. 그러나 그와 달리 작금의 상황은 지구적 규모로 성장한 자본주의에 정보혁명의 물결이 덧붙여짐으로써, 국민국가의 안팎에 다양한 종류의 법 공동체가 생성되고 그 결과로 다원적·중층적 사법 시스템이 형성되고 있는 것이다. 현재의 사법 체제에 뿌리박힌 내향성은, 공동체의 미래를 생각할 때, 반드시 극복되어야 할 과제다. 다만 어디에서 그 극복의 계기를 마련할 것인지가 오리무중인 셈이다.

세계화란 결코 법률가의 활동 공간이 확대된다는 것만을 의미하는 것이 아니다. 그것은 오히려 법학의 논리, 법률가의 사고방식에 있어서 근본적인 변화를 함축한다. 법 공동체로서 국민국가가 약화된다는 것은 그 권위에 입각한 법전이나 판례의 독점적 지위가 흔들린다는 뜻이다. 따라서 법률가는 이제 '존재하는 법'의 전문적 해석자가 아니라 '존재해야 할 법'의 전문적 변증가로서 자신의 전문 직업적 정체성을 변화시켜야만 한다. 법률 업무의 중심은 송무에서 정책으로, 사법 변론에서 입법 변론으로 옮겨질 것이고, 법치주의의 중심 또한 소극적인 법 준수가 아니라 적극적인 법 실현으로 옮겨질 것이다.

그러므로 이런 변화를 따라잡고 생존하기 위해 국민국가의 경계를 뛰어넘고 법 현실과 법규범의 경계를 넘나들면서 다양한 이익을 법 담론에 수용해 낼 새로운 법학, 새로운 법률가는 당연한 요청이 아닐 수 없다. 그러나 어디에서 그와 같은 재건 또는 반전의 실마리를 찾아낼 수 있을까? 주지하듯 한국 사회에는 이미 근본적인 사법 개혁을 요구하는 주장들이 다수 존재한다. 예컨대, 하루바삐 로스쿨의 총입학정원 제도를 없애는 방식으로 법학 전문 대학원 체제를 정상화시켜야 한다거나, 민주 사법의 본질에 돌아와 지방검사장 직선 제도와 공판 배심제도를 전면 실시해야 한다는 주장들이 그러하다.

이런 주장들의 당위성에 깊이 공감하면서도, 내가 특별히 사법의 지방분권화에 주목하는 이유는 무엇보다 모든 것을 흡인하는 중앙집권적 접근 방식에 저항하지 않으면서 앞서 살핀 헌법적 요청을 충족시키는 것은 근본적으로 불가능하기 때문이다. 이에 덧붙여 재건 또는 반전의 실마리를 제대로 포착할 수만 있다면, 문제의 해결은 예상보다 용이할 수도 있으리라는 기대를 나는 버리지 않으려 한다. 상황이 파국적일수록 대안은 개혁적일 필요가 있지 않을까? 그런 뜻에서 이하에서는 사법의 지방분권화에 관한 제도적 출발점으로서 법률가 양성의 지방분권화를 간략히 논의해 보고자 한다.

4. 법률가 양성의 지방분권화 : 하나의 출발점

수 년 전 법학 전문 대학원의 설치가 공론화되었을 때, 서울에서는 중견 법과대학들 사이에 치열한 힘겨루기가 진행되었던 반면, 지방에서는 지역 안배의 차원에서 일정한 고려가 있으리라고 기대하는 분위기가 있었다. 그리고 2009년에 출범한 법학 전문 대학원 체제는 지역적 편중의 해소 및 균등 발진의 관점이 작용해 상대적으로 지방에 유리한 분배가 이루어졌다. 이처럼 지역적 고려가 무시할 수 없는 정치적 요인이라면, 차라리 이를 적극적으로 활용해 법률가 양성의 지방분권화를 도모하는 것이 바람직하다. 이를 위한 구체적인 방안으로 나는 변호사 선발 권한의 지방분권화를 제안하고자 한다.

제안의 핵심은 변호사 자격시험을 서울·대전·광주·대구·부산의 각 고등법원 관할 지역별로 구분해 실시하자는 것이다. 심지어는 현재의 정원제 사법시험이나 총정원제에 입각한 변호사 자격시험을 전제로 하더라도, 인구 비례로 합격자 수를 배분한다면, 이런 제도 변경은 생각만큼 그리 어려운 것이 아니다. 이 경우에 각 고등법원은 시험과목과 시험 일자 등에 관한 일정한 자율권을 가지고 광역 지방자치단체, 검찰청, 변호사협회, 법학 전문 대학원 및 법과대학 연합회 등의 협조를 얻어 관할 지역의 변호사 자격시험을 주관한다. 응시자는 어떤 곳의 시험에 응시

해도 좋고, 몇 번을 중복해서 응시해도 좋지만, 오직 한 가지 제한에는 법률적으로 구속되어야만 한다. 사법연수원의 연수(또는 변호사 연수)를 마친 뒤, 적어도 5년을 자신이 변호사의 자격을 얻은 고등법원의 관할 구역 내에서만 개업할 수 있도록 하는 방안이 그것이다(다만 그 시기에도 소송대리 및 법정 변론은 전국 어느 곳에서나 할 수 있어야 한다). 그리고 그 5년을 마친 사람들에게 전국적인 변호사 자격을 부여한 뒤, 이들 가운데에서 판검사를 임용하도록 하는 것이다. 요컨대 이것은 변호사 선발은 지방에서, 판검사 임용은 중앙에서 나누어 하자는 주장이다.[10]

이 제안이 받아들여질 경우 각 지방의 법학 전문 대학원과 법과대학에서 즉각적인 변화가 나타날 것이다. 왜냐하면 그 법학 교수들은 이제 변호사 자격시험의 실질적인 주도권을 가지게 될 것이기 때문이다. 그들의 강의에는 수강생이 밀려들 것이고, 그들의 학설에는 권위가 부여

10_나는 1998년 대통령자문 새교육공동체위원회의 법학 교육개혁안 실무 작업에 참여한 경험이 있다. 최종안에는 반영되지 못했지만, 그 당시 내부적 토론 과정에서 지역 안배를 위해 두 가지 대안이 거론되었다. ① 법학대학원(가칭)의 설립에 있어서 지역 안배 : 인구 규모, 생활권, 행정구역 등을 고려해, 예컨대 전국을 5등분(서울-인천-경기, 대전-충남북-강원, 대구-경북, 부산-울산-경남, 광주-전남북-제주)한 뒤, 각 지역에 최소한 1개 이상의 법학대학원(가칭)이 설치되도록 한다. 해당 지역에 법학대학원(가칭) 설립 신청 대학이 없는 경우, 정부는 국립대학 중심의 컨소시엄 또는 국립대학만의 컨소시엄을 구성할 수 있다. 지방자치단체가 추진하는 경우는 사립에 준한다. ② 법학대학원(가칭)의 지역 안배+사법시험 합격자의 지역 할당제 도입 : 이와 같은 법학대학원(가칭)의 지역 안배에 더해 사법시험 합격자의 지역 할당제를 도입한다. 사법시험 합격자의 50퍼센트는 성적순으로, 나머지 50퍼센트는 지역 할당에 의해 선발한다. 각 지역의 합격 정원은 인구 비례에 의해 결정하고, 당해 지역에서 사법시험의 응시 자격을 갖춘 자, 즉 당해 지역의 법학대학원(가칭) 졸업자(법무박사) 및 학부 법학 전공자 가운데서 합격자를 선발한다. 지역 할당에 의해 선발된 법률가는 5년간 의무적으로 당해 지역 내에서 법률 실무에 종사하도록 하고, 그 이후에 전국적 차원의 법률가 자격을 부여한다. 이 기간에는 예비 판사, 검사, 군법무관, 행정부 공무원, 기업 소속의 변호사, 시민 단체 소속의 변호사로 활동하는 기간 등이 포함된다. 판사는 전국적 차원의 법률가 자격을 가진 법률가 중에서만 충원한다(새교육공동체위원회 1999, 93-94).

되기 시작할 것이다. 우선 신림동 고시촌으로 떠났던 그 지방의 법학도들이 돌아올 것이고, 치열한 경쟁을 피해 기회를 엿보는 서울 또는 타 지역의 법학도들이 기웃거리게 될 것이다. 다섯 지역의 사법시험이 거듭될수록 법학 교수들은 지역 안팎에서 치열한 경쟁을 계속할 수밖에 없을 것이고, 이에 따라 전국적인 지명도를 가진 신림동 고시 학원의 강사들은 더욱 바빠질 것이다. 그러다가 차라리 서울 지역 사법시험에만 집중하거나, 아예 대구 지역이나 광주 지역으로 옮기는 고시 학원이 생길지도 모른다. 시험과목 등에 관한 자율권이 선용된다면 각 지역마다 독특한 선택과목들이 생길 것이다. 예를 들면, 부산 지역에서는 노동법과 일본어가, 대전 지역에서는 국제거래법과 중국어가 선호되고 권장될 수 있을 것이다. 또한 광주 지역에서는 법조 윤리가 강조되고, 대구 지역에서는 법철학이 강조되는 현상이 발생할 수도 있을 것이다.

이처럼 각 법학 전문 대학원 및 법과대학을 중심으로 각 지방에 전문 법학 공동체가 형성될 수 있다면, 그로부터 사법의 민주화를 추동할 시민사회의 역량이 자연스럽게 축적될 수 있을 것이다. 각 법학 전문 대학원과 법과대학은 누가 먼저랄 것도 없이 지역공동체의 심장부에 법률 상담소를 설치할 것이고, 이를 통해 다양한 시민 조직들은 법 담론에 익숙해질 것이다. 각 고등법원, 지방법원의 판결 내용이 지역신문과 인터넷에 보도되는 일이 많아질 것이고, 판검사들의 결정 성향에 대한 관심도 증가해 사법 감시가 일상화될 것이다. 그러다가 판검사는 현실적인 사법적 대표라는 이 글의 주장이 결코 생경하게 느껴지지 않게 될 것이고, 어느새 시민들은 자신들을 대표하는 판검사가 누구인지 알아야겠다고 생각하게 될 것이다. 각 법학 전문 대학원의 재학생들은 무료 법률 상담 또는 사법 감시 운동을 실습 과목으로 이수하게 될 것이고, 그 석박사 학위 과정에는 고등법원 판사들의 결정 성향을 비교 분석하는 학위 논문이 이따금씩 등장하게 될 것이다.

　이 정도로 분위기가 성숙해진다면 가사·의료·노동·행정·조세 등의 분야에서 참심원을 활용하는 재판이 붐을 이루게 될 것이고, 검찰 제도를 중앙 검찰과 지방 검찰로 이원화하거나, 검찰과 경찰의 권한 배분을 개선한 뒤 자치 경찰 제도를 실시하려는 움직임도 훨씬 구체적으로 다가오게 될 것이다. 지방 검사장을 주민 직선으로 선출하거나, 판사의 임용 과정에 시민 참여를 보장하자는 시민운동이 결실을 맺게 될 시점은 아마도 이때쯤이 아닐까 생각한다. 일단 기왕의 시군 법원을 잘 개편해 소액의 민사사건이나 경미한 형사사건을 지방 판검사의 관할로 한 뒤, 그들의 임용 과정에서부터 시민 참여를 보장하자는 입법 청원이 봇물을 이루게 될 것이다. 나아가 중앙 일간지에는 사법적 대의정치의 관점에서 대법원장의 법관 임명 과정에 동의권을 행사하는 대법관회의의 중요성(헌법 제104조 제3항)을 부각시키거나, 헌법 개정 시 헌정사의 전례(1962년 헌법)를 감안해, 고위 법관 임명 시에는 법관추천회의의 추천을 요구하도록 제도화하자는 논설이 게재되는 일도 있을 것이다. 더불어 강력한 관료적 중앙당의 지배가 아니라 민주적 지역 정당의 연합에 익숙해진 시민들은 '법 창조와 법 발견의 다이내믹스'와 '법 공동체의 3중 구조화'라는 주장을 당연한 논리로 구사하게 될 것이다. 바로 그때쯤 법률가 양성의 지방분권화를 제안했던 누군가는 시민권이란 원래부터 의회와 법정에 참여하는 권한이라는 점을 상기하면서 행복한 회상에 젖게 될 수도 있지 않을까?

5. 법은 소수자의 편에 서야만 하는 것이 아닌지?

법의 지배와 법 앞의 평등을 선언한 대한민국의 헌법 구조 속에서 법으로부터 소외되는 것은 정치로부터 소외되는 것과 동일한 의미다. 따지고 보면, 헌법 정치는 모두 법을 통한 정치이기 때문이다. 그런 점에서, 여기서 내가 제기하는 사법의 지방분권화라는 과제는 결국 정치적 평등, 법적 평등으로 나아가는 지름길을 개척하자는 주장과 다르지 않다.

물론 이 과제를 추진하기 위해서는 지방을 법 공동체로 구조화하기 위한 실질적인 조건들이 함께 갖추어져야 한다. 최근 들불처럼 번지고 있는 지방분권 운동의 공식 슬로건보다 이것을 더 잘 표현하고 있는 구호는 없다. "지방에 결정권을, 지방에 세원을, 지방에 인재를." 돈과 지식의 뒷받침이 없다면, 자치로서의 자유는 결국 공허한 것이 될 수밖에 없기 때문이다. 앞서 언급한 법률가 양성의 지방분권화가 인재를 지방에 유치하자는 것이라면, 5년이 지난 뒤에도 그들을 붙잡기 위해서는 어떤 지식적·경제적 기반이 함께 마련되어야 한다. 지방재정의 획기적인 개선, 지방 경제의 지속적 활성화, 지방대학의 체계적 육성 등이 시급한 정치적 의제로 등장하고 있는 것은 모두 그런 맥락에서다.

그러나 이 모든 조건의 충족 여하에도 불구하고, 시민의 사법적 대표로서 법률가들이 주목해야 하는 측면이 있다. 그것은 바로 오늘날 지방의 시민들이 이미 정치·경제·문화의 모든 영역에서 열등한 가치를 대변하고 있으며, 숫자적으로도 점차 소수가 되어 가고 있는 현실이다. 법률가를 사법적 대표로 규정하는 이유는 그들만이 사법 대표 기구를 독점하고 있기 때문이며, 그들만이 해석을 통한 법 발견의 실질적 담당자가 될 수 있기 때문이다. 법 획득의 방식으로서 법 발견, 즉 사법의 고유한 장점은 정치적으로도 약자이고 숫자로도 소수자인 '절대적 소수자'에게조차 합당한 법적 논증을 제출하는 방식으로 전체를 설득할 기회를 제공해 준다는 점이다. 바로 그 때문에 법 발견, 곧 사법은 헌법 정치에서 곧잘 절대적 소수자의 최종적 피난처로 기능할 수 있는 것이다.

그렇다면 이제 곧 절대적 소수자로 전락할 위기에 처한 지방민들에게 법과 법률가들이 보여야 할 태도는 명백하다. 표를 의식해 행정 수도를 옮기겠다며 숫자 놀음에 빠진 정치인들과 상관없이 법과 법률가들이 먼저 전향적으로 소수자의 편에 서는 것은 어떤가? 이런 관점에서 나는 대한민국에서 법률심이자 최종심을 이루는 두 개의 헌법적 사법기관이 한적한 고도古都를 찾아 지방민의 품에 안기는 날을 고대해 본다. 한적한 칼스루에의 고궁 한쪽에서 독일연방헌법재판소를 발견했던 사람이라면 누구나 '대법원은 전주로 오고 헌법재판소는 경주로 오는 일'이 결코 꿈이 아니라는 사실에 동의할 수 있을 것이다.

전관예우와 관료 사법에 대한 명상

1. 명상

지금까지 나는 마치 아홉 장의 초상화를 그리는 심정으로 한국 사회에 뿌리 깊게 자리 잡은 사법 불신의 기원을 찾기 위해 한국 법률가 집단의 이모저모를 살펴보았다. 이제 나는 지금까지의 묘사를 종합하기 위해 한국 법률가 집단의 표층과 심층에 등장하는 두 단어, 즉 전관예우와 관료 사법에 대한 연속적인 명상으로 이 책을 마무리하고자 한다.

물론 이에 대해, 명상할 것이 그렇게 없어서 전관예우와 관료 사법을 명상하느냐고 힐난할 사람이 있을지도 모르겠다. 고상하고 거룩한 것만을 명상해야 한다면 그 지적이 맞을 것이다. 하지만 반성과 성찰, 더 깊이 명상되어야 할 것이 바로 우리의 있는 그대로의 삶, 그 너절함과 속물근성이라는 입장에 선다면, 대한민국의 법률가들에게 전관예우와 관료 사법보다 더 중요한 명상 거리는 있을 수 없다. 전관예우와 관료 사법은 바로 대한민국 법률가들의 자화상이기 때문이다.

2. 거짓말 또는 입증책임의 전환

우선 거짓말부터 걸어 내야 한다. 대법원은 기회가 있을 때마다 "대한민국 법원에 전관예우는 없다."라고 되풀이해 강조해 왔다. 퇴직 법관이 변호사로 개업하면 형사사건이 몰리는 현상은 있지만, 그것이 재판에 영향을 끼치지는 않는다는 것이다.

그러나 전관예우에 관한 대법원의 이런 공식 입장은 국정감사 때마다 웃음거리가 되고 있을 뿐이다. 한 예로 2006년 10월 19일 모 고등법원의 국정감사에서는 관할 지역의 보석 사건을 전관 변호사들이 거의 독점하고 있다는 사실이 민주노동당 노회찬 의원에 의해 제시되었다. 2004년에는 전체의 65.5퍼센트를 7명이 독점했고, 2005년에는 전체의 75.6퍼센트를 9명이 독점했다는 것이다. 심지어 2004년 10월에는 현직 부장판사(박찬)가 법원 내부 통신망에 장문의 글을 올려 전관예우 관행을 폭로한 적도 있었다. 전관예우가 없다는 법원의 공식 입장이 거짓말이라는 것이다.

그럼에도 불구하고 대법원이 여전히 공식 입장을 굽히지 않고 있음은 무슨 의미인가? 대법원은 이 문제를 전형적인 법률가의 어법으로 비틀고 있다. 전관예우가 존재한다는 확실한 증거가 없기 때문에 전관예우가 있다고 말할 수 없다는 것이다. 이와 같이 전관예우를 입증의 문제로 볼 경우, 대법원의 공식 입장에 관한 정치적 독해가 제기되는 것은 당연하다. 지금 대법원은 전관예우의 증거가 없다면서, 전관예우의 근절을 주장하는 사람들에게 전관예우를 증명해 보라고, 즉 입증책임을 부담하라고 요구하고 있는 셈이기 때문이다. 입증책임의 전환이라는 법률가 정치의 교묘한 전술이 구사되고 있는 것이다.

그러나 다시 말하지만, 대법원의 이런 전술은 말 비틀기일 뿐이다.

그 입장을 그대로 뒤집으면, 전관예우가 없다는 확실한 증거도 없다는 뜻이 된다. 이 미묘한 차이는 이미 2006년 6월 28일 전수안 대법관 후보자의 국회 인준 청문회 과정에서 노출된 적이 있었다. "그것(전관예우)이 완전히 허구라고 말하지 못하는 점에 대해서는 법관으로서 죄송스럽게 생각한다."

답답하기 짝이 없게도 대법원의 이 논리는 원래 형사 절차에서 궁지에 몰린 약자, 즉 피고인이 구사하는 것이다. 유죄를 입증할 모든 책임은 검사, 곧 국가에 있으므로, 피고인은 제출된 유죄의 증거들을 탄핵하기만 하면 되기 때문이다. 바로 이 피고인의 논리를 원용함으로써 대법원은 대한민국이라는 체제의 최후의 보루라는 헌법적 위상과 권위를 스스로 허물어 버리고 말았다. 참으로 궁색하고 구차스러운 일이 아닐 수 없다.

만약 지금이라도 어떤 용감한 검사가 나서서 전관예우가 있다는 확실한 증거를 찾아내기만 한다면, 전관예우의 당사자는 물론이려니와 그 존재를 부인하던 대법원에까지도 유죄판결이 선고될 것은 불을 보듯 뻔하다. 피해자들의 증언은 충분하고, 각종 통계자료도 많고, 정황증거도 넘치는 상황이니, 법률가들 중 누군가가 결정적인 증거(자백?)라도 제공한다면 말 그대로 게임은 즉시 끝나게 될 것이다. 후술하듯이, 뇌물을 받거나 노골적인 청탁을 들어 준 것이 아닌 한, 전관예우를 이유로 처벌할 수 있을지는 불분명하다. 다만 국민을 기망함으로써 주권자의 공무 집행을 방해한 행위는 분명히 유죄다.

3. 권력/이익/지식/권위/(폭탄주)의 카르텔

결국 관건은 그처럼 결정적인 증거가 제공될 수 있느냐에 모아진다. 현실적으로 결정적인 증거는 오로지 법률가 집단으로부터만 나올 수 있다. 억울함과 분노에 불타는 피해자들로부터 나올 수 있는 것은 기껏해야 심증이거나 방증들일 따름이다. 과연 그것이 가능하겠는가?

유감스럽게도 대답은 부정적이다. 왜 그런가? 무엇보다 형사사건에 관한 한 전관예우에는 사실상 법원과 검찰의 모든 구성원이 연결되어 있기 때문이다. 잘 알려져 있듯이, 대한민국의 판검사는 모두 예비 변호사라고 할 수 있다. 따라서 판검사들이 언제 변호사 시장에 뛰어드는 것이 가장 좋을지를 끊임없이 저울질하게 되는 것은 당연한 일이다. 판사를 예로 들자면, 한 1년만 해서 경력만 남길지, 4~5년쯤 해서 근거지를 잡을지, 12~13년까지 기다리면서 그래도 지방법원 합의부 재판장(부장판사)은 거칠지, 아예 25년 넘게 몸을 던져 대법관이나 고등법원장 자리를 노릴지를 저울질하게 된다는 것이다. 결국 평생을 판사로 살겠다고 결심하는 것은 천운이 임해 대법원장이 되는 경우에나 가능하다. 이처럼 판검사 모두가 예비 변호사인 한, 전관예우의 결정적인 증거를 제공한다는 것은 결국 법률가 집단 전체의 공적公敵이 된다는 것을 의미한다. 누가 이 험난한 길을 가려고 하겠는가?

흥미로운 것은 이처럼 모든 판검사가 예비 변호사임에도 불구하고, 법률가들은 정반대의 개념을 사용한다는 점이다. 관행처럼, 변호사 집단은 '재야 법조'라는 명칭을 입에 달고 산다. 재야면 재야고 법조면 법조지, 재야 법조란 또 무슨 말인가? 여기에 대한민국 법률가 집단의 자아상이 그대로 드러난다. 판검사는 자신을 예비 변호사라고 생각하고, 변호사는 자신을 재야 판검사라고 생각하는 것, 그래서 판검사에게는 변호사처럼 행동할 것을 요구하고, 변호사에게는 판검사처럼 행동할 것을 요구하는 것. 이 역할 맞바꾸기가 지난 세월 전관예우의 배후를 관통해 온 대한민국 법조 카르텔의 진상이다.

이 법조 카르텔이 대한민국의 사법 권력을 독점하고 있다는 점(권력), 그리고 마치 친목계를 운영하듯이 전관예우의 혜택을 나누어 가지고 있다는 점(이익), 또 그 카르텔의 핵심 기제로서 좁은 의미의 실정법 이론, 민형사 소송 절차 및 대법원 판례들로 구성된 사법연수원의 수험 법학이 작용하고 있다는 점(지식), 나아가 그와 같은 권력─이익─지식의 연계가 정원제 사법시험의 합격 신화로부터 발원하고 있다는 점(권위)에 대해서는 이 자리에서 다시 구구하게 논의할 필요가 없을 것이다. 다만 나는 여기서 미셸 푸코가 제안했던 '지식/권력'의 2차원적 분석만으로는 전관예우의 배후에 놓인 이 법조 카르텔을 분석할 수 없다는 점을 반드시 덧붙이고 싶다. 적어도 권력/이익/지식/권위의 4차원적 분석이 필요하다. 그리고 그 점에서, 전관예우에 관한 한, 푸코가 분석했던 그 사회(프랑스)보다 우리가 명상해야 하는 이 사회(대한민국)가 더 어렵고, 더 비극적이다(어쩌면 권력/이익/지식/권위 말고도 다른 요소 하나를 추가할 수 있을지도 모르겠다. 법조 카르텔의 구성원들이 모인 자리에 항상 빼놓지 않고 등장하는 신뢰 재생산 의례ritual for trust-reproduction의 주요 도구는 무엇인가? 폭탄주! 폭탄주가 있지 않은가).

4. 합리적 선택

이제 전관예우에 관해 대법원이 인정했던 현상, 즉 퇴직 법관이 변호사로 개업하면 형사사건이 몰리는 현상을 명상할 시점이 되었다. 대법원의 공식 입장에는, 불쾌하기 짝이 없게도, 전관예우는 법률가의 문제가 아니라 의뢰인 곧 시민 대중 전체의 문제라는 인식이 배어 있다. 전관예우라는 현상에서 퇴직 법관에게 형사사건을 몰아주는 시민 대중은 최소한 공범의 책임을 져야 한다는 것이다.

요사이 경제학자들이 주장하는 대로, 이 현상은 한마디로 합리적 선택의 결과다. 주어진 조건 속에서 행위자가 가장 합리적으로 판단하고 움직인 결과라는 말이다. 여기서 주의할 말은 '주어진 조건 속에서'다. 권력/이익/지식/권위/(폭탄주)로 구성된 법조 카르텔을 모시고 살아야 하는 대한민국의 국민들에게 그 법조 카르텔은 '주어진 조건'이다. 그렇다면 이 주어진 조건 속에서 합리적으로 판단하고 움직이는 것이 도대체 무엇이 문제란 말인가? 이것은 마치 지역감정의 틀 속에 국민들을 줄 세웠던 지난 시대의 정치인들이 평화적 정권 교체를 위해 전략적으로 표를 몰아준 국민들을 지역감정의 노예라고 비난하는 것과 같다. 그래도 정치에선 지역감정에 정면으로 맞섰던 한 정치인(노무현)이 대통령에 당선되었던 예를 우리는 알고 있다. 하지만 법률가 집단에는 과연 누가 있는가? 전관예우의 관행에 정면으로 맞서다가 장렬하게 산화한 법률가가 한 사람이라도 존재하는가?

따지고 보면, 합리적 선택을 하는 것은 국민들만이 아니다. 앞서 지적했듯이 대한민국 판검사는 예외 없이 법복을 벗고 재야 법조에 투신할 가장 '합리적인' 기회를 엿보고 있다. 이들의 퇴직과 개업 역시 합리적 선택의 결과라는 것이다. 물론 국민들의 합리적 선택과 판검사들의 합리적 선택이 같은 평면에서 비교되어서는 결코 안 된다. 전관 변호사를 선택하는 국민들은 '주어진 조건'을 조절할 수 없지만, 퇴직을 앞둔 판검사들은 할 수 있기 때문이다. 무엇보다 판검사들은 퇴직 및 개업 시기를 선택할 수 있고, 또 퇴직 및 개업 장소를 선택할 수 있다는 점이 중요하다. 전관예우에서 이 두 요인은 그야말로 핵심 중의 핵심이 아닌가? 이에 비해 국민들은 판검사를 선택할 수도 없고, 특정 판검사를 퇴직시켜 그를 변호사로 선택할 수도 없다. 국민들은 그저 퇴직 및 개업 시기를 잘 택해 자기 앞에 나타난 그 전관 변호사를 '전관'이라는 사건 브로커의 정보에 따라 선택할 따름인 것이다.

그러므로 다시 경제학자들이 잘 쓰는 용어로 돌아가서, 전관 변호사에게 형사사건이 몰리는 현상을 수인囚人의 딜레마prisoner's dilemma로 표현하는 것은 반은 맞고 반은 틀린 말이다. 지금 독방에 갇혀 모든 정보를 차단당한 채, 최악의 경우를 피하기 위한, '합리적 선택'을 강요당하고 있는 것은 오로지 국민들뿐이기 때문이다. 법률가들은, 특히 퇴직을 앞둔 판검사들은, 안에서는 보이지 않는 거울 창문 뒤에 숨은 채, 여러 채널의 정보 꾸러미를 만지작거리며 그 광경을 관찰하고 있다. 그러면서 드디어 문을 열고 전관 변호사로 등장할 시기와 장소를 '합리적으로' 저울질하고 있다. 이들에게 무슨 딜레마가 있을 수 있단 말인가?

5. 인질극의 법리

지금까지 이 명상을 따라 읽은 외국인이 있다면, 그는 서둘러 짐을 꾸린 뒤 대한민국을 떠나려고 할지도 모르겠다. 머리를 흔들며, 대한민국에 사는 것이 이렇게 비극적인 것인지는 몰랐다고 투덜대면서. 아마도 그는 이제부터 자신은 이 공동체를 '나의 조국'이 아니라 '당신들의 대한민국'이라고 부르겠다고 선언할지도 모르겠다. 그러나 확언컨대, 그 외국인은 좀 더 기다려야 한다. 비극은 아직 시작되지도 않았다.

참으로 통탄할 일은 이 비극의 본질이 인질극이라는 사실에 있다. 형사사건에 관한 한 전관예우의 시작과 종료는 어떤 시민의 구속과 석방, 그의 몸의 감금과 해금의 다른 표현들일 뿐이다. 이에 관한 한, 인신 구속의 예외성을 선언한 헌법이나 불구속 수사의 원칙성을 선언한 〈형사소송법〉은 (적어도 극히 최근까지는) '살아 있는 법'이 아니다. 오히려 피의자의 몸을 일단 구속부터 하고 보는 위헌적 불법적 수사 관행이 현실과 의식을 동시에 지배해 왔다. 헌법재판소의 굳은 입장에 따른다면, 이것이야말로 헌법 개정 국민투표에 의해서만 폐지시킬 수 있는 확고한 관습 헌법의 내용인지도 모른다.

언론의 표적이 된 피의자들은 그나마 형편이 낫다. 구속 여부 등에 관해 최소한 언론의 사실적 변호는 기대할 수 있으니까. 특히 최근 들어 연예인이나 정치인 피의자들은 가히 선정적 기사 생산의 보고寶庫로까지 대접받는 경향이 있다. 또 돈이 있는 피의자들 역시 피해 갈 방편이 있다. 예상보다 돈이 너무 많이 들긴 하지만, 그래도 이들은 사선변호인 특히 전관 변호사들을 선임할 수 있기 때문이다. 바로 이 지점에서 전관 변호사를 찾아낼 수 있는 연줄의 힘이 거론되기도 한다. 하지만 나는 연줄의 힘이 결정적이라고 생각하지 않는다. 우선 연줄이 있어도 돈이 없으면 전관 변호사는 '살' 수 없다. 반대로 돈만 있으면 연줄은 살 수 있다. 법원 주위에 다방들이 이례적으로 많은 것은 돈만 주면 연줄을 팔겠다는 상인들, 속칭 사건 브로커들이 많기 때문이다. 연줄의 힘이 작용하는 것은 앞서 말한 법조 카르텔의 내부에서다. 백성들 사이에선 돈의 힘이 압도적이다.

물론 전관예우를 통해 구속적부심, 보석, 선고유예, 집행유예, 항소심의 감형 등을 받아 냈다고 해서 전관 변호사가 무언가 대단한 변론을 했다고 볼 수는 없다. 전화 한 통으로 해결했다는 식의 소설 같은 이야기가 사실이건 아니건, 법리적으로만 보자면 그는 그저 헌법과 〈형사소송법〉의 원칙을 '재량의 범위 내에서' 엄격하게 적용해 줄 것을 요청했을 뿐인 것이다. 이처럼 당연한 것을 말하고 엄청난 성공 보수를 챙길 수 있다면, 그것처럼 쉬운 장사가 또 어디에 있을 것인가?

바로 여기서 우리는 전관예우 그 자체에 대한 법적 평가를 정직하게 제시해야만 한다. 뇌물을 받거나 노골적인 청탁을 들어 준 것이 아닌 한, 전관예우는 불법이라고 보기 어렵다. 그것은 합법적 형사 절차에서 간간히 등장하는 불법적 관행이 아니다. 오히려 진실은 정반대다. 그것은 불법적 형사 절차에서 간간히 등장하는 합법적 관행이다. 따라서 문제의 핵심은 그 합법이 예외로 취급되고 있으며, 그 예외가 인기와 돈, 그리고 약간은 연줄의 힘으로만 이따금씩 전관 변호사들과 함께 등장한다는 점이다. 다시 말해, 전관예우란 합법 속에서 불법을 파는 장사가 아니라는 것이다. 그것은 오히려 불법 속에서 합법을 파는 장사다.

이래저래 가장 불쌍한 것은 기계적으로 구속될 뿐만 아니라, 전관 변호사를 선임할 수도 없고, 물끄러미 국선변호인을 바라보다가, 항소해도 그뿐이니 몸으로 때우겠다고 체념하는 보통 사람들, 곧 서민 피의자, 피고인들이다. 그들이 이 비극적인 인질극의 주인공들이다. 왜냐하면 모든 인질극의 주인공은 언제나 풀려나지 못한 채, 마지막까지 붙잡혀 있는 인질들이기 때문이다. 바로 이 최후의 인질들에 의해 대한민국의 법조 카르텔을 둘러싸고 있는 저 확고한 시중市中의 법리가 탄생하게 된 것이다. '유전 무죄, 무전 유죄.'

단언컨대, 전관예우는 한국 사회의 계층적 대립 구조가 그저 반영된 결과가 아니다. 오히려 그것은 한국 사회의 계층적 대립 구조를 재생산하며 더욱 증폭시키는 원인이다. 그것도 아주 핵심적인 원인이다. 판결을 내린 판사가 석궁을 맞아도 그 판사가 옹호되는 것이 아니라 석궁을 쏜 피의자가 옹호되는 한국 사회의 이 엄혹한 역설은 지금 우리가 명상하고 있는 인질극의 법리에 의해서만 설명될 수 있다. 다시 강조하지만, 전관예우는 불법적으로 인질들을 잡아 놓고 그들에게 합법을 파는 장사다. 그리고 저 인질극의 법리는 마지막까지 그 합법을 살 수 없었던 최후의 인질들이 이에 대항하기 위해 구성한 냉소적 관습 헌법의 내용인 것이다.

한국 사회에 만연하고 있는 '사면赦免의 일상화'라는 현상도 이런 맥락에서 설명이 가능하다. 도대체 불법 속에서 합법을 파는 것을 직업적 긍지로 여길 사람이 있을 수 있겠는가? 바로 이 점에서 대한민국의 법률가들을 비롯한 지배 엘리트들은 모두 깊은 자기모순, 깊은 죄책감에 빠져 있다고 나는 생각한다. 그렇기 때문에, 이 자기모순, 이 죄책감에서 놓여나기 위해 그들은 해마다 한두 번씩, 삼일절이나 광복절이나 새로운 대통령의 취임을 빙자해, 최후의 인질들에게 합법의 은혜를 베풀곤 하는 것이다.

일찍이 구스타프 라드브루흐Gustav Radbruch는 사면을 법의 세계에 비치는 은총의 기적으로 설명한 바 있다. 하지만 적어도 대한민국의 현실 속에서 사면은 기적이 아니다. 해마다 한두 번씩 정기적으로 발생해 심지어는 누구나 합리적으로 기대할 수 있을 정도인 현상을 도대체 무슨 근거로 기적이라고 말할 수 있단 말인가? 오히려 사면은 마지막까지 합법을 사지 못했던 최후의 인질들에게 제공되는 합법의 대바겐세일, 폭탄 세일이다. 아니, 끼워 팔기, 떠넘기기가 난무하는 마감 장의 떨이 판매다. 공황 시기에나 발생하는 내다 버리기다.

이런 맥락에서 나는 대규모 사면 사태가 벌어질 때마다 명단에 누구는 들었느니, 누구는 빠졌느니 품평해 대는 언론의 태도가 이해는 가면서도 보기는 싫다. 유명한 정치인들, 돈 많은 기업인들에 관한 가십들은 어차피 선정적 기사 생산의 관점에서 이해하면 그뿐이지만, 도대체 사면이라도 하지 않는다면, 마지막까지 합법을 살 수 없었던 최후의 인질들 앞에 무슨 낯으로 다시 표를 달라고 나설 수가 있단 말인가? 그 점에서 주기적인 대규모 사면은 대한민국이라는 체제가 시도하지 않을 수 없는, 부끄럽기 짝이 없는, 체제의 정당성의 주기적인 재충전 과정이라고 나는 생각한다.

마치 '사면의 일상화'를 옹호하는 것 같은 이 문장으로 전관예우라는 인질극에 대한 명상이 끝날 수 있다면 얼마나 좋을까? 그랬다면 마음 한쪽에서는, 그래도 인질극의 종말은 비극이 아니라 희극이며, 대한민국은 여전히 살 만한 곳이라고 위로할 수 있지 않겠는가? 어차피 인질들은 대부분 범죄를 저지른 피의자, 피고인들이었으며, 비록 그들 중 돈이 없는 사람들이 전관 변호사를 통해 합법을 사지는 못했다고 할지라도 대체로 치러야 할 죄 값은 치른 것이고, 나아가 사후적으로나마 주기적인 사면을 통해 합법은 회복되지 않았느냐고 자위할 수도 있지 않겠는가?

그러나 진짜 비극은 이제부터다. 결코 풀려날 수 없는 최후의 인질들이 여전히 남아 있기 때문이다. 최초의 범죄행위에 의해 피해를 입은 사람들. 돈을 빼앗겼거나, 강간을 당했거나, 두들겨 맞았거나, 칼에 찔렸거나, 목숨을 잃은 사람들. 또 그들의 아내, 그들의 어버이, 무엇보다 그들의 아이들. 이들이 그대로 남아 있기 때문이다. 자신들의 피해로부터 시작된 이 전관예우의 이야기가 이들에게 남긴 것은 무엇인가? 가해자들은 석방되었거나 감형되었거나 사면되었다. 그리고 그 과정에서 전관 변호사들과 사건 브로커들은 돈을 벌었고, 판사와 검사들은 퇴직 후의 삶에 관한 견습 기회를 가졌으며, 대통령과 법무부 장관은 사면해 준다면서 체면을 세웠다. 언론들은 기사와 사설이라도 건졌고, 나 같은 학자들도 논문이나 칼럼을 남겼다. 그러나 이들 말없는 또는 말할 수 없는 피해자들에게는 무엇이 남았는가?

바로 여기서 우리는 '유전 무죄, 무전 유죄'보다 더 깊은 곳에서 대한민국 국민들의 영혼을 붙잡고 있는 살아 있는 법, '진정한 관습 헌법'을 만나게 된다. "쯧쯧, 죽은 놈만 불쌍하지 뭐. 살아남은 것들은 저렇게 설쳐대는데 ……. 그러니까 악착같이 살아야 해, 어떻게든 살아남아야 해 ……."

6. 불량 하이브리드 법원 조직

대한민국 국민들이 알고 있는 삶의 비결은 이 진정한 관습 헌법을 구체화하는 어떤 처세술일 것이다. 그러나 우리의 명상은 아직 그 쪽으로 나아가서는 안 된다. 전관예우라는 대한민국 사법의 비극을 탄생시키는 좀 더 구조적이고 체계적인 원인을 찾아야 하기 때문이다. 이런 맥락에서 전관예우는 우리를 관료 사법에 대한 명상으로 이끈다. 전관예우는 관료 사법의 부산물이기 때문이다. 다만 여기서 관료 사법은 단지 하나의 기호, 즉 껍데기일 뿐이라는 점을 주의해야 한다. 껍데기를 걷고, 알맹이를 만나기 위해 우리의 명상은 역사 속으로 진입하지 않으면 안 된다.

흔히 대한민국의 법원 조직을 영미식 법조 일원 시스템에 비교해 대륙식 경력 법관 시스템, 즉 관료적 직업 법관 체제라고 설명하곤 한다. 그러나 그와 같은 설명은 대한민국 법원 조직의 본질에 결코 부합하는 설명이 아니다. 대한민국 법원 조직은 영미식 법조 일원 시스템이나 대륙식 경력 법관 시스템이 아니라 오히려 양자의 잡종, 그것도 양자의 우수한 점들이 아니라 양자의 취약한 점들만을 모아 놓은 불량 하이브리드 관료 사법 시스템이기 때문이다. 잠시 그 역사를 개관해 보자.

1945년 10월 말 1백여 명의 조선인 개업 변호사들은 미군정에 의해 각급 법원의 판사로 임명을 받아 8·15 해방 이후 사실상 기능이 마비되었던 일제의 법원 조직을 장악했다. 이들에게 8·15 해방은 일본인 판검사-변호사 집단의 주변에 기생하던 남루한 인생들을 하루아침에 신생 국가의 사법부 구성원들로 바꾸어 놓은 개벽이었던 것이다. 이들이 이끌게 된 대한민국 법원 조직의 장래에 관해 미군정은 자신들에게 익숙한 영미식 법조 일원 시스템을 이식하려 했다. 모든 법률가에게 일단 개업 변호사로서의 직업적 자기 정체성을 가지게 한 뒤, 그들 가운데서 민주적인 방식으로 판사를 임용하는 이 방식에 따를 경우 대한민국 법원 조직은 자연스럽게 심급제도상의 상하위에 상관없이 동등한 지위를 가지는 법관들의 네트워크로 구성될 것이었다.

그러나 초대 대법원장 김병로를 비롯한 당시의 조선인 판사들은 영미식 법조 일원 시스템을 거부한 채 한사코 대륙식 경력 법관 시스템을 고집했다. 그들에게는 판사를 개업 변호사와 분리해 양성한 뒤 아예 따로 임용하고, 법률가 인생을 마칠 때까지 판사면 판사, 개업 변호사면 개업 변호사의 직업적 자기 정체성을 고집하는 이 시스템이, 일제 치하에서 겪어 본 것인 만큼 더욱 익숙했기 때문이다. 또한 그것은 미군정의 간섭이나 체제 전복 세력의 도전으로부터 법원을 보호하는 데도 한결 유리했기 때문이다. 실제 재판 경험이 없는 대다수의 식민지 개업 변호사 출신들로 법원을 운영해야 하는 법원 수뇌부로서는 법원 조직 내부에서 판사 양성과 도제식 재판 훈련을 겸할 수 있는 경력 법관 시스템의 관료제적 조직 구조가 상당히 유리한 측면을 가지는 것이기도 했다.

김병로의 경우에는 한번 판사면 죽을 때까지 판사라는 이 시스템의 장점을 끝까지 수호하기 위해 애쓴 흔적이 있다. 김병로가 대법원장에서 물러난 뒤, 변호사 개업을 마다하고 죽는 날까지 공증 업무만을 담당했던 것이 대표적이다. 사실 당사자들의 사적 이익을 대변하는 개업 변호사의 정체성과 국가를 대표해 공적 이익을 대변해야 하는 판사의 정체성은 법률가의 인생에서 수시로 바꾸어 가질 수 있는 것이 아니다. 그런 점에서 김병로는 강직하고 청렴하며 지조와 절개를 갖춘 판사의 길을 걸어감으로써 대륙식 경력 법관 시스템의 장점을 최대한 살리는 방식으로 대한민국 법원 조직의 기본 방향을 설정하려 애썼다.

그러나 김병로의 이와 같은 충정은 이후 철저하게 배반당했다. 대한민국 법원 조직은 경력 법관 시스템의 단점이라 할 관료제적 조직 구조를 강고하게 제도화하면서도, 공적 이익의 수호자들로서 법원의 정체성을 규정하는 이 시스템의 장점을 너무도 신속하게 포기했다. 원래 개업 변호사 출신이던 초기의 판사들은 현직에서 물러난 뒤 개업 변호사로 돌아갔다. 그 뒤를 이어 고등고시나 사법시험을 통해 배출된 새로운 판사들 역시 판사로서 어느 정도 경력이 쌓이면 판사직을 사임하고 변호사로 개업하는 것을 당연한 것처럼 받아들였다. 심지어는 동기생들 중에 법원장급이 배출되면 다른 판사들은 조직의 안정을 위해 용퇴하고 변호사로 개업하는 것이 미덕인 것처럼 여겨지기도 했다.

판사로서 법률가직을 시작한 사람이 중도에 직업을 바꾸어 개업 변호사로 변신하는 것이 아무렇지 않게 받아들여지는 것은 프랑스·독일·일본 등 대륙식 경력 법관 시스템에 입각해 법원 조직을 형성한 대표적인 국가들 중 어디서도 찾아볼 수 없는 독특하고 이례적인 현상이다. 대한민국 법원 조직은 개업 변호사가 되기 위한 수련 과정으로 판사직을 이용한다는 점에서 대륙식 경력 법관 시스템의 왜곡된 변형이며, 판사직이 아니라 변호사직을 법조일원화의 귀착점으로 삼는다는 점에서 영미식 법조 일원 시스템의 기형적 수용인 것이다.

　이처럼 대한민국 법원 조직이 불량 하이브리드 시스템으로 형성되는 동안 피라미드 형태의 관료제적 조직 구조는 세계 어디서도 찾아볼 수 없는 구조적인 폐해를 배태하기 시작했다. 피라미드식 관료제적 승진 구조에서 물러난 전관 개업 변호사들에게 단기간에 사건을 몰아주는 전관예우는 대표적인 예다. 이 전관예우에 의해 뒤늦게 개업 변호사직에 '돌아온' 전직 판사들은 그동안 거두지 못했던 개업 변호사로서의 수익을 단기간에 보전받을 수 있었다. 전관예우는 뒤늦게 개업 변호사의 세계로 돌아온 전직 판사들에게 그동안의 노고를 치하하는 은밀한 축하금 지급 기제였던 것이다.

　흥미롭게도 전관예우로 대표되는 불량 하이브리드 법원 조직의 폐해는 법원 조직의 관료제적 성격이 강화되면 강화될수록 더욱 증폭될 수밖에 없었다. 그 이유는 전관예우를 가능케 하는 가장 핵심적인 메커니즘이 사건 배당 권한이나 인사 평정 권한 등을 활용해 법원 조직 내부에서 상급자의 지도나 압력을 하급자에게 관철시킬 수 있게 만드는 관료제적 구조 그 자체였기 때문이다. 대한민국의 법원사에서 관료제적 성격의 강화와 전관예우의 만연, 그리고 '유전 무죄, 무전 유죄'로 상징되는 사법 불신의 대중적 심화는 동시적으로 진행된 현상들이다.

　지난 60년 동안 대한민국 법원 조직의 관료제적 성격은 여러 요인에 의해 지속적으로 강화되었다. 법원을 손쉽게 장악하고자 했던 독재 권력의 정치적 의도, 이에 대항하기 위해 일사불란한 조직 구조를 갖추려고 했던 법원 내부의 필요, 갈수록 증폭되는 재판 수요를 감당하기 위한 법원 조직의 효율화 요구, 기수별로 판사를 배출하는 사법연수원 체제의 자동적인 속성, 대법원장 1인에게 사실상 모든 법관의 인사 권한을 집중시키고 있는 헌법 규정 등이 그러하다. 이 모든 요인들이 복합적으로 작용하면서, ① 10여 단계에 이르는 피라미드식 승진 구조, ② 승진 구조를 운영하기 위해 필수적인, 법원장 등 사법 행정권자의 인사 평정 권한, ③ 법원 전체를 지배하기 위한 강력한 법원행정처의 존재, ④ 법원행정처를 중심으로 형성되는 법원 조직 내부의 지배 엘리트 그룹 등 다른 나라에서 그 유례를 찾아보기 힘든 관료제적 법원 조직이 형성되었던 것이다.

쉽사리 짐작할 수 있겠지만, 이런 기괴한 체제에서 가장 큰 혜택을 누릴 수 있는 법률가들은 관료제적 법원 조직의 최상층부와 개업 변호사 집단의 최상층부를 오갈 수 있는 엘리트들이다. 이른 나이에 좋은 성적으로 판사가 된 뒤, 관료제적 법원 조직 내부에서 승승장구하다가, 적당한 시기에 용퇴해 전관예우의 혜택을 만끽하고, 결국은 사회적 명성과 정치적 네트워크에 힘입어 법원 조직의 수장으로 취임하는 것 정도가 대한민국에서 법률가가 상상할 수 있는 최선의 경력일 것이다.

7. 검찰 통치의 나르시시즘

그러나 불량 하이브리드 법원 조직은 전관예우의 한 측면, 즉 불법 속에서 '합법을 파는' 측면만을 설명해 줄 뿐이다. 합법을 팔기 위해서는 먼저 불법이 있어야 한다. 이 점을 들여다보지 않고는 대한민국 관료 사법의 전모를 밝혔다고 할 수 없다. 앞서 우리는 피의자의 몸을 일단 구속부터 하고 보는 위헌적이고 불법적인 수사 관행이 현실과 의식을 동시에 지배해 왔다고 말했다. 그러나 이는 말처럼 그리 간단한 것이 아니다. 누군가 피의자의 몸을 구속하지 않았더라면, 누군가 먼저 불법을 감행하지 않았더라면, 전관예우는 처음부터 불가능했을 것이 아닌가?

그러나 이 문제는 매우 복잡하다. 여기서의 불법은 단순한 불법이 아니기 때문이다. 그것은 오히려 불법이라고 부를 수 없는 불법, 또는 스스로를 합법이라고 부르는 불법이다. 이 말장난 같은 논리는 형식논리학 속에서 정당화될 수 없다. 불법을 합법이라고 부를 수밖에 없는 특수한 역사적 상황 속으로 들어가지 않으면, 어떤 정당화도 가능하지 않다. 다시 불법을 불법으로, 합법을 합법으로 부르기 위해서도 역사 속으로 진입하지 않으면 안 된다.

대한민국의 헌정사에서 이것은 반공 긴급 정부에 관련된 문제다. 일반적으로 긴급 정부는 전쟁과 같은 비상시국에서 정상적인 헌정을 중단하고 생존과 질서의 확보라는 긴급한 목표를 달성하기 위해 구성되는 정부를 말한다. 군대가 정권을 담당하는 전시戰時의 군사정부가 대표적인 예다. 지난 세기 한반도의 역사에서 긴급 정부는 장기간 존재했으나, 특히 중일전쟁 이후 일본 제국주의에 의해 강화된 뒤 한국 전쟁을 전후한 시기에 극단적 형태로 확립된 바 있다. 민주화 이전까지 대한민국에서 〈국가보안법〉과 중앙정보부로 상징되는 반공 긴급 정부는 국가 그 자체나 다름없었다.

이 점과 관련해 1987년 6월 민주화 항쟁 이후 대한민국에는 오늘날까지도 해결되지 않고 있는 문제가 있다. 그것은 민주화 이전의 반공 긴급 정부를 민주화 이후의 정상 정부가 어떻게 승계할 것인가의 문제다. 반공 긴급 정부를 청산의 대상으로만 생각하는 사람들에게는 이 문제 자체가 낯설게 느껴질 수도 있다. 1987년 이후 민주 개혁 세력은 군사 쿠데타의 지도자들을 처벌하고 남북 간의 긴장 상태를 완화하면서 반공 긴급 정부를 청산하고자 했기 때문이다. 그러나 이런 시도만으로는 정상 정부가 긴급 정부를 승계할 수 없다. 긴급 정부는 생존과 질서의 확보라는 일차적 요구가 충족되지 않으면 끊임없이 부활하기 때문이다.

민주화 이후의 정상 정부가 반공 긴급 정부보다 생존과 질서를 더 잘 확보할 수 있다는 확신을 주지 못한다면, 반공 긴급 정부는 결코 승계될 수 없다. 과거 청산이나 남북 긴장 완화만으로 긴급 정부의 승계가 마무리될 수 없음은 명백하다. 적극적으로 민주화 이후의 정상 정부가 생존과 질서의 문제를 능히 해결할 수 있다는 확신을 주지 않으면 안 된다. 칼 슈미트가 말했듯이 주권자는 예외 상태를 선언할 수 있는 자다. 하지만 그 주권자는 예외 상태로의 돌입을 선언할 수도 있고, 예외 상태의 해제를 선언할 수도 있다. 전자가 정상 정부의 중단과 긴급 정부의 구성이라면, 후자는 긴급 정부의 해체와 정상 정부에 의한 승계다. 대한민국은 아직 이 후자의 단계를 거치지 못하고 있다.

그렇다면 민주화 이후 아직 승계되지 못한 반공 긴급 정부는 지금 어디에 있는가? 이 질문 앞에서 우리는 오늘날 한국 사회를 지배하고 있는 검찰 통치의 본질을 깊이 통찰해야 한다. 단언건대, 오늘날 대한민국 검찰은 반공 긴급 정부의 상속자로 기능하고 있다. 오늘날 대한민국을 관통하는 검찰 통치는 반공 긴급 정부의 잔존 형태라는 것이다.

긴급 정부를 검찰이 상속하게 된 까닭은 간단히 설명할 수 있다. 특히 군사 쿠데타와 정치 개입의 오명에 시달리는 군[*]이나, 인권침해와 권력자 시해의 그늘이 깊은 정보기관들이 민주화 이후 과거 청산의 대상이 되었다는 점이 중요하다. 검찰은 이 과거 청산의 실무 책임을 맡는 방식으로 긴급 정부를 장악했다. 이 과정에는 검찰 조직 자체의 독특한 정치적·법적 위상도 결정적인 역할을 했다. 해방 이후 미군정 기간 동안 검찰은 행정부에 속하면서도 법원과 동등한 신분을 갖는 독특한 정치적·법적 위상을 확보했으며, 경찰을 비롯한 행정 관료들에게 사법적 통제를 가하기 위해 세계적으로도 유례없는 기소 독점, 기소 편의의 막

강한 권한을 차지했다. 대한민국의 형사 사법 기구에서 검찰은 원래부터 형사 사법절차의 모든 권한을 행사하도록 설계되었던 것이다.

여기서 한 가지 결정적인 문제가 등장한다. 대한민국 검찰은 반공 긴급 정부를 짊어지고 있을 뿐, 스스로 정상 정부가 될 수는 없다는 것이다. 우선 검찰 자신이 긴급 정부를 해체하는 것은 불가능하다. 왜냐하면 그것은 국민 대중을 생존과 질서가 확보되지 않은 무정부 상태로 방기하는 것이나 다름없기 때문이다. 그렇다고 해서 검찰 스스로 정상 정부의 정통성을 주장하는 것도 불가능하다. 관료 기구에 불과한 검찰이 민주적 정당성을 내세울 수는 없기 때문이다. 그러므로 민주적 정상 정부가 검찰 조직 자체를 재구성하지 않는 한 대한민국 검찰은 언제까지라도 반공 긴급 정부를 지키는 것 외에 다른 방도를 찾을 수 없다. 반공 긴급 정부를 수호하는 것은 대한민국 검찰의 숙명이다.

그렇다면 대한민국 검찰은 이런 숙명을 어떻게 받아들이고 있을까? 민주화 이후에 반공 긴급 정부를 수호하는 임무는 시대착오적인 것이다. 전쟁의 수행이나 대규모 경제 발전과 같은 적극적 목표가 존재하지 않는 한 긴급 정부의 유지는 권력 집단에게도 즐길 만한 것이 아니기 때문이다. 긴급 정부의 총수 노릇은 기껏해야 죽어라 고생하면서도 국민 대중의 비난을 온몸으로 감당해야 하는 고역이다. 도대체 누가 그런 고역을 즐겁게 수행할 수 있을까?

대한민국 검찰의 내심은 이렇게 보는 것이 정확할지도 모른다. 시대착오적이라는 점을 잘 알면서도, 어쩔 수 없이 반공 긴급 정부를 수호해야 하는, 다른 방도가 없기에 악역을 담당할 수밖에 없는, 미묘한 감정 말이다. 이렇게 볼 때, 민주화 이후 20여 년간 검찰 통치가 존속되어 온 고유의 방식은 흥미로운 재해석을 가능케 한다. 잘 알려져 있듯이, 대한민국 검찰은 무리한 수사나 정치적 편향으로 조직 자체가 위기에 처했을 때 기존 수뇌부를 잘라 내고 새로운 수뇌부를 구성하는 방식으로 검찰 통치를 유지해 왔다. 마치 이의방-정중부-경대승-이의민-최충헌으로 이어진 고려 무인 정권의 권력 승계 법칙처럼 검찰 통치는, 옛 권력자가 새 권력자에 의해 처단되는 방식, 즉 끊임없이 스스로를 부정하는 방식으로 승계되어 온 것이다. 어쩌면 이것은 검찰 조직이 피할 수 없는 숙명을 감당하기 위해 만들어 낸 메커니즘일지도 모른다. 스스로 제 머리를 잘라 내는 비장한 마무리 같은 것 말이다.

만약 그렇다면 이 메커니즘이 활용되면 활용될수록 대한민국 검찰은 법에 대한 근본적인 허무에 빠질 수밖에 없을 것이다. 깊은 밤, 은밀히 폭탄주를 돌릴 때마다, 그들이 스스로를 칼을 든 무사 집단에 동일시하곤 하는 것은 이런 심리 구조를 배경으로 하고 있다. 반공 긴급 정부를 이끄는 무사들의 세계관이 허무에 도달하는 것은 그리 새로운 발견은 아니다. 대대로 군사 쿠데타에 목숨을 걸었던 청년 장교들에게서 그것은 공통적으로 나타나는 심리가 아니었던가?

여기서 우리는 더 이상 비장미悲壯美를 탐구하는 일에 매달려서는 안 된다. 오히려 우리가 던져야 할 질문은 따로 있다. 설령 대한민국 검찰이 사무라이들의 무사도와 유사한 세계관을 가지고 있다고 하더라도, 그 때문에 그들의 권력 행사에서 달라지는 것은 무엇인가? 또 그들의 권력 행사의 대상인 대한민국의 일반 시민들에게 달라지는 것은 무엇인가? 피의자의 몸을 일단 구속부터 하고 보는 위헌적 불법적 수사 관행은 반공 긴급 정부가 남긴 부정적인 유산이다. 여기서 중요한 점은 그것이 하루바삐 근절해야 할 부정적인 유산이라는 점이다. 숙명을 탓하는 비장함을 가지건 말건, 이 부정적인 유산은 하루바삐 근절해야 할 대상이지, 계속해서 붙들고 있어야 할 대상은 아니다. 그러나 대한민국 검찰은 반공 긴급 정부를 수호해야 한다는 제 나름의 비장한 스타일주의에 빠져 문제의 본질을 외면하고 있는 듯이 보인다. 이것이야말로 제멋에 겨운 나르시시즘이 아니고 무엇이란 말인가?

8. 익명성과 처세술

오늘날 대한민국에서 사법 개혁이란 일차적으로 불량 하이브리드 법원 조직과 검찰 통치의 나르시시즘을 극복하는 것이다. 세상 풍파를 겪은 변호사들 가운데 정직하고 강직한 사람들을 골라 판사로 세우는 것, 검찰 권력 그 자체를 민주화함으로써 반공 긴급 정부를 민주적 정상 정부로 승계하는 것, 이를 위해 엄정한 전문직 윤리에 입각한 변호사 길드를 형성하는 것, 다시 이 모든 것의 기초가 되는 공정하고 효과적인 변호사 양성 체제를 갖추는 것, 이 모두를 차근차근 이루어 가는 것이 사법 개혁의 정해진 진로다.

그러나 전관예우와 관료 사법에 대한 이 명상에서 사법 개혁을 거론하는 것은 너무 성급하다. 희망을 말하기엔 불법 속에서 합법을 파는 지금까지의 그늘이 너무도 깊기 때문이다. 우리는 그 깊은 그늘이 우리 모두에게 남긴 상흔을 살펴보기 위해 그 속에 좀 더 오래 머물러야 한다.

평범한 시민들의 입장에서 대한민국 형사 사법의 가장 큰 문제점은 익명성이다. 시민들은 자신들을 수사하는 이 검사가 누구이며, 자신들을 재판하는 저 판사가 누구인지 전혀 알지 못한다. 자신들이 왜 이 검사에게 수사를 받아야 하며, 왜 저 판사에게 재판을 받아야 하는지에 관해서도 아무런 설명을 들을 수 없다. 정의를 수호하고 기본권을 보장하는 대한민국의 형사 사법 기구는 그 전체가 누가 누군지 알 수 없는 익명성의 어둠으로 가득 차있다.

2010년 MBC 〈피디수첩〉이 "검사와 스폰서" 편에서 보도한 바에 따르면, 스폰서 검사들을 고발한 당사자(스폰서)는 이와 같은 익명성의 어둠 속에서 몇 줄기 빛을 볼 수 있었다. 오랜 스폰서 관계를 통해 그는 법적으로 위급한 상황이 닥칠 경우 어떤 검사가 자신을 수사하게 될 것인지를 알 수 있었고, 그 지식만으로도 또 다른 스폰서 관계를 도모할 수 있었다. 그리고 그렇기 때문에 그는 익명성의 어둠을 면제받은 대가로, 자신에게 빛을 비춰 준 검사들의 회식비를 끊임없이 내주어야 했던 것이다.

그러므로 궁극적으로 이 익명성의 어둠을 걷어 내지 않으면 대한민국 형사 사법 기구의 개혁은 어렵다. 참여정부가 추진했던 고위공직자비리수사처(공수처)가 하나의 대안이 될 수는 있으나, 그마저도 익명성의 어둠 속에서는 제 기능을 발휘할 수 없을 것이다. 무소불위의 검사들에게 떡값을 안기고 룸살롱으로 이끌었던 노련한 스폰서들이 공수처 수사관들을 가만둘 것 같은가?

대한민국에서 사법 개혁은 익명성의 어둠을 걷어 내고 사법 권력을 행사하는 법률가들의 맨 얼굴을 드러나게 하는 일이다. 하지만 평범한 시민들에게 가능한 최대한은 익명성에 맞서는 것이 아니라 익명성에 적응하는 것이다. 달리 말해, 그것은 익명성에 적응하는 처세술을 발휘하는 것이다. 익명성에 적응하는 처세술은 끝없이 계속되는 인질극 속에서 인질들로 살아가며 터득한 삶의 요령이다. 이 처세술은, 아무리 사법 불신이 뿌리 깊고 편만하더라도, 죽고 사는 문제가 눈앞에 걸려 있으니까, 삶이 먼저이니까, 좀 거슬리더라도 웬만하면 눈감고 넘어가자는, 낮은 목소리의 설득이다. 또한 그 설득에 짐짓 모른 척하며 넘어가 주는, 내면의 죄책감과 거리낌을 보듬을 수 있는 실제적 능력이다.

반공 긴급 정부의 오랜 지배 기간 동안, 냉전과 분단, 전쟁과 독재의 거시 담론을 우회하기 위해 대한민국의 국민들은 이와 같은 처세술을 자연스럽게 배양해 왔다. 이것이 지독한 사법 불신에도 불구하고 대한민국의 형사 사법이 여전히 남아 있을 수 있는 진정한 원인이 아니겠는가? 그렇다면 우리는 대한민국 검찰의 숙명적 법 허무주의를 이 익명성의 처세술의 뒤집힌 형태로 이해해야 할지도 모르겠다. 특히 익명성의 반대쪽에 자리 잡은 평범한 시민들에게 이와 같은 연관 관계는 너무나 명백하게 다가온다. 때때로 그들이 검찰 특유의 비장한 나르시시즘을 너무도 리얼하게 공감하게 되는 까닭은 법에 대한 허무를 담고 있는 익명성의 처세술이 그들의 마음 바탕에 먼저 깔려 있기 때문이 아닐까?

반공 긴급 정부는, 전관예우는, 익명성의 처세술과 그것을 반영하는 검찰 통치의 숙명적 법 허무주의에서, 그리고 무책임으로 가득한 불량 하이브리드 법원 조직에서, 그 얼굴 없는 마스크들 속에서 오늘도 어김없이 재현되고 있다.

9. 질투

전관예우와 관료 사법에 대한 명상은 이쯤에서 끝내는 것이 좋다. 비극은 비극으로 끝내는 것이 비극답다. 구태의연하게도 다시 대안이나 희망을 말해야 한다면, 적어도 내겐, 그것이야말로 더 비극이다. 때문에 나는 이제부터 조금 관점을 달리해 전관예우와 관료 사법에 대한 이 명상을, 약간은 짓궂은 방향으로, 조금은 코미디같이, 이끌어 보려고 한다. 초점은 앞에서 잠시 언급했던 질투의 문제다.

전관예우를 직접적으로 근절하기 위해 그동안 시행되었거나 제안되었던 대안은 크게 네 가지다. 첫째는 퇴직 판검사들의 개업 장소를 제한하는 것이고, 둘째는 변호사 등록이나 형사사건 수임 등을 제한하는 것이며, 셋째는 전관 변호사들의 전담 재판부를 운영하는 것이고, 넷째는 고위공직사수사처, 법조윤리위원회 등을 설치하거나 법무부 및 변호사 단체의 변호사 징계 절차를 엄격하게 운영하는 것이다(윤리 강령의 제정이나 사건 수임 자료의 제출 등은 원래부터 당연히 해야 하는 것이므로 대안이라고 말하기 어렵다). 하지만 앞의 두 개는 직업선택의 자유를 침해한다는 이유로 헌법 위반이라는 견해가 우세하고, 그다음 것은 오히려 전관예우의 온상으로 전락할 가능성이 있으며, 마지막 것은 이미 좌절되었거나 법률안에 머물러 있거나 제대로 작동되지 않는 문제가 있다. 요컨대 어느 하나도 효과적인 대안이라고 보기 어려운 것이다.

이에 비해 근년 들어 전관예우와 직접적인 관련은 없으면서도 법률가 집단 내부에 큰 파장을 일으키는 문제들이 적지 않다. 언뜻 살펴보더라도, 구속영장 제도, 공판중심주의, 검사 작성 피의자 신문조서의 증거능력, 시민의 사법 참여 등을 두고 법원과 검찰 사이에 벌어지고 있는 갈등, 그리고 크게는 로스쿨 문제, 법조일원화 문제로부터 작게는 대법원장의 언사와 이력에 이르기까지 법원과 변호사 단체 사이에 벌어지고 있는 다툼, 또 수사권 독립 문제에 관해 검찰과 경찰이 벌이는 쟁투에 법원과 변호사 단체가 보이는 상대적인 무관심이나 급성장 중인 대형 로펌들의 영업 행태에 관한 변호사 단체 내부의 집단적인 성토 분위기 등을 예로 들 수 있다.

갈등이야 늘 있는 것이지만, 최근의 갈등은 상당히 심각하다. 그리고 바로 여기서 앞서 예고한 것처럼 전관예우와 관료 사법에 대한 이 명상의 짓궂은 반전이 시작된다. 그 갈등의 한복판에서 전관예우의 인질극을 끝낼지도 모르는 새로운 드라마의 실마리가 발견될 수 있기 때문이다. 권력/이익/지식/권위/(폭탄주)로 구성된 법조 카르텔을 깰 수 있는 최고의 비결, 곧 질투의 에너지가 확인될 수 있기 때문이다.

이런 관점에서 가장 주목해야 할 사람들은 로스쿨 졸업생들이 배출되면서 한 해에 2천5백 명을 넘는 수준으로 배출되기 시작한 신참 변호사들이다. 그 가운데 판사로 등극하거나 검사로 선발되지 못하고, 대형 로펌의 간택도 받지 못한 채, 맨몸으로 변호사 시장에 뛰어들기 시작한 이들이 새로운 드라마의 키를 쥐고 있다. 판검사 경력이 전무한 이들이 전관예우의 혜택을 받는 것은 애초부터 불가능하기 때문이다. 따라서 이들을 지배하게 될 감정은, 아니 이미 지배하고 있을지도 모를 감정은, 전관예우라는 이름으로 변호사 시장의 이익을 싹쓸이해 가는 악덕 경쟁자들에 대한 질투 이외에 다른 것일 수 없다. 법조 경력 운운하는 선배들 앞에 처음에는 비교적 고분고분하게 고개를 조아릴지도 모르겠다. 그러나 얼마쯤 지나지 않아 그 선배들이 연루된 전관예우의 현장을 목격하게 되면, 이들은 함께 모여 자기들끼리 투덜대다가 종내는 험악한 표정으로 소리를 지르게 될 것이다. "선배님, 우리도 먹고는 살아야 되지 않겠습니까?"

2010년 현재, 기껏해야 1만3천 명 수준인 대한민국 법률가 집단의 규모를 생각할 때 매년 2천5백 명은 엄청난 숫자다. 그러므로 경력 10년 이하의 신참 개업 변호사들이 숫자상으로도 다수를 차지하게 되는 것은 그야말로 시간문제일 수밖에 없다. 2003년 6천 명 정도이던 변호사 집단이 불과 7년 만에 배가 넘게 늘어났다. 로스쿨 졸업생들이 쏟아지기 시작하면 변호사 숫자의 절대적인 증가는 막을 수 없을 것이다. 미국과의 FTA가 발효된 이후 법률 서비스 시장의 개방 속도는 빨라질 것이고, 곧 한국계 미국 변호사들, 한국인 미국 변호사들이 쏟아져 들어올 것이다.

합리적 선택의 관점에서 법률가 집단 내부의 새로운 갈등은 결국 한 가지 변수에 의해 좌우될 수밖에 없다. 그것은 한마디로 권력/이익/지식/권위/(폭탄주)로 구성된 법조 카르텔을 고수하려는 선배들이 후배들에게 얼마나 많은 지분을 나누어 줄 수 있느냐다. 판사 자리, 검사 자리, 대형 로펌의 고용 변호사 자리, 정부 각 부처, 국회, 공기업을 포함한 각종 기업의 법무실, 법률구조공단, 노동조합 등의 변호사 자리, 심지어각 법과대학의 교수 자리, 유력 시민 단체의 활동가 자리까지 모두 합해얼마나 많은 변호사 일자리를 만들어 내느냐가 관건이라는 말이다.

어떻게 해서든 법조 카르텔을 고수하려는 시도의 성공 가능성에 대해 나는 지극히 회의적이다. 무엇보다 그처럼 큰 그림을 가지고 전략적으로 움직이는 정치적 리더십이 법률가 집단 내부에서 출현하는 것은기대하기 어렵기 때문이다. 오히려 지금까지 그래 왔듯이 법률가들은모두 사개약진에 매달릴 것이다. 좋은 자리는 자기가 먼저 차지하고 후배들에게는 말석만을 내주게 될 것이다. 한번 판검사가 된 사람들은 여간해선 질투에 불타는 개업 변호사들 속으로 퇴직하지 않을 것이고, 그래서 줄게 되는 판검사 자리마저도 고참 변호사들이 주장하는 법조일원화의 실현에 의해 더욱 줄게 될 것이다. 당연히, 판검사를 거치지 못한신참 개업 변호사의 숫자는 더욱 늘어나게 될 것이다.

새로운 드라마의 키를 쥐고 있는 다수의 신참 개업 변호사들이 고민할 선택지는 아주 단순하다. 권력/이익/지식/권위/(폭탄주)로 구성된법조 카르텔을 그대로 유지할 것인가? 아니면 과감하게 이를 깨버릴 것인가? 내기를 한다면, 아직 자신은 없지만, 그래도 희망을 담아 나는 후자에 걸고 싶다. 그리고 그 과정에서 전관예우라는 이 비극적인 인질극이 서울 서초동의 변호사 거리에서부터 지방 대도시로, 나아가 종내는 지방 소도시들에서까지 점차 사라지게 되는 쪽에 걸고 싶다. 각자의 입장을 떠나 조금만 합리적으로 생각해 보자. 아무래도 불법 속에서 합법을 파는 전관예우라는 장사는 보는 눈도 많고 경쟁자들이 득실대는 법률 서비스 시장에선 곤란한 것이 아니겠는가?

10. 브뤼메르?

비극이 코미디가 되는 것은 주인공들이 모두가 아는 운명을 고집스레 외면하기 때문이다. 그러나 그 코미디의 주인공들이 대한민국에서 가장 어려운 시험에 합격한 사람들이라면? 대법원과 헌법재판소, 모든 법원과 검찰 조직을 차지한 사람들이라면? 가장 많은 국회의원들을 보유한 전문직이라면? 게다가 입법 과정의 병목이라 할 국회 법제사법위원회와 사법개혁특별위원회, 그리고 제1당의 지도부를 장악한 상황이라면? 이야기가 자못 심각해질 가능성도 없지는 않다.

제18대 국회가 마무리되는 시점에도 국회에서 오도 가도 못하고 있는 이른바 사법 개혁 법안들의 처지는 이런 우려를 금할 수 없게 만든다. 이대로 가다가는 새로운 법관 임용 제도도, 검찰 개혁도 물거품이 될 가능성이 다분하다. 그렇게 사법 개혁이 좌초하고 나면, 저 법조 카르텔의 수호자들은 조직적으로 로스쿨의 총입학정원부터 줄여야 한다고 아우성치게 될 것이다. 앞서 말했듯이, 법조 카르텔에 대한 가장 강력한 위협은 한 해에 2천5백 명씩 배출되기 시작한 신참 변호사들의 존재이다. 따라서 일단 그 숫자를 획기적으로 줄이고, 어떻게 해서든지 이미 배출된 신참 변호사들을 포섭하지 않으면, 법조 카르텔의 붕괴는 시간 문제가 될 것이기 때문이다.

그러므로 한국 사회에서 전관예우와 관료 사법의 이야기를 끝내기 위해서는 앞으로 2~3년 동안이 매우 중요하다. 이 기간이야말로 결정적인 시기다. 비록 지금까지의 효과는 미미했지만 앞서 언급한 전관예우의 직접적인 근절책들을 합리적으로 시행해야 하는 것은 당연하다. 현재의 흐름이 유지된다면, 곧 그 진가가 드러날 날이 올 것이다. 하지만 그것들이 여의치 않고 사법 개혁 법안들이 주저앉는다고 해서, 지레 겁을 먹고 물러날 필요는 없다. 이 싸움에서 최후의 마지노선은 정원제 사법시험의 합격자 숫자와 로스쿨 총입학정원을 현재 수준 이상으로 꾸준하게 유지하는 것이다. 다른 폐해들은 모르겠지만, 전관예우의 인질극만은 그것으로 끝낼 수 있고, 그 연장선상에서 관료사법의 폐해도 감소시킬 수 있다. 코미디 같긴 하지만, 질투의 에너지에 충만한 신참 변호사들이 있고 또 더 늘어나고 있으니까.

11. 로펌 예우

전관예우의 인질극이 끝난다는 이 시나리오가 실현된다고 가정하자. 그러면 대한민국 사법의 모든 문제는 해결될 수 있을까? 이 지독한 사법 불신에서 우리는 해방될 수 있을까? 상대가 대한민국 최강의 엘리트 집단이라는 사실을 결코 잊어서는 안 된다. 이미 전관예우와는 다른 방식으로 우울한 미래가 준비되고 있다. 여기서의 핵심 단어는 로펌이다.

대한민국의 법률가 집단 내부에서 로펌과 기업 법률가들은 이미 판검사 집단과 어깨를 나란히 하는 새로운 로열 클래스다. 앞서 말했듯이,

로펌은 20세기 후반 미국의 법률가 집단이 개발해 낸 특수한 영업 형태로서 미국 주도의 신자유주의적 글로벌 자본주의를 상징하는 핵심 기제다. 적어도 경제 영역에서 법의 세계화는 로펌의 세계화로 진행되고 있는 것이다.

로펌의 성장은 법과 법률가의 자본화, 상품화를 경계하던 모더니티의 초기 기획이 근본적으로 흔들리고 있음을 의미한다. 로펌의 기업 법률가들은 더 이상 산업자본이나 금융자본에 고용 또는 예속되는 것보다 사법 관료의 특권이나 법 전문직의 긍지를 내세우던 '근대적' 법률가들이 아니기 때문이다. 로펌 속에서 점점 더 주도권을 쥐게 되는 것은 단연 법률가가 아니라 자본이다. 이를 강조해, 심지어 로펌은 법에 대한 자본의 우위가 관철되는 과정에서 잠시 거쳐 가는 과도기적인 현상일 뿐이라는 견해도 있을 정도다. 오늘날 다국적 회계 법인들이 기업 법률가들을 고용해 회계감사, 투자 기획 상담 등을 포함한 원스톱 서비스를 제공하고 있는 것이나, 미국의 대표적인 로스쿨들이 앞다투어 글로벌 로펌의 법률가 공급 기지로 변신하고 있는 것은 자본이 법을 일방적으로 고용하는 새로운 시대의 불길한 전조들이라는 것이다.

한국 사회에서 로펌의 문제는 한층 더 심각한 측면을 내포하고 있다. 근본 원인은 한국 경제가 글로벌 경제에 편입되는 과정에서 경제와 법 사이에 발생한 일종의 비대칭성이다. 잘 알려져 있듯이, IMF 이후 한국의 자본시장은 활짝 열렸지만, 한국의 법률 시장은 전혀 열리지 않았다. 그리고 바로 이 틈바구니에서 한국의 로펌들은 점점 더 규모가 커지는 대외적 법률 서비스 시장을 사실상 독점하는 '특혜'를 누려 왔다. 한국 시장에 참입*ᆺ하는 글로벌 자본도 한국 로펌을 고용하고, 이에 대항하는 국내 자본도 한국 로펌을 고용하는 제도적 쌍방대리 상황이 연출되었던 것이다. 세상을 떠들썩하게 만들고 있는 론스타 사건의 줄거리에 국내 최대의 로펌 이름이 늘 따라다니는 것은 바로 이 때문이다. 한국의 로펌들은 글로벌 경제와 한국 경제를 접합시키는 법적 접착제이자 연결 고리였던 셈이다.

그러므로 한국 사회에서 로펌의 영업 방식은 결국 이와 같은 접착 능력, 연결 능력, 정치적 중매 능력을 극대화하는 방향일 수밖에 없다. 그래서 모두가 미국의 유수 로스쿨에 유학을 가야 하는 것이고, 그래서 경제부처의 전직 고위 관료들을 고문으로 모셔야 하는 것이고, 인수합병 팀도 강화하고 국내 송무팀도 강화해야 하는 것이다. 한국 경제에 대한 글로벌 경제의 지배력이 강해지면 강해질수록, 또 이에 대한 저항으로 국내의 법률 서비스 시장을 지키려는 집착이 강해지면 강해질수록, 한국의 로펌들은 점점 더 돈이 많아지고 영향력도 증대될 수밖에 없는 참으로 절묘한 조건 속에 놓여 있다. 가히 꽃놀이패를 가졌다고나 할까?

지금 퇴직했거나 퇴직을 앞둔 고위직 판검사들을 끌어당기고 있는 대한민국 로펌의 힘은 바로 이런 조건 속에서 도출되는 것이다. 그것은 본질적으로 법의 힘이 아니라 자본의 힘이다. '전관예우'가, 강력한 국가적 자본이 봉건적 식민주의의 틀 속에서 사법 과정에 드리운 폐습이라면, '로펌 예우'는 강력한 국가적 자본과 더 강력한 글로벌 자본의 틈바구니에서 사법 과정에 피어난 악의 꽃인 것이다.

12. 미국에서 온 질문

이런 관점에서 한 가지 핵심 변수를 우리는 주목하지 않으면 안 된다. 한미 FTA가 발효된 후 특히 중요해진 미국이다. 전관예우의 근절과 관료 사법의 개혁에 관한 한, 미국이 긍정적인 요인으로 작용하리라는 것이 일반적인 예상이다. 하지만 60년 전 해방 공간에서 대한민국의 사법 기구를 구축할 때, 사법 민주화의 요구를 짐짓 외면했던 미국 법률가들을 완전히 믿어서는 안 된다. 자기들끼리도 로이어lawyer는 라이어liar라고 영화까지 만들어서 비아냥거리지 않는가?

따라서 미국 변호사들이 전관예우의 근절과 관료 사법의 개혁에 긍정적으로 기여하리라는 전망을 너무 낭만적으로 얘기해서는 안 된다. 라이어는 전관예우와 관료 사법을 활용할 수도 있고, 폐기할 수도 있다. 이에 관해 나는 최근에 내가 소속된 국제법률대학원을 졸업하고 미국에 변호사 시험을 보러 다녀온 제자로부터 희한한 질문을 받았다. 미국에서 미국 변호사들과 얘기할 기회가 있었는데, 그 친구들이 한국에 관한 얘기를 하다가 어디서 들었는지 전관예우가 뭐냐는 질문을 하더라는 것이다. 그래서 아는 대로 간략하게 설명했더니, 대뜸 그 미국 변호사들이 다시 문제의 질문을 던지더라는 것이다.

만약 그 말이 사실이라면, 미국 법정에서 한국 법원의 판결의 효력이 문제될 경우에는 어떤 미국 변호사라도 한국 법조계에서는 전관예우가 통용된다는 점을 들어 그 판결의 효력에 문제를 제기하게 될 것 같은데, 네 생각은 어떠냐?

이 질문에 대해 내 제자는 제대로 대답을 못하고 얼버무렸다고 한다. 그 대신 태평양을 건너 그 질문을 공수한 뒤 내게 넘겨 준 것이었다. 섬뜩한 느낌 속에서 주권 문제, 내정간섭 등 별 생각이 다 났지만, 뾰족한 대답이 없어 나 또한 얼버무리고 말았다. 대신 나는 이제 짓궂게도 이 질문을 전관예우와 관료 사법에 관한 명상을 끝까지 따라와 준 독자들에게 넘기고자 한다. 여러분 생각은 어떠신지?

참고문헌

가재환. 1995. 『한국 사법의 과제와 전망, 사법 운영의 이론과 실제』. 박영사.

강상중. 1997. 『오리엔탈리즘을 넘어서』. 이경덕 외 옮김. 이산.

국순옥. 2004. "입헌주의에는 관습 헌법이 없다!" 『한겨레』(10/27).

기든스, 앤서니. 1992. 『현대사회학』. 김미숙 외 옮김. 을유문화사.

김건식. 2000. "기업 변호사의 역할과 윤리." 서울대학교 법과대학 엮음. 『법률가의 책임과 윤리』. 박영사.

김경동. 1985. 『현대의 사회학』. 박영사.

김도현. 2007. 『한국의 소송과 법조 : 어떻게 변화할 것인가?』. 동국대학교 출판부.

김두얼. 2009. "법률 부문 전문 자격사 시장 선진화 방안" 중 "부록 : 법조 전문 자격사 인력 공급 현황의 국제 비교." 한국개발연구원, 공청회 자료집(11월 11일).

김성국. 1995. "그람시의 헤게모니 이론." 유팔무·김호기 엮음. 『시민사회와 시민운동』. 한울.

김순석. 2001. "법무 서비스 시장 개방(안)과 외국 변호사 감독." 『저스티스』 제34권 제5호(10월).

김영민 엮음. 2007. 『21세기 헌정주의와 민주주의』. 인간사랑.

김종철. 2005. "정치의 사법화의 의의와 한계." 『공법연구』 제33집.

김주원. 1995. "한국 합동법률사무소의 내부 경영과 업무 개발." 『법조춘추』 제143호.

김창록. 1994. "일본에서의 서양 헌법사상의 수용에 관한 연구 : 대일본제국헌법의 출현까지." 서울대학교 박사 학위 논문.

_____. 1995. "식민지 피지배기 법제의 기초." 『법제연구』 제8호.

_____. 2005. "사개추위 초안의 구조적 문제점." 『법과사회』 제28호(상반기).

_____. 2008. "한국의 로스쿨 공인 제도." 『사회와 역사』 제77집.

네그리, 안토니오·마이클 하트. 2001. 『제국』. 윤수종 옮김. 이학사.

달, 로버트. 2004. 『미국 헌법과 민주주의』. 박상훈·박수형 옮김. 후마니타스.

대법원. 2003. "법조인 양성, 그 새로운 접근 : 공개 토론회(03/07/25) 결과 보고서"(8월).

레비나스, 엠마누엘. 1996.『시간과 타자』. 강영안 옮김. 문예출판사.

레빈더, 만프레드. 1981.『법사회학』. 이영희・최종고 옮김. 법문사.

문인구. 1985.『한국법의 실상과 허상』. 삼지원.

문재완. 2002. "법의 세계화와 영미 로펌의 세계 지배 : 독일 사례를 중심으로."『법학』 (서울대 법학연구소) 제43권 제4호(12월).

문준영. 2001. "제국 일본의 식민지 형사 사법제도의 형성 : 1895~1912년 대만과 조선 에서의 법원과 형사 법규를 중심으로."『법사학연구』 23호.

_____. 2002. "해방 공간, 사법 민주화 논의의 전개와 좌절 : 배심제와 고위 법관선출제 를 중심으로."『민주법학』 21호.

_____. 2004. "한국 검찰 제도의 역사적 형성에 관한 연구." 서울대학교 학위논문.

_____. 2010.『법원과 검찰의 탄생 : 사법의 역사로 읽는 대한민국』. 역사비평사.

박경신・이국운. 2000. "정원제 사법시험 제도의 위헌성."『법과 사회』제18호.

박광주. 1992. "한국 권위주의 국가론 : 지도 자본주의 체제하의 집정관적 신중상주의적 국가." 인간사랑.

박원순. 2003.『역사가 이들을 무죄로 하리라 : 한국인권변론사(가시밭길을 선택한 변 호사들)』. 두레.

박은정. 1994. "한국 법철학의 반성과 과제."『법과 사회』제10호.

박종보. 2005. "법학 전문 대학원법안의 설치・운영상의 문제점."『법과사회』제28호(상 반기).

박홍규. 1994.『사법의 민주화 : 재판을 재판한다』. 역사비평사

_____. 2000.『시민이 재판을!』. 사람생각.

배종대. 1989. "우리 법학의 나아갈 길 : 형법학을 중심으로."『법과 사회』(창간호).

법무부. 1984. "제1편 영국의 변호사."『각국의 변호사 제도 (1) :영국/미국』.

법무연수원. 2003.『수사지휘론』.

법원행정처. 1995a. "법조 인력 양성에 관한 각국의 제도 비교."『사법정책연구자료』 95-1.

_____. 1995b.『법원사 1』. 법원행정처.

사법개혁위원회. 2004. "사법 개혁을 위한 건의문"(12/31).

사법개혁추진위원회. 2000. "민주사회를 위한 사법 개혁 : 대통령자문위원회 보고서"(5월).

사법연수원. 2005. 『사법제도론』.

새교육공동체위원회 연구 보고서. 1999. "학사 후 법학 교육의 도입"(8월).

서울대학교 법학연구소. 2000. "심포지움 : 6·25의 법적 조명." 『법학』(서울대 법학연구소) 제115호.

서헌제. 1991. "한국 상법학의 과제와 반성." 『법과 사회』 제4호.

석동현. 2003. "공증인 제도의 정비에 관한 변호사법 개정 방향 및 그 이유." 대한변호사협회, 변호사법 개정 관련 공청회 발표 자료(10/15).

소순무. 2007. "변화하고 있는 우리의 법률 시장." 『대학교육』(9/10월호).

심희기. 1997. "미군정기 남한의 사법제도 개편." 『한국법제사강의』. 삼영사.

아담슨, W. L. 1989. 『헤게모니와 혁명 : 그람시의 정치 이론과 문화 이론』. 권순홍 옮김. 학민사.

양건. 2002. "한국의 법문화와 법의 지배." 『법철학연구』 제5권 제1호.

오승종. 2004. 『회사 변호사의 윤리』. 집문당.

우드워드, 봅. 1995. 『판사가 나라를 잡는다 : 판사가 나라를 살린다』. 안경환 옮김. 철학과 현실사.

우리법연구회. 2005. 『우리법연구회 논문집』(I), (II). 한양당.

유팔무·김호기 엮음. 1995. 『시민사회와 시민운동』. 한울.

윤용석. 2001. "대형 로펌에서의 기독 변호사의 역할 : 현황과 바람직한 모델 정립 방향." 제1회 아시아 기독법률가대회 백서.

윤철홍. 1990. "한국 민법학의 문제점과 개선 방향." 『법과 사회』 제3호.

이광택. 1992. "노동법의 반성과 과제." 『법과 사회』 제6호.

이국운. 1998. "정치적 근대화와 법률가 집단의 역할 : 법률가 양성 제도 개혁 논의의 비교분석을 통한 접근." 서울대학교 법학박사 학위 논문.

_____. 1999a. "정치적 근대화와 법." 『법철학연구』 2권.

_____. 1999b. "한국의 법률가 집단은 어디로 가야 하는가?" 『현상과 인식』 제23권 제4호.

_____. 2000. "법률가 양성 제도의 정치적 기능." 『민주법학』 제17호.

_____. 2001. "공화주의 헌법 이론의 구상." 『법과 사회』 제20호.

_____. 2002a. "권력분립과 대의정치." 『고시계』(8월호).

_____. 2002b. "변호사자격법안 소고." 『입법학연구』 2권.

_____. 2002c. "사법 개혁, 처음부터 다시 해야 한다!" 『사회비평』 제32호(여름호).

_____. 2002d. "자유민주주의의 정상화 문제(I) : 관찰자의 관점." 『법사회학연구』(창간호).

_____. 2003a. "대법관과 헌법재판관, 누구를 어떻게 뽑을 것인가?" 『JURIST』(7월호).

_____. 2003b. "사법 개혁의 정치학." 『저스티스』(6월호).

_____. 2004. "법치와 분권 : 한국 사회에서 다원주의 헌법 이론의 전망." 『공법연구』 37-2호.

_____. 2005. "수요자 중심 사법 개혁의 논리와 방향." 경제인문사회연구회 제6차 국정 과제 토론회(08/25).

_____. 2007. "지금 대한민국의 법률가들이 통치하고 있다!" 당대비평 편집위원회.『더 작은 민주주의를 상상한다』. 웅진씽크빅.

_____. 2010. 『헌법』. 책세상.

이상돈. 2001. 『법학입문 : 법 이론적·법사회학적 접근』. 박영사.

_____. 2003. "전문법 : 이성법의 지역화된 실천." 최대권. 『헌법과 사회 : 최대권 교수 정년 기념 논문집』. 철학과 현실사.

이영록. 2003. "권승렬 안에 관한 연구." 『법과 사회』 제24호.

_____. 2005. "제1공화국 헌법위원회 제도의 형성 : 사법제도 형성의 한 단면." 『헌법학 연구』 11-2호.

이인. 1974. 『반세기의 증언』. 명지대학교출판부.

이진경. 1997. 『근대적 시공간의 탄생』. 푸른숲.

이철우. 1999. "법에 있어 '근대' 개념 : 얼마나 유용한가?" 『법과 사회』 16/17 합본호.

_____. 2001. "법문화의 담론적 생산 : 방법론적 비판." 『법철학연구』 제4권 제1호.

이현우. 1993. "포항시에 법원과 검찰청이 신설되어야 하는 타당성에 관한 연구." 『포항 연구』 제12호.

이회창. 1987. "사법의 적극주의 : 특히 기본권 보장 기능과 관련해." 『법학』(서울대 법 학연구소) 제28권 2호.

임종인·장화식. 2008. 『법률사무소 김앤장 : 신자유주의를 성공 사업으로 만든 변호사 집단 이야기』. 후마니타스.

張暻根, "法源組織法案(法院側提出案)에 對한 異見," FRC Box no. 1.

정용욱. 2003a. "미군정 내 정치 활동 담당 기구와 인물 연구." 『미군정자료연구』. 선인.

_____. 2003b. 『존 하지와 미군 점령 통치 3년』. 중심.

정종섭. 1990. "우리 법학의 올바른 자리매김을 위해 : 헌법학의 통합 과학적 연구에로."

『법과사회』 제2호.

_____. 1994. "법학 교육과 사법시험". 『법과사회』 제9호.

조홍식. 2009. 『사법 통치의 정당성과 한계』. 박영사.

차한성. 1995. "변화된 사법연수 제도 개요." 사법연수생자치회. 『사법연수』 제17호(여름호).

참여연대 사법감시센터. 1996. 『국민을 위한 사법 개혁』. 박영률출판사.

_____. 2004. "법관 및 검사 출신 법률가의 퇴직 후 변호사 개업 실태 조사 결과." 『사법감시』 제21호(09/24).

최대권. 1983a. 『법사회학』. 서울대학교 출판부.

_____. 1983b. 『우리나라 공법사의 한 이해, 법사회학』. 서울대학교 출판부.

_____. 1992. 『사법권의 독립, 법과 사회』. 서울대학교 출판부.

_____. 1996. 『학부교육과 법학교육』. 『법학』(서울대 법학연구소) 제37권 2호.

최순영. 2006. "법학 전문 대학원, '법학 교육판 새만금 사업'으로 전락을 우려한다!" 참여연대 사법감시센터. 『우리가 로스쿨을 말하는 이유 : 로스쿨 지지자의 편지』.

최승순. 2003. "미국 Law Firm의 법적 형태." 『인권과 정의』 제322호(6월).

최장집. 1985. "과대 성장 국가의 형성과 정치 균열의 구조." 『한국 사회연구』(3권). 한길사.

_____. 2002. 『민주화 이후의 민주주의』. 후마니타스.

최장집·임현진 엮음. 1993. 『시민사회의 도전 : 한국 민주화와 국가, 자본, 노동』. 사회비평사.

최정운. 1992. "미국법의 전문화." 『지역연구』 제1권 2호(겨울).

최종고. 1982. 『한국의 서양법 수용사』. 박영사.

최태현. 1993. "한국의 특수성과 국제적 보편성 간의 상위와 그 극복." 『법과 사회』 제8호.

편집부 엮음. 1987. 『제헌국회속기록, 1~10』. 여강출판사.

편집부 엮음. 1988. 『주한미군사, 1~4』(영인본). 돌베개.

포항지방의정연구소. 1999. "좌담 : 포항 지역 시민운동의 과제와 전망" 자료집.

푸코, 미셸. 1994. 『감시와 처벌』. 오생근 옮김. 나남출판.

하비, 데이비드. 1994. 『포스트모더니티의 조건』. 구동회·박영민 옮김. 한울.

한국법사학회. 1995. "심포지움 : 법, 그 속에 잔존하는 일제 유산의 극복." 『법사학연구』 제16호.

한국법제연구원. 1994. 『1994 국민법의식조사연구』.

한국사회학회·한국정치학회 엮음. 1992. 『한국의 국가와 시민사회』. 한울.

한상희. 1994. "미국 무역 정책 과정과 변호사의 역할." 『미국학』 제17집(서울대학교 미국학연구소).

_____. 2000. "전시체제에서의 헌법 형성(1948~1954)." 『법학』(서울대 법학연구소) 제41권 2호.

한상희 외. 2004. "법학 전문 대학원 도입 방안에 관한 연구"(2004년도 교육인적자원부 교육 정책 과제).

한인섭. 1986. "법, 사회, 국가 및 제3세계: 비판적 비교법사회학을 향해." 한인섭·이철우 편, 『법, 국가, 저발전: 제3세계에 있어서 법과 사회변동, 혁명을 보는 새로운 시각』. 이성과현실사.

_____. 2000. "한국전쟁과 형사법: 부역자 처벌 및 민간인 학살과 관련된 법적 문제를 중심으로." 『법학』(서울대 법학연구소) 제115호.

홍일표. 2008. "민주화 이후 한국 사회운동과 법의 동원 : 운동 레퍼토리로서 '소송'의 가능성과 한계." 『시민사회와 NGO』 제6권 2호.

홍준형. 1993. "법치주의의 좌절과 법적 허무주의의 극복." 『법과 사회』 제7호.

『제5회 국회임시회의속기록』 제1호.

"로펌들의 무한전쟁 : 매년 20~30퍼센트 고속성장, 유례없는 전성기." 『주간조선』 (97/05/08, 46-47) .

"法官選擧에 關한 件"(大法秘密 第一回號), FRC Box no. 1.

"法源組織法 附則 第五條에 依한 法官選擧細則", FRC Box no. 1.

松井康浩. 1992. 『法曹一元論』. 日本評論社.

Abel, Richard L. 1987. *The Legal Profession in England and Wales*. Basil Black-well.

_____. 1989a. "Comparative Sociology of Legal Professions." Richard L. Abel and Philip S. C. Lewis eds. *Lawyers in Society : Volume Three Comparative*

344

Theories. University of California Press.

_____. 1989b. *American Lawyers.* Oxford University Press.

Abel, Richard L. and Philip S. C. Lewis eds. 1988. *Lawyers in Society* Vol. 1, 2, 3. University of California Press.

Beatty, David. 1994. *Human Rights and Judicial Review : A Comparative Perspective.* Martinus Jijhoff Publishers.

Cappelletti, Mauro ed. 1981. *Access to Justice and the Welfare State.* European University Institute.

Cappelletti, Mauro. 1989. *The Judicial Process in Comparative Perspective.* Clarendon Press.

Damaska, Mijan R. 1986. *The Faces of Justice and State Authority : A Comparative Approach to the Legal Process.* Yale University Press.

Dawson, Richard E., Kemmeth Prewitt, Karen S. Dawson. 1979. *Political Socialization* (2nd ed.). Little, Brawn and Company.

Dezalay, Yves and Bryant G. Garth. 1996. *Dealing in Virtue : International Commercial Arbitration and the Construction of a Transnational Legal Order.* The University of Chicago Press.

Dezalay, Yves. 2002. *The Internationalization of Palace Wars : Lawyers, Economists, and the Contest to Transform Latin American States.* University of Chicago Press [김성현 옮김. 2007. 『궁정전투의 국제화』. 그린비].

Dworkin, Ronald. 1986. *Law's Empire.* The Belknap Press of Harvard University Press.

Dyson, Kenneth H. F. 1980. *The State Tradtion in Western Europe : A Study of an Idea and Institution.* Martin Robertson.

Enlow, Eric. 2004. "Globalization and Contemporary Problems in the American Legal Profession." 『성신법학』 제4호(국제법 사회학 세미나, "Legal Profession in Transition: Legal Cultures Compared." 2004년 8월 10일, 성신여자대학교 발표 논문).

Epp, Charles. 1998. *The Rights Revolution : Lawyers, Activists, and Supreme Court in Comparative Perspective.* The University of Chicago Press.

Galanter, Marc and Thomas Palay. 1991. *Tournament of Lawyers : The Transformation of the Big Law Firm.* University of Chicago Press.

Giddens, Anthony. 1984. *The Constitution of Society.* Polity Press [황명주 외 옮김. 1998. 『사회구성론』. 자작아카데미].

Ginsberg, Tom. 2003. *Judicial Review in New Democracies : Constitutional Court in Asian Cases.* Cambridge University Press.

Glendon, Mary Ann. 1991. *Rights Talk : The Impoverishment of Political Discourse.* Free Press.

_____. 1994. *A Nation Under Lawyers : How the Crisis in the Legal Profession is transforming American Society.* Harvard University Press.

Griffin, Stephen M. 1996. *American Constitutionalism.* Princeton University Press.

Haley, John O. 1982. "The Politics of Informal Justice: The Japanese Experience, 1922-1942." Richard Abel ed., *The Politics of Informal Justice* vol. 2. Academic Press.

Halliday, Terence C. 1987. *Beyond Monopoly : Lawyers, State Crises, and Professional Empowerment.* The University of Chicago Press.

_____. 1999. "The Politics of Lawyers: An Emerging Agenda." *Law and Social Inquiry* Vol. 24, No. 4.

_____. 2000. "Lawyer's Politics." *ABF working paper 2025.*

Halliday, Terrence C. and Lucien Karpik eds. 1997. *Lawyers and the Rise of Western Political Liberalism : Europe and North America from the Eighteenth to Twentieth Centuries.* New York: Oxford University Press.

_____. 2008. *Fighting for Political Freedom : Comparative Studies of the Legal Complex and Political Change.* Hart Publishing.

Halliday, Terrence C., Bruce Carruthers. 2009. *Bankrupt : Global Law Making and Systemic Financial Crisis.* Stanford University Press.

Harrington, Christine B. 1982. "Delegalization Reform Movements: A Historical Analysis." Richard L. Abel ed. *The Politics of Informal Justice Vol. 1 : The American Experience.* Academic Press.

Hirschl, Ran. 2004. "Juristocracy: Political, not Juridical." *The Good Society* Vol.

13, No. 3.

Hirshl, Paul. 2007. *Towards Juristocracy : The Origins and Consequences of the New Constitutionalism.* The Harvard University Press.

Holland, Kenneth M. ed. 1991. *Judicial Activism in Comparative Perspective.* MacMillan Press.

Hunt, Alan & Gary Wickham. 1994. *Foucault and Law : Towards a Sociology of Law as Governance.* Pluto Press.

Hunt, Alan. 1993. "Rights and Social Movements: Counterhegemonic Strategies." *Explorations in Law and Society : Toward a Constitutive Theory of Law.* Routledge.

Jacob, Herbert, Erhard Blankenburg, Herbert M. Kritzer, Doris Marie Provine, and Joseph Sanders. 1996. *Courts, Law, and Politics in Comparative Perspective.* Yale University Press.

Karpik, Lucien and Terence C. Halliday. 2000. "Lawyers' Politics." ABF working paper 2025.

Kegan, Robert A. 1994. "Do Lawyers Cause Adversarial Legalism? A Preliminary Inquiry." *Law and Social Inquiry.*

_____. 2003. *Adversarial Legalism : The American Way of Law.* Harvard University Press.

Kelsen, Hans, Judith N. Shklar. 1986. *Legalism : Law, Morals, and Political Trials.* Harvard University Press.

Kelsen, Hans. 1970. *Pure Theory of Law.* Max Knight trans. University of California Press.

Kritzer, Herbert M. 1991. "Abel and the Professional Project: The Institutional Analysis of the Legal Profession." *Law and Social Inquiry* vol. 16.

Kronman, Anthony T. 1983. *Max Weber.* Stanford Univ Press.

_____. 1993. *The Lost Lawyer : Failing Ideals of the Legal Professions.* The Belknap Press of Harvard University Press.

Larson, Magali S. 1977. *The Rise of Professionalism : A Sociological Analysis.* University of California Press.

Lee, Kuk-Woon. 2007. "Corporate Lawyers in Korea: An Analysis of the 'Big 4' Law Firms in Seoul." Dai-Kwon Choi & Kahei Rokumoto eds. *Korea and Japan : Judicial System Transformation in the Globalizing World.* Seoul National University Press.

Luhamann, Niklas. 1985. *A Sociological Theory of Law.* Elizabeth King and Martin Alblrow trans. Routledge and Kegan Paul.

_____. 1988. "The Unity of the Legal System." Günther Teubner eds. *Autopoietic Law : A New Approach to Law and Society.* Walter de Gruyter.

Miller, Mark C. 1995. *The High Priest of American Politics : The Role of Lawyers in American Political Institutions.* The University of Tennessee Press.

Quayle, Dan. 1991. "Isn't Our Legal System in Need of Reform?" *Legal Times* Aug. 19.

Regan Jr., Milton C. 2000. "Professional Responsibility and the Corporate Lawyer." *Georgetown Journal of Legal Ethics* 197(Winter).

Rueschemeyer, Dietrich. 1988. "Comparing Legal Professions: A State-Centered Approach." Richard L. Abel and Philip S. C. Lewis eds. *Lawyers in Society* Vol. 3.

_____. 1973. *Lawyers and Their Society : A Comparative Study of the Legal Profession in Germany and the United States.* Harvard University Press.

_____. 1978. "The Legal Profession in Comparative Perspective." Harry M. Johnson ed. *Social System and Legal Process.* Jossey-Bass Publishers.

Sarat, Austin & Stuart Scheingold. 2004. *Something to Believe In : Politics, Professionalism, and Cause Lawyering.* Stanford University Press.

_____ eds. 1998. *Cause Lawyering : Political Commitments and Professional Responsibilities.* Oxford University Press.

Schmidhauser, John R. ed. 1987. *Comparative Judicial System : Challenging Frontiers in Conceptual and Empirical Analysis.* Butterworths.

Shamir, Ronen. 1995. *Managing Legal Uncertainty.* Duke University Press.

Shapiro, Martin. 1981. *Court.* The University of Chicago Press.

Shklar, Judith N. 1986. *Legalism : Law, Morals, and Political Trials.* Harvard University Press.

Smith, Christopher E. 1993. *Courts, Politics, and the Judicial Process*. Nelson-Hall Publishers.

Soja, Edward W. 1989. *Postmodern Geographies : The Reassertion of Space in Critical Social Theory*. Verso [이무용 외 옮김. 1997. 『공간과 비판사회이론』. 시각과 언에].

Stone-Sweet, Alec. 2000. *Governing with Judges : Constitutional Politics in Europe*. Oxford University Press.

Summers, Robert Samuel. 1982. *Instrumentalism and American Legal Theory*. Cornell University Press.

Tushnet, Mark. 2000. *Taking the Constitution Away from the Courts*. Princeton University Press.

Wahrhaftig, Paul. 1982. "An Overview of Community-Oriented Citizen Dispute Resolution Programs in the United States." Richard L. Abel ed. *The Politics of Informal Justice Vol. 1: The American Experience*. Academic Press.

Waltman, Jerold L. and Kenneth M. Holland eds. 1988. *The Political Role of Law Courts in Modern Democracies*. MacMillan Press.

Weber, Max. 1968. "Economy and Law(Sociology of Law)." *Economy and Society*. Bedminster Press.

Wice, Paul. 1991. *Judges and Lawyers : The Human Side of Justice*. Haper Collins Publishers.

"Court Reorganization and Third Instance System," "5. Recently it has been reported that Committee No. 2 of the United Nations Temporary Commission on Korea questioned the Chief Justice on the question of the independence of the judiciary from the executive branch and expressed doubt that there could be a free election in such circumstances."

"Subject: Statement concerning to the draft of court constitutional Law," 24, April, 1948, FRC Box no. 1.

REC GRP: 0554, TITLE: US Army Forces in Korea(USAFIK), US AMGIK(U.S. Army

Military Government in Korea Interim Government Korea Records, 1946~50, CONTAINER COMMENTS: Reallocated from RG entry UD 34376A.)

Records of General HQ, Far East Command, Supreme Commander Allied Powers, And United Nation Command. Box No. 21 United States Army Forces in Korea, ⅩⅩⅣ Corps, G-2, Historical Section, Records Regarding the Okinawa Campaign, U.S. Military Government in Korea, U.S.-U.S.S.R. Relations in Korea, and Korean Political Affairs. 1945~48.